칸트의 철학

임 혁 재 지음

칸트의 철학

임 혁 재 지음

철학과현실사

서 문

정년을 앞두고서 지나온 날들을 되돌아보다 철학에 갓 입문하면서부터 칸트의 철학을 접하며 보낸 시간이 적지 않았다는 것을 알게 되었다. 유수 같은 세월이었던 것 같다. 아쉬움도 회한도 적지 않다. 근대철학의 최고봉으로 평가받고 있는 칸트의 철학을 얼마나 제대로 맛보았는지, 가르친다고 하면서 전달은 잘했는지, 개인적으로는 무엇을 얻었는지 등등을 자문해 보면 산 정상에 올라보지 못하고 그저 샛길만 돌다 하산하곤 했다 싶기도 하다.

칸트는 철학의 주요 물음을 '나는 무엇을 알 수 있는가?', '나는 무엇을 해야만 하는가?', '나는 무엇을 희망해도 좋은가?'라는 세 가지로 정립하고, 이는 다시 '인간이란 무엇인가?'라는 하나의 물음으로 귀착된다고 했다. 아마 예나 지금이나 철학이 탐구해야 할 과제를 이렇게 간단명료하게 표현하기란 어려울 것이다. 철학과 현실 이 둘은 사실 어느 한 쪽이 없으면 안 되는 관계에 놓여 있기에 나 역시 이런 물음들을 화두로 삼아 철학적 탐구에, 그리고 현실 문제에 응용하며 지내왔다. 우리가 현실에 대해서 이야기하는 그 모든 것들이 실은 넓은 의미에서 모두가 다 철학적 대화이다. 우리가 말하는 현실은 그 자체가 이미 이해되고 해석된 세계이기에 순수한 현실이란 존재하기 않기 때문이다.

하지만 내 능력이 부족해서인지 늘 세상사에 매어 시간 없다는 탓만 하다 지금에 이르고 보니 그 동안 주위에서 나의 일을 자기 일처럼 생각하고 큰 도움을 주었던 많은 사람들에게 면목이 없다. 특히 칸트 철학에 관한 모든 것을 가르쳐주시고 일깨워주셨던 은사 이석희 선생님의 학문에 무언가 보태기는커녕 이에 미치지도 못했다는 생각을 하면 송구스럽기 그지없다. 그런데도 후학들과 제자들이 곁에 있어서 이렇게나마 책을 펴낼 수 있으니 큰 복이 아닐 수 없다.

어떻든 비록 전부가 새로 쓴 글들은 아니지만 책으로 엮여 이렇게 출판되고 나니 감회가 새롭다. 일전에 책으로 엮어 출간했다가, 그 후에 쓴 글들 중 관련이 있는 글을 보태고 다시 수정하다 보니 이런 모양의 책이 되었다.

이 책의 편집과 출간을 기획하면서 힘든 일을 마다하지 않은 중앙대학교 철학과와 중앙철학연구소의 후학들에게 다시 한번 깊이 감사드린다.

2006년 여름
임 혁 재

6

차 례

제 1 장
칸트의 비판철학

1. 칸트의 생애와 철학

임마누엘 칸트(Immanuel Kant) 하면 제일 먼저 떠올리게 되는 것이 바로 비판철학이다. 당시에는 물론이고 오늘의 시점에서도 칸트의 비판철학은 근대에 들어서는 길목에서 당면하게 된 치열한 문제의식과 쏟아지는 철학적 문제들 속에서, 특히 그 자신의 규정에 따라 근대철학이 합리론과 경험론 양대 사조의 대립과 다툼 속에서 항로를 바로잡지 못하고 있던 상황에서 이들 문제의 소재가 어디에 있는지, 또 이 문제들을 어떻게 해결해야 하는지, 향후 철학이 나아가야 할 올바른 방향이 무엇인지를 제시해 준 철학적 태도에 붙여진 이름이다. 칸트는 '인간이란 무엇인가?'라는 물음으로 귀착되는 '나는 무엇을 알 수 있는가?', '나는 무엇을 해야만 하는가?', '나는 무엇을 희망해도 좋은가?' 라는 주요 물음에 의거하여 그 가능성과 한계를 스스로 꿰뚫어 보는 새로운 이성의 철학을 전개했다.

칸트로 하여금 비판철학자로서의 칭호를 부여받게 한 저서는 바로 그의 대표작 『순수이성비판』(초판 1781년, 재판 1787년)[1] 이다. 이 저서는 철학의 역사에 길이 빛날 고전적인 작품으로서 오늘날에도 여전히 근대철학의 필독서로서 자리매김 되고 있다. 또 이 저서는 2천 년 넘는 역사를 갖고 있는 철학이 더 이상 온 전한 모습을 그대로 유지할 수 없게 만든 기념비적 저서이기도 하다. 칸트 이전의 철학 사조가 그에게로 흘러 들어갔고, 칸트 이후의 대부분의 철학 사조들이 그로부터 흘러 나왔다고 할 만 큼 칸트의 철학에는 이전의 다양한 사상의 줄기들이 흡수되어 새롭게 여과 · 조명되었으며, 따라서 이로부터 길러진 철학적 결 실들은 그 이후의 철학적 논의들을 새로운 길로 인도하게 되었 다. 이러한 평가를 받고 있는 그의 철학을 일러 비판철학이라 부르며, 칸트에 부여되는 비판철학자로서의 칭호도 이렇게 해서 생겨났다.

이처럼 과거의 철학으로 하여금 더 이상 자신의 모습을 고집 할 수 없게 만들었고, 이후의 서양에서의 모든 철학적 논의들을

---

1) Kant, *Kritik der reinen Vernunft*, 바이셰델판 III, IV권. 이 책에 인용되 는 칸트의 저술은 *Werkausgabe in zwölf Bänden*, Herausgegeben von Wilhelm Weischedel, Frankfurt am Main: Suhrkamp, 1968. 인용을 할 때 관례에 따라 A/B판으로 나타내는 『순수이성비판』을 제외한 나머지 것들은 바이셰델판의 쪽수를 표기하였다. 이 전집에 없는 저서들은 해 당 부분에서 별도로 표시하였다.

새롭게 이끌어 나갔던 이른바 '비판정신'에 빛나는 독일의 철학자 칸트는 얼마 전까지만 해도 구소련의 연방에 속해 있던 리투아니아(Lituania)의 칼리닌그라드(Kaliningrad) 즉 옛날 프러시아 동부의 쾨니히스베르크(Königsberg)라는 무역이 번성했던 상업 도시에서 1724년 4월 22일 태어나 거기에서 1804년 2월 12일 사망하였다. 한 인간에 대한 기록 중 위대한 철학자였다는 말 말고는 칸트에게 덧붙일 특기할 만한 사건이 전혀 없었다는 점이야말로 놀라운 일로 비쳐진다. 그의 생애는 평범했으며 지극히 단조롭기까지 하였다. 가정교사 생활을 위해서 떠나 있었던 8년여(1747-1755) 기간을 제외하고는 그는 평생을 자기가 태어난 고향에서만 보냈다.

어쩌면 칸트라는 위대한 철학자를 그의 학문이 아닌 보통 우리의 상투적인 방식으로 평가한다면, 우리가 말할 수 있는 것이라곤 그는 체격이 왜소했으며, 규칙적인 생활과 시간을 엄격하게 지켰고, 평소의 사생활은 재기발랄한 신사의 그것이었으며, 말년까지 독신으로 지내면서 왕성한 저술 활동을 한 인물이었다는 정도가 될 것이다. 그러나 우리에게 철학자 칸트로서 가장 중요한 것은 그의 철학이지 그의 인생이 아니다. 물론 양자가 전혀 불가분의 것일 수 없고, 또 철학자에 따라서는 삶이 그의 철학을 결정짓는 주된 요인이 되어 그의 철학보다 더욱 중요한 관심의 대상이 되는 경우도 없지는 않다. 그럼에도 불구하고 철학의 제일 관심사는 언제나 그의 철학적 업적을 먼저 내세운 다음에 그의 생애에 관심을 가질 뿐이다. 그 의의가 뒤바뀌는 경우란 없다.

칸트의 철학이 형성된 사상적 배경을 이해하기 위해서 우리는 보통 그가 철학 수업을 하기 시작하면서부터 본격적으로 자신의 철학적 활동을 시작할 무렵까지의 시대 상황과 학문적 풍토 그리고 철학의 분위기를 상호연관지어 언급하게 된다. 이처럼 비판철학의 출현 이전의 칸트의 철학적 활동을 통틀어 '비판 전기(批判 前期)' 또는 '전비판기(前批判期)'라 부르는 것이 관례가 되었다. 그러나 엄밀한 의미에서 이러한 구분은 형식적인 것에 지나지 않는다. 단지 최초의 주저인『순수이성비판』이라는 저서의 출현으로 비판철학의 시기가 더 확실하게 마련될 수 있었고, 따라서 그 이전의 시기를 일러 통칭 전비판기라 부르게 된 것에 지나지 않는다. 그러므로 우리는 실제에 있어서는 비판철학의 '돌출'에 대해서 관심을 갖는 것보다는 비판철학의 출현 과정 내지는 '형성 과정'이 곧 다름 아닌 비판철학의 '내용들'이라고 생각하지 않으면 안 된다. 때문에 우리가 칸트의 철학을 올바로 이해하려면 비판철학의 성격과 의의부터 짚고 넘어가지 않으면 안 된다.

이와 똑같은 맥락에서 우리는 칸트 철학의 중심주제인 도덕철학 역시 그의 비판철학과 관련하여 고찰하지 않을 수가 없다. 그 이유는, 첫째로 도덕철학의 이론적 전제 조건으로서의 비판철학이 차지하는 절대적인 비중 때문이며, 둘째로 흔히들 또한 정당한 것이긴 하지만 그의 도덕철학을 비판철학의 성립 이후의 연관성이나 문제 상황에서 고려하는 태도가 일반화되어 있으나, 결코 간과할 수 없는 사항은 도덕철학을 성립시킨 그의 도덕적 사고와 문제의식이『순수이성비판』의 등장에 앞서 소위 전비판기 내내 중요한 사안이었다는 점 때문이다. 이러한 고찰을 통해 우리는 그의 도덕철학이 비판철학의 성립 이후에만 논의될 수 있는 성격의 것이 아니라 비판철학 자체가 도덕적 사고와 문제의식의 연장선상에 서 있음을 통찰할 수 있게 된다.

2. 비판철학의 문제의식

철학사에 길이 남을 3대 비판서인 『순수이성비판』, 『실천이성비판』, 『판단력비판』을 저술한 철학자 칸트는 그의 외형상의 단조로운 삶과는 달리 복잡다단한 시대적 상황 속에서 학자로서의 길을 걸어갔다. 칸트 스스로도 자신의 시대를 그렇게 불렀듯이 그는 소위 '계몽의 시대(Zeitalter der Aufklärung)'를 살았다. 프랑스 혁명을 주도한 사회적·정치적 이념들이 고개를 들기 시작했고, 단순히 계몽 그 자체에 머물지 않고 그것이 지니는 역사적 의의 또한 철학적으로 승화시키는 일이 그가 떠맡은 중요한 과제 중의 하나였다. 기존의 종교가 체질화된 사회 전반의 추상적이고 경직화된 형식적인 종교 문화에 맞서서 신앙심과 마음의 평안에 중점을 둔 경건주의(敬虔主義)가 그의 종교적 관념 세계를 지배하고 있었다. 또 칸트에게 학문이 가져다줄 수 있는 절대적인 성과로 부각되었던 자연과학의 엄청난 실적들이 그를 자극했다. 즉 코페르니쿠스, 갈릴레이, 뉴턴의 영향하에 있던 세계상의 변화를 외면할 수 없었으며, 그 누구보다도 칸트는 이처럼 철학에 요구되는 물리칠 수 없는 이들 새로운 지식과 사고방식의 압력을 체험하였다. 이와 더불어 무엇보다도 데카르트의 철학이 막강한 영향력을 행사하기 시작한 이래로 철학계를 지배해 오고 있던 경험론과 합리론, 경험철학과 형이상학, 자연과학적 사유와 철학적 사변 간의 대결의 역사 모두가 청년 칸트가

짊어져야 했던 당면 과제들이었다.[2)]

이러한 과제들 속에서 칸트는 전통적인 형이상학의 주제들이 난관에 봉착해 있다는 사실을 알아차렸다. 『순수이성비판』의 초판의 첫머리를 장식하는 서언이 '만학의 여왕'이었던 형이상학에 대해서 한편으로는 추억 어린, 다른 한편으로는 자조와 한탄에 빠진 듯한 어조로 시작되는 것은 결코 우연이 아니다. 칸트는 이러한 사정을 초래한 장본인은 그 시대의 변화에 어울리는 새로운 철학을 기도한 철학자들 사이의 논쟁거리이자 근대철학의 근본 문제였던 합리론과 경험론, 나아가 이들이 결과적으로 보여준 독단론과 회의론에 있다고 생각했다.

칸트는 그들을 이러한 결론에 도달할 수밖에 없도록 만들었던 근본 원인, 그리고 동시에 그러한 잘못된 결론을 극복할 수 있는 실마리를 인간 이성의 능력과 본성에서 찾았다. 여기서 칸트는 전통적 형이상학과는 전혀 다른 방법과 출발점에 입각해서 형이상학을 구제할 수 있는 올바른 길을 발견한다. 이러한 방도를 마련하고 이로부터 새로이 쌓아올릴 그의 철학 체계의 초석을 다져놓는 역할을 한 것이 바로 합리론도 경험론도 아닌 제3의 철학적 입장인 선험적 비판론, 즉 '비판철학'이었다. 『순수이성비판』은 이러한 철학의 길을 공식적으로 선언한 저작인 것이다.

근대철학의 문제의식과 사유 경향을 특징짓는 경험론과 합리론 간의 논쟁은 철학이 데카르트의 "나는 생각한다(ego cogito)"

---

2) H. M. Baumgartner, *Kants "Kritik der reinen Vernunft": Anleitung zur Lektüre*, 2. durches. Aufl., Freiburg/München: Verlag Karl Alber, 1988, 15쪽 이하 참조.

에 의해서 새롭게 근거가 마련된 이래로 철학적 발전의 근간이 되어 왔다. 철학에서의 합리론은 데카르트를 계승하여, 그리고 그의 철학적 발단의 결과로 등장하였고, 역사적으로 스피노자를 거쳐 라이프니츠로 전개되어 왔다. 베이컨으로부터 홉스를 거쳐 존 로크로, 끝으로 버클리와 흄으로 이어져 온 경험론적 전통과는 반대로, 합리론적 발단은 감각 경험에 의해서가 아니라 단지 인간의 이성 자신에서 기인하는 개념들을 매개로 하는 명석 판명한 인식에 의해서만 사물의 본질을 파악할 수 있다는 견해를 견지하였다. 단지 관찰과 실험을 통한 경험에 의한 인식이냐, 아니면 단지 이성과 그 개념들에 의한 인식이냐 하는 양자택일의 결단 이외에 또 다른 대안이란 없었다.

볼프와 무엇보다도 그를 추종하는 스코틀랜드의 '상식(common sense)'의 철학과 결합한 독일의 대중적인 계몽철학은 이 같은 날카로운 대립을 해소하여 양자 간의 정당한 요구들을 참작하려는 절충주의적인 총체적 안목을 갖고 있었다. 그러나 이는 철학적인 통일과 내적인 무모순성을 희생한 대가였다. 경험과 반성적 이성은 현실적으로 매개되지 못한 채 '상식'의 또 다른 명칭인 '통속적인 오성'의 토대 위에서 상호 결합되었던 것이다. 그들은 한편으로는 각자의 독자성과 다른 한편으로는 상호간의 협력을 정확하게 규정짓지 못한 채 공존하고 있었던 것이다. 이것이야말로 칸트가 이러한 상황에 자극을 받아 그의 비판철학의 주저인 『순수이성비판』에서 해결하려고 했던 과제였다. 칸트의 저서는 이 두 흐름의 발단들이 근본적으로 일면적인 것임을 증명해 보이고, 그것들을 인간의 인식에 관한 하나의 새로운 이론과 연결시킴으로써 형이상학에 대한 하나의 새로운 시각과 가능성을 정초하려고 시도했다.

경험론과 합리론의 대립의 결정적인 사항들을 아주 간략하게 짚어보면, 먼저 경험론의 기본 입장은 이러하다. 우리의 모든 인식은 감성적 인식이며, 그것은 감각과 더불어 시작될 뿐 아니라 전적으로 감성의 영역에 머물러 있다. 우리가 무엇을 반성하고, 무언가에 대해서 되새기고, 이에 관해서 개념을 형성하는 등의 모든 것은 그것이 감각자료와 관련되어 있는 한에서만 의미가 있으며, 그렇지 않고 이를 벗어나 버리면 의미를 갖지 못한다. 그러므로 결과적으로 이성은 이념과 개념을 자기 스스로 만들어낼 수 있는 독자적인 능력이 아니라, 다만 감각 지각에서 다시 말해 감각의 세계에서 유래하며 이로부터 공급되는 표상과 개념들을 유일한 내용으로 보유하고 있는 수용성(Rezeptivität)이라는 수동적인 능력에 지나지 않는다. 이렇게 이해되고 있는 이성이란 단지 주어진 표상만을 처리할 수 있을 뿐이다. 즉 표상을 연속적으로 관계시켜서 동일성 내지는 상이성을 확립할 수 있을 뿐이다. 그리고 이를 능가하는 더 이상의 기능이 이성에게는 부여되어 있지 않다.

다른 한편으로 근대의 합리론은 모든 우리의 인식은 이성 인식이라는 견해를 표방한다. 왜냐하면 우리가 감각 경험을 통해서 소유하게 된다고 하는 인식이란 직접적으로는 그 자체를 식별할 수 없는 흐릿한 이성 인식에 불과하기 때문이다. 이러한 이유에서 감성은 더 열등한 이성 능력에 불과하다. 때문에 우리가 실제로 현실을 인식할 경우에, 감성은 원리를 부여하는 것도 인식의 원천도 아니며, 그것은 인식 속에 숨겨져 있는 이성, 우리가 철학적 반성의 도움을 받아서야 인식할 수 있고 드러낼 수 있는 이성이다. 그러므로 참다운 인식이란 무엇인가라는 물음과 관련하여 서로 대립하는 두 개의 양자택일적인 철학적 입장이 성립한다. 즉 오로지 감성에만 의존하는 경험론과 오로지 이성만을 우리의 지식의 원천과 토대로 간주하는 합리론이 바로 그것이다.

칸트는 이러한 문제 상황을 많은 노력을 기울여 바로잡으려고 했다. 그 결과 『순수이성비판』에는 이 물음에 대한 비판적인 해결책들이 담겨 있다. 『순수이성비판』이 내세우는 철학적 입장은 서로 대립하는 두 입장들 사이에 거주하는 것이다. 즉 칸트는 양자에 대해서 이중적인 태도를 취한다. 이것은 잘못된 요구를 비판하여, 이 두 입장에서 마주치게 될 참다운 것을 중재하려는 태도이다. 칸트의 저서가 보여주고자 하는 것은, 모든 인식이 감각으로부터 유래할 뿐 아니라 원칙적으로 감성적인 것에 불과하다는 주장은 그릇된 것이며, 게다가 모순된다는 점이다. 단지 감각 속에 자리를 차지하고 있는 것들은 결국에는 감각의 도움으로 인식되는 것이 아니라, 우리의 이성이 감각과 교섭한 산물임이 증명된다. 그러므로 우리가 '인식한다'고 하는 것은 곧 그 자체가 이성의 인식인 것이다. 따라서 엄격한 경험론을 옹호하려는 자는 경험론 자체는 경험적 이론이 아니라는 것을, 즉 경험론이 옳다면 왜 그것이 옳은 것이어야 하는지를 보지 못하고 있다. 칸트의 비판은 이미 그 자체로 경험론에 대한 논박으로서 주효하다. 하지만 『순수이성비판』은 이에 만족하지 않고 오히려 오성의 아프리오리(a priori)한[3] 개념들 없이는 불가능한

---

3) 칸트에게 아프리오리(a priori)는 아포스테리오리(a posteriori)와 짝을 이

경험적 인식의 구조에 대한 적극적인 분석을 담고 있다.

이와는 반대로 엄밀하고도 배타적인 합리론을 옹호하는 자들은 인식의 원천으로서의 우리의 감각의 고유성을 간과한다. 라이프니츠의 철학에 대한 칸트의 비판은 가능한 한 감성을 하나의 독자적인 능력으로 이해할 수 있다는 것을 목표로 삼고 있다. 그러나 감성이 하나의 독자적인 능력이긴 하지만 감각을 통해 전달된 재료들의 규정과 처리를 통한 인식의 성립에서 이성이 불가피한 것으로 입증될 경우에만 경험론과 합리론의 중재는 달성될 수 있다. 오성의 아프리오리한 개념 없이는 경험이 이루어지지 못하는 것과 마찬가지로 감각자료 없이는 경험이 이루어지지 못한다. 우리가 감각적으로 인식하는 것은 언제나 단순한 감각내용, 단순한 감각자료, 혹은 존 로크가 말한 것처럼, '감각(sensation)'에 지나지 않는다. 『순수이성비판』은 이 점에 주목하여, 오성 없는 감성은 맹목적이요 감성 없는 오성은 공허한 것에 그치고 만다는 것을 환기시켜 주고 또 증명하고자 한다. 이성의 능력과 감성의 능력은 둘 다 어떤 방식으로든 우리의 인식의 가능성을 위해서는 포기할 수 없는 것들이다. 이와 같이 감성과 이성을 중재하는 것, 그리고 이것이 우리의 지식의 체계적인 구축과 연관되어 있음을 입증하는 것이 『순수이성비판』의

루는 용어인데, 전자는 경험독립적 개념들 내지는 판단들을, 후자는 그 기원을 경험에서 갖는 개념들과 판단들을 가리킬 때 주로 사용된다. 즉, 그것의 시간적 선후 관계가 아니라 논리적으로 경험의존적이냐 아니냐가 이 두 용어의 올바른 사용을 구별하는 준거가 된다. 전자와 후자를 각각 선천적 혹은 선험적, 후천적 혹은 후험적으로 옮길 수 있다. 어느 쪽 번역어를 선택하든 칸트가 뜻하는 바를 정확히 이해하는 것이 중요하다.

핵심 문제요, 칸트가 이 저서에서 이룩해 놓은 업적이다. 그러나 경험론과 합리론의 중재가 칸트 철학의 특기할 만한 유일한 역사적 공적은 아니다. 칸트 시대의 철학적 상황으로 다시 한번 돌아가 보면 거기에서 우리는 칸트가 직면했던 또 다른 철학적 난제를 발견하게 된다.

합리론뿐만 아니라 경험론도 사물이란 그것이 어떻게 존재하든 우리의 인식 능력에 의해 접근 가능한 것으로 고찰된다는 하나의 공통된 전제 위에 서 있었다. 이런 점에서 두 철학적 입장들은 무비판적인 태도 즉 독단적인 태도를 취했다. 양자에게 있어서 인간 이성의 인식 능력과 사물의 인식 가능성에 대한 신뢰는 문제가 되지 않는 하나의 전제였던 것이다. 그럼에도 불구하고 존 로크와 버클리를 거치면서 계속된 경험론의 발전은 이미 우리의 감성적 인식이 문제의 소지가 있는 것임을 일러주었고, 결국에는 데이비드 흄의 회의주의에 봉착했던 것이다.

흄의 문제는 다음과 같은 물음으로 제기되었다. 즉 우리의 인식이 단지 지각만으로 이루어져 있다면, 우리에게 주어진 세계가 아무런 연관도 없는 단순한 자료들로 붕괴되지 않도록 우리는 이 지각의 체계적인 결합에 어떻게 도달하는가? 그래서 그는 우리가 언제나 우리의 지각들을 결합하여 하나의 통일된 세계로 정돈하도록 해주는 중심 관념들을 조사하였다. 이러한 관념들에 속하는 것은 특히 인과성 및 실체의 관념이기 때문에, 흄의 분석은 무엇보다도 이 두 관념의 분석에 치중되었다.

흄의 분석은 인과성과 실체는 경험 개념도 이성 개념도 아니며 상상과 습관에 기인하는 관념이라는 주장에 도달한다. 그와 더불어 이와 같은 주장의 결론에는 타당한 자연 인식의 가능성과 궁극적으로 자연과학의 가능성마저도 원칙적으로 문제가 된다는 생각이 깔려 있다. 우리는 신과 영혼에 대해서 인식할 수 없을 뿐만 아니라, 실로 우리가 살고 있는 자연 세계도 실제로 즉 객관적으로 파악할 수 없다는 것이다. 우리에게 남아 있는 것은 다소간 신뢰할 수 있는 생각과 믿음뿐이라는 것이다.

흄의 발단이 갖는 사상적 귀결은 사물의 인식 가능성을 전제하는 독단주의와 대립되는 입장을 취하는 일종의 철학적 회의주의였다. 따라서 흄이 자신을 독단의 잠에서 깨어나게 만들었다고 말하는 칸트는 사물의 인식 가능성에 대한 물음을 근본적으로 새롭게 숙고하지 않으면 안 되는 과제에 직면한 것으로 생각했다. 독단주의는 철학적으로 정당화될 수 있는가? 아니면 결국에는 흄이 봉착하게 된 회의주의만이 남게 되는가? 우리의 경험 세계와 관련하여 적어도 객관적 인식은 존재하는가? 만일 그런 인식이 존재한다면 그것을 어떻게 정초해야 하는가? 형이상학의 가능성뿐만 아니라 더 근본적으로 실제적인 인식 일반의 가능성, 요컨대 우리의 경험 인식과 자연과학의 가능성도 독단주의와 회의주의 간의 양자택일에 의해서 대두되는 문제를 어떻게 해결하느냐에 달려 있는 것이다.

이 문제에 대한 칸트의 해결책은 우리의 오성의 근간 개념에 관한 이론, 즉 그의 범주론에 들어 있다. 거기에서 칸트는 오성으로부터 유래하는 개념들, 특히 인과성과 실체 개념의 객관적 타당성을 증명하고 있다. 독단주의 대 회의주의의 대립은, 어느 한쪽으로는 양자 간에 빚어지는 문제들을 균형적으로 조절하는 것이 사태의 성격상 불가능하기 때문에, 칸트로 하여금 양자택일을 거부하고 제 3의 철학적 입장인 선험적 비판론에 이르게 하였다.

『순수이성비판』을 18세기의 철학적 문제들을 배경으로 하여 고찰해 보면, 그것은 근대철학의 진행 과정에서 형성된 네 가지 기본적인 철학적 입장에 대한 해결책을 제시하고 있음을 알 수가 있다. 비판적 입장은 한마디로 독단주의와 회의주의에 대한 제3의 방법이자, 합리론과 경험론이 지닌 정당한 주장들의 중재라고 말할 수 있다. 그 안에서는 근대적 사유의 역사가 제기해 놓은 다양한 문제들이 철학함의 새로운 통일체인 선험철학(Transzendentalphilosophie)을 통해서 해결되고 있다. 칸트의 선험철학은 '대상들에 대한 우리의 아프리오리한 인식 방식에 관계하는 모든 것'이라는 의미를 갖는 '선험적'이라는 말이 의미하듯이 이성비판을 통해서 그 정당성을 입증받은 객관적으로 타당한 이성인식의 체계를 가리킨다. 다시 말해 칸트의 순수이성비판은 선험철학적 체계를 위한 사전 작업 즉 예비학의 성격을 지니고 있다. 철학적 인식을 정초하기 위해 그 주인공인 이성 능력을 도마 위에 올려놓고 그 자격을 문제 삼는 것이 곧 칸트의 이성비판의 철학인 것이다. 이런 점에서 『순수이성비판』을 특징짓는 비판철학은 그 시대의 철학적 상황과 관련하여 전대미문의 하나의 독창적인 고유한 업적으로, 동시에 근본적으로 진퇴양난의 기로에 놓이게 된 양자 간의 대립을 중재하기도 하고 극복하기도 한 철학의 새로운 발단으로 평가된다.

이러한 업적으로 인해서 『순수이성비판』은 신기원을 이루었으며, 오늘날 여전히 근대철학의 필독서가 되었던 것이다. 『순수이성비판』의 결론 속에는 철학과 자연과학, 경험과 이성, 그리고 논리학, 형이상학과 경험적 지식 사이의 관계에 대한 새로운 규정이 들어 있다. 『순수이성비판』은 형이상학이 가능한지 아닌지, 가능하다면 어떻게 가능한지 하는 물음이 판결되는 공평무사한 법정으로 이해되었으며, 실제로도 그러한 지위를 차지하였다. 이러한 일은 이성의 자기반성에 의해 가능하였으며, 그 과정에서 비로소 이 이성은 상이한 기능들의 하나의 유기적 전체로서, 능력들의 구조물로서, 그리고 원리들의 체계로서 출현하게 되었던 것이다. 이러한 임무를 떠맡고 있으면서 그로부터 여타의 모든 것의 향배를 결정지은 것이 바로 『순수이성비판』이 낳은 비판철학이다.

3. 비판철학과 도덕철학

비판철학의 체계적 구도의 기초를 그려 놓은 『순수이성비판』은 인간의 이성 능력의 가능성과 한계를 해명하며, 철학적 반성의 새로운 척도 및 우리의 경험적 지식과 과학적 인식의 규범적 토대, 나아가 이를 초월한 그 이상의 진정한 도덕적·실천적 세계가 있음을 그리고 이에 접근하는 올바른 방도를 보여주려 하고 있다. 따라서 여기에는 경험론과 합리론을 중재하여 뉴턴이 보여주었던 자연과학에 대한 칸트 자신의 확고한 믿음을 정당화하고자 열망하는 인식론자 및 과학철학자로서의 칸트가 그려져 있고, 또 이러한 과학적 인식은 현상계에만 타당하고, 도덕과 자유의 세계인 물 자체의 세계 또는 가상계에까지는 미치지 못한다는 경고가 있으며, 나아가 과학적 인식의 세계에서는 더 이상 타당할 수 없는 전통적 형이상학의 주제들은 도덕형이상학이라는 새로운 학문 아래서 다루어져야 한다고 선언하려는 칸트의 모습이 등장하기도 한다. 우리는 이러한 형이상학에 대한 칸트의 근본 의도를 『순수이성비판』에 이어 출간된 『도덕형이상학 정초』와 『실천이성비판』에서 더욱 분명하게 확인할 수 있다.

그러나 우리는 『순수이성비판』과 『도덕형이상학 정초』, 그리고 『실천이성비판』을 시간상의 선후 관계가 아니라 그의 비판철학적 문제의식의 연장선상에서 동시에 고려하지 않으면 안 된다. 이는 곧 '시간적' 관계는 문제 해결의 '논리적' 관계를 반영하지만, 이것이 곧 칸트의 '문제의식상의 선후 관계'마저 결정짓는 것은 아니기 때문이다. 그렇다면 철학자로서의 칸트의 문제의식의 근본 동기는 무엇이며, 이것과 그의 비판철학과의 관계는 어떻게 설정해야 하는가? 이것이 여기에서 다루어질 주제이다.

비판철학의 확립을 자신이 짊어져야 할 첫 번째 철학적 과제로 삼지 않을 수 없었던 이상과 같은 시대적 환경을 고려하면서 비판철학과 도덕철학의 관계에 접근하는 것이 바람직하다. 왜냐하면 비판철학의 불가피한 귀결이자 연장이 그의 도덕철학이 아니라, 오히려 학으로서의 도덕철학의 엄밀한 토대를 확고히 하고자 하는 칸트의 바람이 결국에는 비판철학을 낳았다고 볼 수도 있기 때문이다. 그럴 경우 칸트 철학의 주요 관심사에는 처음부터 인식론적 및 형이상학적 문제만 있었던 것이 아니라 도덕철학으로 나아가려는 더욱 강력한 동기가 자리하고 있었다고 이해하는 것이 더 설득력 있는 해석이 될 것이다. 이제 이러한 이해를 좀더 구체화시켜 보도록 하자.

먼저 비판철학의 과제와 관련하여 『순수이성비판』과 『실천이성비판』 양자의 관계를 살펴볼 경우, 엄밀한 의미에서 『순수이성비판』은 칸트가 최초에 기획했던 목표 전부를 포괄하지는 못한 셈이다. 이는 앞에서도 언급했듯이 저서의 명칭에서도 느낄 수가 있다. 『순수이성비판』은 좀더 정확하게 말하자면 '이론이성비판'이라는 명칭이 더 적합하다. 왜냐하면 『순수이성비판』에 원래 포함되어야 할 것은 크게는 이성 능력 일반의 비판, 작게는 이론이성과 실천이성의 비판이어야 하기 때문이며, 또 이것이야말로 칸트가 궁극적으로 계획했던 목표였기 때문이다. 따라서 우리는 『순수이성비판』뿐만이 아니라 칸트의 두 번째 주저인 『실천이성비판』을 칸트의 비판철학의 연장선상에서 원래 기획한 『순수이성비판』의 두 주제 중의 하나로 이해하지 않으면 안 되며, 더 나아가 칸트가 비판철학을 통해 주장하고자 했던 궁극적인 의도가 도덕의 문제에 있었음을 간과하고서는 결코 칸트를 올바로 이해한 것이 못 된다. 왜 그런가?

물론 『순수이성비판』의 중요성은 아무리 강조해도 지나친 것이 아니다. 그것은 칸트의 철학을 여타의 철학 이론들과 구별시켜 주며, 동시에 그에게만 부여할 수 있는 지위를 갖게 해주고, 더욱이 그의 철학을 그답게 만들어주는 근간이 됨은 두말할 나위가 없다. 그러면서도 이 저서는 그 자체에 머무는 것이 아니라, 자신이 걸어가려는 길로 들어서기 위해서는 그 길을 미리 정비해 놓지 않으면 안 되는 반드시 필요한 기초 공사라는 임무를 맡고 있기도 하다.

『순수이성비판』은 철학적 주제들에 대한 확고부동하고 영속적인 기초 쌓기를 원했던 처음부터 줄곧 일관해 온 칸트의 철학적 동기를 최초로 가시화시켜 놓은 일종의 매듭이다. 이로부터 비로소 칸트는 자신의 주된 관심사였던 도덕철학으로 향할 수 있는 일보를 내디딜 수 있었다. 즉, "칸트의 윤리학적 논문들이 그의 인식론적 및 형이상학적 연구의 결과라고 말하기보다는 『순수이성비판』과 『프롤레고메나』4)가 그의 윤리학적 관심의 당연한 결과라고 주장하는 것은 전혀 과장이 아니다."5) 그러나 또 한 가지 분명한 것은 그의 최초의 본격적인 윤리학적 저작이라 할 수 있는 『도덕형이상학 정초』가 나온 해인 "1785년 이전에 윤리학에 대한 그의 관심이 어떤 것이었는지 칸트가 형이상학, 특히 인식론적 문제들에 대한 답변을 함으로써 자신의 윤리학적 연구를 위한 근거를 명확히 하기 전까지는 윤리학적 문제들에 관한 상세한 저술을 시도하지 않았다는 것이다."6) 이 같은 주장을 정당화할 수 있는 많은 증거들이 칸트의 전비판기에 쓰인 서한과 논문들 및 저술들에서 광범위하게 발견된다.7) 이러한 사정 때문에 도덕철학에 대한 그의 지속적인 관심에 대한 평가가 상당히 인색하게 내려졌다고 할 수 있다.

그러나 오히려 이와 같은 점들은 칸트의 주된 철학적 관심이 도덕철학에 기초되어 있음을 시사해 주는 바가 크다. 왜냐하면 이러한 사정이 비판철학과 도덕철학과의 관계를 좀더 분명하게

---

4) Kant, *Prolegomena zu einer jeden künftigen Metaphysik, die als Wissenschaft wird auftreten können*, 바이셰델판 V권. 이하 *Prolegomena* 및 『프롤레고메나』로 약칭.

5) P. A. Schilpp, *Kant's Pre-Critical Philosophy*, Evanston and Chicago: Northwestern University, 1938, xii쪽.

6) P. A. Schilpp, *Kant's Pre-Critical Philosophy*, 10쪽.

7) 위의 쉴프(P .A. Schilpp)의 저서는 이러한 증거들을 칸트의 전비판기의 저작들을 중심으로 해서 풍부하게 제시하고 있으며, 아울러 칸트의 비판철학과의 밀접한 연관성을 잘 보여주고 있다.

짚고 넘어갈 수 있는 실마리가 될 수 있기 때문이다. 『순수이성비판』의 출판을 기점으로 우리는 그 이전과 이후의 도덕철학의 기본 성격과 내용에서 동일한 점과 차이점을 파악할 수가 있으며, 그리고 차이점들 중의 상당 부분이 비판철학의 확립에 의해서 비로소 해소되었다고 평가할 수 있기 때문이다. 따라서 우리는 칸트의 도덕철학과 비판철학의 관계에 대하여 이렇게 정리해 볼 수 있다. 먼저 칸트 철학의 우선적인 주된 관심사는 전비판기와 비판기 모두에 걸쳐 단순히 인식론적 내지는 사변 형이상학적 문제에만 국한되었던 것이 아니라 윤리학적 내지는 실천 형이상학적 문제들이 이미 중심에 놓여 있었으며, 결국 비판철학은 이 같은 문제들의 해결을 위한 확고한 기초를 마련해 줌과 아울러 형이상학으로서의 도덕철학이 나아갈 올바른 방향을 결정지어 주었다는 것이다.

이러한 문제의식은 『순수이성비판』에서도 잘 나타나 있다. 칸트 자신이 설정한 순수이성의 세 가지 과제에 해당하는 물음8) 중 첫 번째 물음은 『순수이성비판』에서 적극적으로 규명되었고, 나머지 두 물음은 이 첫 번째 물음을 통하여 그 가능성이 점검되고 있다 하겠다. 즉, 비판은 나머지 두 물음이 이론이성의 영역이 아니라 실천이성의 영역임을 드러내 준다. 나아가 "어떻게 해서 학으로서의 형이상학이 가능한가?"9) 하는 문제는 이론이성의 능력으로는 증명이 불가능하며, 아니 전통적인 사변 형이

---

8) 『순수이성비판』에서 제시된 세 가지 물음은 다음과 같다. (1) 나는 무엇을 알 수 있는가? (2) 나는 무엇을 해야만 하는가? (3) 나는 무엇을 바랄 수 있는가?(A 805/B 833)

9) *Kritik der reinen Vernunft*, B 22.

상학은 학으로서는 불가능한 시도라는 것을 보여줌으로써, 진정한 의미에서의 가능한 형이상학은 실천이성의 영역에 속하는 도덕의 세계에서야 비로소 가능하다는 것이 칸트가 분명하게 말해 두고자 했던 것이다. 그것이 바로 칸트에 의해서 최초로 새로운 명칭과 학문으로 정초된 도덕형이상학이다.

이러한 실천이성의 영역으로의 이행은 논리적으로 『순수이성비판』의 선험적 변증론에 그 이론적 근거를 두고 있다. 이 변증론의 의의는 무엇보다도 인간의 형이상학적 원리에 대한 추구는 인간 이성의 자연 본성에서 불가피하게 발생하는 선험적 가상으로 나타나는 것이며, 따라서 이들 원리가 결코 과학적 지식처럼 이론적 인식에 의해서는 증명될 수 없는 문제 영역임을 보여주려 한다. 우리의 이론적 인식이란 수용성으로서의 감성과 자발성으로서의 오성의 협력으로 이루어지는, 그러니까 양자 중의 어느 하나라도 없이는 성립하지 않는다. 동시에 인식은 감각 자료가 최초로 주어지는 감성적 직관이 없이는 애당초 불가능한 것이다. 그러나 이 감성적 직관을 넘어서는 그 이상의 능력을 이를테면 지적 직관을 인간은 갖고 있지 않기 때문에 근본적으로 감성적 직관의 영역인 현상계를 넘어서서는 우리는 그 무엇에 대한 지식을 결코 가질 수 없는 것이다.

그런데 종래의 전통적인 형이상학은 이 초감성적 세계에 속하는 사물에 대해서도 감성계에 속하는 사물에 대한 인식과 동일한 것으로 취급하는 오류를 범하였다는 것이 칸트의 주장이다. 그에 의하면, 이것은 우연히 저질러진 잘못이 아니라 인간의 이성의 자연 본성상 불가피하게 발생하는 현상인데, 이 같은 이성의 본성 때문에 가능한 경험의 한계를 벗어나 무제약자를 추구하려 하기에 불가피하게 가상에 빠지게 된다. 즉, "우리의 모든 인식은 감관에서 출발해서 오성으로 나아가고 마침내 이성으로 끝맺는 것"[10])처럼 이성은 현상과 직접적으로 관계하는 "오성의 다양한 인식에게 최고의 통일을 주려고"[11]) 경험에는 주어지지 않는 무제약자를 추구한다. 그런데도 우리는 이것을 마치 경험 가능한 진리인 것처럼 믿어 왔다는 것이다. 칸트에 의하면, 이 순수이성의 무제약적 통일체를 각기 관계의 세 범주인 실체성, 인과성, 상호성에 따라 사고하는 주관으로서의 영혼, 현상의 인과적 계열의 전체로서의 세계 및 사고와 사고 대상 일반에 대한 절대적 통일로서의 최상의 존재인 신 등의 개념들이 종래의 형이상학에서 중요시되어 왔던 선험적 이념이며, 이 선험적 이념에 따라 각각의 선험적 가상(transzendentaler Schein)이 생기게 된다. 이러한 선험적 가상이 발생하는 원인을 폭로하는 일을 떠맡고 있는 것이 바로 『순수이성비판』의 선험적 변증론의 장에서의 합리적 영혼론의 가상을 비판하는 오류추리론, 합리적 우주론의 가상을 비판하는 이율배반론, 그리고 합리적 신학의 가상을 비판하는 순수이성의 이상의 부분이다.

　그리하여 이 선험적 이념들이 객관적으로 실재하는 대상이 아님에도 불구하고 그렇게 믿어 왔던 종래의 독단적 형이상학이 저지른 오류를 폭로함으로써, 진정한 의미에서 학문으로서 가능한 도덕형이상학의 세계로 나아갈 여지를 마련하고자 한다. 이는 이성의 올바른 사용이 어떤 것인지를 보여줌으로써 그 임무

---

10) *Kritik der reinen Vernunft*, B 355.
11) *Kritik der reinen Vernunft*, B 361.

를 다하게 된다. 즉, 선험적 변증론의 또 다른 의의란 이성의 구성적 사용(konstitutiver Gebrauch)과 규제적 사용(regulativer Gebrauch)을 구분함으로써 종래의 형이상학이 범한 오류가 바로 이 양자를 구분하지 않고 사용한 데서 비롯된 것임을 밝히는 것이 된다. 이러한 시도를 통하여 칸트는 자신의 비판철학적 구상을 도덕과 종교 문제의 해결을 위한 이론적 기초로 삼게 된다.

칸트가 도덕의 세계로 나아가는 직접적인 실마리로 삼고 있는 것이 바로 선험적 이념 중의 하나인 자유의 개념이다. 이 개념은 우리의 이론적 인식으로는 파악할 수 없는 것이며, 다만 실천이성을 통해서만 객관적 실재성을 획득할 수가 있는 것이다. 실천이성이 인간 주관에게 이성의 사실로서의 도덕법칙을 제시하고, 우리가 이를 인식할 수 있는 것은 우리가 자유 존재일 경우에만 가능한 것이 된다. 즉, 선험적 자유가 실천적 자유의 근거가 되며, 그 역은 아니다.

이에 앞서 기본적으로 짚고 넘어가야 할 칸트의 도덕철학의 특징은 『순수이성비판』이 우리가 과학을 어떻게 이해할 수 있는가 하는 문제를 다루는 것처럼, 인간의 경험의 세계에는 과학적 경험이 아닌 다른 영역도, 이를테면 도덕적 경험도 있다는 사실이다. 그것도 인간의 도덕적 본성에서 기인하는 선천적인 도덕의식 내지는 의무감이 의심할 나위 없는 명약관화한 사실로서 존재한다는 확신이 칸트의 도덕철학의 모든 것을 특징짓는다. 그 특성을 이해하기 위해서 우리는 칸트의 이론과학적 탐구의 설명에서 묘사된 것과 유사한 방법을 따라야만 한다. 즉, 논리적으로 경험과 독립하여 있으며, 또 이와 양립할 수 있는 규칙이나 원리를 발견할 경우에만 우리는 자신의 도덕적 행위를 더욱 잘 이해할 수가 있으며, 그러한 원리가 존재한다고 칸트는 확신한다. 칸트는 그러한 원리를 절대적인 무제약적 실천법칙으로서의 '도덕법칙' 또는 '정언명법(Kategorischer Imperativ)'이라는 이름으로 부른다. 칸트의 도덕철학은 이것의 특성과 선험적 정당화를 둘러싼 논의들로 구성되어 있다. 그는 그것이 모든 도덕적 결정의 기초를 이루고 있으며 도덕적 쟁점 사항에 관한 모든 논증에 고유한 것이라고 생각한다.

칸트에 의하면, 이들 규칙을 정당화하기 위해서 우리는 인간은 엄격한 인과법칙의 지배를 받는 현상적 존재일 뿐만 아니라 자유로운 본체적 존재이기도 하다는 것을 가정해야만 한다. 그리하여 각 인간은 자유로운 의지의 소유자이며, 이러한 의지만이 도덕적 선택을 할 수가 있다. 의지를 사용한다는 것은 행위를 결정한다는 것이다. 그러나 칸트에게 행위란 그것이 의무를 위해서 행해진 경우에만 도덕적이다. 관심을 갖는 행위가 갈등을 일으킬 경우에 이 기준은 우리에게 옳은 행위와 옳지 못한 행위를 구별하게 해준다. 칸트는 이러한 도덕적 행위의 보편타당한 기준 내지는 원리를 도덕법칙으로서의 정언명법이라 부른다. 그것은 정언적으로, 같은 말이지만, 무조건적으로 혹은 절대적으로 우리에게 도덕성에 일치하게끔 행위할 것을 명령하는 객관적인 원리이다. 다른 한편으로 가언명법은 이와 같은 보편적이고 필연적인 효력을 지닐 수 없는 것으로서, 그것은 단지 우리가 특수한 목적을 달성하고자 할 경우의 행위의 지침을 우리에게 명령하는 도덕적 원리일 뿐이다. 그 기본적인 정식에 있어서의 정언명법은 우리가 의욕할 수 있으면서 동시에 보편적 법칙이 되어야 하는 준칙에 따라서 행위하라고 말한다. 준칙이란 한 개인의 행위의 주관적 원리이다. 법칙은 누구나에게 타당한 객관적 원리이다. 준칙은 우리가 따르려고 선택하는 하나의 일반적 규칙으로서, 준칙을 갖는다는 것은 하나의 방침을 선택하는 것이다. 그러나 이 준칙의 도덕성 여부는 그것이 보편적 법칙으로서의 객관적인 도덕원리와 일치하는지에 달려 있다.

4. 이론이성에 대한 실천이성의 우위

앞 절에서 우리는 전비판기에서부터 칸트 철학의 진정한 관심사는 단순한 인식의 문제를 넘어서 도덕의 문제에 있었으며, 이를 해결하기 위해서 반드시 선행적으로 해결되어야 할 과제가 이론적 인식의 권리 근거를 다루는 작업이었음을 살펴보았다. 말하자면, 일차적으로 뉴턴의 과학으로 대표되던 당시의 과학적 지식의 학적 근거를 확립하고 정당화함으로써, 비로소 칸트는 자신이 궁극적으로 의도한 도덕적 인식을 엄밀한 토대 위에서 정초할 수 있었다고 할 수 있다. 이러한 칸트의 시도는 그가 이론이성에 대한 실천이성의 우위를 누누이 강조하는 태도에서 더욱 확실하게 드러난다. 이것이 분명하게 언급되고 있는 저서가 바로 『실천이성비판』이다. 이는 순수한 실천이성이 있음을 보여준 『도덕형이상학 정초』를 전제로 한 실천이성에 대한 비판적 고찰을 담고 있는 칸트의 두 번째 주저이다. 이하에서는 이론이성의 한계와 범위를 천착해 들어간 『순수이성비판』의 성과 위에 세워져 있는 『실천이성비판』의 대략적인 주제들을 소개하고자 한다. 특히 여기서 칸트가 순수한 실천이성이 있음을 전면에 내세우면서 실천이성의 잘못된 사용을 비판하는 과정에서 이론이성에 대한 실천이성의 우위를 강조하는 측면을 중심으로 개관할 것이다.

먼저『실천이성비판』과『도덕형이상학 정초』의 관계부터 살펴보자. 이 양자의 관계는『순수이성비판』과『프롤레고메나』의 관계와 아주 흡사하다.12)『프롤레고메나』처럼『도덕형이상학 정초』는 우리의 일상적인 도덕의식 또는 도덕적 인식으로부터 출발해서 분석적·역진적 방식으로 접근해 들어간다. 이렇게 해서 우리의 도덕적 경험의 선천적인 원리나 전제를 찾아낸다. 그 결과 최초로 도덕적 행위의 선천적 원리로서의 도덕법칙(정언명법)과 자유가 발견된다. 이에 반해서『실천이성비판』은 선천적인 도덕원리로부터 출발해서 이 원리에 따라 행위하게 되는 도덕적 경험에 종합적으로 전진해 나가는 방식을 취한다. 따라서 『실천이성비판』은『도덕형이상학 정초』가 종결된 그 지점에서부터 시작하여 그 과정을 역으로 되밟아 가는 형식을 보여준다고 할 수도 있다. 그런 점에서 이 두 저서에 주로 의존하고 있는 칸트의 도덕철학의 출발점과 종결점은 도덕법칙과 자유에 있다고 말할 수 있다.

그러나 칸트는 이와 같은 핵심 원리를 전면에 내세우기까지『순수이성비판』이라는 여과 과정을 거치고 있다. 여기에서 주목할 것은 바로 이론이성의 사변적 관심의 제한성과 이에 대한 실천이성의 실천적 관심의 우월성에 대한 칸트의 시각이다. 그러

---

12) L. W. Beck, *Immanuel Kant. Critique of Practical Reason*, The Liberal Arts Press, Inc., 1956, 번역자 서론 vii 이하 참조.

면 왜 실천이성은 이론이성에 대해서 우위를 차지하는가? 이에 대한 답을 우리는 칸트의 이성 개념에서 찾을 수가 있다.

칸트에 의하면 "순수한 이성은 하나의 완전한 통일체이다."[13] 이론이성과 실천이성은 이처럼 원래가 하나인 순수한 이성의 두 가지 기능에 불과한 것이다. 이 말은 곧 이론이성과 실천이성은 어떻게든지 하나로 통일되지 않으면 안 된다는 것, 동시에 이 양자의 올바른 관계가 정립되어야 한다는 것을 의미한다. 그런데 『순수이성비판』을 통해서 얻어낸 결론은 우리의 인식은 가능한 경험의 영역에 대해서만 객관적 타당성을 갖는다는 사실이었으며, 따라서 전통 형이상학의 근본 주제인 영혼(불멸), 자유, 신 등의 개념은 과학적 인식의 자격을 가질 수 없다는 점이었다. 그리고 무엇보다도, 칸트에 의하면, 이런 전통적 주제들이야말로 통일체로서의 이성 자신이 추구하는 진정한 관심사이며, 또 자신의 관심을 현실화하려는 이성의 요구 또한 그 자신에 고유한 것이다. 그럼에도 불구하고 이성의 사변적 사용에 의해서는 이 이성의 요구에 부응할 수 없으며, 따라서 그것만으로는 이성은 스스로 불완전한 상태에 머물고 만다. 더구나 이런 사정에도 불구하고 이론이성이 실천이성에 대해서 우위를 차지한다면, 그것은 이성의 본래적인 관심이란 결국 공허한 메아리에 지나지 않게 된다. 따라서 이성의 이러한 요구에 부응할 수 있는 것은 (실천)이성의 실천적 관심뿐이며, 당연히 이론이성에 대해서 실천이성은 우위를 차지할 수밖에 없다. 더욱이 이때에만 비로소 전통적 형이상학의 주제들인 신, 자유, 영혼(불멸)이라는

---

13) *Kritik der reinen Vernunft*, A XIII.

실천적 관심들이 그 의의를 상실하지 않을 수가 있는 것이다.

칸트는 이성의 "모든 관심은 결국 실천적이요, 사변이성의 관심까지도 제약된 것에 불과하며, 실천적 사용에 있어서만 완전한 것"[14)]이라고 말하고 있다. 칸트의 철학이 그 이전 시대의 철학적 경향과 근본적으로 결별하는 것도 바로 이 지점이다. 즉, 칸트는 전통적인 방식으로는 이성의 이러한 실천적 관심에 정당하게 도달할 수 없다고 보고, 그들과는 전혀 다른 방식으로 이 문제에 접근하게 된다. 바로 그것을 위한 예비 작업이 바로 칸트가 『순수이성비판』을 통해서 보여준 비판철학에 의해서 수행되고 있는 것이다. 거기서 칸트는 이론이성의 능력의 한계를 분명히 해둠으로써 실천이성이 제 기능을 다할 수 있는 길을 준비해 두었다고 할 수 있다.

칸트의 입장에서 본다면, 이와 같은 자신의 작업은 그 자체로 하나의 완전한 통일체로서의 이성의 당연한 요구에 합치한다. 『실천이성비판』은 이러한 이성의 요구, 말하자면 이론이성과 실천이성의 통일성이라는 이성의 요구를 충족시켜 주면서, 동시에 실천이성의 마땅히 누려야 할 우위를 확립해야 하는 과제를 포함하고 있다. 이 과제를 담고 있는 『실천이성비판』의 대략적인 구성과 내용을 개관해 보면 다음과 같다. 『실천이성비판』은 크게 두 부문으로 구성되어 있다. 「순수실천이성의 원리론」과 「순수실천이성의 방법론」이 그것이다. 이 저서의 본래 목적에 걸맞는 핵심은 제1 부문 「순수실천이성의 원리론」이다. 그리고 제2 부문 「순수실천이성의 방법론」은 일종의 도덕교육 방법론을 다

---

14) Kant, *Kritik der praktischen Vernunft*, 바이셰델판 VII권, 251쪽.

루고 있는데, 『실천이성비판』의 직접적인 주제와는 거리가 있다. 칸트의 방법론은 『순수이성비판』과 『실천이성비판』에 있어서 전혀 다르다. 말하자면 이론이성과 실천이성의 경우에 그 적용 순서가 다르다. 순수이론이성의 선험적 방법론은 순수한 이론 원칙들의 학적 인식을 꾀하는 방식, 즉 이성의 원리들에 따르는 절차로서의 방법을 통한 다종다양한 인식들을 체계화하기 위한 방식을 의미하지만, 순수실천이성의 방법론은 "순수실천이성의 법칙들이 인간의 심성에 들어가서 심성의 준칙에 어떻게 영향을 미칠 수 있는가, 즉 객관적·실천적 이성으로 하여금 어떻게 주관적으로 실천적이게 할 수 있는가 하는 방식"15)을 의미한다.

『실천이성비판』의 근본 과제는 단적으로 행위의 순수한 선천적 원리를 해명하는 것이다. 이는 세부적으로는 순수한 실천이성이 있음을 확립하고, 행위의 선천적 원리를 정당화하려는 시도와 실천이성의 잘못된 사용을 비판하는 일을 매개로 하여 순수한 실천이성의 올바른 사용과 목적을 제시하는 내용 구성을 갖는다. 이 중에서 전자의 문제를 다루고 있는 부분이 「원리론」의 제1편 '순수실천이성의 분석론'이며, 후자의 문제를 주로 다루고 있는 부분이 「원리론」의 나머지 부분인 제2편 '순수실천이성의 변증론'이다. 칸트 스스로 서론에서 밝히고 있듯이16) 『실천이성비판』의 이러한 구성은 일반적인 윤곽에 있어서는 전체적으로 『순수이성비판』의 그것과 유사하다. 그러나 『실천이성

---

15) *Kritik der praktischen Vernunft*, 287쪽.
16) *Kritik der praktischen Vernunft*, 121쪽.

비판』이 '분석론'으로부터 시작하고 있듯이 그 세부적인 순서에 있어서는 '감성론'으로부터 시작하는 『순수이성비판』과 역순을 취하고 있다.

이러한 유사점과 차이점은 각각 이론적 인식과 실천적 인식의 근본 성격에서 비롯된다. 유사점은 그것이 이론적이든 실천적이든 모두 이성의 사용에 기초하고 있다는 점에서 형식상 동일한 원리론과 방법론을 갖는다는 데에서 찾을 수 있다. 그러나 이론적 인식은 우리의 인식이 경험(감관)으로부터 시작한다는 점에서 감성론에서 출발하여 개념론을 거쳐 원칙론에 도달하지만, 실천적 인식은 경험적으로 제약되지 않은 순수한 실천이성 즉 순수한 의지가 있다는 사실로부터 출발하기 때문에 '원칙'으로부터 시작하여 '개념'으로 나아가고 마지막으로 감관들 즉 감성을 동반하는 우리의 행위에 적용되는 순서를 가져야 한다는 데에서 차이점을 갖는다.

먼저 칸트는 책의 초두를 장식하는 '머리말(Vorrede)'을 『실천이성비판』이라는 자신의 저서의 명칭이 왜 '순수실천이성비판'이 아닌가에 대한 해명에서부터 시작하고 있다.[17] 여기에서 칸트는 『도덕형이상학 정초』를 통해서 순수한 실천이성이 있음을 이미 보여주었고, 따라서 여기서는 순수한 실천이성이 있음을 증명하는 문제가 아니라, 이러한 순수한 이성의 존재를 온전히 드러내고 또 그것의 올바른 이해와 사용을 위해서 이성의 실천적 능력을 비판하는 데 목적이 있음을 밝히고 있다. 그리고 이러한 작업을 이끌어 가는 근본 원리가 자유와 도덕법칙임을

---

17) *Kritik der praktischen Vernunft*, 107쪽.

해명하고 있다. 이는 "자유는 도덕법칙의 존재근거이며, 도덕법칙은 자유의 인식근거이다"[18]는 말에 압축적으로 표현되어 있다.

분석론의 과제는 보편성과 필연성을 갖는 선천적인 도덕원리로서의 도덕법칙의 가능성을 확립하는 일이다. 그리고 나아가 이 도덕원리가 선과 악이라는 실천이성의 대상과 갖는 관계를 해명함으로써 도덕적 행위의 도덕성은 행위의 선악을 판정하는 기준이며 동시에 이에 우선하여 확립되어야 하는 원리임을 해명한다. 아울러 여기서는 무엇보다도 행위의 판정 기준으로서의 도덕법칙은 우리에게 형식으로서 발견된다는 것을 보여주고 있다. 그리고 이러한 법칙의 형식성을 『도덕형이상학 정초』에서 제시되고 있는 정언명법의 정식들의 형식성과 관련하여 이해할 수 있게 된다. 이와 반대로 법칙의 형식이 아니라 내용, 원리가 아니라 대상을 문제 삼는 것은 변증론의 몫이 된다.

이런 과제를 성공적으로 수행하기 위해서 선행되어야 하는 첫 번째 관건은 도덕의 기초에 대한 비판적 고찰이다. 『실천이성비판』이라는 저서의 명칭에 대한 칸트의 해명이 그러하듯이 이것은 실천이성의 올바른 사용을 위해서는 제일 먼저 검토하고 넘어가지 않으면 안 되는 작업이다. 칸트 자신도 "순수실천이성의 분석론이 떠맡은 첫 번째 가장 중대한 일은 행복론과 도덕론의 구별이다"[19]라고 강조하고 있다. 행복론은 경험적인 원리가 전체의 토대를 이루고 있으며, 도덕론은 경험적인 원리가 조금

---

18) *Kritik der praktischen Vernunft*, 108쪽 각주.
19) *Kritik der praktischen Vernunft*, 216쪽.

도 포함되지 않는다. 칸트는 이처럼 도덕적인 순수한 규정 근거와 경험적인 규정 근거를 구별하기 위해서 뒤섞여 있는 경험적 의지와 도덕법칙을 화학자와 같은 엄밀한 방법을 사용해서 모든 사람의 실천이성을 실험함으로써 이 일을 해낼 수 있다고 본다. 왜냐하면 도덕원리를 해명하는 데 있어서 그 자체에는 그것을 직관할 수 있는 어떠한 경험적 내용도 주어져 있지 않기에 이러한 방법에 의존할 수밖에 없기 때문이다.

『실천이성비판』의 변증론은『순수이성비판』의 변증론과 비교된다. 칸트는 인간 이성 자체의 본성 때문에 이론이성에서든 실천이성에서든 이성은 자신의 고유한 변증론을 갖는다고 말한다. 그것은 경험 가능한 영역을 넘어서 무제약자를 구하려는 이성의 본성에서 비롯된다. 즉,『순수이성비판』에서는 신, 자유, 영혼과 같은 선험적 대상들은 초감성적 실재로서 사변이성으로는 이에 대한 인식에 도달할 수 없음에도 불구하고 그것을 인식할 수 있는 것으로 간주하려는 데서 선험적 가상이 발생하는데, 바로 이러한 이성의 월권을 제지하려는 것이 사변이성비판의 주목적이었다. 이와 마찬가로 실천이성 또한 자신의 고유한 변증론을 갖는다. 말하자면, 이성은 주어진 피제약자에 대해서 제약들의 절대적인 전체를 요구한다. 칸트에 의하면, "이성의 실천적 사용에 있어서도 사정이 전혀 다르지 않다. 이성은 순수한 실천이성으로서 실천적으로 제약된 것(경향성과 자연욕구에서 기인하는 것)에 대해서 마찬가지로 무제약자를 구한다. 게다가 이성은 의지의 규정 근거로서가 아니라, 이 근거가 (도덕법칙에서) 주어졌더라도, 순수한 실천이성의 대상의 무제약적 전체를 최고선의 이름 아래서 구한다."[20] 이러한 최고선이란 곧 행복과 결합된 완전성의 도덕적 이상을 의미한다.

그러나 이제 이러한 실천이성의 대상은 인식의 자격을 상실한 채 단지 사고 가능한 것으로만 허용되는 것이 아니라, 도덕법칙과의 필연적 연관하에서 도덕법칙 자신을 위해서, 더 정확히 말해서 이성 자신의 요구를 위해서도 필연적인 것으로 인식된다. 이러한 맥락에서 비로소 이론이성에 대한 실천이성의 우위가 분명해진다. 왜냐하면 선험적 자유로서만 승인되던 자유가 도덕법칙의 존재근거로 요청되고, 나아가 실천적 자유라는 적극적 의의를 획득하게 된다. 그리고 도덕법칙의 존재로부터 신의 존재와 영혼의 불멸이 필연적으로 요청됨으로써, 이론이성에 의해서 뒷전으로 밀려나 있던 하나의 통일체로서의 순수한 이성이 갖고 있는 고유한 관심 대상들의 지위가 이제 다시 복권될 수 있게 되었기 때문이다. 이것은 근본적으로 최고선의 추구를 요구하는 실천이성의 사실로서 도덕법칙의 존재로부터 연역된다. 왜냐하면 칸트에게 최고선이란 영혼이 불멸하고 신이 존재하지 않는다면 실현될 수 없는 것이기 때문이며, 또 그것이 실현될 수 없다면 도덕법칙은 이성의 부당한 명령으로 우리에게 과해지는 것이 되고 말기 때문이다. 이렇게 해서 사변이성의 월권으로 단죄되었던 형이상학의 주제들인 신, 자유, 영혼의 문제가 자신의 고유한 지위를 다시 차지하게 되었으며, 비로소 실천이성의 우위가 증명될 수 있게 되었다.

---

20) *Kritik der praktischen Vernunft*, 235쪽.

5. 칸트의 종교철학

칸트에게는 종교 문제가 지식과 도덕의 문제와 더불어 그의 철학의 한 축을 이룬다. '나는 무엇을 알 수 있는가?', '나는 무엇을 행해야만 하는가?'라는 물음이 지식과 도덕의 문제에 대한 칸트의 관심사를 대변하고 있는 것과 마찬가지로 '나는 무엇을 원해도 좋은가?'라는 물음은 이 두 물음과 더불어 칸트 철학의 중심 주제를 형성하고 있다. 심지어 칸트는 "나는 신앙에 자리를 내주기 위해 지식을 제한하지 않을 수 없다"[21]라고 말할 만큼 종교와 신앙의 문제는 그가 늘 염두에 두고 있었던 문젯거리임에는 틀림없다. 더 나아가 지식과 도덕의 문제는 궁극적으로 칸트에게는 신앙의 굳건한 토대 위에서만 그 참다운 의미를 가질 수 있을 만큼 중대한 의의를 갖는다.

칸트는 자신을 "종교에 관한 철학적 연구가(ein philosophischer Religionsforscher)"로 부르기도 한다.[22] 그러나 무엇보다도 중요한 점은 칸트에게 종교적인 것은 오로지 도덕적인 것 위에서만 참다운 의미를 갖는다는 사실이다. 그런 의미에서 도덕과 종교는 비판철학적 토대 위에 서 있는 상호 보완적 영역이라 할 수 있다. 칸트의 비판철학이 그의 철학에 발을 들여 놓기 위해서는 통과하지 않을 수 없는 관문이요, 도덕철학이 실천철학의 문에 들어서는 관문이자 그의 모든 철학적 이론들의 중심에 놓여 있는 핵이라면, 그의 종교철학은 그 최종적인 도달점이다.

---

21) *Kritik der reinen Vernunft*, B XXX쪽.
22) Kant, *Die Religion innerhalb der Grenzen der bloßen Vernunft*, 바이세델판 VIII권, 660쪽. 이하 『종교론』으로 약칭.

종교 문제를 다루고 있는 칸트의 저술들을 살펴보면 비판기 이전의 『신 존재 증명』(1763)부터 시작하여, 『순수이성비판』, 생전의 종교와 신학에 대한 강의들을 엮어 사후에 출간된 『종교 강의록』,[23] 그리고 종교철학에 관한 가장 완전한 내용을 담고 있는 『종교론』(1793)과 『판단력비판』(1790) 중의 「부록」 등이다. 이들 저술들은 비판철학이라는 동일한 선 위에 놓여 있는 작품들이다. 따라서 칸트의 비판철학적 태도는 당연히 그의 인식론이나 도덕철학뿐만 아니라 종교철학에도 뿌리를 내리고 있다. 이는 합리론과 경험론의 비판·극복·종합이라는 칸트 사고의 여정이 동시에 계몽주의의 형성 및 전개 과정과 맥을 같이하는 그의 종교적 문제에 대한 태도에서도 그대로 적용된다는 것을 의미한다. 계몽주의 정신에 뿌리를 두고 있으며, 나아가 계몽주의의 다양한 흐름들을 비판철학적 사고에 입각하여 하나의 통일적 체계를 수립하고자 한 칸트의 정신은 종교 문제에 있어서도 이성의 올바른 사용을 기본 신조로 삼는다. 칸트 당시의 계몽주의의 지적인 방향은 자연의 빛으로서의 이성에 대한 한결같은 신뢰에도 불구하고, 칸트가 보기에는, 종교적 전통에 대한 독단적인 믿음을 개화시키고, 아울러 근대적 의미의 자유사상, 과학적 사고, 인간의 비판정신을 깨우쳐 인간의 존엄성을 자각하는 데로 나아감에 있어서 여전히 독단과 편견 및 회의의 분위기를 전적으로 떨치지 못하고 있는 실정이었다.

이 같은 문제를 해결하려는 칸트의 시도는 도덕적 문제에 대

---

23) Kant, *Vorlesungen über die philosophische Religionslehre.* 참조는 영역본 *Lectures on philosophical theology*, trans. by A. W. Wood and G. M. Clark, Cornell University, 1982.

한 그의 시각과 궤를 같이한다. 칸트가 도덕철학자의 임무를 도덕에 대한 일반인의 상식적 이해 중에 명백히 존재하는 도덕적 소질 및 도덕적 의무를 좇아 행위의 도덕적 기초를 확고히 함으로써 일차적으로 이러한 기초에 대한 몰지각과 이에 수반되는 혼란과 대립을 바로잡으려 했던 것처럼, 종교 영역에 있어서도 이와 유사한 문제를 발견하고 있다. 역사종교 및 계시종교로서 기독교가 갖는 근본 성격을 이성의 한계 내에서 필연적으로 요청되는 이성종교에 기초하여 종교에 대한 전통적 입장 및 계몽주의적 해석의 혼란과 대립을 바로잡으려는 시도가 바로 그것이다. 그리고 칸트의 비판철학 자체가 필연적으로 도덕적 종교라는 도덕과 종교, 이 양자의 결합을 요구하지 않을 수 없다는 점에서 칸트의 계몽주의는 그 시대의 낭만적이며 이신론적인 일반적 경향과 색깔을 달리한다

종교의 세계는 인간과 신의 관계를 축으로 하여 펼쳐진다. 그리고 인간이 맺고 있는 대상들과의 관계에서 종교 영역은 신이 그 중심을 차지한다. 심지어 많은 칸트 연구가들, 특히 하이데거(M. Heidegger)의 해석에 따르면, 전통적으로 모든 형이상학의 근본 물음인 '신은 존재한다'는 명제의 의미와 가능성에 대한 물음은 칸트 철학의 핵심적인 물음이다.[24] 칸트는 이 신 존재에 대한 고찰을 『순수이성비판』에서 일단락 짓기 이전부터 줄곧 관심을 갖고 다루어 오고 있었다. 이러한 관심은 특히 1755년에 출판된 『보편적 자연사』[25]에서도 비판적 사고의 형성

24) G. Picht, *Kants Religionsphilosophie*, Stuttgart: Klett-Cotta, 1985, 1쪽.
25) Kant, *Allgemeine Naturgeschichte und Theorie des Himmels oder Versuch von der Verfassung und dem mechanischen Ursprunge des*

과의 밀접한 관계를 통해서 엿볼 수 있다. 이 글에서 칸트는 신과 자연의 관계를 언급하면서 이성에 대한 믿음이라는 계몽정신에 근거한 철학적 종교론의 전조를 보여주고 있다. 칸트의 이러한 사고는 1763년에 쓰인 『신 존재 증명』에서 좀더 발전적인 모습으로 나타난다. 그러나 이 시기의 칸트는 비판기의 성숙한 사고에는 아직 이르지 못한 면을 드러내고 있다. 즉, 이 저술에서 칸트는 후에 자신의 근본 입장으로 취하게 될 도덕적 신 존재 증명이 아니라 여전히 존재론적 신 존재 증명에 주력하고 있다.

기본적으로 종교 문제에서도 비판적 계몽주의자의 입장에 선 칸트는 드디어 『순수이성비판』에 이르러 신의 존재 가능성에 대한 어떠한 인식도 모든 인간 이성의 능력을 넘어서 있으며, 따라서 인간의 이성은 신의 존재 가능성도 불가능성도 선천적으로(a priori) 증명할 수 없다는 결론에 도달한다. 한마디로 『순수이성비판』을 통해서 칸트는 사변적 신 존재 증명의 원천적인 불가능성을 선언한다. 이론이성이 부딪히는 인식의 한계가 이론적 인식의 가능성과 범위를 결정지어 놓았던 것이다. 그러나 『실천이성비판』에서 신의 존재는 '순수실천이성의 요청(Postulat)'으로 등장한다. 이 요청이라는 말에 의해서 도덕적 이상이 갖는 한계와 종교에 대한 칸트적 해석이 한데 결합하여 도덕적 신앙이라는 칸트 고유의 견해가 특징지어진다. 즉, 『종교론』에서 칸트는 진정한 종교는 이성종교, 그것도 구체적으로는 도덕적 종교이며, 따라서 진정한 신앙은 도덕적 신앙이어야 한다는 주장

---

ganzen Weltgebäudes, nach Newtonischen Grundsätzen abgehandelt, 바이세델판 I권.

을 통해 동시대의 계몽주의자들의 일반적 노선과는 다른 길로 들어선다.

칸트에 의하면, "참된 유일의 종교는 실천적 원리들인 (도덕) 법칙들 이외에는 아무것도 포함하지 않으며, 이 실천적 원리들의 무제약적 필연성을 의식할 수 있음으로 해서 (경험적으로가 아닌) 순수이성에 의해서 계시된 것으로 인정하는 것이다."26) 따라서 칸트에게는 도덕적 인간만이 참으로 종교적 인간이게 된다. 칸트가 일생 동안 정부와 불편한 관계를 가진 단 한 번의 경우도 바로 종교 문제에 관한 칸트의 이러한 해석 방식에서 기인한 것이었다. 이와 같이 칸트의 종교철학은 도덕을 기초로 한 종교, 이 양자의 관계를 축으로 하여 전개된다.

그러나 이와 같은 칸트의 도덕적 이성종교에 대한 확고한 견해가 피력되어 있는 『종교론』에는 또 한 가지 주목해야 할 주제가 있다. 그것은 도덕적·종교적 토대 위에서 조망하고 있는 소위 윤리적 공동체 이론이다. 윤리적 공동체는 단적으로 『도덕형이상학 정초』에서 거론된 목적의 왕국의 이념을 구체화시킨 것이다. 칸트는 윤리적 공동체를 인류가 언젠가는 실현해야 할 하나의 역사적 '과제이자 의무'로 생각한다. 이 공동체는 사회의 구성원이 단순한 적법성의 요구를 넘어서 도덕법칙에 복종하는 자율에 토대를 두고 있는 사회를 지향한다. 나아가 인류라는 표현이 시사하듯이 도덕적인 이상사회를 만들기 위해서는 한 개인이 아니라 인류 모두가 서로 협력하지 않으면 안 된다는 점을 강조한다. 즉, 칸트는 국가의 성립을 가져온 자연상태가 만인의

---

26) *Die Religion innerhalb der Grenzen der bloßen Vernunft*, 838쪽.

만인에 대한 투쟁의 상태인 것처럼, 윤리적 사회 이전의 윤리적 자연상태는 모든 인간에 내재하는 악에 의해 끊임없이 공격받는 상태이며, 한 개인이 아닌 다수의 사람들이 힘을 합하여 이 악에 대적할 때 훨씬 위력을 발휘한다고 생각한다. 말하자면 인간이 추구해야 하는 도덕적 최고선은 고립된 개인의 노력만으로 실현되는 것이 아니라 개개인의 도덕적 인격이 동일한 목적을 갖고서 상호 협력하는 윤리적 공동체의 건설과 확장을 통해서만 가능하다고 칸트는 주장한다.

그럼에도 불구하고 칸트는 이러한 이상적인 사회의 이념으로서의 윤리적 공동체를 현실적으로는 실현 불가능한 것으로 보면서, 그 구체적 대안으로서 종교적인 차원에서 그나마 실현 가능한 것으로 파악한다. 이는 곧 그의 윤리적 공동체가 도덕과 종교 양자의 절묘한 결합임을 함축한다. 칸트의 말을 빌리면, "윤리적 공동체는 하나님의 나라로서 단지 종교를 통해서만 인간에 의해서 건설될 수 있다."[27] 그리고 종교를 통하여 실현할 수 있는 윤리적 공동체의 구체적인 모습을 칸트는 교회로 상정한다. 교회로 상징되는 윤리적 공동체는 인간이 마땅히 그 당위성을 자각하고 의무에 따르는 각 개인에게 부여되어 있는 도덕성의 사회적 실현체이다. 그러기에 칸트는 "도덕적 세계 지배자의 이념은 우리의 실천이성에 부과된 과제이다. 우리에게 있어서 중요한 것은 신이 그 자신에 있어서 (그의 본성에 있어서) 무엇인가를 아는 데 있는 것이 아니라, 오히려 신이 도덕적 존재로서의 우리에게 있어서 무엇인가를 아는 것이다"[28]라고 강변한다.

---

27) *Die Religion innerhalb der Grenzen der bloßen Vernunft*, 819쪽.

6. 칸트의 정치철학

종교 문제뿐만이 아니라 정치적 내지는 역사적 문제 또한 칸트는 기본적으로 도덕적인 것에 기초하여 해명하는 방식을 취한다. 특히 정치철학의 분야에서 일반적으로 칸트는 저명한 정치철학자로 간주되지 않아 왔다. 실제로 과거에 정치사상사는 그에게 높은 지위를 부여하지 않으며, 통상 부수적으로만, 그것도 간략하게만 그에 대해서 언급하는 전통을 갖고 있다. 이러한 저간의 사정은 칸트의 모국 독일에서도 크게 다르지 않았다. 정치사상 내지는 정치철학의 역사에서 그는 그저 헤겔의 출현을 예고하는 선구자 정도로만 이해되고 있었을 뿐이다. 이렇게 그를 소홀히 취급하거나 오해하는 이유를 찾아내기란 그리 어렵지 않다. 철학사가들은, 심지어 칸트 학자들마저도, 그의 세 비판서에만 거의 전적으로 관심을 집중해 왔기 때문에 그의 정치적 저술들을 등한시해 왔던 것이다. 그리고 정치사상사가들은 칸트가 그 분야에서는 어떤 대작도 저술하지 않았기 때문에 그에게 거의 주의를 기울이지 않았다. 더구나 칸트의『도덕형이상학』중의 '법론의 형이상학적 기초'는 정치 이론사가들보다는 법학사가들의 관심을 끌어 왔다. 게다가 칸트의 비판철학의 위대한 저작들이 매우 방대하다는 사실이 덜 정밀한 그의 정치적 저술을 비중이 별로 없는 것처럼 보이게 만들었다. 아울러 그 저술들이 그의 사상의 핵심이 아니라는 믿음을 조장하게 되었다.

그러나 이런 가정은 대단히 잘못된 것이었다는 것이 최근의

---

28) *Die Religion innerhalb der Grenzen der bloßen Vernunft*, 806쪽.

칸트 연구 결과들을 통해서 분명해지고 있다. 칸트의 저술들 속에서 그의 사상의 궁극적인 목적을 알아내기란 거리감이 있긴 하지만, 그러한 저술들은 우연적인 부산물은 아니었다. 게다가 칸트 자신이 정치철학적 문제들에 기울인 철학적 해결책들은 단순한 관심 이상의 것이었다. 이러한 평가는 최근에 와서 칸트 해석가들에 의해서 적극적으로 이루어지게 되었다. 정치철학자로서의 칸트의 탁월함과 영향력은 그가 정치학에 관한 상당히 체계적이고 포괄적인 저작을 남겼었더라면 의심의 여지없이 이전부터 정치철학사의 중요한 자리를 차지하게 만들었을 것이다.

칸트는 무엇보다도 마키아벨리, 자연법 학파의 이론가들, 홉스, 로크, 흄, 루소 등과 더불어 서양의 근대 정치사상의 원천으로 평가받아야 한다. 이것은 칸트가 저들 근대 정치사상가들의 정치적 이념을 흡수했거나 비판하면서 나름의 분명한 이론을 개진하고 있기 때문이다. 가령 그를 추종했던 많은 사상가들은 자세한 면에서는 그와 달랐지만 그의 정치사상은 많은 사람들에게 그들 자신의 탐구의 출발점이기도 했으며, 자신들의 주장에 맞지 않는 면에서는 반대자가 되기도 하였다.

칸트는 한편으로 저 근대 정치사상가들을 비판하면서 정치철학의 영역에서도 자신의 비판철학의 태도를 일관되게 고수한다. 특히 그들 중에서도 홉스만이 직접적인 공격의 대상으로 거론되었다. 칸트와 홉스, 이 두 철학자의 정치 이론은 아주 다르다. 칸트는 홉스의 권위주의적인 통치관, 그의 합리주의, 기하학의 방법을 인간과 사회의 문제에 적용하는 태도, 사회를 갑작스러운 죽음에 대한 공포와 같은 심리학적 가정에 입각하여 설명하는 것 등을 거부하였다. 그러나 기본적인 정치적 문제는 양자가 동일하였다. 즉, 전쟁의 상태를 질서와 평화의 상태가 되게 하는 것, 법은 일종의 명령이며 필연적으로 강화되어야만 한다는 것, 통치권은 분할할 수 없는 것이라는 것, 독립적인 합리적 존재로서의 개인의 지위는 시민 국가에 있어서만 보호받을 수 있다는 것, 마지막으로 방법과 결론상의 근본적인 차이에도 불구하고, 이성에의 호소에 기초한, 전통에 의해서든 어떠한 다른 형태의 감독에 의해서든 방해를 받지 않는 하나의 엄격하고 일관된 정합적인 논증을 발견하려는 시도 등에서 그러하다.

이와 같은 몇 가지 유사점에도 불구하고 홉스와는 반대로 칸트는 자연법 학파에 신세를 지고 있으며, 권리의 불변적인 기준이 있다고 생각한다. 더구나 그는 자연법 학파의 전통적인 지지자보다 훨씬 더 철저하였다. 왜냐하면 칸트는 정치 이론을 경험과는 상관없는 선험적 정당화의 차원에서 그리고 도덕적 전망에서 정립하고자 했기 때문이다. 또 다른 명백한 영향은 루소였지만, 칸트는 자연과 일반의지를 해석하는 데 있어서 루소와는 달랐다. 가령 근대 시민사회에 부합하는 인간상의 정립을 꾀하면서 루소는 인간의 자율성 등 중요한 개념들을 상정하지 않은 채 시민사회 안에서 자연적 본성을 갖춘 자연인을 내세우는 등 애매한 구석이 많으나, 칸트는 분명하다. 칸트는 루소의 견해들은 인간과 사회에 대한 도덕적 전망을 명확히 하지 않음으로써 이러한 난관에 부딪혔다고 보고 있으며, 이런 칸트의 입장은 곧 그의 정치철학적 이론의 성격과 방향을 결정짓고 있다.

비록 칸트가 직접적으로 국가론을 포함한 정치철학적 이론들을 독립된 주제로서 체계적으로 다룬 대작을 계획했거나 발표한 적은 없다 하더라도, 그의 생전의 저작들과 사후의 원고들을 살

퍼보면 이들 주제와 관련한 문제에 지속적으로 몰두하고 있었음을 알 수 있다. 게다가 그의 일련의 주저들은 정치철학적 주제들이 선험철학적 및 도덕철학적 체계 연관 속에서 논의되고 있음을 증명해 준다. 그러나 칸트가 정치 문제를 언급하고 있는 내용들은 대체로 1784년에 쓰인 『계몽이란 무엇인가?』[29]와 『세계시민적 견지에서 본 보편사의 이념』[30]으로부터, 더 나아가 후기 저술에 속하는 『속언』(1793),[31] 『영구평화론』(1795),[32] 그리고 『도덕형이상학(Die Metaphysik der Sitten)』(1797) 중의 「법론(Rechtslehre)」과 『학부들의 싸움(Der Streit der Facultäten)』(1798) 등에서 주로 등장한다.

칸트의 모든 철학적 주제들이 그러하듯이, 그의 정치철학적 주제들도 비판철학적 맥락에서 이해되어야 하며, 더욱이 정치철학적 문제들은 특별히 그의 도덕철학을 토대로 하지 않고서는 제대로 이해될 수가 없다. 칸트가 자신의 도덕철학적 토대 위에 서서 정치 이론을 통하여 해결하고자 시도해야 했던 문제들은 대체로 다음과 같이 세 가지 측면으로 간추려볼 수 있다. 첫째,

---

29) Kant, *Beantwortung der Frage: Was ist Aufklärung?*, 바이셰델판 XI권. 이하 *Was ist Aufklärung?* 및 『계몽이란 무엇인가?』로 약칭.

30) Kant, *Idee zu einer allgemeinen Geschichte in weltbürgerlicher Absicht*, 바이셰델판 XI권. 이하 *Idee zu einer allgemeinen Geschichte* 및 『보편사의 이념』으로 약칭.

31) Kant, *Über den Gemeinspruch: das mag in der Theorie richtig sein, taugt aber nicht für die Praxis*(이론적으로으로 옳지만 실제로는 쓸모가 없는 속언에 대하여), 바이셰델판 XI권. 이하 *Über den Gemeinspruch* 및 『속언』으로 약칭.

32) Kant, *Zum ewigen Frieden. Ein Philosophischer Entwurf*, 바이셰델판 XI권. 이하 *Zum ewigen Frieden* 및 『영구평화론』으로 약칭.

정치 공동체의 정당 근거 내지는 정치적 권위의 정당화, 둘째, 정치적 권위와 도덕적 권리 또는 강제와 자율 간의 양립 가능성, 셋째, 국가의 권리와 시민의 의무의 합리적 조정이 그것이다. 이는 곧 칸트의 정치철학 내지는 국가론의 주제들이다.

칸트의 정치철학은 법철학과 국가철학으로 나누어볼 수 있다. 그런데 무엇보다도 국가가 개인들 간에 빚어지는 사회적 분쟁을 해결하고자 할 때 근본적으로 의존하는 것이 다름 아닌 법이다. 그러므로 칸트에게 있어서 국가의 성립은 법의 이념으로부터 성립한다. 그리고 법은 국가를 필요로 하게 되고, 반대로 국가란 법의 통치에 의해 지배된다는 기본 주장으로 인해서 칸트의 이론은 법치국가의 학설에 가장 많은 영향을 미쳤다. 그렇다고 해서 국가가 단순히 법에 토대를 두는 것이 아니라, 법 자체가 국가를 필연적으로 요구하게 되는 상호적인 관계에 놓이게 된다. 이 관계를 근거짓는 방식이 곧 칸트의 국가론을 그 이전의 정치철학자들과의 그것과 분명하게 구분짓게 해준다.

칸트는 국가 성립의 기초에 법을 두었기 때문에, 이 법의 기초에 대한 철학적 고찰을 통하여 어떤 정치적 행위가 정당하고 부당한지를 확립하고자 한다. 그것은 우리가 어떤 주어진 상황 속에서 요구되는 정의를 어떤 원리에 의해서 확립할 수 있는지를 보여주는 것이다. 물론 그러한 정의는 보편적이어야 한다. 그러나 칸트에 의하면, 법만이 그것을 해낼 수가 있다. 일관된 정치적 질서는 법적 질서이어야 한다. 칸트의 윤리학에 있어서 도덕적 행위는 보편법칙으로 정식화될 수 있는 준칙에 기초해야만 하는 것처럼, 정치적 원리에 있어서 정치적 협정은 보편타당한 법에 따라서 조직되어야만 한다. 이러한 정치적 행위와 입법은 어떠한 예외도 허용하지 않으려는 그와 같은 규칙에 기초해야만 한다. 따라서 칸트의 정치철학적 원리는 법의 원리를 경험에 적용하는 규범적인 성격을 갖는다.

칸트의 경우에 도덕성이 행위의 도덕적 기준인 것처럼, 법의 원리에 근거한 행위의 옳고 그름의 기준은 합법성이다. 그리하여 법은 내적 행위인 도덕적 행위와는 달리 외적 행위의 원리이며, 일종의 강제적 질서가 된다. 합법성은 그러므로 정치적 행위의 결정적 원리이다. 인간은 본래 도덕적으로나 자연적으로나 자유로운 존재이다. 그렇지만 한 개인의 자유와 다른 사람의 자유의 충돌은 피해져야만 한다. 그렇지 않으면 혼란과 끊임없는 투쟁이 있게 될 것이다. 그 결과 각 개인의 자유는 보편적으로 구속력이 있는 방식 속에서 통제되어야만 한다. 그러므로 외적 자유는 법에 의한 강제를 제외한 구속으로부터의 자유, 즉 각 개인에게, 그 목적이 무엇이든지간에, 그 추구가 다른 사람의 자유를 침해하지 않는 자유라면, 그 자신의 목적의 추구가 구속받지 않는 그런 자유이다. 그리고 법에 의한 강제를 행사할 주체, 즉 국가가 필요하게 되고 이 국가의 성립을 정당화하기 위해서 칸트는 사회계약 이론을 내세우게 된다. 이는 인간의 자유와 법의 필요성 및 국가의 권위 내지는 정당성을 매개시켜 주는 이론적 장치의 역할을 하게 된다.

사회계약 이론과 관련하여 칸트 이전의 정치철학자들과 칸트와의 관계를 고려해 볼 때, 칸트와 가장 밀접한 입장에 놓여 있는 사람은 루소이다. 칸트에 대한 루소의 영향 및 밀접한 관계에도 불구하고, 칸트는 루소가 사회계약을 예지적 혹은 도덕적 전망에서 바라보지 못했기 때문에 루소에 동의하지 않는다. 칸트는 루소가 정부에 의해서 구체화될 수 있다고 믿었던 일반의 지의 개념을 정치적 조치를 취하고 보편적 법칙에 따라서 다른 사람을 강제하는 자격을 부여하는 이성의 이념으로 대체한다. 그리고 시종일관 이러한 관점에 입각하여 계약 개념을 경험적 혹은 현상적 수준이 아니라 이성의 실천적 이념의 수준에서 접근한다.

칸트의 이 같은 정치철학적 사고들은 그의 역사철학과도 관련된다. 칸트에 의하면, 역사는 자연에 의해서 인간에게 주어진 모든 성향을 완전하게 발전시켜 가는 과정이다. 동물은 종의 완전성을 자연으로부터 부여받는 데 반하여, 인간은 오랜 투쟁을 통하여 획득한다. 인간은 사회 속에서 명예욕, 지배욕, 소유욕 등의 욕망을 충족시키기 위해서 타인과 끊임없이 투쟁하는 상태에 있다. 인류의 가장 중차대한 과제는 사회적인 공동생활을 가능하게 하고, 다른 한편으로는 진보에 불가결한 경쟁을 개인에게 제공해 주는 사회 형태를 찾는 것이다. 국가는 바로 이러한 과제에 대한 해답이다. 국가 혹은 시민사회 속에서 자연상태의 절대적 자유가 법에 의해서 제한받는다. 이렇게 하여 평화로운 공존과 상호작용이 가능하게 된다. 칸트가 과제로 삼은 이념은 도덕의 왕국이 실현되는 사회의 도래였다. 이러한 연관에서 칸트는 국가의 이념을 계약 개념을 매개로 하여 설정함으로써 도덕적 자유의 이념하에서 정치적 자유의 개념을 확립하게 된다. 이에 따라서 자연상태의 무제한한 자유를 제한하고 법에 의해서 인정되는 자유와 안전을 시민에게 제공해 주는 국가의 성립은 도덕적 이념하에서의 개인들 간의 자유의지에 의한 계약에 의해 발생한 것이 된다.

그러나 칸트는 이 계약을 역사적 사실로서가 아니라 이성적 이념으로 파악한다. 즉, 그는 자신의 시대의 전통에 따라서 사회계약이란 말을 시민적 사회 체계에 의해서 국민을 다스리는 국가의 존재를 설명하기 위해서 사용하지만 역사적 사실을 고려하지는 않는다. 왜냐하면 칸트는 사회계약이 정치적 판단 기준은 되지만, 실천적 결론을 이끌어내기 위해서 역사적 사실에 빠져들어서는 결코 그러한 결론에 도달할 수가 없다고 생각하기 때문이다. 즉 칸트에게 있어서는 인간이 국가의 기초를 확립하려고 계약을 맺어온 이념은 개인의 의지를 일반의지 혹은 보편의지에 기꺼이 복종하겠다는 것을 의미한다.

이렇게 해서 확립된 국가와 법의 관계는 개인의 자유를 중심으로 하여 이루어진 것이다. 그러나 만일 자유가 다른 국가의 행위에 의해서 위협받는다면, 한 국가 내에서의 인간들 간에는 법이 효력을 발휘할 수가 없을 것이다. 전반적으로 법의 통치가 모든 국가에서 그리고 국제 관계에서 효력을 발휘할 경우에만 법은 유효할 수 있다. 그때만이 모든 개인은 자유롭고, 그때만이 법이 모든 경우에 효력을 발휘할 수가 있다. 이것은 정의라는 이름 아래에서 저질러지는 전쟁이 폐지되고 평화가 법의 원리에 따라서 확립되어 보호될 경우에만 가능하다. 이것은 정치학의 궁극적인 문제이기도 하다. 칸트에 앞서 이 같은 국제 정치관을 가진 사상가들이 있었다. 그러나 칸트와 같이 그 논증의 엄밀함과 철학적 입증을 위한 철저한 연구를 보여준 것은 실로 전무후무하다.[33) 이러한 연구의 결정체가 바로 그의 『영구평화

---

33) H. Reiss(ed.) and H. B. Nisbet(trans.), *Kant's Political Writings*, Cam-

론』에 집약되어 나타나 있다.

칸트에 의하면, 법은 전쟁에 의해서나 전쟁 준비에 의해서도 위태로워질 수가 있다. 그는 『인류 역사의 억측적 기원』(1786)이라는 글에서 문명화된 민족을 괴롭히는 최대의 악은 전쟁에 의해서, 그리고 과거나 현재의 실제적인 전쟁에 의해서라기보다는 오히려 끝없이 그것도 계속적으로 증가하는 전쟁 준비에 의해서 야기된다는 것을 인정해야만 한다고 쓰고 있다. 공화주의 국가든 그 시민이든 다른 국가와의 투쟁을 피하지 않는다면 안전하지 못하다. 그렇게 하기 위한 유일한 방법은 법의 원리에 따라서 독립 국가 간에 평화로운 관계를 확립하는 것이다. 칸트는 이 점을 깨달았으며, 『영구평화론』에서 지적했듯이 이러한 상태를 극복하기 위해 각 국가의 주권을 보장한 세계 시민적 사회의 수립을 향해 노력할 의무를 역설하고, 그것은 무엇보다도 전쟁을 반대하는 국제 연맹과 같은 공동체의 창설이라는 안을 내놓게 된다.34)

7. 칸트의 역사철학

칸트가 정치철학에 관한 단 한 편의 대작도 쓰지 않은 것처럼, 그는 역사철학에 대한 단 한 편의 포괄적인 작품도 쓰지 않았다. 또 정치철학사에서 과거에 받아 왔던 소극적인 평가와 마찬가지로 역사철학자로서의 칸트도 별로 주목받지를 못했다. 그

---

bridge: Cambridge University Press, 1970, 편집자 서론 33쪽.

34) H. Reiss(ed.) and H. B. Nisbet(trans.), *Kant's Political Writings*, 편집자 서론 34-35쪽 참조.

러나 역사를 자유를 향한 진보의 역사로 파악하고 있는 그의 역사철학적 주장들은 작게는 그의 철학 체계 내에서, 그리고 특히 도덕철학에서 자유 개념이 갖는 비중만큼이나 그의 사고에 있어서 심도 있게 논구되고 있으며, 크게는 『판단력비판』에서 시도되고 있는 자연과 자유의 통일이라는 과제가 웅대한 대단원의 막을 내리면서 펼쳐지고 있는 곳이 바로 역사의 세계에 대한 고찰이다.

역사에 대한 칸트의 이념은 대체로 1784년 이후에 나온 저술들의 여기저기에 실려 있다. 이 저술들 중의 몇몇은 『베를린 모나트슈리프트(*Berlinische Monatsschrift*)』(칸트의 친구인 비스터 (Biester)가 발행하던 자유 저널)에 발표되었고, 다른 저술들은 칸트 자신에 의해서 제각기 논문으로 출판되었다. 우리는 그 중에서도 1798년의 『계몽이란 무엇인가?』와 『보편사의 이념』을 중심으로, 나아가 『판단력비판』과 『영구평화론』을 통해서 그의 역사철학적 견해들을 음미해 볼 수가 있다.

부분적으로 인간의 자연 본성에 대한 비관적인 견해에도 불구하고 전반적으로 칸트는 인류의 미래에 대해서 낙관적이다. 그는 미래의 어느 시기엔가는 사람들이 영구적인 평화의 상태에서 살게 되리라 믿는다. 하지만 이것은 그가 개개의 인간들의 품성과 동기를 믿고 있기 때문이 아니라, 인간이 처한 상황이 결국에 가서는 인간으로 하여금 서로 조화를 이루며 살아가지 않을 수 없게끔 하리라고 믿었기 때문이다. 이 같은 생각은 그가 자연과 인간의 본성을 어떻게 이해하고 있는지를 보여준다.

자연과 인간은 칸트의 역사철학의 축을 이루고 있는 두 개의 극이다. 인간은 자연 때문에, 동시에 자연에도 불구하고, 진보한다고 그는 생각한다. 칸트가 단지 이렇게 주장할 수 있는 이유는 그가 자연을 두 가지 아주 분명한 의미에서 고려하기 때문이다. 그는 자연을 우선 인간의 자유의 한계를 그어주는 것으로 이해한다. 다른 동물들처럼 인간은 물리적·감각적 세계의 일부분이며, 그 세계의 발전은 자연법칙에 의해 결정된다. 이러한 관점에서 보면, 우리의 행동은 언제나 필연성의 산물이다. 이것은 우리가 진보를 이룩하는 데 전적으로 자유롭지 못함을 시사하는 것 같다. 비록 우리가 그 진보를 바라긴 해도 말이다. 이런 의미에서라면, 자연은 우리의 삶의 개선에 있어서 하나의 장애물이다. 그러나 칸트는 또한 자연을 다른 의미 즉 목적론적 의미에서 이해한다. 이러한 관점에서 보면, 자연은 하나의 현명한 창조자요 공급자로 생각된다. 칸트는 자연은 인간이 표면적으로는 이기적이고 무분별한 방식으로 행동하길 바라 왔는데, 그것이 인류 전체의 이익을 촉진시킬 수 있는 유일한 길이기 때문이라고 언급한다. 칸트가 '자연'을 이런 의미에서 사용할 경우에 이 용어는 기독교의 신(God)의 관념과 아주 여러모로 공통점이 있는 것으로 보인다. 칸트가 말하기를, 자연이 이루어 놓은 것이야말로 신의 섭리의 작품이다.

칸트는 자연을 이해하는 방식으로 역사를 이해하기 위해서 자연의 법칙을 정식화하는 것처럼 우리가 역사의 법칙을 정식화할 수 있는지에 대해서 묻는다. 그의 견해로는 이러한 법칙을 발견하는 것은 어렵지만, 비슷하게나마 인류의 발전을 전망하는 발견에 근접할 수도 있으리라는 견해를 조심스럽게 피력해 보는 자세를 견지한다. 그러나 진보가 있다면 이것은 틀림없이 인간의 지혜 덕택이 아니다. 왜냐하면 칸트는 역설적으로 말하기를 철학자조차도 그들의 삶을 계획할 만큼 충분히 지혜롭지 못하기 때문이다.

그럼에도 불구하고 칸트는 높은 기준을 설정한다. 그는 케플러가 행성의 자연법칙을 발견했던 것처럼 역사의 자연법칙을 발견하고자 한다. 칸트가 역사에 있어서의 자연의 계획에 대해서 말할 때, 그는 역사에서 어떤 계획을 의식적으로 실행해 온 실제적인 입법자나 그런 본성을 갖춘 정신이 존재한다는 것을 의미하지는 않는다. 다만 만일 자연이 역사에 있어서 어떤 목적을 갖고 있는 이념과 같이 우리가 역사를 이해하기를 바란다면, 우리는 역사에 대한 이해에 있어서 어떤 이념에 의존해야만 한다는 것을 의미할 뿐이다. 이 이념은 과학적 탐구에 의해서는 증명도 논박도 될 수 없지만, 그 이념 없이는 우리는 역사를 전혀 이해할 수가 없다. 이 이념은 과학적 법칙과 동등한 자격을 갖는 것으로 간주되어서도 안 된다. 여기서도 칸트의『순수이성비판』의 정신이 그대로 유지되고 있음을 엿볼 수 있다.

칸트는 널리 인정되듯이 이념이란 역사의 사실을 바라보는 데 있어서 가능하기만 한 것이 아니라 유익하기도 하며, 유익하기만 한 것이 아니라 필요하기도 하다는 식의 주관적인 관점을 취한다. 칸트의 용어를 빌리면, 이는 이성의 규제적 원리의 일종이다. 그의 주된 관심은 인간의 자유에 있기 때문에 인간의 자유의 발전은 그에게 필요한 실마리를 제공해 준다. 그러므로 그는 자연의 계획은 자유의 상태로의 인류의 도야를 의도해야만 한다고 가정한다. 혹은 달리 말해서 자연은 인간에게 이성을 부여하였기 때문에, 그리고 자연의 목적은 인간의 본질을 실현하는 것이기 때문에, 자연은 인간을 이성적이 되도록 만들어 왔다.

인간의 본질은 실현되어야만 한다는 칸트의 견해는 자연의 목적론은 내재적인 것이지 외재적인 것이 아니라고 주장했던 『판단력비판』에서 전개된 바 있는 논증을 따르고 있다. 그 목적이 한 개인의 생애에서는 완전하게 실현될 수 없으며 다만 인류 전체에 의해서만 가능하다는 것은 칸트적 이성의 한 특징이다.

그러나 자연과 역사가 어떤 목적을 본래부터 소유하고 있는 것은 아니다. 오히려 이성이라는 구조가 자연과 역사가 합목적적이라고 우리가 가정하는 것을 필연적이도록 한다는 것이 칸트의 논증이다. 인간의 정신이 그것들을 충분히 파악할 수 있는 다른 방도란 없다. 게다가, 역사의 경우에는 외관상 무질서해 보이는 사건들의 진행에 하나의 목적을 부과하려는 시도에 있어서 인간이 전적으로 무능한 존재는 아닐 것이라는 점을 우리는 인정해야만 한다. 인간이 이성적·합목적적 피조물인 한에서 인간은 사건의 형성 과정에 손을 쓸 수도 있다. 그리하여 역사를 하나의 목적론적 의미에서 생각하는 일은 우리에게 역사의 이해뿐만 아니라, 인간의 미래의 발전 속에서 하나의 목적을 실현할 수 있는 가능성을 열어놓는 데 보탬이 되는 이득을 제공한다고 칸트는 생각한다.35)

이러한 견해는 칸트의 역사철학의 중심을 이루고 있다. 많은 시간과 정력을 바친 인간학적 연구들을 토대로 칸트는 인류의 통일에의 구상을 확립했다. 문화는 개인적인 노력의 산물이 아니라 인류 전체에 의해서 산출된 것이었다. 그러므로 이성적 존

---

35) H. Williams, *Kant's Political Philosophy*, Oxford: Basil Blackwell, 1983, 22쪽.

재로서의 인간은 역사적 과정 속에서 살아가지 않으면 안 된다. 역사란 합리성을 향한 진보의 과정이지만, 이 과정이 언제나 합리적으로 지속적인 진보를 수반하는 것으로 생각해서는 안 된다. 『학부들의 싸움』(1798)에서 칸트는 진보의 문제가 경험에 의존해서 해결될 수 있다는 주장을 분명하게 거부한다. 그에 의하면, 진보와 관련하여 생각해 볼 수 있는 어떠한 가능성도 올바른 해답을 제시하지 못한다.

첫 번째 가능성은 모든 것은 더 나빠지고 있다는 것이다. 이 가정은 설득력이 없다. 왜냐하면 일정한 단계가 지나고 나면 사물은 아주 나빠져서 모든 것이 해체될 것이기 때문이다. '천년왕국설(chiliasm)'이라 불리는 두 번째 가능성은 모든 것은 더 나아지고 있다는 것을 내포하고 있지만, 그 역시 마찬가지로 잘못된 것이다. 그것이 잘못인 것은 어떤 개인에게든 감소될 수 없는 악이 존재하며, 증가될 수 없는 선이 존재하기 때문이다. 선을 증가시키기 위해서는 인간은 그가 갖고 있는 것보다 더 많은 선을 소유해야만 할 것이기 때문이다. 세 번째 가능성은 모든 것이 더 나빠지지도 더 좋아지지도 않고 그저 정체되어 있다는 것이다. 선과 악이 서로 중화되어 있는 것으로 여겨진다. 그러나 이것은 인간의 가치를 무시해 버리는 익살스러운 상황이다.

칸트는 역사의 진행을 읽어낼 수 있는 원리를 경험 밖에서 찾아보아야 한다고 생각한다. 그리고 그것을 인간의 도덕적 품성에서 찾을 수 있다는 견해는 그의 철학의 구석구석을 떠받치고 있는 근본 사상에 연결되고 있다. 그렇지만 그의 역사철학적 논리는 이 도덕적 품성은 외견상 법적 장치 속에서 실현된다는 인간 본성의 한계 및 현실적 제약을 인정하는 조심스러운 전망을 제시한다. 프랑스 혁명은 그에게는 이런 성격의 사건을 나타내는 것으로 보였다. 왜냐하면 그 혁명은 엄밀히 말해서 공화정 국가의 수립이 목표이기 때문이다.

칸트는 이 같은 역사적 사건의 진행이 곧 인간의 합리성을 확장시켜 주며, 또 그것은 그것의 결과이기도 하다고 생각한다. 그리고 합리성의 확충을 꾀하는 것은 도덕적 책무이기도 하다고 본다. 왜냐하면 이러한 확충은 우리의 도덕적 본성을 충분히 실현할 수 있는 유일한 길이기 때문이다. 나아가 이러한 길은 궁극적으로 공화정 정체를 수립함으로써 실현될 수 있다는 생각은 그의 역사철학이 곧 정치철학과 밀접한 관계를 이루고 있음을 보여준다. 이러한 목표를 칸트는 터무니없는 황당한 것은 결코 아니라고 본다. 물론 역사가 움직여 가는 목표로서의 공화정의 시민 헌법의 수립은 하나의 이상이기 때문에 그것을 완전하게 실현하기란 불가능하지만 가까이 접근할 수는 있다는 것이다.

그러나 무엇보다도 중요한 칸트의 견해는 만일 공화정 정체의 수립 여부가 단지 인간의 도덕적 결정에만 의존한다면, 그 전망은 정말로 어두울 것이라는 주장이다. 칸트에 의하면, 우리 각자가 인간에 대해서 너무 많은 것을 기대해서는 안 되며, 역사는 우리가 인간들의 투쟁을 충분히 이해할 경우에만 제대로 해석될 수 있다. 왜냐하면 칸트가 보기에 인간은 본래가 비사회적 사회성이라는 이중적 본성의 소유자로서 사회적 존재일 뿐 아니라 반사회적 존재이기도 하기 때문이다. 비사회적 사회성, 사회에 널리 퍼져 있는 상호간의 반목질시는 자연이 인간에 심어져 있는 모든 능력들을 개발하기를 꾀한다는 것을 의미한다.

그리하여 역설적이긴 하지만 인간의 역사에 있어서 "인간은 화합할 것이지만, 인류에게 무엇이 유익한지를 더 잘 알고 있는 자연은 화합하지 않기를 바란다." 논리적으로 보아, 이런 견해는 만일 역사가 인간이 이성적이 되어 가는 과정이라면, 인간은 애초부터 이성적일 수는 없다는 가정과 잘 어울리는 것이다. 결론적으로 그 과정의 주요 동기로 작용하는 힘은 이성일 수가 없다. 그것은, 인간들 상호간의 반이성적인 반목질시와 같이, 이성과는 근본적으로 구별되는 어떤 것이다. 그것은 곧 자연의 합목적성, 자연의 섭리 혹은 신의 섭리가 인류의 역사에 작용하고 있다는 뜻이 된다. 그러나 우리 인간은 그것을 결코 확정적으로 알 수는 없다. 다만 이 같은 규제적 원리로 역사를 바라볼 때, 그나마 역사와 인류에 대한 가장 신뢰할 만한 해석이 아니겠느냐 하는 것이 칸트의 생각이다.

제 2 장
도덕철학의 과제와 정언명법

1. 도덕철학의 과제

칸트가 『순수이성비판』에서 중점적으로 다룬 과학적 인식 체계는 현상 세계에 머물고 물 자체의 세계에는 미치지 못한다. 앞 장에서 살펴본 바와 같이 이론이성 또는 사변이성의 비판은 이성의 인식 능력에 대한 비판이었다. 그 비판을 통해서 우리의 이론적 지식은 현상계에서만 타당하며, 따라서 이론이성의 세계에서는 이성의 이념은 단순히 규제적 원리로서의 역할만을 수행할 수 있을 뿐이었다. 물론 이 이념은 오히려 과학적 인식 체계의 성립을 위해서는 불가결한 요소라는 것도 긍정적으로 평가할 수 있는 비판의 성과 중의 하나이다. 그러나 그것만으로는 이성의 진정한 관심을 전체적으로 충족시킬 수가 없다.

칸트는 이성의 고유한 의도가 실천적인 데 있음을, 그것이야 말로 진정으로 이성이 목표로 하는 이성 자신의 고유한 관심임을 강조한다. 그러한 관심은 실천이성을 통해서 그리고 도덕의 세계에서 만족될 수 있는 그러한 성질의 것이었다. 바로 사변이성의 비판은 이 길로 나아가기 위한 예비적 조치이기도 했다. 이제 칸트는 도덕의 세계가 어떠한 토대 위에 세워져야만 하는가를『순수이성비판』에서의 통찰과 성과에 힘입어 확신을 갖고 말할 수 있게 된 것이다.

칸트에 의하면, 형이상학적 충동의 원천으로서의 인간의 이성에는 공간·시간의 제한된 세계를 뛰어 넘으려고 하는 불가항력적인 충동이 숨어 있다. 인간의 소질적 이성은 초감성적 사물에 매력을 느끼는 것이 사실이다. 바로 이 때문에 전통적 형이상학은 이러한 이성의 본성에 맹목적으로 봉사한 결과로서 독단적인 형이상학적 체계를 정당화하고자 했던 것이다. 그러나 칸트는 이성이 본성적으로 관심을 갖는 초감성적 사물에 대한 인식에는 인간의 인식 능력으로는 도저히 도달할 수 없다는 결론에 이르렀다. 우리의 인식은 다만 생멸의 세계 즉 경험 가능한 세계에 대해서만 타당하다는 인식 능력의 한계 그음이야말로 비판철학이 내놓은 일차적인 성과였다. 다만 이성은 오성에 의한 다양한 인식에 초경험적인 현상과 상관하는 이념에 의해서 선험적인 통일을 주려고 한다. 곧 오성이 규칙들에 의해서 현상들을 통일하는 능력이라면, 이성은 원리들 밑에 종합하는 능력이다. 이것을 칸트는 플라톤(B.C. 427-347)의 용법에 따라 '이성의 이념' 또는 '이성의 순수한 개념'이라고 하였다. 이들은 경험에 의

64

존하지 않으면서 경험에 통일을 부여하려는 이성의 무제약적 이념이다.

이러한 무제약적 이념에는 세 가지가 있다. 그 하나는 절대적 주체로서의 '영혼'이요, 다른 하나는 절대적 객체로서의 '세계'이며, 또 다른 하나는 주체적이고 객체적인 모든 존재자의 근원으로서의 '존재자의 존재'인 '신'이다. '영혼'은 내적 현상에 관한 오성적 인식에 이성이 궁극적 통일을 주려는 데서 생긴다. '세계'는 외적 현상에 관한 오성적 인식에 이성이 궁극적 통일을 주려는 것이며, '신'은 내적·외적 현상 전반에 관한 오성적 인식에 이성이 최후의 절대적 통일을 주려는 데서 생긴 것이다. 이러한 이념들은 현실적으로 발견되는 것도 아니고 그렇다고 현실적으로 주어지는 것도 아니다. 한마디로 실재성을 갖지 못한다. 다만 이성에 대한 당위로서 과해져 있다는 것뿐이다. 그러므로 이것들은 이성의 구성적 원리가 아니라 규제적 원리이다.

그러나 이성의 본래의 관심은 이들 무제약적 이념들을 단순히 규제적 이념에만 머물게 하는 것이 아니라 이들 이념에 실재성을 부여하려는 근원적인 욕구를 갖고 있다. 그런데 이런 욕구는 이론이성의 영역에서는 불가능한 것이었음이 밝혀졌다. 바로 이런 이성의 관심사가 충족될 수 있는 정당한 출구를 칸트는 실천이성의 세계에서 찾을 수 있으며, 여기서야말로 진정으로 이성의 궁극 목적이 현실성을 가질 수 있다는 결론에 도달한다. 그러면 이론이성이 못 다한 일을 실천이성은 어떻게 해결하는가? 그것은 실천이성의 능력과 구조 자체에 자리 잡고 있기 때문에 가능한 일임이 밝혀진다. 이성의 양면성에서 실천이성은 의지를 규정하는 원리와 능력의 원천이다.

칸트에게 실천이성과 의지는 같은 의미로 사용된다. 칸트가 뜻하는 의지는 표상에 대응하는 대상들을 낳는 능력이거나 이런 대상들을 낳도록 자기를 규정하는 능력 즉 자신의 원인성을 규정하는 능력이다. 이러한 구분은 결국 실천이성(의지)이 자신이 의욕하는 것을 행동으로 옮길 수 있는 능력이자 동시에 그러한 행위를 규정짓는 근거와 원리를 외부로부터가 아니라 자기 자신에게서 발견하는 능력의 소유자임을 의미한다. 이 때문에 이성이 그러한 행위의 원리를 근거짓는 자발적 능력을 갖고 있다는 사실을 보여주고, 따라서 이성 자체로부터 도덕성의 최고 원리를 확립하고 그것을 정당화하는 일이 도덕철학의 최우선의 과제가 된다. 이 문제의 해명을 위하여 칸트는『도덕형이상학 정초』와『실천이성비판』을 저술하였다. 여기에서 비로소 칸트가『순수이성비판』을 통해서는 주장할 수 없었던 저 전통적 형이상학에서의 이념들의 지위가 복권된다. 그러나 이러한 형이상학의 전통적인 초감성적 대상들이 칸트의 도덕철학의 영역에서 단순히 종래의 위상을 그대로 회복하게 되는 것은 아니다. 이들은 이성 자체에 내재해 있는 도덕적 기초에 의해서 조명됨으로써 새로운 의미들을 부여받게 된다.

앞서 지적했듯이 칸트의 도덕철학의 근본 과제는 한마디로 도덕성의 최고 원리의 확립과 정당화에 있다. 그리고 이러한 작업을 통하여 칸트는 이 원리가 우리에게 의무를 과하고, 따라서 우리의 목적이나 동기의 옳고 그름을 판단하는 척도임을 보여주고자 한다. 이처럼 도덕의 확실한 기초를 세우려는 칸트의 의도는 이미 전비판기부터 그의 확고부동한 관심사였다. 그것은 물론 단순히 도덕의 문제뿐만이 아니라 인식의 문제에서도 똑같이 적용된다. 그 이유는 칸트가 활동하던 18세기가 인식과 행위의 문제에 있어서 대체로 회의주의적인 분위기에 휩싸여 있었고, 이를 극복하고 바로잡아야 하는 과제가 무엇보다도 중요한 일이었기 때문이다. 이러한 과제를 수행하기 위해서 칸트가 먼저 해결하지 않으면 안 되었던 일이 바로 독단과 회의라는 그릇된 태도를 바로잡기 위한 이성 능력의 비판이었다. 그것도 우선적으로 이론적 인식의 문제에 대한 비판이 선행되어야 하지만 비로소 도덕의 문제를 해결할 수 있는 올바른 통로와 확고한 기초가 마련될 수 있으며, 따라서 독단과 회의의 벽을 극복할 수 있다고 본 것이 비판철학자로서의 칸트의 통찰이었다.

이와 같이 인식의 문제와 도덕의 문제를 둘러싸고 벌어지는 칸트 철학의 기본 구조를 우리는 자연과 자유(도덕)를 축으로 하여 펼쳐지는 세계라고 말할 수 있다. 그리고 이 두 축의 중심을 이루는 것은 다름 아닌 인간이었다. 결국 칸트의 철학 체계는 하나의 웅장한 건축물을 보듯 인간을 중심으로 자연의 세계와 자유의 세계가 상호 조화를 이루며 전개되고 있다. 이처럼 철학이라는 건축물을 떠받치고 있는 인간·자연·자유에 대한 칸트의 철학적 관심은 자주 인용되는 다음과 같은 구절에 압축적으로 잘 드러나 있다.

내가 두 가지 사물을 거듭 또 오랫동안 생각하면 생각할수록 그것은 더욱 새롭고 더욱 드높아지는 감탄과 경이로서 나의 마음을 가득히 채워 놓는다. 이 두 가지 사물이란 내 머리 위의 반짝이는 하늘과 내 마음속의 도덕법칙이다.[1]

---

1) *Kritik der praktischen Vernunft*, 300쪽.

여기서 내 마음속에 감탄과 외경을 갖게 하는 두 가지 사물을 일러 "내 머리 위의 반짝이는 하늘"과 "내 마음속의 도덕법칙"이라고 한 말에도 암시되어 있지만, 칸트의 철학은 인간 자체를 중심축으로 하여 양극으로 뻗어 나가는 대칭적 구조의 건축술적 체계로 이루어져 있다. 전자는 감성계(또는 현상계)와 이에 속하는 가시적인 감성적·경험적 자아가, 후자는 예지계(또는 가상계)와 이에 속하는 비가시적인 예지적 자아(혹은 인격성)가 각각 체계의 중심 영역을 이루고 있다. 이들 각자는 다시 인간 중에서도 선험적 자아에 의해 통일적으로 매개되어 있다.

칸트는 나와 현상적 자연 세계와의 결합은 '우연적인 것'으로, 예지적 자유 세계와의 결합은 '보편적 필연적인 것'으로 인식한다.2) 그런데 자연 세계의 고찰은 인간의 감관이 직접적으로 관계 맺고 있는 대상 영역에 대한 탐구이며, 오성은 이에 수학적 정밀성을 모범 삼아 접근한 결과 엄청난 발전적 성과를 가져온 반면에, 도덕(세계)의 고찰은 수학과 같은 방법이 결여되어 있기에 그렇지가 못하였으며, 따라서 칸트는 우리가 일상생활에서 늘 사용하는 상식적인 방법에 부합하는 화학적 방법, 즉 "실례 중의 경험적 요소와 이성적 요소를 서로 분리하는 방법"3)에 의한다면 자연 세계에 대한 고찰과 유사한 성과를 도모할 수 있으리라 생각한다.

칸트의 이성비판의 철학이 과학적 지식의 필연성과 보편성, 즉 과학의 확실성의 토대를 인식 주체의 선천적 구조에서, 즉

---

2) *Kritik der praktischen Vernunft*, 300쪽.
3) *Kritik der praktischen Vernunft*, 301쪽.

경험으로부터 이끌어낼 수 없는 선천적인 오성의 범주에 의해서 가능하다는 것을 증명한 것처럼, 칸트는 타당한 도덕원리 또한 경험적 요소들로부터 전적으로 독립한 것이어야 한다고 생각한다. 즉, 객관적이고 보편적인 구속력을 갖는 도덕의 원리란 선천적인 기초 위에 세워져야만 한다. 칸트에 의하면, 보편적 구속력을 갖는 도덕원리는 인간의 욕구나 경향성 등 경험적 감성적 요소들에 의존해서는 발견해 낼 수가 없다. 이것들은 사람에 따라 서로 다르고, 또 상황에 따라 한 개인에 있어서도 변하기 때문에, 도덕의 보편적 근거는 인간의 이성적 본성에 두어져야만 한다. 칸트는 이것이 이미 모든 사람의 일상적인 도덕의식이나 양심을 통하여 모든 이성적 존재자에 대해서 보편적으로 타당한 필연적인 도덕적 명령으로 나타나는 것으로 보고, 이로부터 도덕성의 최고 원리 내지는 규범을 발견해 낸다. 그 결과가 바로 칸트의 도덕철학을 한마디로 특징지어 주는 개념인 정언명법 또는 도덕법칙이다.

이러한 칸트의 사고는 도덕성의 최고 원리가 보편적 구속력을 갖는 객관성과 보편성의 조건을 충족시켜야 하고 또 그런 것이 이성적 존재자에서 발견되어야 하며, 또 그것을 알 수 있다고, 즉 그것이 추론의 결과가 아니라 우리의 내부로부터 하나의 사실(Faktum)로서 즉각적으로 알려진다고 보았다는 점에서 다분히 직각주의적이며, 따라서 직각주의 윤리설의 한 면모를 엿볼 수 있게 한다. 그러나 다른 한편으로 칸트는 이 같은 도덕법칙 혹은 정언명법이 우리에게 알려지기 위해서는 인간의 의지가 미리부터 자유이지 않으면 안 되며, '자유가 도덕법칙의 존재근거'라고 본 점에서, 나아가 이 때문에 의지(실천이성)의 규정 근거를 천착하는 데 심혈을 기울이고 있는 점을 미루어볼 때, 근본적으로 그의 도덕철학은 형이상학적이다. 칸트가 자신이 추구하는 도덕철학 혹은 윤리학을 '도덕형이상학(Metaphysik der Sitten)'이라 이름 붙인 것만 보더라도 손쉽게 추정할 수가 있다.

그럼에도 직각주의적인 면모를 엿볼 수 있다는 점에서 우리는 칸트의 도덕철학의 방법론적 성격을 어느 하나로 단정짓기가 곤란한 점이 있다 하겠으나, 그의 이론의 직각주의적인 성격은 주로 인식론적 관점에서의 특징으로 봄으로써 이 양자의 측면이 충분히 공존할 수 있는 것이라 말할 수 있다. 『순수이성비판』에서 중점적으로 논의되고 있는 이론적 인식과는 달리 실천적인 도덕적 인식은 경험적 소여를 전제하지 않고서 이루어지는 것이기 때문에 그것은 불가불 우리의 직접적인 도덕적 인식 능력에 의존할 수밖에 없다. 그런 점에서 직각주의적인 성격을 가지지 않을 수가 없다. 그러나 동시에 그것은 그 바탕에 자유의지 또는 순수한 실천이성과 같은 능력이나 원리를 전제하고 있다는 점에서 존재론적으로는 형이상학적이다. 따라서 이 양자는 함께 칸트가 도덕성의 최고 원리를 확립함에 있어서 취하고 있는 기본 입장이라고 보는 것이 옳을 것이다.

칸트에 의하면 의지의 규정에는 두 가지 가능성이 있을 수 있다. 그 하나는 의지가 이성 자체의 법칙에 좇아서 규정되는 것이요, 다른 하나는 이성의 영역을 넘어선 곳에 존재하는 외부의 것에 의하여 규정되는 것이다. 칸트는 전자를 의지의 자율, 후자를 의지의 타율로 규정한다. 칸트는 종래의 모든 윤리학은 타율 도덕으로서 인간의 의지를 규정하는 근거를 외적인 데에 두려는 오류를 범해 왔다고 지적한다. 다시 말하면 의지 너머에 이미 존재하고 있는 '행복', '최고선' 등을 최고의 가치로 설정하고 어떻게 그것에 도달하는지를 제시하려고 하였다는 것이다. 칸트의 입장에 따르면 이 모든 것들은 의지의 타율성을 강조한 것이다. 이와 같은 방법으로는 필연적으로 보편타당한 행위의 법칙을 얻을 수 없기 때문에 타당성 있는 진정한 원리를 포착하려면 그것은 이성 자체에서 도출되어야 한다고 주장한다. 그리고 이를 일러 자율 도덕이라 부른다.

칸트는 이 같은 보편주의 윤리학을 수립하기 위한 한 방편으로 준칙과 법칙을 다음과 같이 구별한다. "준칙(Maxime)은 행위의 주관적 원리이며, 객관적 원리 즉 실천법칙과는 구별되어야 한다. 전자는 이성이 주체의 조건(흔히 주체의 무지나 경향성 등)에 따라 규정하는 실천적 규칙을 포함한다. 그러므로 주체가 그것에 따라 행위하는 원칙이다. 그러나 법칙(Gesetz)은 모든 이성적 존재자에 대해서 타당한 객관적 원리이며, 모든 이성적 존재자가 그것에 따라 행위해야 할 원칙 즉 명법이다."[4] 다시 말해서 준칙이란 의지의 보편적 규정을 포함하는 명제인 실천원칙이 주관의 의지에 대해서만 타당한 것으로만 보는 규칙 곧 의욕의 주관적 원리이다. 이에 반하여 법칙은 주관이 실천원칙을 객관적으로 타당한 것으로, 즉 모든 이성적 존재자의 의지에 대해 타당한 것으로 인식하는 객관적 원리 곧 '실천법칙'이다.

칸트는 또한 인간을 이원적 구조로 보고 세계 역시 "예지계

---

4) Kant, *Grundlegung zur Metaphysik der Sitten*, 바이세델판 VII권, 51쪽 각주.

와 현상계"5)로 구분하는데, 이는 인간의 행위를 두 대립적 본성인 의무와 경향성에 입각하여 해명하고 있는 기본 구도와 완전히 일치한다. 칸트는 예지계(das Intelligibel)는 자유법칙이 지배하며, 현상계(das Sensibel)는 자연법칙이 지배한다고 보았다. 그리고 인간의 도덕적 행위를 설명함에 있어서 이 도덕법칙은 곧 자유법칙의 또 다른 명칭에 불과한 것임이 밝혀진다. 칸트가 자신의 도덕철학의 대전제가 되는 도덕법칙의 발견을 "자유는 도덕법칙의 존재근거이며 도덕법칙은 자유의 인식근거이다"6)라는 명제로 집약하고 있음은 이것이 곧 도덕의 세계를 지배하는 근본 원리임을 선언하고 있는 것이나 마찬가지이다. 이 명제는 사람이 도덕법칙을 인간의 이성 중에 명백히 하지 않았더라면 인간의 의지처럼 자유로서 존재하는 무엇을 가정하는 권리를 우리는 인정할 수가 없을 것이며, 그러나 또 의지의 자유와 같은 것이 없으면 도덕법칙은 인간에게 도저히 발견될 수가 없기 때문에 자유는 도덕법칙의 존재근거가 된다는 것을 뜻한다.

칸트의 인식론 체계가 감성계와 오성계라는 두 세계의 필연적인 논리적 결합을 꾀한 것이라면 윤리학도 그 예외가 아니다. 그렇다면 이 두 세계의 결합 가능성이 문제되듯이 "현실적으로 자연법칙이 지배하는 현상계에 살고 있는 인간이 어떻게 도덕법칙에 따라 살 수 있는가?"라는 것 역시 문제가 될 수 있다. 다시 말하면 자연의 인과법칙의 지배를 받는 나의 행위가 실제로는 자유법칙이 적용되는 도덕법칙에 합당한 행위인지 아닌지를

---

5) *Kritik der reinen Vernunft*, B 306, 313.
6) *Kritik der praktischen Vernunft*, 108쪽.

우리는 어떻게 알 수 있는가 하는 것이다. 이에 대하여 칸트는 감성과 오성을 구상력(構想力, Einbildungskraft)에 의한 도식(圖式, Schema)7)의 개념을 끌어들여 두 세계의 필연적 결합을 의도했듯이 실천적인 문제에 있어서도 도덕법칙의 전형(典型, Typus)으로서의 자연법칙8)을 끌어들여 해결한다. 즉, 도덕법칙과 자연법칙 양 법칙이 형식성과 보편성에서 동종적임을 들어 해명하고 있다. 이것은 존재계의 선험적 자유(이념적 자유)의 근거와 의지계의 실천적 자유의 근거를 암암리에 동일시하는 근원적 통일성의 의도가 숨겨져 있음을 말해 주는 것이다. 물론 이념적 자유와 실천적 자유의 통일은 도덕적 이념의 실현과 관계된다.

신과 영혼불멸의 이념은 칸트에게 있어서는 더 이상 도덕법칙의 조건이 아니라 도덕법칙에 의해 결정된 의지의 필연적 객관인 최고선이나 최상선의 조건들로 새롭게 해석된다. 칸트에게 가장 확실하고 분명한 사실은 다른 것에 의존함이 없이 그 자체로서 발견되는 이성의 사실로서의 도덕법칙이다. 이에 비하면 신이나 영혼불멸은 직접적인 인식이 전혀 불가능한 대상, 즉 불가지의 대상들이다. 이러한 이유에서 칸트의 도덕철학에서는 인식에 있어서의 코페르니쿠스적 전회 이상의 혁명적인 역전이 이루어지게 되는데, 이제 인간의 도덕적 행위의 목적은 최고선을 전제로 하여 주어지는 것이 아니라 도덕법칙을 실현해야 한다는 목적을 달성하기 위해서 필연적으로 신과 영혼불멸과 같은 도덕

---

7) *Kritik der reinen Vernunft*, B 177, 693, 861
8) *Kritik der praktischen Vernunft*, 189쪽.

적 이념들을 필요로 할 뿐이다. 따라서 여기서 칸트의 도덕법칙 혹은 정언명법은 그만의 고유한 의미를 갖게 되고, 도덕철학뿐만 아니라 전 실천철학적 영역에서 중심 역할을 맡게 된다.

그렇다면 도덕법칙의 또 다른 이름인 정언명법이란 무엇인가? 우선 칸트에 있어서 모든 명법은 조건적으로 타당한 가언명법과 무조건적으로 보편타당한 정언명법으로 구분된다. 예를 들면 원칙으로서의 진실을 말해야 한다면 그것은 무조건적 명령으로서의 정언명법이나, 다만 처벌을 피하기 위하여 어쩔 수 없이 진실을 말한다면 그것은 조건을 수반하는 명령이므로 가언명법이다. 여기서 알 수 있는 바와 같이 가언명법은 목적 달성을 위한 실천적 명령으로서 어떤 가능한 행위의 필연성을 원하는 방향으로 결정짓는 것이다. 다시 말하면 의지의 조건들을 오직 그 결과를 낳는 데 충분한 조건인지 또는 불충분한 조건인지에 따라서만 의지를 규정하는 것 즉 의지를 욕망된 결과에 따라서 규정하는 것이다. 그러므로 의지를 의지 자체에 의해 무조건적으로 규정하지 않고 욕망과 의욕의 유용성에 의해 규정하기에 법칙과는 구별된다.

이러한 가언명법에는 숙달의 명법과 영리의 명법이 있다. 숙달의 명법의 유일한 문제는 원하는 목적을 달성하기 위하여 무엇을 행해야 하는지가 문제로서 사실의 원리에 기초를 두고 있다. 곧 목적 달성을 위해서 사실적으로 수행해야 하는 필연성을 말하는 것이다. 이에 대하여 영리의 명법은 실천적·필연적으로 행복을 도모하기 위한 수단의 선택에 관계하는 명법이다.[9] 이러

---

9) *Grundlegung zur Metaphysik der Sitten*, 45쪽.

한 명령은 목적의 달성과 선택을 도모하기 위한 수단일 뿐 절대적으로 명령되는 것은 아니다.

그러나 이와는 반대로 정언명법은 다른 목적과는 관계없이 행위를 그 자체로 객관적·필연적인 것으로 생각하는 것,[10] 즉 의지만을 고려하지 그것이 산출하는 결과를 고려하지 않으며, 단적으로 의지를 그 자체에 의해서만 충분히 규정하는 실천법칙이다.[11] 이 법칙은 도덕성의 명법으로서 행위 자신을 낳을 명령과 원리에 관계되는 명법이다. 그러므로 칸트는 정언명법만이 실천적 명령이라 할 수 있고 그 이외의 모든 명법은 의지의 원리라고는 할 수 있으나 법칙이라고는 말할 수 없다고 하였다.

칸트는 정언명법의 가능성에 관한 물음은 명법에 의해서 표현된 의지의 강제가 어떻게 생각될 수 있는가를 묻는 것과 다를 바 없다고 하였다. 그러므로 의지의 강제가 생각될 수 있기 위해서는 인간성 내에 선천적 당위가 전제되어 있어야만 한다. 그러기에 칸트는 정언명법의 존재근거로서 도덕성과 경향성이 서로 대립하는 유한한 인간의 이중성과 의지의 자유를 전제하였던 것이다. 그런데 여기에 유한한 존재로서의 인간이 어떻게 정언명법을 실천할 수 있는가의 문제가 생긴다. 이것은 칸트의 도덕철학에 있어서 최고선의 이상과 연관된다. 그러므로 앞으로 전개할 내용에서는 칸트가 자연의 왕국과 목적의 왕국, 준칙과 법칙, 관념과 행위를 조화하려는 노력의 일환으로 즉 실천적 이념의 구체화(도식화)로 정언명법의 정형(定型, Formel)을 제시하

---

10) *Grundlegung zur Metaphysik der Sitten*, 43쪽.
11) *Kritik der praktischen Vernunft*, 126쪽.

였다고 이해한다. 왜냐하면 칸트에 있어서 정형의 체계는 도덕적 세계(자유)의 이념을 현상적 세계(자연)에 구체화한 것, 곧 도덕적 이념의 객관적 실재성을 감성계에 드러내려는 것으로 보아야 하기 때문이다.

결국 칸트 도덕철학의 과제는 소극적으로는 종래의 도덕이 잘못된 기초와 목표 설정으로부터 출발함으로써 해결을 볼 수 없었던 도덕적 문제들을 비판적으로 검토하여 해체시켰고, 적극적으로는 도덕성의 최고 원리가 이성의 사실로서 이성 자체로부터 발견된다는 사실을 확립하여 일련의 연역적 방법과 개념들을 도구로 활용함으로써 도덕 체계의 정당성을 보여주는 데 있다. 그리고 그 과정에서 형이상학의 전통적 개념들이 새롭게 조명됨으로써 전통적인 규범윤리학과는 전혀 다른 새로운 논리에 입각한 가장 전형적인 의무론적(deontological) 윤리 체계가 수립된다. 이러한 체계를 우리는 정언명법을 둘러싼 칸트의 해명을 중심으로 접근할 수 있으며, 그것이 칸트의 도덕철학을 이해하는 가장 유력한 방법들 중의 하나라고 할 수 있다.

2. 선의지와 의무의식

칸트가 정언명법이 도덕성의 최고 원리임을 증명하기 위해서 제일 먼저 우리에게 제시하고 있는 접근방식은 일반 대중의 일상적인 도덕의식에 호소하는 전략이다. 칸트는 도덕적 행위를 결정함에 있어서 그들이 사용하는 도덕원리야말로 정언명법의 일면을 보여주고 있다고 생각한다. 그리고 그것을 알 수 있는 단적인 징표를 일상인의 의무의식에서 발견한다. 물론 그렇다고 해서 그것이 곧 일상인이 최고의 도덕원리를 완전히 인식하거나 또 그대로 행동으로 옮길 수 있다는 것을 뜻하지는 않는다. 하지만 일반인들이 행위의 일반적 지침으로까지는 이해하지 못한다 할지라도, 그들이 이를 도덕적 행위를 판단하는 데 실제로 사용하고 있다고 생각한다.[12] 따라서 칸트는 이 원리를 분명하게 드러냄으로써 우리의 도덕판단의 철학적 기초를 해명하는 것이 도덕철학자의 중요한 임무라고 생각한다.

칸트는 이러한 도덕성의 최고 원리의 해명을 곧바로 일반인의 의무의식 자체로부터가 아니라 선의지(Guter Wille)의 개념과 관련하여 시작한다. 이러한 방법은 선의지나 의무 개념 자체는 더 이상 분석될 수 없는 개념이기 때문에, 그리고 오히려 이 양자 개념의 필연적 관계를 통하여 그 의미가 더욱 잘 드러날 수 있기 때문이다. 칸트에 있어서 선의지는 여러 가지 재능이나 세속적인 행복을 초월하고 그 효용성이나 결과로부터 완전히 독립해 있다. 어떤 행위가 선하고 도덕적 가치를 갖는 것은 그것이 행위자의 이해관계나 경향성 즉 개인적인 좋고 나쁨의 감정이나 감각적 욕망에서 발생하는 것이 아니라, 오로지 의무에서 발생한다고 보았다. 또한 그것은 무엇인가 일정한 목적을 달성하려는 의도에서 나온 것이 아니라, 다시 말해 개개의 목적을 성취하려는 실질적 동기에서가 아니라, 의욕의 형식적 원리에서 발생한다는 것이다. 그렇지 않으면 그러한 선은 어디에서나 그리고 또한 누구에게나 타당한 보편적 필연성을 갖지 못한다는 것이다. 그리하여 칸트는 선의지를 본래적 가치(최고선)로서 다

---

12) *Grundlegung zur Metaphysik der Sitten*, 20-21쪽.

음과 같이 정의하고 있다. "이 세계 안에서나 세계 밖에서도 온전히 무제한적으로 선으로 여겨질 수 있는 것은 오로지 선의지 밖에 생각할 수 없다."[13] 여기에 '세계 안에서'와 '세계 밖에서'라는 말은 경험으로서의 현상계(Phänomena)와 물 자체로서의 가상계(Noumena)를 지칭하는 것이다.[14] 그리고 칸트에게 있어서 '선의지'라는 개념은 '양심'과 같은 것으로 전제적인 것이며, 그의 도덕철학의 체계에서 "아르키메데스적 기점(Archimedean point)"[15]에 해당한다고 할 수 있다.

이와 같은 관점에서 칸트는 "선의지는 유일하고, 전체적인 선이 된다고까지는 할 수 없겠으나 그래도 최고의 선이요 다른 모든 선이나 모든 행복 추구에 있어서도 조건이 되어야 한다"[16]고 하였다. 다시 말하면 선의지는 '최고의 선'으로서 '그것 자체'가 목적적 가치라는 것이다. 오히려 선한 것들로서의 통속적인 선은 본래적 선인 선의지에 의해서만 그 가치가 규정될 수 있다는 것이다. '이해력, 기지, 판단력' 등과 같은 정신의 능력들이나 '용기, 과단성, 인내' 등의 기질의 속성과 같은 것들은 선의지에 의하여 사용될 때만 선하다고 보았다.[17] 그리고 무엇

---

13) *Grundlegung zur Metaphysik der Sitten*, 18쪽.
14) John E. Atwell, "The uniqueness of Good will", in *Akten des 4. Internationalen Kant-Kongress*, Berlin, 1974, 479쪽; H. J. Paton, *Categorical Imperative: A Study in Kant's Moral Philosophy*, The University of Chicago Press, 1948, 34-35쪽.
15) R. H. Nash, *Dooyeweerd and the Amsterdam Philosophy*, Michigan, 1962, 71-80쪽.
16) *Grundlegung zur Metaphysik der Sitten*, 22쪽.
17) *Grundlegung zur Metaphysik der Sitten*, 18쪽.

보다도 칸트는 이 같은 선의지가 인간의 본성에 내재하고 있기에 인간은 본래가 도덕적 존재이며, 일상인의 도덕의식과 도덕적 행동에는 이것이 여실히 드러나 있다고 생각한다. 그리고 도덕철학자의 임무란 바로 이 점을 명료히 하여 보편주의적 윤리학의 성립과 그 기초의 정당성을 해명하는 데 있다고 본 것이다. 따라서 이러한 칸트의 태도는 도덕의 조건과 정당화를 위하여 일단 일상인의 도덕적 견해를 해명하고자 한 것으로 볼 수 있다.

칸트는 선의지의 가치의 독립성을 다음과 같이 밝히고 있다. "선의지는 그것이 실현하고 달성하려는 것에 의해서나, 어떤 상위의 목적에 도달하려는 데 적당하기 때문이 아니라, 그 의욕만으로 곧 그 자체만으로 선하며, … 유용성이나 무용성은 이 가치에 아무런 영향을 끼칠 수 없다."[18] 이렇게 보면 선의지는 당위로서 있어야 할 가치이지, 의욕의 현실적인 유용성에 의하여 평가되는 것은 결코 아닌 것이다. 왜냐하면 유용성이란 현실적인 필요일 수는 있어도 본래적인 것은 아니기 때문이다. 따라서 유용성과 본래성은 차원을 달리하는 것이다. 말하자면 선한 행위란 그 행위에 의해 성취되는 목적 여하에 따라 또한 욕구의 대상 여하에 의해 결정되는 것이 아니라, 행위자의 준칙 즉 행위자가 행위할 때 준거하는 의지의 (주관적) 원리에 따라 결정되며, 이렇게 해서 결정된 선한 행위란 곧 선의지에 따라 행하고자 한 행위에 다름 아니다. 한마디로 선의지란 '옳은 행동을 그것이 옳다는 이유에서 선택하는 의지'라고 하겠다.

---

18) *Grundlegung zur Metaphysik der Sitten*, 19쪽.

이와는 반대로 유용성은 현실적 이익의 편익에 의한 필요로
서 자연적 경향성(Neigung)에 바탕을 두고 있는 것이므로 선의
지가 그것에 영향을 받아서는 안 된다. 선의지는 순수한 동기에
서 객관적 실천법칙을 따르는 능력(의지)인 것이다. 이러한 능력
은, 칸트에 의하면, 단적으로 우리의 의무의식에 드러나 있다.
왜냐하면 의무는 선의지를 전제하기 때문이다. 이 관계에 대한
칸트의 주장을 보면, "선의지는 본래적으로 건전한 오성에 이미
'내재해' 있으며, 가르쳐지기보다는 계발되어야 하는 것이다. 이
선의지의 개념은 모든 행위의 가치를 평가함에 있어서 언제나
최상위에 있고, 모든 다른 가치의 조건이 된다. 의무의 개념은
비록 주관적 제한과 방해를 받기는 하나 어떤 선의지의 개념을
자신 속에 포함하고 있다"[19]고 하였다.

그러나 여기서 문제가 되는 것은 선의지의 개념이 '건전한 자
연적 오성'에 이미 내재하여 있는 선천적 개념이므로 직접적인
논리적 분석을 통하여 그 개념을 정의할 수 없다는 데 있다. 그
리고 의무의 개념도 자신 속에 선의지의 개념을 포함하는 한 논
리적 분석은 불가능할 수밖에 없다. 그렇다면 내재적이고 선천
적인 가치가 어떻게 유기체적 존재자(organisiertes Wesen)인 인
간의 행위의 가치 근거가 될 수 있을 것인가에 대하여 칸트는
의지의 통치자(Regiererin)로서의 도덕적 이성을 자연이 주었다
고 대답한다.[20] 그렇기 때문에 칸트는 의무의 개념을 통하여 선
의지의 의미를 드러내려고 하였던 것이다.

---

19) *Grundlegung zur Metaphysik der Sitten*, 22쪽.
20) *Grundlegung zur Metaphysik der Sitten*, 20쪽.

칸트는 이러한 의무를 규정하여 "의무는 법칙에 대한 존경 (Achtung)에서 하는 행위의 필연성이다"[21]라고 하였다. 그리고 선한 행위란 도덕법칙에 대한 존경에서 나오는 행위인데, 인간은 법칙에 반하는 준칙을 가질 수도 있기에,[22] 도덕법칙은 인간에게 명령의 형식을 취하게 된다. 그 명령은 의무를 위하여 의무를 행할 것을 명령하는 절대적 명령으로 정언명법이라고 한다. 왜냐하면 의무는 법칙을 제시하나 욕구와 충동은 경향성에 의존하기 때문이다. 그러기에 칸트는 "의무여! 너 숭고하고 위대한 이름이여. 너는 사람들이 좋아할 아무런 것도 가지지 않았는데 (사람들이 좋아할 것이 있으면 너에게 아첨하게 된다) 복종을 요구한다. 그러나 너는 또한 의지를 움직이기 위해서 사람의 마음속에 자연적 혐오와 공포를 일으키는 어떠한 협박도 가하지 않고 하나의 법칙을 제시할 뿐이다"[23]라고 하였다. 이 말은 칸트가 그의 윤리학에서 의무를 얼마나 중요시했는가를 분명하게 알 수 있게 해준다.

쾨르너는 칸트의 '의무와 욕구'에 대하여 다음과 같이 말하고 있다. "칸트에 있어서 의무라는 용어의 논리적 문법은 '욕구 및 충동의 문법'과는 다르다."[24] 이렇게 보면 도덕적 의지를 규정할 수 있는 것은 애착 또는 경향성이 아닌 도덕법칙에 대한 존경인 것을 알 수 있다. 왜냐하면 이성의 기능은 이론적이면서

---

21) *Grundlegung zur Metaphysik der Sitten*, 26쪽.
22) R. Bittner, "Maxime", *Internationalen Kant-Kongress*, Kolner University, 1966, 485쪽.
23) *Kritik der praktischen Vernunft*, 209쪽.
24) S. Körner, *Kant*, Penguin Books, 1955, 130쪽.

또한 실천적이기 때문에, 나아가 실천이성은 도덕적 의무의 근원이기 때문이다. 그러나 욕구와 충동은 애착의 근원일 뿐이다. 따라서 이 애착의 행위는 우리의 자연적 경향성을 즐겁게 해주기 때문에 애착에 반대하여 행위할 때에는 그 행위가 내적으로 강제되는 경우인 것이다. 그러므로 "도덕법칙은 도덕적 강제의 법칙"25)일 수밖에 없다. 따라서 칸트는 『도덕형이상학』에서 "의무의 개념은 법칙을 통한 선택적 자유의지의 강제적 개념이다. 이 강제성은 외적이거나 또는 자기 강제적(내적)이거나 둘 중의 하나이다"26)라고 하여, 외적인 법적 강제와는 구별되는 내적인 도덕적 강제임을 분명히 하고 있다.

칸트는 의무의 실천적 강제의 근거가 되는 것에 대하여 그것은 "선의지와 도덕법칙에 대한 존경"에서라고 하면서, "의무의 개념은 행위가 객관적으로 법칙과 일치할 것을 논구하고, 주관적으로는 행위의 준칙이 법칙에 대하여 존경할 것을 요구한다. 따라서 도덕적 가치는 행위가 의무에서 생기는 점에서 법칙이 되어야만 하며,"27) 또한 "도덕법칙은 가장 완전한 존재자의 의지에 대해서는 신성성(神聖性, Heiligkeit)의 법칙이나, 모든 유한한 이성적 존재자의 의지에 대해서는 의무의 법칙이요, 도덕적 강제의 법칙이다"28)라고 하였다.

그러므로 행위의 도덕적 가치는 법칙을 존경하는 동기에서

---

25) W. O. Döring, *Das Lebenswerk Immanuel Kant*, Hamburg, 1974, 116쪽.
26) Kant, *Die Metaphysik der Sitten*, 바이셰델판 VIII권, 508쪽.
27) *Kritik der praktischen Vernunft*, 203쪽.
28) *Kritik der praktischen Vernunft*, 204쪽.

생기고, 선의지에 따른 행위는 의무 그 자체에 대한 존경의 마음에서 의무를 수행함을 뜻한다. 따라서 의무의 실천적 강제란 의무의 법칙 자체이다. 이와 같이 볼 때 "합의무적인 행위(Pflichtmäßige Handlung)"[29]는 의무의 법칙에 부합하는 행위일지라도 그것이 법칙에 대한 존경을 동기로 삼지 않을 경우에는 도덕적인 행위가 될 수 없다. 그러나 "의무로부터의 행위(Handlung aus Pflicht)"[30]는 비록 그것이 외관상 의무에 배치되는 듯하고 유용성이 없는 것같이 보여도 도덕법칙에 대한 존경을 동기로 삼음으로써 도덕적 가치를 갖는다. 이런 의미에서 "의무로부터의 행위는 법칙 수립적이고 행위의 규정 근거"[31]가 되기도 하나, '합의무적인 행위'는 행위만이 도덕법칙과 일치하고, 동기와는 일치되지 않는 것을 뜻하는 점에서 전혀 도덕적인 것이 아니다. 따라서 '의무로부터의 행위'는 행위가 도덕법칙과 동기에 동시에 일치한다. 왜냐하면 "도덕법칙이 명령하는 행위는 곧 의무이기 때문이다."[32] 그러면 칸트가 '의무로부터의 행위'와 '합의무적인 행위'를 구별하면서 들고 있는 구체적인 실례들을 살펴보자. 그가 후자에 대하여 예시한 것을 상론하면 다음과 같다.

소매상이 상품 매매에 어수룩한 고객에게 비싸게 팔지 않는 것은 의무에 적합한 행위이다. … 그러나 그 상인이 의무에서 또는 정직의 원칙에서 그렇게 하는 것이라고는 볼 수 없다. … 이

---

29) *Kritik der praktischen Vernunft*, 203쪽.
30) *Grundlegung zur Metaphysik der Sitten*, 26쪽.
31) F. Kaulbach, *Immanuel Kant*, Berlin: Walter de Gruter, 1969, 233쪽.
32) W. O. Döring, *Das Lebenswerk Immanuel Kant*, 116쪽.

와 같은 상행위는 의무에서가 아니라, 오직 이익을 얻고자 하는 마음에서였던 것이다.[33]

자기의 생명을 보존함은 의무이다. 그러나 생명에 대한 자연적인 경향성에서 생명을 보호하는 행동은 의무에 부합하기는 하나 의무로부터 나온 것이 아니므로 내면적 가치를 갖지 않는다. 그러므로 생명에 대한 사랑에서나 경향성 또는 공포에서가 아니라 의무에서 생명을 보존한다면 이러한 준칙이야말로 도덕적 가치를 갖는다.[34]

타인에게 친절을 베푸는 것은 의무이다. 그러나 본래적으로 동정적인 데서 자기의 기쁨을 확대하는 것에 만족을 발견하고 기뻐한다면, 그런 행위는 의무에 적합하고 사랑할 만한 것이기는 하나 참된 도덕적 가치를 갖지는 못한다.[35]

자기의 행복을 자기 자신이 확보하는 것은 의무이다(적어도 간접적으로). 그 이유는 많은 심려에 의해 압박되고 충족되지 않는 욕구들에 쌓인 자기의 처지에 대한 불만은 자칫 잘못하면 의무를 배반할 큰 유혹으로 될 수도 있기 때문이다.[36]

칸트는 이러한 것들은 유익하고 고무될 만하나 준칙일 뿐 존경할 만한 것은 못 된다고 하였다. 왜냐하면 준칙은 주관적으로만 타당하므로 객관적인 보편타당성과 필연성이 결여되어 도덕적 가치라고 말할 수 없는 것이기 때문이다. 이상과 같이 볼 때

33) *Grundlegung zur Metaphysik der Sitten*, 23쪽.
34) *Grundlegung zur Metaphysik der Sitten*, 23쪽.
35) *Grundlegung zur Metaphysik der Sitten*, 24쪽.
36) *Grundlegung zur Metaphysik der Sitten*, 25쪽.

칸트가 진정한 의미에서 도덕적 가치를 인정하는 것은 허무와 절망의 벼랑 끝에서 인생의 한없는 무상을 체험하지만, 그래도 인간적인 삶을 살아야 한다는 의무의 일념에서 고난과 역경을 넘어서 죽음의 유혹까지도 뿌리칠 때나, 그리고 다른 사람에게 연민과 동정을 느끼는 자기 스스로의 번뇌에 너무나도 중압감을 갖는 사람이 오직 그것이 의무라는 생각에서 아무런 조건 없이 다른 사람을 도와줄 때라고 볼 것이다.

그러면 도덕적 가치라고 하는 것이 행위의 결과에 따라 평가되어야 하는가, 아니면 동기에 따라 평가되어야 하는가에 대하여 칸트는 참으로 많은 논의의 여지에도 불구하고 단연 동기의 편에 치중해 있다. 그렇기 때문에 칸트는 의무의 동기적 행위에 참된 도덕적 가치를 부여한다. 칸트가 "의무란 도덕법칙에 대한 존경에서 하는 행위의 필연성"이라고 말한 것도 이러한 의미에서이다. 곧 행위를 경향성(애착)에서가 아니라 의무에서 행한다는 법칙만이 진정한 도덕적 가치를 가진다. 이와 같이 칸트는 애착에 입각하는 모든 동기를 도덕의 영역으로부터 추방하고 "도덕을 완전히 의무를 토대로 하여 확립"[37]하였던 것이다.

칸트에 있어서 법칙에 대한 존경과 법칙 그 자체만이 존경의 대상이 될 수 있고 명령될 수 있다는 견해는 다음에서 그 의미를 뚜렷이 볼 수 있다. "의무에서 하는 행위는 경향성(애착)의 영향을 배제해야 하며, 그리고 이와 함께 의지의 모든 대상도 전적으로 배제해야 한다. 따라서 객관적으로는 법칙, 주관적으로는 이 실천법칙에 대한 순수한 존경 이외에 의지를 규정할 수

---

37) W. O. Döring, *Das Lebenswerk Immanuel Kant*, 118쪽.

있는 것은 아무것도 없다. 그러므로 최종적으로는 나의 모든 애착을 포기하고서라도 이 법칙에 복종한다는 준칙이 있을 뿐이다."38) 그렇다면 실천법칙에 대한 순수한 존경이라고 할 때에 의지의 규정원리로서의 실천법칙은 어떠한 것이며, 그리고 법칙에 대한 행위의 동기로서의 의무는 어떠한 명령으로 구성될 수 있는가? 이 같은 물음은 정언명법의 개념을 확정함에 있어서 자못 중요한 의의를 갖는다. 왜냐하면 명법은 각자의 준칙이 법칙이 되도록 할 때에 그 준칙에 내려지는 의무의 명령 형식이며, 그리고 선의지를 의무를 수행하는 의지라고만 해석하고 그 의무가 어떤 의지의 행위인지를 규정해 주지 않으면 그 의지가 선의지인지 일반적 의지인지를 알 수가 없기 때문이다. 따라서 의지의 정당한 규정 원리로서의 실천법칙이 무엇인지가 반드시 밝혀져야만 한다.

그러나 칸트 윤리학의 형식주의는 의무 개념의 실질적 내용을 제거하고 순화시킴으로써 그 형식이 드러나며, 이때에 "선의지의 정의는 도덕법칙의 형식을 의미한다고 해야 할 것이다."39) 이러한 논법을 정당화하기 위하여 칸트는 세속적으로 본래적 가치라 일컬어지는 것들도 선의지와 결합될 때에만 가치를 갖는다고 했던 것이다. 즉, 기지, 용기, 부귀, 권세 등과 같은 것들도 바람직한 사회적 가치를 갖는 것이라 하겠으나 이것들을 사용하는 의지가 올바른 의지가 아니라면 도리어 화근이 될 수도 있다는 논법이다. 따라서 칸트에 있어서는 '오직 선의지만이 본래적

---

38) *Grundlegung zur Metaphysik der Sitten*, 27쪽.
39) F. Delekat, *Immanuel Kant*, Heidelberg, 1969, 272쪽.

으로 선이다'라는 명제가 직각적 진리로서 전제된 것임을 알아야 하고, 이론적 정당성은 미흡함을 감지해야 할 것이다. 왜냐하면 칸트의 선의지의 전제는 인간적인 조건하에서의 전통적이고 상식적인 가치 의식에 호소하기 때문이다. 그러므로 '의무에서 하는 행위'는 욕구에 결합되어 이끌리거나 현실성에 입각하여 행위를 중시하는 것이 아니라 '의욕의 원리'에 따라 행위하는 것이다. 쾨르너는 "의욕하는 것(to will)은 욕구하는 것(to desire)이 아니다. 의욕하는 것은 행위의 과정을 결정하는 것이다. … 의욕하는 것이 어떤 사람의 행위를 결정하기 위해서만 취해졌다면 도덕적으로 선하다"[40]고 보았다. 또 일반적으로 우리가 "의무의 개념을 가지고 있다는 것은 의무의 개념을 실제적인 상황에 정확히 적용한다는 것을 의미하는 것이 아니다. 어떤 특정한 상황에서 우리의 의무를 행하는 것이 좋을 것이라는 것을 안다는 것이다"[41]라고 하였다.

그러나 인간의 어떤 의지적 목적이나 욕구는 소위 행복의 성취를 위한 현실성은 있을지라도, 그러한 동기로부터 결과하는 행위라고 하는 것은 도덕적 가치를 무제약적으로 가질 수 없음을 말해 주는 것이다. 무제약적으로 도덕적 가치를 갖는 것은 실천법칙뿐이고, 실천법칙은 의무에서의 행위이며, 반면 합의무적인 행위는 경향성에서 기인하는 것이다. "물론 합의무적인 행위의 근저에 도덕적 선이 없다고는 말할 수 없다. 따라서 도덕성이나 의무는 심리적 만족에 앞서서 있어야만 되나, 하지만 모

---

40) S. Körner, *Kant*, 131쪽.
41) S. Körner, *Kant*, 132쪽.

든 심리적 만족이 도덕성과 의무의 개념을 이끄는 것은 아니다."[42] 이것은 '도덕적 감정(das moralische Gefühl)'이 의무에 속하기는 하더라도 의무의 개념 자체가 도덕적 감정에서 이끌어질 수 없는 것과 같다. 그러므로 칸트는 의무로부터의 행위가 도덕적 가치를 갖는 것에 대해 다음과 같이 말하고 있다. "행위의 본질적인 모든 도덕적 가치는 도덕법칙이 의지를 직접 규정하는 것에 의존한다. … 따라서 도덕법칙에 합치하였더라도 그 법칙 자신을 위해서 결의하지 않는다면, 그 행위는 적법성(Legalität)을 포함하되, 도덕성(Moralität)을 포함하지는 않는다."[43]

이와 같이 칸트는 의무의 도덕적 가치를 적법성이 아닌 도덕성에 두고 있으며, 도덕성이란 도덕법칙이 의지를 규정하는 것이라고 보았다. 다시 말하면 의지가 도덕법칙에 합치하면서 그 법칙 자신을 결의하는 데 그 가치를 두었다. 그러므로 심리적 만족에 앞서서 도덕법칙의 존엄이 존중되어야 하고, 의무와 인격이 존중되어야 한다고 본 것이다. 그리하여 칸트는 "의무의 존경성은 향락과는 아무런 관계도 없다. 그것은 자기 고유의 법칙과 동시에 그 법정을 갖는다. 만약 의무와 향락이 분리될 수 없다면, … 의무는 아무런 작용력도 갖지 않는 것이 되고, 그렇게 되면 도덕적 생활은 구제될 수가 없을 것이다"[44]라고 하였다.

의무에 대한 존경은 도덕적 개념이므로 경험적 개념에 의하여 정의될 수 없는 것이며, 또한 의무의 개념은 '정언명법'과

---

42) *Kritik der praktischen Vernunft*, 151쪽.
43) *Kritik der praktischen Vernunft*, 191쪽.
44) *Kritik der praktischen Vernunft*, 212쪽.

'도덕적 자유'를 함축하고 있다. 왜냐하면 의무는 선의지의 개념을 전제하고, 그런 의무의 전제가 명령으로 나아가 정언명법으로 우리에게서 발견되기 때문이다. 그리고 강제는 도덕적 선택(자유)을 요구하기 때문이다. 따라서 모든 경험 개념이 자연 인과율에 종속되듯이, 의무의 개념은 경험적 개념이 아니므로 의무 자체의 용어로 정의할 수 있을 뿐이다. 따라서 의무에 관한 정의는 무한순환의 논법을 용인할 수밖에 없는 것이다.

3. 명법 일반과 정언명법

도덕적 의무 내지는 행위의 도덕적 가치는 어떠한 결과나 예외도 인정하지 않는 순전히 의지의 동기에 의해서만 도덕성을 갖는다는 것이 밝혀졌다. 따라서 인간의 의무는 도덕법칙의 지배를 받으며, 이 도덕법칙은 유한한 이성적 존재자에게는 명령의 형식으로 주어진다. 이 명령의 형식이 이른바 칸트가 말하는 명법이다. 칸트는 명법(Imperativ)에 대하여 다음과 같이 정의하고 있다.

> 객관적 원리라는 것은, 그 원리가 의지에 대하여 필수적일 때 (이성의) 명령이며, 이러한 명령(Gebot)의 정형(定型)들을 명법(命法)이라고 한다.[45]

여기서 객관적 원리라고 하는 것은 실천법칙을 말하는 것이고, 의지란 이성이 경향성과는 독립해 있는 실천적으로 필연적

---

45) *Grundlegung zur Metaphysik der Sitten*, 41쪽.

인 선택 능력을 말하는 것이다. 다시 말하면 이성적 존재자가 법칙의 표상에 따라 행위를 이끌기 위해서는 이성을 필요로 하기 때문에 의지는 실천이성 이외의 다른 것이 아니다. 그리고 명령이라고 하는 것은 의지가 법칙에 따라야만 할 것을 결정하는 자발적 강제를 뜻하는 것이라 하겠다.

그러므로 칸트는 "명법이라고 하는 것은 행위의 객관적인 강제를 의미하는 당위(Sollen)에 의해서 표시되는 규칙이며",46) 또한 "명법은 의욕 일반의 객관적 법칙이 이성적 존재자의 의지, 이를테면 인간의 의지의 주관적인 불완전성에 대한 관계를 표현하는 정형들이다"47)라고 하였다. 이렇게 보면 명법이 객관적으로 타당한 한에서 주관적 원칙과는 구별되는 것을 알 수 있다. 주관적 원칙이란 일종의 준칙으로서 그 자체만으로는 객관적 보편성을 갖는다고 할 수 없다. 왜냐하면 준칙은 행위의 주관적인 원리로서 이성이 주관의 제약에 합치해서 규정하는 실천규칙, 즉 주관적인 의지의 보편적 규정으로서 "모든 이성적 존재자의 의지에 대해서 타당한 실천원칙"48)은 아직 아닐 수 있기 때문이다. 이와 같이 명법이 주관적 원칙으로서의 준칙과 구별될 때, 명법이 의거하는 원칙은 객관적인 원칙으로서 실천법칙일 수밖에 없다. 실천법칙이란 모든 이성적 존재자에게 타당한 객관적인 원리로서 행위가 의거해야만 하는 원칙이다.

그런데 의지를 규정하는 실천원칙의 근거는 실천이성으로서

---

46) *Kritik der praktischen Vernunft*, 126쪽; *Grundlegung zur Metaphysik der Sitten*, 42쪽.

47) *Grundlegung zur Metaphysik der Sitten*, 43쪽.

48) *Kritik der praktischen Vernunft*, 125쪽.

이것은 대상에 대한 인식 능력으로서의 이론이성과는 대립적인 관계이다. 그러나 칸트에 있어서 이 양자는 이성의 양면성 이외에 다른 것이 아니다. 이론이성은 직관, 개념, 원칙, 이념의 도움으로 대상의 인식을 지향하는 것이고, 실천이성은 실천원칙의 도움으로 의지의 규정을 지향하는 것이다. 그러므로 명법을 이끄는 전제와 그것이 의거하여 있는 근거는 선의지와 의무가 아닐 수 없다. 앞에서 명령이라고 하는 것이 의지를 결정하는 강제를 의미한다고 했을 때, 그 강제란 필연성으로서의 의무를 말하는 것이다. "의무는 주관적 제한과 방해 아래 있기는 하나 선의지의 개념을 내포하고 있다."[49] 이렇게 볼 때 선의지는 명법을 이끄는 전제이며, 의무는 의지의 강제일 수밖에 없는데, 그것은 이러한 의지가 필연적으로 의무를 내포하기 때문이다. 따라서 "의무에서 하는 행위는 도덕적 가치를 가지나, … 그것이 실현시킬 대상의 현실성에 의존하는 것이 아니다. 욕망 능력의 모든 대상을 고려하지 않고도 행위하도록 하는 의욕의 원리에만 의존하는 것이다."[50]

그러나 현실적인 인간은 욕망의 충족을 통해서 행복을 성취하려고 한다. 그것은 인간의 심리적 본성이기도 하다. 그리스의 에피쿠로스학파의 태도에서 그 전형을 볼 수 있다. 하지만 칸트는 이러한 입장들을 단연 물리친다. 왜냐하면 가치의 지평을 이성에서 구하려는 그로서는 본능에 가치의 근거를 두는 행복주의를 배격할 수밖에 없었기 때문이다. 그러기에 칸트는 이성의 참

---

49) *Kritik der praktischen Vernunft*, 22쪽.
50) *Grundlegung zur Metaphysik der Sitten*, 26쪽.

다운 사명을 찾으려는 그 근거를 선한 의지의 발생에 둘 수밖에 없었다. 그것도 수단으로서의 선한 의지가 아니라 "그 자체로 선한 의지(der an sich gute Will)"[51]를 생기게 하는 것에 두었던 것이다. 여기서 이성이라는 것은 실천이성이며 실천이성은 실천원칙에 있어서 준칙과 법칙을 갖는다. 이 중에서 법칙으로서의 명령을 명법이라고 하는데, 그 의미를 구명함에 앞서 칸트는 모든 명법을 "조건적으로 타당한 가언명법(Hypothetischer Imperativ)과 무조건적으로 보편타당한 정언명법(Kategorischer Imperativ)"[52]으로 구분하였다. 예를 들면 원칙으로서(원리원칙으로서) 진실을 말해야 한다면 그것은 정언명법이다. 그러나 벌을 피하기 위해서 진실을 말해야 한다면 그것은 가언명법인 것이다. 따라서 칸트에 의하면, 가언명법은 인간이 욕구나 경향성을 가지고 있음으로 해서 가능한 명법인 반면에, 정언명법은 인간이 이성을 가지고 있기 때문에 가능한 도덕적 명령이다.

이처럼 가언명법은 목적 달성을 위한 실천적 명령으로 가능한 행위의 필연성을 원하는 방향으로 결정짓는 것이다. 다시 말하면 "이성적 존재자의 원인성(작용하는 원인)이란 제약들을 오직 하나의 결과와 그 결과를 낳는 데 충분한 점에 관해서만 규정하는 것이다."[53] 곧 어떤 행위가 "가능적 혹은 현실적 목적을 위해서 선한 것일 때, 전자를 개연적 실천원리라 하고 후자를 실연적 실천원리"[54]라고 한다. "개연적 실천원리는 의지를 욕망

---

51) *Grundlegung zur Metaphysik der Sitten*, 21쪽.
52) *Grundlegung zur Metaphysik der Sitten*, 43쪽.
53) *Kritik der praktischen Vernunft*, 126쪽.
54) *Grundlegung zur Metaphysik der Sitten*, 43쪽.

된 결과에 따라서 규정하고, 의지를 의지로서 규정하지 않는 훈계들로서, 법칙과는 구별되는 것이다."⁵⁵⁾ 또 후자에 해당하는 숙달의 명법은 위에서 언급한 대로 행위가 사실적 행위 그것에 의해서 생길 수 있는 현실적 목적 달성의 명법이다. 그러므로 "숙달의 명법의 유일한 문제는 원하는 목적을 달성하기 위하여 무엇을 행해야 하는 것인가의 문제로서 사실의 원리에 기초되어 있다."⁵⁶⁾ 따라서 여기서는 목적의 합리성과 선은 문제되지 않는다. 다만 '임의의 목적'에 응할 수 있는 수단적 사용에서의 숙달만이 문제될 뿐이다. 그리고 이 명법이 오직 행복을 증진시키기 위한 수단으로서 성립할 경우에는 실연적이며, 행복의 실현이라는 행위의 필연성을 내세우는 것이므로 가언적 명법이다. 그러나 이때의 필연성은 가능적 필연성이지 법칙적 필연성은 아니다. 따라서 이는 '영리(怜悧, Klugheit)'의 명법이라고도 불리며, 이것 또한 "자기 자신의 행복을 위한 수단의 선택에 관계하는 명법으로서 가언적이다."⁵⁷⁾ 이때 행위는 수단적일 뿐 절대적으로 명령되는 것은 아니다.

이에 반하여 정언명법은 "필연적 실천원리(ein apodiktisch praktisches Prinzip)"⁵⁸⁾로서 어떤 목적을 전제하지 않고, 행위 그 자체가 정언적 필연성을 갖는 것이다. 이 명법은 "도덕성의 명법"⁵⁹⁾으로서 행위 자신을 낳는 형식과 원리에 관계하는 명법

---

55) *Kritik der praktischen Vernunft*, 126쪽.
56) *Grundlegung zur Metaphysik der Sitten*, 44쪽.
57) *Grundlegung zur Metaphysik der Sitten*, 45쪽.
58) *Grundlegung zur Metaphysik der Sitten*, 45쪽.
59) *Grundlegung zur Metaphysik der Sitten*, 45쪽.

이다. 곧 필연적 실천원리로서 행위의 목적이나 결과에 관계없이 그 자체 객관적으로 필연이라고 선언하는 명령이다. 그러므로 칸트는 "정언명법만이 실천적 법칙이라고 할 수 있고, 그 이외의 모든 명법은 의지의 원리라고는 말할 수 있으나 법칙이라고는 말할 수 없다"60)고 하였다. 그러므로 정언명법은 "도덕법칙(명법)으로서 주관의 자기의식이며, 행위의 객관적 강제로서 당위의 법칙"61)이라 하겠다.

4. 정언명법의 객관성과 보편성

도덕철학자로서의 칸트에게 도덕성의 최고 원리를 정당화함에 있어서 제일의 과제는 정언명법의 객관성을 증명하는 일인데, 이는 곧 "이성적 존재자의 의지가 정언명법에 종속되지 않으면 안 된다"62)는 것을 증명하는 것이다. 다시 말하면 이성적 존재자의 의지는 정언명법에 종속한다는 선천적 종합명제의 성격을 증명하는 것이다. 곧 "정언명법을 논증하는 것은 이성적 존재자의 의지는 정언명법에 종속한다는 언명이 종합적이고 선천적이며 실천적으로 필연이다"63)는 것을 제시하는 것이다. 그런데 행위는 우리의 의지가 선택하는 것이기 때문에 정언명법(도덕법칙)에 따라 할 수도 있고 그렇지 않을 수도 있다. 그러므로 가언명법은 목적을 전제하거나 기술적(技術的)이지만 "정언

---

60) *Grundlegung zur Metaphysik der Sitten*, 50쪽.
61) F. Kaulbach, *Immanuel Kant*, 221쪽.
62) S. Körner, *Kant*, 143쪽.
63) S. Körner, *Kant*, 145-148쪽.

명법은 그 자신에 있어서 근거된다."[64] 이것은 "행위의 의지가 인식과 같이 그 자신을 밝힐 수 있다"[65]는 것을 함축하는 것이다.

앞에서 설명한 바에 따르면,[66] 만약에 인간의 궁극 목적이 (실질적인) 최고선이라면, 그러한 명법은 가언적(假言的)이다. 왜냐하면 실질적인 것은 이미 어떤 내용이나 대상을 전제하는 것이기에 행위의 도덕성 역시 이에 의존할 수밖에 없게 되므로 조건적인 명령이 되고 말 것이기 때문이다. 반면에 궁극 목적이 '의지 그 자체'에서 일어나는 절대적인 것일 때, 그것은 선행하는 대상이나 목적을 배제하는 것이어야 하기 때문에 그것은 형식적이며 정언적(定言的)인 것이다. 그러므로 "욕구능력의 대상을 의지의 규정 근거로서 전제하는 실천원칙은 준칙이 될 수는 있어도"[67] 실천법칙일 수는 없다. 그러므로 정언명법은 의지를 그 내용에 따라서가 아니라 그 형식에 따라 규정하는 보편적 실천원칙이다. 이 실천이성의 원칙은 의지로 하여금 "의지와 일치되는 행위"[68]를 하도록 규정하는 원칙인 것이다.

이와 같이 정언명법이 필연적이라면 그것은 선험적으로 이성적 인간의 의지라는 개념과 결합되어 있어야만 한다. 그러므로 정언명법의 대상으로서 나타나는 것은 바로 사람이며 인격이며

---

64) K. Jaspers, *Kant, From The Great Philosophers*, Vol. I, trans. by Ralph Manheim, New York: Harcourt, Brace & World, Inc., 1962, 65쪽.
65) K. Jaspers, *Kant, From The Great Philosophers*, 64쪽.
66) '명법 일반과 정언명법'의 항목 참조.
67) W. O. Döring, *Das Lebenswerk Immanuel Kant*, 108쪽.
68) W. O. Döring, *Das Lebenswerk Immanuel Kant*, 106쪽

인류성이어야 한다. 그러나 "인간은 정언명법을 만드는 것이 아니라 그 존재를 우리 속에서 발견하는"[69] 것이다. 이 말은 정언명법이 우리의 모든 경험적인 것으로부터 독립되어 있음을 말하는 것이다. 곧 이것은 하르트만(N. Hartmann)이 지적하는 것처럼 "정언명법은 이성에서 유래하는 보편적·무조건적 명법으로서 모든 자연법칙에 대하여 독립적이고 자율적이고 우월한 것이다."[70] 이에 반하여 가언명법은 "외계의 사물이나 자연에서 유래하는 것으로 경험적이며 범주나 자연법칙과 같이 보편성과 자립성이 없다."[71] 그러므로 모든 인간에 타당한 원리로서의 정언명법은 무조건적이며, 그것은 "본질적으로 도덕성과 연관될 수밖에 없다."[72] 그리고 도덕성으로서의 명법은 "행위를 제약하는 실천규칙으로서의 명법"이며 "그 명법은 실천법칙"인 것이다.[73] 따라서 조건의존적인 "가언명법은 분석적이며",[74] 모든 경험적인 선행 조건으로부터 독립해 있으면서 필연적으로 보편타당한 "정언명법은 선천적이고 종합적인 실천명제"[75]일 수밖에 없다. 이러한 성격과 지위를 갖는 정언명법은 한마디로 이성적 존재자가 자신에게 내리는 내적 명령이며, 따라서 양심의 소리라 할 수 있다.[76]

---

69) W. O. Döring, *Das Lebenswerk Immanuel Kant*, 109쪽.

70) N. Hartmann, *Ethik*, Berlin, 1962, 103쪽.

71) N. Hartmann, *Ethik*, 103쪽.

72) H. E. Jones, *Kant's principle of personality*, The University of Wisconsin Press 1971, 10쪽.

73) *Metaphysik der Sitten*, 328쪽.

74) *Grundlegung zur Metaphysik der Sitten*, 46쪽.

75) *Grundlegung zur Metaphysik der Sitten*, 50쪽.

이와 같이 가언명법과 정언명법을 명제(판단)라고 할 때, 물론 이 명제(명법)는 이론적 명제가 아니라 실천적 명제이다. 앞에서 가언명법을 분석적이라 했고, 정언명법을 선천적·종합적이라 했으므로 어떻게 다른 종류의 명법이 가능한가 하는 것은 분석명제와 종합명제의 구별에서 밝혀질 수 있을 것이다. 곧 이것은 두 명제 간의 논리적 차이와 의지의 규정 근거를 밝히는 것이다.

칸트는 "형이상학적 인식은 오직 선천적 판단만을 포함해야 하며, 이는 형이상학적 인식의 고유성이 요구하는 것이다"[77]라고 하였다. 그 이유로서 칸트는 형이상학이라고 하는 학문의 성질이 그렇다는 것이다. 즉 "형이상학이라는 학문의 고유성과 특성이 곧 선천적 인식을 산출하는 데 있기 때문이다"[78]라고 하였다. 이 때문에 칸트는 『순수이성비판』에서 형이상학의 문제의 해결 여부는 '선천적 종합판단이 어떻게 가능한가?'라는 물음의 해명에 달려 있음을 증명하려고 했던 것이다.

그런데 판단에는 판단의 성립과 그 타당성에 관해 서로 대립되는 한 쌍의 판단이 성립한다. 즉 분석판단(analytische Urteile)과 종합판단(synthetische Urteile), 그리고 선천적(a priori) 판단과 후천적(a posteriori) 판단이 그것이다. 종합판단은 가령 우리가 '모든 물체는 무겁다'라고 말한다면 '무겁다'는 술어는 물체 일반이라는 한갓 개념 중에서 내가 생각하는 것과는 전혀 다른

---

76) W. Klinke, *Kant for Everyman*, trans. by M. Bulock, London, 1949, 95쪽 참조.
77) *Prolegomena*, 125쪽.
78) *Prolegomena*, 133쪽.

것이다. 이러한 술어는 경험을 보태야만 종합판단이 성립한다. 이에 반하여 분석판단은 오성 개념의 내용이 다만 분석될 뿐이다. 곧 'A는 B이다'에서 술어 'B'가 주어 'A'에 포함되어 있는 경우이다. 예를 들어 '모든 물체는 연장되어 있다'에서 연장성은 '물체'와 결합되어 있는 것으로서 그것을 발견하기 위하여 물체의 개념 밖으로 나아갈 필요가 없고, 다만 물체를 분석함으로써 충분하다. 칸트는『순수이성비판』에서 이 두 판단에 대하여 'A는 B이다'에 있어서 " 'B'라는 술어가 본래 'A'라는 개념 중에 포함되어 있는 그 무엇으로서 이 A라는 주개념에 속하거나 혹은 전연 A라는 개념의 밖에 있는 B가 A와 결합하거나 한다. 첫째 경우의 판단을 분석판단이라 부르고, 둘째 경우의 판단을 종합판단이라고 부른다"[79]고 하였다.

그러나 선천적 종합판단의 경우는 종합판단에 경험이라는 수단을 배제시킨 판단이다. 'A는 B이다'라는 판단에서 B 개념을 A 개념과 결합해 있는 것으로 인식하고자 내가 A 개념을 넘어가야 할 때 내가 의지하는 것은 무엇이며, 주어와 술어의 종합을 가능하게 하는 것은 무엇인가? 그 의지하는 것이 경험이 아닐 때 그 판단은 선천적일 수밖에 없다. 그러므로 '선천적 종합판단은 어떻게 가능한가?'에 대해 칸트는 흄(D. Hume)을 비판함으로써 그 해답을 구하려고 하였다. 흄에 의하면 '5와 6의 합은 11이다'는 수학적 명제는 선천적 분석판단이다. 왜냐하면 5와 6의 합에서 우리는 이것이 즉시 11이라는 총계와 동일함을 나타낸다고 말하기 때문이다. 그러나 칸트는 이것을 선천적 종

---

79) *Kritik der reinen Vernunft*, B 10/A 6-7.

합판단이라고 하였다. 왜냐하면 가산수(加算數)와 합계를 동시에 생각하지 않는 것은 큰 수를 보태 보면 분명하기 때문이다. 이 경우에 우리는 합계를 발견하기 전에 먼저 세는 것이 필요하기 때문에 감성을 통해서만 이러한 계산이 가능하다. 그러므로 '합산'은 '가산수'의 밖으로 나가지 않으면 안 된다는 것이다.[80]

이와 같이 칸트는 순수 수학뿐만 아니라 순수 자연과학 및 형이상학 일반의 학으로서의 가능 근거를 『순수이성비판』에서 선천적 종합판단의 성립의 해명을 통하여 확립하고자 하였다. 또 칸트는 『형이상학 서설』에서도 분석판단과 종합판단을 상론하면서 분석판단은 모두가 선천적 판단이며, 종합판단은 경험적인 후천적 판단과 비경험적인 선천적 판단으로 구분됨을 밝혀 놓고 있다.[81] 이때 "선천적 종합판단은 순수오성과 순수이성으로부터 나온 판단이다."[82] 이에 우리는 칸트가 형이상학적 판단의 원천을 이성법칙에서 구하려 하는 것을 알 수 있다. 이와 마찬가지로 칸트는 도덕형이상학 역시 실천판단으로서 정언명법을 선천적 종합명제로 보고 그 존재근거를 이성적 존재자의 자유의 이념에서 구하고 있다.

칸트에 있어서 '자유의 이념'은 이성의 예지적 성격이며, 그 이념은 "원인의 자발성",[83] 또는 "행위의 절대적 자발성"[84]을 의미한다. 그런데 이 원인성으로서의 자발성은 『순수이성비판』

80) W. O. Döring, *Das Lebenswerk Immanuel Kant*, 32-33쪽.
81) *Prolegomena*, 125-129쪽.
82) *Prolegomena*, 126쪽.
83) *Kritik der reinen Vernunft*, B 474.
84) *Kritik der reinen Vernunft*, B 476.

의 '선험적 논리학'에서의 '오성 작용의 원천으로서의 자발성'과 다를 바 없다. 왜냐하면 감성적 인식의 상위 개념으로서의 '오성'은 파생적이거나 경험적인 것이 아니기 때문이다. 다만 오성은 감성에 의하여 주어진 감각 내용을 능동적으로 사고하는 선천적 능력이다.

칸트는 '선험적 논리학의 이념'에서 '직관과 사고' 즉 감성과 오성의 관계를 단적으로 표현하여 "내용 없는 사고는 공허하고, 개념 없는 직관은 맹목적이다"[85]라고 하였다. 이 말은 "감성이 없으면 주어지는 현상이 없고, 오성이 없으면 현상이 사고될 수 없다"[86]는 것을 말한 것이다. 오성은 어떠한 사물도 직관할 수 없고 감성은 어떠한 사물도 사고할 수가 없는 것이다. 이와 같은 '원인의 자발성(행위의 절대적 자발성)'은 '선험적 변증론'에서는 '존재의 시원과 행위의 단초'를 해명하는 근거이므로 파생적·경험적인 것이 아닌 것으로 밝혀지고 있다. 그러므로 그 '자발성'은 선천적·절대적·무조건적인 것이다. 따라서 정언명법은 그 '자발성'을 존재근거로 하기 때문에 선천적이고 절대적일 수밖에 없는 것이다. 곧 정언명법은 (이성적 존재자의) 의지를 목적에 대한 수단으로 사용하지 않으며, 그것은 어떤 목적의 수단적 조건이 아닌 것이다.[87] 그리고 '종합적'이라는 것은 다름 아닌 "산출하는 능력으로서의 인식의 자발성"[88]과 실천판단에 있어서 원인성으로서의 행위의 절대적 자발성은 차원은 달리

---

85) *Kritik der reinen Vernunft*, B 75.
86) *Kritik der reinen Vernunft*, B 75.
87) H. J. Paton, *Categorical Imperative*, 127쪽.
88) *Kritik der reinen Vernunft*, B 75.

하더라도 '자발성'으로서의 능력은 동일할 수밖에 없다. 이것은 『실천이성비판』의 "자유의 범주"[89]가 『순수이성비판』의 순수오성 개념인 범주와 무관하지 않음과 같다.

칸트는 『순수이성비판』의 '선험적 분석론'에서 사고의 자발성(오성의 자발성)이 표상의 다양을 결합하는 행위(Handlung)를 종합이라 하여 다음과 같이 밝혔다.

> 그러나 나는 가장 일반적인 의미에서 종합(Synthesis)이라는 것은 다양한 표상을 결합하여 그 표상의 다양을 하나의 인식에 총괄하는 행위로 이해한다. 만약에 다양성이 경험적인 것이 아니고 선천적으로 (공간과 시간에 있어서의 그것과 같이) 주어지게 되면 이러한 종합은 순수한 것이다.[90]

그러므로 표상의 다양을 결합하는 총괄성으로서의 오성의 선천적 자발성과 애착으로부터 발생한 제약을 전제하지 않고 행위를 선천적(필연적)으로 결합하는 '이성적 존재자의 의지'는 필연성과 자발성에 있어서 동종적이다. 다시 말하면 후자가 행위의 의욕을 전제된 다른 의욕으로부터 분석적으로 이끌어낸 것이 아닌 점에서 그렇다. 이성과 오성의 관계는 감성이 오성에 대하여 대상이 되듯 오성은 이성에 대하여 대상이 되는 것이다.

그러나 칸트가 실천적 명제인 정언명법을 '선천적 종합명제'라고 주장하는 것은 정언명법의 객관성을 증명하는 문제에 귀착된다. 왜냐하면 칸트에 있어서 분석적이 아닌 유일한 종류의 필

---

89) *Kritik der praktischen Vernunft*, 184쪽.
90) *Kritik der reinen Vernunft*, B 103 및 B 494 참조.

연적 명제는 칸트의 "명제 분류에 따르면"91) 선천적 종합명제
뿐이기 때문이다. 정언명법의 객관성의 문제는 이성적 존재자가
정언명법에 종속되지 않으면 안 된다는 것을 증명함에 있어서
이 "않으면 안 된다(must)는 분석적 관계일 수 없고, 그 관계는
종합적인 것으로 요구된다."92) 따라서 쾨르너는 정언명법의 객
관성의 문제는 "모든 이성적 존재자의 의지는 정언명법에 종속
한다는 명제의 선천적인 종합적 성격을 증명하는 것이다"93)라
고 밝히고 있다. 곧 우리의 의지를 규정하는 원리로서 실천적인
선천적 종합원리임을 밝히는 것이다. 이것은 원인성의 절대 필
연적 자발성인 '선험적 자유'가 실천적 자유에 있어서는 의지의
자유임을 밝히는 문제에서 밝혀진다. 그러나 결과적으로는 어떤
이성적 인간에게 참다운 도덕적 명법(정언명법)은 모든 이성적
존재자에게 참다울 수밖에 없다는 논리로서, 칸트는 이를 애착
(욕구)에 의하여 의지가 규정되는 것과 구별한다.94)

따라서 정언명법은 『순수이성비판』에서 "선천적 종합명제가
사실에 대한 사고의 조건인 것처럼, 실천적 명제로서의 선천적
종합명제(정언명법)는 대상 경험의 조건"95)인 것이다. 이렇게
볼 때, 정언명법이 도덕 경험과 도덕 판단에 대하여 갖는 관계
는 그것이 실천적이고, 의지를 규정하는 '객관적 원리'임이 드러
난다. 그러나 칸트에게 계속해서 남는 문제는 정언명법이 실천

91) *Kritik der reinen Vernunft*, B 95/A 70, A 44, 45 참조.
92) S. Körner, *Kant*, 143쪽.
93) S. Körner, *Kant*, 144쪽.
94) 이에 대해서는 '선의지와 의무의식' 항목 참조.
95) S. Körner, *Kant*, 145쪽.

적 필연성을 가지며, 실로 의지를 '규정할 수 있는가' 하는 것이다. 이 문제가 긍정된다 하더라도 '어떻게' 의지를 규정하는가의 문제는 칸트에게 난점이 아닐 수 없다.

우리의 의지가 목적을 설정하는 것은 욕구이지 합리성이 아니다. 그러나 칸트는 우리의 모든 욕구가 목적과 결부되어 있는 것이 아니라 어떤 욕구는 욕구 그 자체로서 독립적으로 존재하는 데에 목적이 있는 것으로 보고, 이 난점을 극복할 수 있다고 하였다. 즉, 가령 그 존재 자체에 있어서 절대적인 가치를 지니는 것이 있다면 곧 그 자체에 있어서의 목적으로서 정해진 일정한 법칙의 근거가 될 수 있는 것이 있다고 가정해 보자. 그렇다면 그 가운데 그리고 오직 그 가운데에서만 가능한 정언적인 명법의 근거 곧 실천법칙이 들어 있을 것이다. 그러므로 인간은 일반적으로 모든 이성적 존재자는 목적 자체로서 존재하고 이런 의지나 저런 의지를 위하여 임의로 사용되는 한갓 수단으로서 존재하지 않는다. 오히려 그들은 자기 자신과 다른 이성적 존재자들에 향하는 그 모든 행위에 있어서 항상 동시에 목적으로 생각되어야 한다는 것이다.[96] 여기서 '목적 자체로서의 인간'은 예지적 인간(Homo Noumenon)이다. 그런데 이 예지적 존재로서의 인간은 『순수이성비판』에서는 하나의 요청이었다. 곧 이 예지인은 칸트에 있어서는 목적 자체이며, 절대적 목적으로서 수단과 목적의 계열을 벗어난 존재이다. 이러한 예지적 인간이 속해 있는 예지계를 지배하는 법칙은 자유의 법칙일 수밖에 없고, 따라서 예지적 인간은 자유의 법칙에 종속된다. 그러므로

---

96) *Grundlegung zur Metaphysik der Sitten*, 56-60쪽.

정언명법의 보편성과 객관성은 그것이 주체적이면서 동시에 주관을 넘어서 있으며, 또한 자유의 법칙에 근거되어 있다. 이것은 정언명법의 존재근거를 고찰해 봄으로써 더욱 분명해질 것이다.

제 3 장
정언명법의 존재근거

1. 이중적 존재로서의 인간

정언명법의 현실성이 경험 중에서 얻어질 수 있다면 그것은 현실적인 의욕의 원리로서 주어질 수 있다. 그러나 칸트는 정언 명법을 선천적 당위로 형식적인 것으로 규정하고 있으며, 또 명 법의 성립을 '의지의 강제'로서 해명하고 있다. 즉, 경험 중에서 는 결코 얻어질 수 없는 것이다. 칸트는 이러한 의지의 강제가 생각될 수 있는 유일한 경우를 인간성 안에 선천적으로 주어져 있는 도덕적 사실에서 찾는다. 정언명법은 선천적으로 탐구되어 야 한다고 보고 있는 것이다.[1] 왜냐하면 정언명법은 선천적 종 합명제로서 무제약적인 절대적 명제이기에 행위의 가능성 또한 이에 따라 증명되지 않으면 안 되기 때문이다. 말하자면, 정언 명법은 "하나의 실천명제로서, 그것은 행위의 의욕을 이미 전제 된 다른 어떤 의욕으로부터 분석적으로 이끌어내지 않고, 그 개념에 포함되어 있지 않은 것으로서의 이성적 존재자의 의욕이라는 개념과 직접적으로 결합하는 것"2)이 아니면 안 된다. 이는 곧 정언명법의 존재근거를 증명하는 문제와 같은 것이다. 이러한 정언명법의 근거에 대한 물음은 인간의 이중적인 본성에 대한 칸트의 견해로부터 시작하여 그의 예지적 인간, 자유의 이념과 그 필연성 그리고 의지의 자유와 타율에 대한 견해에 이르러서야 온전히 해명될 수 있다.

칸트에 의하면 인간은 하나의 인격이다. 인간은 그가 자율적 자유와 자기의식을 가지고 있고, 더욱이 도덕적 존재라는 점에서 하나의 인격이다. 그러나 동시에 현실적 인간은 생물적인 자연의 특성을 가지고 있으며, 물리적인 자연 세계에서 삶의 지평을 열고 있다는 점에서 분명히 감성적인 차원도 갖는다. 즉, 인간은 도덕적 예지적 세계에 속하는 존재이자 동시에 감성적 세계에도 속하는 유일한 존재이다. 그 중에서 현상적 인간은 인과 법칙의 지배를 받는다. 그렇지만 도덕적 존재로서의 인간은 물리적인 자연 세계의 삶을 넘어서 자유와 자기의식의 특성을 갖는 존재이다. 그러므로 자유로운 존재로서의 인간은 칸트적 의미에서 예지계에 속한다. 왜냐하면 칸트에 의하면 자유는 인과 필연성이 지배하는 자연계를 초월하여 인간에게만 속해 있는 특

---

1) *Grundlegung zur Metaphysik der Sitten*, 49쪽.
2) *Grundlegung zur Metaphysik der Sitten*, 50쪽 각주.

성이기 때문이다. 따라서 인간이 자유를 소유한다는 것은 그가 정신적 존재임을 말해 주고 있는 것이다. 그리고 칸트의 경우에 이 정신적인 원칙에 의하여 자유롭게 된다는 것은 하나의 인격적 존재라는 것을 뜻한다. 칸트는 인간에 있어서의 인간성(Menschheit)이라는 말을 인류의 총체를 의미하는 것으로도 인류애를 표시하는 것으로도 사용하고 있으나, 대체로 그리고 칸트적 의미에서 인간성이란 인간의 도덕적 성격을 의미하며, 인간을 인간답게 하는 성질을 가리킨다.

물론 인간성에 대한 문제와 관련하여 그 대답은 하나의 통일된 시각을 반영하는 것이 아니라 시대에 따라 다양한 견해로 표명되어 왔다. 인간성을 신이 인간에 부여하고 신의 부름에 응답해야 할 그 무엇으로 간주하거나 또는 자연의 빛에서 찾으려고도 하였고, 때로는 선한 존재나 악한 존재로 단정하기도 하였다. 더욱이 홉스 같은 사람은 인간의 본성을 이기적으로 보고 "사람은 사람에 대하여 이리"라고까지 하였다. 그러면서도 인간이 이성을 가지고 있음을 인정하여 이성의 원칙에 따를 때에야 비로소 국가의 보호 아래 자신의 생명과 재산을 안전하게 보장받을 수 있는 존재로 이해하기도 하였다.

그러나 우리에게 한 가지 분명한 사실은 인간은 결코 하나의 자연적 존재자로서만 머물지 않는다는 것이다. 인간의 최고의 위대한 발견은 그 자신 스스로가 이성을 가진 존재라는 것을 깨달은 것이라 할 수 있다. 파스칼이 말했듯이, 인간은 한 줄기 갈대, 자연 속에서 가장 연약한 것에 지나지 않는다. 그러나 그는 생각하는 갈대이다. 그를 괴멸해 버리는 데에는 전 우주의 무장함을 요하지 않는다. 한 줄기의 증기, 한 방물의 물도 그를 죽음에 이르게 하기에 족하다. 그럼에도 인간은 여전히 더욱 존귀한 존재이다. 왜냐하면 그는 그가 죽는다는 것, 그리고 우주가 자기보다 큰 힘을 가졌다는 것을 알고 있는데, 우주는 이러한 사실에 관하여 아무것도 모르기 때문이다. 이러한 인간의 지위에 대한 묘사는 단적으로 인간을 자각적 존재로 본 것이요, 생각하는 일이 인간의 특성임을 표현한 것이다. 인간은 우주 속에서 하염없이 연약한 존재이지만 이성을 가진 자각적 존재로서의 인간의 성품은 스스로를 초극할 수 있는 무한의 힘을 가지고 있다고 할 수 있다. 이것은 인간이 존귀한 존재임을 말해 주는 것이고, 더 나아가 존엄함을 의미하는 것이다. 더욱이 인간이 존엄한 존재인 이유도 인간은 스스로를 규정하는 가치의 근원이라는 데에 있다.

김태길 교수는 인간의 존엄성의 근거에 대하여 "인간은 이성을 소유하는 까닭에 (1) 자기를 인식할 수 있으며, (2) 스스로 옳다고 믿는 바를 따라서 자주적으로 행동하는 도덕의 주체일 뿐만 아니라, (3) 유혹과 권력 앞에서도 꺾이지 않고 꿋꿋하게 일어서는 용기와 자존심을 발휘할 수 있다"[3]는 세 가지 이유를 들어 인간의 존엄성의 근거를 밝히고 있다. 그러나 칸트는 이중적 존재로서의 인간의 존엄성의 근거를 인간의 도덕적 인격성과 자유, 그리고 인간성의 절대적인 무제약적 가치에서 해명하고 있다. 더구나 칸트는 인간은 그 스스로가 목적적 자유로서 '자유 그 자체'라고 생각한다. 그렇기 때문에 도덕성의 명법인 정언명법도 이 같은 근거 위에서야 존립할 수 있게 된다. 이제 이

---

3) 김태길, 『인간의 존엄성과 성실』, 서울: 삼육출판사, 1979, 137쪽.

에 대해 상론해 보도록 하자.

칸트는 철학적 이원론의 입장에서 세계를 "감성계(Mundus sensibilis)와 예지계(Mundus intelligible)"⁴⁾로 나누고, 이에 근거하여 인간을 "현상인(現象人, Homo phänomenon)과 가상인(可想人) 또는 예지인(叡智人, Homo Noumenon)"⁵⁾으로 구분하였다. 이것은 칸트가 인간을 단순히 경험적 존재로만 규정하는 것이 아니라, 이성의 본질 문제에까지 파고 들어가서 인간을 전체적으로 규정하려는 데에서 연유한 것이다. 물론 예지인과 현상인의 관계의 문제가 제기되었던 것은 칸트 자신이 우리의 인식 방식에 관계없이 실천이성의 요청인 물 자체로서 그 자유에 근거해 있는 것, 즉 자립하는 것(물 자체, Ding an sich)의 개념으로 상정하고 그것을 또다시 형이상학적 실체로서 해석되는 계기로 삼았기 때문이다. 칸트가 인간의 이중성의 개념이 인식 방식과 무관하다고 한 것은 모든 이성 인식에 관하여 '건축술(Archi-tektonik)'⁶⁾을 경험적 인식의 기술(Technik)과 구별했기 때문이다.⁷⁾ 칸트에 의하면, 이념을 실현하기 위해서는 하나의 도식(圖式)을 필요로 하며, 이러한 도식은 그때그때 의도에 따라 경험적으로 마련되는 기술적 통일과 달리, 경험에서는 기대할 수 없는 이성의 목적을 선천적으로 부과하는 이념에 따라 건축술적 통일을 확립한다고 보았다.⁸⁾

---

4) *Kritik der reinen Vernunft*, B 313, 306, 308.
5) *Grundlegung zur Metaphysik der Sitten*, 87-89쪽 참조.
6) *Kritik der reinen Vernunft*, B 860.
7) Technik과 구별하는 의미에서의 상위 기술(技術).
8) *Kritik der reinen Vernunft*, B 861.

이와 같이 인식의 대상에 있어서 그 자신 경험에 제약되어 있는 현상이 아닌 것을 일러 칸트는 가상적 또는 예지적이라 불러 양자를 구분한다. 그러므로 가능한 인식의 한계를 넘어서 존재하지만 생각할 수 있는 존재라는 의미의 가상적이라고 하는 것은 순수이성의 자기 활동 즉 물 자체로서의 원인성을 의미하는 것이다. 그러나 칸트는 이러한 예지적인 것은 무차별성으로 그것 자체로 머물지 않고 현상으로 나타나며, 이 때문에 우리가 현상뿐만이 아니라 물 자체에 대해서도 어떤 연관을 맺고 있다고 생각한다. 그런데 칸트에 의하면, 그것은 가상적 성격의 자발성(Spontaneität) 때문이다. 그리하여 칸트는 이 가상적 내지는 예지적 성격을 "현상적 성격의 표징"9) 또는 "감성적 도식(das sinnliche Schema)"10)이라고도 하였다. 말하자면 물 자체의 자발적 성격이 현상 중에서 자신을 드러내고 있음을 지적하고 있는 것이다. 그러나 '자립하는 것(Ding an sich)'으로서의 '물(Ding)'은 (선험적 대상이라 하여 대상이라는 용어를 사용했다 하더라도) 선험적 실체를 표현하려고 한 것은 아니다. 그것은 단지 '있는 것'과 '생각되는 것'의 구별에 주목하여 다만 그 관계를 예시하려 한 것뿐이다. 따라서 칸트의 비판철학의 원칙에 따른다면, 생각될 뿐이고 그 있음이 증명될 수 없는 것은 인식론적으로 '없음'인 것이며, 동시에 이 '없음'은 있음의 근저로서 현상적으로 '있음'이 있는 곳에서 반드시 느껴지는 것이다.

마찬가지로 인간에 대해서도 가상적 측면과 현상적 측면으로

---

9) *Kritik der reinen Vernunft*, B 574.
10) *Kritik der reinen Vernunft*, B 581.

나누어 설명할 수 있다. 인간의 경우에 물 자체(자립하는 것)는 감성적 개념이 아니라 가상적 개념에 관계된다. 이에 대해서 칸트는 "나는 감각의 대상에서 그 자신 현상이 아닌 것을 가상적이라 한다. 따라서 감성계에서 현상으로 보이는 것이 물 자체에서는 또한 감성적 직관의 대상이 아닌 능력을 가지고, 더구나 그것에 의해 현상의 원인일 수 있다고 한다면, 그 경우에 이것의 원인성은 두 가지 측면에서 볼 수 있다. 즉 자기 자신으로 있는 물 자체, 자립하는 것으로서의 이 원인성의 행위의 측면에서는 가상적이라 보이고, 감각계에 있어서의 현상으로서의 이 원인성의 결과의 측면에서는 감성적이라고 볼 수 있다"[11)]고 말하고 있다. 말하자면, 사람은 현상인으로서는 현상으로서의 원인성을 가지며, 가상인으로서는 그 자신에서 기인하는 원인성 즉 가상적 원인성을 갖는다. 이러한 원인성이 곧 자유의 원인성으로서 가상인이 가지는 자유성인 동시에 그 자신 또한 가상적이라는 것이 명시되어 있다고 볼 수 있다. 따라서 가상인은 현상인과 내면에 있어서 대립하는 것이 아니라 있는 것으로서의 사람의 성격인 것이며, 자유의 원인성이 가상적인 것과 동일한 의미에서 사람도 또한 가상적인 것으로서의 일면을 가지고 있는 것이다. 따라서 현상인으로서는 경험적 성격에 존재하나, 자유로운 행위를 할 수 있는 한, 인간에게는 현상적 성격과 더불어 가상적 성격이 있음을 허용해야만 한다.

이 같은 이해 방식은 칸트가 인간의 전체적 규정을 먼저 그 각각의 측면에 따라 그리고 다음으로 그 상호 관계에 따라 규명

---

11) *Kritik der reinen Vernunft*, B 566.

하려 한 것으로 볼 수 있는데, 이러한 인간적 규정은 그의 도덕철학에서 분명하게 드러나 있다. 이 점에 관하여 칸트는 "인간을 감각들의 단순한 지각과 감수성의 면에서 보면 감성계에 속하는 것으로 보아야 하지만, 인간의 순수한 활동 곧 직접 의식에 이르는 면에서 보면 인간은 지적 세계에 있는 것으로 보아야 한다"[12]고 하였다. 그리고 "내가 단지 오성계에만 속해 있다면 나의 모든 행위는 순수의지의 자율의 원리에 완전히 따르고 있을 것이다. 다른 한편 감성계에만 속해 있다면 나의 모든 행위는 욕망과 경향이라는 자연법칙에, 곧 타율에 전적으로 따르고 있다고 생각해야 할 것이다. … 따라서 오성계의 법칙은 나에 대하여 명법으로 되고 이 원리에 따르는 행위는 의무라고 보아야만 한다"[13]고 하였다.

또한 칸트는 "예지계에 속한 존재로서 인간은 그 자신의 의지의 원인성을 자유의 이념에서만 생각할 수 있다"[14]고 하였는데, 이것은 자유가 감성계의 규정 원인(자연법칙)에서 독립적이기 때문이다. 이러한 가상계에 속하는 이성적 존재자의 자유에 대하여 칸트는 "도대체 우리는 다음과 같은 사실을 감지해야 할 것이다. 즉 우리가 스스로 자유롭다고 생각할 경우, 우리는 자신을 일단 오성계의 성원으로 귀속시키면서 의지의 자율을 그 연속성(일관성) 및 도덕성에서 공히 인식하게 된다. 한편 우리에게 의무의식이 수반되어 있다고 볼 경우, 인간 자신은 감성계와 오성계 두 영역에 공속하고 있음을 엿볼 수 있다"[15]고 말한다.

---

12) *Grundlegung zur Metaphysik der Sitten*, 87쪽.
13) *Grundlegung zur Metaphysik der Sitten*, 90쪽.
14) *Grundlegung zur Metaphysik der Sitten*, 88쪽.

그런데 인간이 하나의 통일체로서의 존재인 이상 인간의 가상적 성격과 감성적 성격은 개념적으로는 분리되면서도 실제적으로는 서로 작용 관계에 있을 수밖에 없다. 칸트에 의하면, 인식적 관점에서 이 양자를 결합하는 것은 순수한 자발성으로서의 '통각(Apperzeption)'[16]이다. 칸트에게 통각이라고 하는 것은 '나는 생각한다(Ich denke)'라는 형식으로서 현상의 종합적 통일을 가능하게 하는 것, 즉 선험적 작용이다. 이 선험적 작용의 통각(순수 자발성의 시간적 제약에 의한 작용)을 칸트는 "자아의 단순한 표상"[17] 즉 "나는 생각한다"라고 하였다.

칸트가 통각을 '자아의 표상'으로 보는 것은 순수 자발성을 순수 자기의식과 동일하게 보는 것이다. 이 본래적 자기의식(순수 자기의식)은 『순수이성비판』의 '오류추리'에서 '선험적 자아'로 표현되며 선험적 인격성과 동일시된다. 왜냐하면 자아의 표상이 주관에 자발적으로 모든 다양한 것을 부여하는 한에서 그 내적 직관은 지적이기 때문이다. 그리고 인격성이라는 것은 "통각이 모든 선험적 개념까지도 가능하게 하는 것"[18]임을 뜻한다. 여기서 통각은 '나는 생각한다'이고 '나는 생각한다(선험적 통각)'에서 '나'는 '실체와 원인'을 사고한다는 것이다.[19] 이러한 통각(나는 생각한다)은 '사고 그 자체'의 근원적 통일을 의미한다. 따라서 칸트가 인격성 또는 선험적 인격성이라고 하는 것은

---

15) *Grundlegung zur Metaphysik der Sitten*, 89쪽.

16) *Kritik der reinen Vernunft*, A 118, 343.

17) *Kritik der reinen Vernunft*, B 68.

18) *Kritik der reinen Vernunft*, B 401/A 343.

19) *Kritik der reinen Vernunft*, B 401/A 343.

사고의 선험적 주체를 의미하는 것으로서 가상적 성격과 다름이 없는 것이다.

그러나 행위의 관점에서 선험적 주체로서의 인격성은 한갓 이념에 그치지 않고 현실적 인격으로 나타난다. 다시 말해서 가상적 성격이 경험적 성격에 구체적으로 드러난 것으로서 이념의 도식화가 이루어지며, 이때의 인격은 단순한 주체나 객체가 아니라 자기를 객체로서 의식한 주체가 자기 자신을 의식하는 경우의 주체 즉 인격인 것이다. 칸트는 이러한 인격을 "서로 다른 시간에서 자기 자신의 수적 동일성을 의식한다는 것은 그런 한에서 하나의 인격이다"[20]라고 하였다. 그러므로 "인격의 동일성은 '나' 자신의 의식 중에서 불가피하게 발견되지 않을 수 없다. 그러나 내가 나를 타자의 입장에서 (그의 외적 직관의 대상) 본다면, 이 외적 관찰자는 우선적으로 나를 시간 중에 있어서 고려할 것이다. 왜냐하면 통각에서는 시간은 본래 오직 '나'의 내부에서만 표상되기 때문이다"[21]라고 하였다. 이것은 인간이 순수 통각에 의거하여 (대상을 수용하는 감각과는 다른) 자발적 오성과 이성의 작용에서 자기 자신을 가상적 대상으로서 즉 내감의 대상인 자신을 객체로서 인식한다는 것이며, 따라서 이는 자기 자신을 자발적인 작용의 주체, 곧 자유로운 것으로서의 자아로 의식한다는 뜻이다. 그러나 수적 동일성의 자기가 바로 인격이 아니라 그것을 (수적 동일성으로) 의식하고 있는 것이 인격이다. 이것은 앞에서도 지적한 것처럼 자유의 원인성이 가상

---

20) *Kritik der reinen Vernunft*, A 361.
21) *Kritik der reinen Vernunft*, A 362.

적인 것과 동일한 의미라는 점에서 그러하다.

따라서 선험적 인격성이 곧 선험적 자아이며, 그것이 자유의 주체이므로 순수의식의 '나는 생각한다'의 사고 주체는 자기 자신일 수밖에 없다. 즉 사고하는 '나' 혹은 '그'로서 나타나는 것은 사상의 선험적 주체 이외에 다른 것이 아니다. 이와 같이 가상적 성격으로서의 인간은 "자기 자신 안에서 능력을 발견하고 그 능력으로부터 대상에 의해서 촉발되는 사물을 구별한다. 이 능력이 이성(순수 자발성)이며"22) 오성의 자발성과는 구별된다. 이때의 순수 자발성으로서의 이성은 오성의 자발성을 능가하는데, 그 이유는 오성이 감성적 표상을 법칙의 지배하에 두기는 하나 범주를 넘어설 수 없다는 데 있다. 이 점에 관하여 칸트는 "이성은 이념들(Ideen)의 이름 아래서 자기의 순수 자발성을 드러내며 감성에 의해서만 오성에 주어지는 일체를 넘어선다. 곧 이성은 감성계와 오성계를 서로 구별하고 더욱이 그 구별에 의하여 오성 자신의 한계를 규정하는 점에서 그 중요한 임무를 발휘한다"23)고 하였다.

또 칸트는 인격성과 인격의 관계를 '시간에 있어서의 자각'이라고 하였다. 그 의미는 내가 그 속에서 나를 자각하고 있는 그 시간 전체에서 내가 이 시간을 나의 자기 통일에 속하는 것으로서 자각하고 있다는 것이다. 따라서 "내가 이 시간 전체에서 개체의 통일로서의 자아에 있다든지, 또는 내가 수적 동일성을 가지고 이 모든 시간 속에 있다든지 하는 것은 마찬가지이다."24)

---

22) *Grundlegung zur Metaphysik der Sitten*, 88쪽.
23) *Grundlegung zur Metaphysik der Sitten*, 88쪽.
24) *Kritik der reinen Vernunft*, A 362.

시간이 자아 속에 있는 경우의 자아는 선험적 자아이고 자아가 시간 속에 있는 경우의 자아는 객관화된 자아이다. 그것은 동일한 '나'가 아니다. 그러면서도 시간에 있어서는 시간을 매개로 자각하는 것으로서 양자가 통일에 귀착한다.

칸트는 이러한 예지인과 현상인, 인격성과 인격과 연관하여 인간을 심신 관계의 이중적 구조로 파악하고 있다. 사람이 육체를 갖는다는 것은 객체화된 자아가 육체와 결합하여 있다는 것을 뜻하는 것이며, 이에 칸트는 실체로서의 마음(Seele)의 객관적 파악이 불가능하다고 보고, 선험적 인격성을 밝히는 자리에서 객관적으로 파악할 수 있는 마음은 내감의 대상인 심리학적 자아에 불과하다고 하였다. 이러한 심리학적 자아가 육체와 결합하는 계기를 선험적 인격성의 표상으로 보는 것은 그 결합을 내외(시공)의 표상의 통합으로 단정하는 것이다. 그러나 칸트가 마음과 육체의 관계를 인격과 행위의 관계와 동일한 성격으로 본다고 해서 인격을 심리적 존재로서만 인정한다는 것을 뜻하는 것은 결코 아니다. 칸트는 인격성을 그 자신에 있어서의 인륜의 주체라 하였고, 또 이것을 그의 성격에 있어서의 인간성이라 하였는데, 이것은 가상인과 동일시하는 것이다. 따라서 가상인은 인간성, 곧 도덕적 인격성이다. 칸트의 도덕철학 체계에서는 예지인으로서의 자기가 그 자신의 주체이며, 이 자기는 인식되지는 않지만 통찰되고 내면화되고 의식되는 것이다. 칸트는 '그 자신으로서의 주체'를 '본래적 자기(das eigentliche Selbst)'라고 하였다. 이 본래적 자기로부터 도덕법칙이 나오며, 이것이 실천의 근거가 되어 도덕법칙을 정언명법으로 자기에게 부과하게 된다고 본다.

2. 자유의 이념

칸트에게 자유의 문제는 선험적 자유와 실천적 자유 그리고 자율적 자유로 음미될 수 있다. 칸트는 『순수이성비판』의 이율배반의 제3 모순에서 '현상'에 대한 자연 인과성(자연법칙)과 자유의 원인성(자유법칙)을 함께 인정하였다. 그러므로 칸트는 "자연법칙에 따른 인과성은 세계의 현상이 모두 거기에서 도출될 수 있는 유일한 인과성이 아니며 '현상'의 설명에는 또 자유의 원인성을 인정할 필요가 있다"25)고 하였다. 왜냐하면 "모든 '현상'이 이 자연법칙에 따라서만 개시되는 것이라면 이차적 개시만이 있고 제일의 개시는 없을 것이기 때문이다."26) 따라서 칸트에 의하면, 우주론적 이념으로서의 최초의 원인성이 상정되어야 하고 그 원인성은 인과 계열의 '완전성(Vollständigkeit)'으로서의 제약의 총체성을 가능하게 하는 무제약자로서의 선험적 이념인 것이다.

선험적 이념을 칸트는 다음과 같이 설명하고 있다. "선험적 이념은 제약의 총체성으로부터 주어진 피제약자로 나아간 개념 이외에 다른 것이 아니다. 그런데 무제약자만이 제약의 총체성을 가능하게 하기 때문에, 뒤집어 말하면 제약의 총체성은 언제든지 그 자체 무제약자이다."27) 이와 같이 제약의 총체성을 가능하게 하는 무제약자를 선험적 이념으로 상정한 칸트는 인과 계열의 완전성을 선험적 자유로 상정한다. 그리하여 칸트는 "자

---

25) *Kritik der reinen Vernunft*, B 472.
26) *Kritik der reinen Vernunft*, B 474.
27) *Kritik der reinen Vernunft*, B 379.

연법칙에 따른 현상 계열을 그것 스스로 시작하는 원인의 절대적 자발성으로서 그 자발성은 선험적 자유이다"[28]라고 하였다. 따라서 선험적 자유는 현상계가 아닌 물 자체계에서 그 구출이 가능할 수밖에 없다고 하여 "현상이 물 자체 그것이라면 자유는 구제될 수 없다"[29]고도 하였다. 이것은 자유가 물 자체에 정초되는 것으로 보고 현상계와 물 자체계를 구별한 단적인 표현인 것이다. 이는 인간의 생활 세계에서는 기계적으로 해명될 수 없는 것이 존재한다는 선언이기도 하며, 이를 위해 선험적 자유의 세계를 제시한 것으로 볼 수 있다.

칸트에게 '현상'이라고 하는 것은 '선험적 감성론'에서 증명하였듯이 시간과 공간 중에서 직관되는 일체의 경험의 대상일 뿐이다. 그리고 '선험적 분석론'에서는 자연법칙의 제약에 의하여 그 원칙의 정당성이 확립되었다. 자유는 '선험적 변증론'의 '우주론적 이념'에서 선험적 이념으로서 원인성의 절대적 자발성으로 본래 세계의 기원을 해명하기 위한 것이었다. 그런데 칸트는 이 자유를 인간의 자발적인 활동(행위)에 연관시켜 생각하였다.

우리가 자유에서 생긴 현상들의 계열의 제일의 시초가 필연적이라는 것을 세계의 근원을 이해하는 데 필요한 한에서만 중시하였으며, 반대로 서로 선후로 해서 일어나는 모든 상태는 단지 자연법칙에 따른 연속이라고 볼 수 있는 것이다. 그러나 이것은 시간 중에서의 한 계열이 자발적으로 시작하는 능력(통찰되지는 않으나)이 증명되었기 때문에 우리가 이제야 세계의 진행 과정

---

28) *Kritik der reinen Vernunft*, B 474.
29) *Kritik der reinen Vernunft*, B 564.

중에서 여러 가지 계열이 인과성을 따라 자발적으로 시작하는 일과 또 세계의 실체들에게 자유에서 행위하는 능력을 부여하는 것이 허용된다.[30]

여기서 '자유에서 행위하는 능력'은 칸트가 선험적 자유를 인간의 행위에까지 연장시키려는 태도로 볼 수 있다. 그리고 '시간 중에서의 한 계열이 자발적으로 시작하는 능력'이란 절대적인 시초의 개시가 아니라 시간상의 인과성에서 의지를 말하는 것이다. 그리하여 칸트는 "자유의 선험적 이념은 이 명칭의 심리학적 개념의 모든 내용을 포함하지 않는다. 이 심리학적 개념은 대부분 경험적이다. 그러나 자유의 선험적 이념은 행위의 책임의 진정한 근거가 되는 행위의 절대적 자발성의 모든 내용을 의미하는 것이다"[31]라고 하였다. 그리고 또 "내가 지금 완전히 자유롭다면 자연적 원인의 필연적(규정적) 영향을 받음이 없이 내가 나의 의자에서 일어선다면, 이 사태가 비록 시간적으로 선행하는 계열의 계기에 지나지 않지만, 그러나 무한한 자연적 결과를 수반하는 이 사태에서 하나의 새로운 계열이 개시한 것이다"[32]라고 하였다.

그런데 여기에서 문제가 되는 것은 우주론적 이념으로서의 선험적 자유가 세계의 기원의 해명에 그치지 않고, 그것을 어떻게 인간 행위의 자발성으로까지 연장했느냐 하는 것이다. 이것은 '현상'과 '물 자체'를 구별하면서도 물 자체의 인과성을 현상

---

30) *Kritik der reinen Vernunft*, B 476, 478.
31) *Kritik der reinen Vernunft*, B 476.
32) *Kritik der reinen Vernunft*, B 478.

(자연)의 '표상' 중에 나타나는 것으로 귀결시킨 것으로 볼 수 있다. 따라서 칸트는 선험적 자유를 심리학적 자유에 귀속시켜 행위에 결부시킨 것이다. 그렇지 않다면 (자연적 필연이 아니라면) 무엇에 근거하여 새로운 개시가 이루어지겠는가? 따라서 칸트는 인간 행위의 근저를 선험적 자유로 생각한 것이 아닐 수 없다. 그리하여 칸트는 "자유의 선험적 이념이 실천적 개념의 근거가 될 것"[33]으로 믿었고, "실천적 의미에 있어서의 자유는 감성의 충동에 의한 강제에 대하여 의지가 취하는 독립적 태도이다"[34]라고 하였다. 이러한 칸트의 태도는 '사고하는 본성(의식)'으로부터 도덕과 종교의 근거를 밝히려는 것에서도 찾아볼 수 있다. 칸트는 사고하는 본성과 물질과의 관계에 대하여 "물질은 그 자체가 현상 곧 심성의 표상이 아니라, 우리의 외부에 모든 감성과 관계없이 실존하는 '대상 그 자체' "[35]라고 하였다. 이것은 '사고하는 본성'을 물질 과정의 현상으로 보려는 것을 넘어 실체로 보는 태도이다. 따라서 물질을 현상이나 심성의 표상이 아닌 '물 자체 그것(실존하는 대상 그 자체)'으로 파악하는 것이다.

칸트는 도덕과 종교의 문제를 근원적 존재인 신과 연관짓고 있다. 그러나 이것은 신의 존재가 그 근거임을 해명하기 위해서가 아니라 우주론적 이념의 규정을 실천적 관심으로 나타내기 위한 것이다. 이에 대하여 칸트는 "세계가 시초를 갖고 있다는 것, 사고하는 자아가 단순하며 그리고 불멸적인 본성을 갖고 있

---

33) *Kritik der reinen Vernunft*, B 561.
34) *Kritik der reinen Vernunft*, B 561.
35) *Kritik der reinen Vernunft*, A 391.

다는 것, 동시에 자아가 임의적인 행동에 있어서 자유이며 자연의 강제를 초탈한다는 것, 최종적으로 세계를 구성하는 사물의 모든 질서가 하나의 근본적인 존재자에게서 유래하여 그 모든 통일과 합목적적 결합이 이로부터 유래한다는 것 등의 모든 것들은 도덕과 종교의 초석들임에 틀림없다"36)라고 하였다. 여기서 칸트는 사물의 현상과 책임, 예지계와 현상계의 모순의 해결을 보았고, 자유론과 결정론 간의 대립으로부터 이것을 도덕적 자유에 연결하고 있는 것이다.

실천적 의미에서의 자유는 감성의 충동에 의한 강제에 대하여 선택의지가 독립적인 것을 말한다. 그러므로 선택의지는 그것이 (감성의 동인을 통하여) 수동적으로 일어나는 한에서 감성적(patholosich)이다. 선택의지가 수동적으로 강제될 수 있을 때에는 동물적(맹목적 결의)이라고 한다. 인간의 선택의지는 확실히 감성적이지만 동물적인 것은 아니다. 오히려 자유이다. 왜냐하면 감성이 인간의 행동을 필연적이 되게 하는 것이 아니라, 인간에게는 감성적 충동의 강제에서 독립하여 자기 스스로를 결정하는 능력이 있기 때문이다.37)

그러므로 실천적 자유는 절대적 자기 활동의 의식이라는 것이다. 그리고 그 자유는 선험적 통각의 자발성과 같이 단지 감성적인 것으로부터의 독립성을 의미하는 것이 아니라, 적극적인 의미에서 자기 입법적인 자율성과 도덕성을 의미하는 자유로서 등장한다. 칸트에 있어서는 자유의 입법으로서의 이성이 주관적

---

36) *Kritik der reinen Vernunft*, B 494.
37) *Kritik der reinen Vernunft*, B 562/A 534.

원리이며 경험적 제약에 도덕의 원리가 의존하지 않는다는 것은 주지하는 바이다. 따라서 이성만이 당위를 지령할 수 있는 것이다. 왜냐하면 이것은 이성의 본질이 자유이므로 자유가 스스로 동시에 입법적이고, 이 자유의 원리로부터 실천법칙이 도출되는 것이기 때문이다. 그리고 자유는 입법적인 자기 의지에 따라 행위해야만 하는 것이다.

앞에서도 지적한 것처럼 칸트의 이러한 자유의 이념은 "자연 질서에서 독립적인 소극적 자유에 그치지 않는 적극적 자유"[38]로 파악된 것이다. 따라서 그 자유는 "경험할 수 있는 것이 아니라 오직 전제되는 것"[39]이다. 이렇게 볼 때, 칸트의 윤리학에서 자유는 "소질 또는 의지의 특성이 아니라, 형이상학적 존재론적 의미이며, 자율 이외의 다른 것이 아닌 이성의 특성"[40]인 것이다. 이와 같이 자유가 경험을 가능하게 하는 근거라 할지라도 범주 또는 순수오성 개념이나 사변적 이념은 물론 아니다. 그것은 "순수한 실천적 이념으로서 순수실천이성의 이념"[41]일 뿐이다. 이는 자유의 개념이 선험적인 것으로서 그 타당성이 경험에서 주어질 수 없음을 말하는 것이다.

칸트가 이성적 존재자인 인간은 결코 수단으로 사용될 것이 아니라 '목적 자체'라고 할 때, 그 존재는 가상인(인격성)으로서 인과 연관을 벗어난다는 의미이다. 그러므로 이성적 존재자는 정언명법에 종속할 뿐 아니라 또한 입법자이기도 함을 말하는

38) *Kritik der reinen Vernunft*, B 581/A 553.
39) K. Jaspers, *Kant, From The Great Philosophers*, 75쪽.
40) P. Kroner, *von Kant bis Hegel*, Tübingen, 1977, 172쪽.
41) P. Kroner, *von Kant bis Hegel*, 174쪽.

것이다. 따라서 "우리는 보편적인 입법적 의지로서의 이성적 존재자의 의지에 관한 이념에 도달하게"[42] 된다. 이 이념은 도덕적으로 선한 행위의 개념과 일치한다. 이와 같이 볼 때, 칸트의 이념으로서의 자유는 그 자체로서는 우리에게 무엇인지 알 수 없는 것이지만, 우리의 사고 가운데에서 현상의 근저에 반드시 있어야만 한다. 따라서 자유에 의한 원인성이라고 생각되는 인간의 가상적 성격이 현실적인 경험적 성격의 근저에 두어질 수 있는 것이라 볼 수 있다. 이러한 맥락에서 행위하는 주체로서의 인간은 현상적이면서 동시에 예지적인 성격을 가지므로 선험적 자유와 인과 필연성은 서로 모순 없이 조화하고 양립할 수 있는 길이 마련되고 있다. 또한 경험적 의지는 실질을 의지의 규정근거로 삼음으로써 인간의 쾌·불쾌 곧 자기애로서의 행복의 원리에 따르는 것일 수밖에 없고, 이런 원리야말로 심리적인 인과 필연의 법칙에 규정되어 있는 것이다. 그러나 인간의 순수의지는 예지계에 속해 있는 자유이며, 이 자유의지는 의지를 형식적으로 규정한다. 그러므로 선험적 자유라고 하는 것은 도덕적 책임에 대한 경험을 설명하는 데 필요한 전제일 수밖에 없다. 왜냐하면 실천적 자유가 선험적 자유를 근거로 하는 것은 실천적 자유로부터 어떤 행위가 당위로 전제되어야 할 것을 말하기 때문이다.

---

42) *Grundlegung zur Metaphysik der Sitten*, 63쪽.

3. 의지의 자유와 자율

칸트에 있어서 의지는 실천이성을 말한다. 즉 이성의 이념적·사변적 측면을 이론이성이라 하고, 이성의 의지적 측면을 실천이성이라 한다. 만약 이성이 의지를 결정하는 것이 필연적이라면, 객관적으로 필연이라고 인식되는 이성적 존재자의 행위는 주관적으로도 필연이다. 칸트는 "의지란 이성이 경향성에서 독립하여 실천적 필연이라고 인정하는 것, 곧 선이라고 인정하는 것만을 선택하는 능력이다"[43]라고 하였다. 따라서 칸트의 의지의 자유에 대한 설명은 다분히 심리학적이다.[44] 그러나 인간은 결코 본능적이거나 감정적으로만 행위하지는 않으며, 이성적 존재자로서도 행위한다. 그러기에 "도덕적 가치가 문제될 때 중요한 일은 눈에 보이는 행위가 아니라 보이지 않는 행위의 내적인 원리이다."[45] 이러한 "자유의지의 의미를 밝히는 일은 도덕법칙의 존재를 밝히는 문제와 관련되어 있기 때문에 둘 중 하나만 풀리면 다른 하나는 저절로 해명된다. 보편적으로 타당한 실천법칙은 의지의 자유를 필연적으로 요청하므로, 만약 그것의 존재가 의심 없는 사실이라면 의지의 자유도 간접적으로나마 확실시될 것이요, 이와 반대로 만약 의지의 자유의 가능성이 먼저 밝혀진다면, 그것은 모든 경험적 제약을 초월한 선천적 의지가 자기의 고유한 법칙을 가지고 있음을 의미하는 것이니, 의지의 자유라는 개념 그 자체의 분석에서 보편적 실천법칙의 존재는

---

43) *Grundlegung zur Metaphysik der Sitten*, 41쪽.
44) F. Delekat, *Immanuel Kant*, 273쪽 참조.
45) F. Delekat, *Immanuel Kant*, 173쪽.

저절로 논증될 것이다."46) 이를 칸트는 『실천이성비판』에서 다음과 같이 밝히고 있다.

내가 지금 자유를 도덕법칙의 조건이라고 말할 경우, 또 뒤의 글에서도 도덕법칙을 우리가 자유를 의식함에 있어서 일차적으로 의거해야 할 조건이라고 주장하면서 나는 다음의 사실만을 지적하고자 한다. 즉 자유는 분명히 도덕법칙의 존재근거이나, 또한 도덕법칙은 자유의 인식근거라는 것이다. … 한편 만약 자유가 없다면 우리들은 결코 도덕법칙을 발견할 도리가 없었을 것이기 때문이다.47)

동시에 칸트는 "의지를 객관적인 법칙에 합치시켜 규정하는 것은 강제이다"48)라고 하였다. 그런데 '강제'라는 말은 도덕적 강제 즉 자유의지의 자연법적 개념이나, 칸트는 그렇게 사용하지 않고 "명법의 개념을 통해서 그것을 대치하였다."49) 이에 대한 칸트의 견해를 보면, "어떤 객관적 원리의 표상이 의지에 대해서 강제적인 한에서 명령(Gebot)의 정형을 명법(Imperativ)이라고 한다"50)고 하였다. 실천적으로 선한 것 즉 명법은 의지를 결정하되 선으로 타당한 근거들에서 하고, 주관적인 원인에서 야기되는 경향성에 의해서 결정하지 않는다. "완전히 선한 의지는 선의 객관적 법칙 아래 있으며 … 오직 선의 표상에 의해서

---

46) 김태길, 『인간의 존엄성과 성실』, 133쪽.
47) *Kritik der praktischen Vernunft*, 108쪽 각주.
48) *Grundlegung zur Metaphysik der Sitten*, 41쪽.
49) F. Delekat, *Immanuel Kant*, 274쪽.
50) *Grundlegung zur Metaphysik der Sitten*, 41쪽.

만 규정될 수 있는 것이다."51) 왜냐하면 완전선(完全善)에 대하여 완전한 명법은 성립될 수 없으며, 완전선으로서의 명법이 불완전한 선으로서의 인간의 의욕에만 필요조건이 될 수 있기 때문이다.

그러면 칸트의 도덕법칙(실천법칙)의 토대는 무엇일까? 칸트는 그것을 이성의 사실(Faktum)이라고 생각한다. 이 '사실'은 경험적 현상과는 다른 것으로 의식의 경험적 요소를 사상한 순수한 도덕의식이라 할 수 있다. 순수한 도덕의식은 이성에 의거하여 그 의식을 주는 필연성과 이성이 지시하는 모든 경험적 제약을 사상함으로써 가능하다. 그런데 이러한 경험적 요소의 사상의 형식으로서의 출발점이 되는 대상은 무제약적 실천법칙이다. 그것은 보편성과 필연성을 가지며 예지적 강제력을 가져야한다. 그리하여 경험적 요소를 사상하고, 실질적 내용을 배제하여 선천적 입법의 형식만을 남게 하는 것이다. 그러므로 정언명법(도덕법칙)은 유일한 것이며, 이 유일한 명법에 의하여 의무의 명법이 이끌어진다면, 의무가 종국적으로 지시하는 것이 무엇인가를 우리는 알 수 있을 것이다. 실천법칙으로서의 정언명법과 의무의 명법은 자유의지와 의지의 자유가 전제되며, 이들 전제와 선의지는 필연적으로 선천적 입법의 형식으로 결합되어 있는 것임을 알 수 있다. 이성적 존재자로서의 인간은 도덕성의 형식적 원리를 정언명법으로써 경험한다. 만일 그가 온전히 인과 필연성에 의하여 지배된다면, 그는 정언명법에 일치하도록 자기자신의 의지를 결정할 수 없을 것이다.52)

---

51) *Grundlegung zur Metaphysik der Sitten*, 42-43쪽.

의지는 법칙의 표상에 합치하도록 행위를 규정하는 능력이며, 이러한 능력은 이성적 존재자에게서만 발견되는 것이다. 따라서 칸트는 "이성적 존재자는 의지의 자유에 의해서 언제나 가능한 목적의 왕국에 있어서 입법자가 되어야 한다"[53]고 하였다. 물론 위에서 말하는 목적의 왕국은 하나의 이상이지, 현실의 세계는 아니다. '왕국'이라는 말은 객관적 법칙에 의한 이성적 존재자들의 이상적인 체계적 결합을 의미한다. 그리고 이것은 도덕적 행위의 형식과 실질의 양면을 표현한 것이다. 그리고 또 준칙과 법칙의 조화로서의 인간의 이상이며 또 이념에 의한 통일이자 체계이다.[54]

다른 한편 칸트는 『실천이성비판』에서 자유의지에 대하여 다음과 같이 언급하였다. "다만 준칙의 법칙 수립적인 형식만을 오직 법칙으로 삼을 수 있는 의지가 바로 자유의지이다. 그러므로 자유의지는 법칙의 실질에 의존하지 않으면서 그 규정 근거를 법칙에서 발견해야만 한다. … 따라서 법칙 수립의 형식은 그것이 준칙 속에 포함되어 있을 때에만 의지의 규정 근거일 수 있다."[55] 그러나 동시에 "자유와 무제한적 실천법칙은 서로가 서로를 예상하는 관계에 있다"[56]고 하였다.

선의지 즉 의무를 다하려는 의지에서 가치의 근원을 발견한 칸트는 의무의 수행에 의지의 자유가 절실히 요구되며, 의지의

---

52) S. Körner, *Kant*, 148쪽.
53) *Grundlegung zur Metaphysik der Sitten*, 67쪽.
54) H. J. Paton, *Categorical Imperative*, 180쪽 참조.
55) *Kritik der praktischen Vernunft*, 138쪽.
56) *Kritik der praktischen Vernunft*, 139쪽.

자유가 없는 존재에게 의무를 요청하는 것은 불가능할 수밖에 없다고 한다. 그리고 자유의지는 동시에 의지의 자기 입법이므로 의지의 자유와 자유의지는 모두 자율적으로 상호 교환되는 개념인 것이다. 그러므로 자유는 정언명법의 조건이다. 자유의 이념의 필연성을 통찰하는 한에서 정언명법이 가능하게 되기 때문이다. 이러한 자유의 성격은 주관적인 인식론적 해명이 불가능할 수밖에 없다. 위의 '정언명법'이라는 말은 무제약적이라는 의미이고, 이 무제약적이라는 말은 도덕법칙에 따르는 자유와 같은 의미이다. 그리고 이러한 의지의 자유가 곧 자율이다. 이러한 의미에서 의지의 자율은 도덕법칙과 그것에 따르는 유일한 원리이나, 타율은 책임의 기초가 될 수 없는 것이다. 의지가 욕구 능력의 실질에 독립해 있다는 것이 바로 의지의 자율을 발견할 수 있는 근거가 되는 데 반하여, 의지가 욕구 능력의 실질 곧 욕구에 따르는 것이 타율이다. 곧 "외부로부터 받아들인 법칙의 권위를 인정하는 것은 타율인 것이다."[57]

도덕법칙은 필연적으로 누구나 받아들이도록 되어 있는 것이 아니라, 당위적인 것으로서 마땅히 따라야 하는 것이다. 이 당위적인 명령이 우리의 내심에 있다는 것은 전제적으로 자유가 있다는 말과 같다. 바로 이와 같은 말을 해명해 주는 구절이 "너는 해야 하기 때문에 너는 할 수 있다(Du kannst, denn du sollst)"이다. 그러므로 '의지의 자유'가 가능하다는 사실을 실천 이성은 우리로 하여금 받아들이도록 강제하게 되고, 인간이 초월적 영역에서 자유로울 수 있다는 점에서 도덕법칙의 요청은

---

57) N. Hartmann, *Ethik*, 99쪽.

그 합당한 권리를 주장할 수 있게 되는 것이다. 물론 자유의지는 그 규정 근거가 제 자신에 있는 경우에만 자유이다. 따라서 "의지의 최고 원리는 (그것이 정언명법과 같이 무상명령(無上命令)의 형식을 취한다 하더라도) 주관의 본질에서 유래하지 않을 수 없는 것이다."[58] 이렇게 볼 때, 칸트의 자유의지는 고유한 법칙성에 있어서의 자율이지 강제의 제약으로부터 전적으로 벗어난 자유가 아니다. 칸트의 자유의지는 자연이 자연법칙에 따르듯이 제 자신의 자율적 원리에 따르는 것이다. 그러므로 하르트만은 "의지의 자유는 할 수 있다(Können)는 능력의 자유이지 해도 좋다(Dürfen)는 허용의 자유가 아니며,"[59] 곧 "의지의 자유는 인간에게 규범으로서의 외적 한계를 제시하는 바로 그 '할 수 있다'는 능력을 말하는 것이다"[60]라고 하였다.

그러면 인간의 의지는 무엇으로 규정되며 또 우리는 어떻게 행위할 수 있는가 하는 문제에서 의지가 우리들 자신 속에 주어져 있는 경우에는 두 가지 가능성이 성립될 수 있다. 그 하나는 의지가 우리들 자신 속에 주어져 있는 이성 자체의 법칙에 의하여 규정될 수 있는데, 이런 경우 의지는 자율적이다. 반대로 의지가 이성의 밖의 어떤 외부적인 것에 의하여 규정될 수도 있는데, 이런 경우 의지는 타율적이다. 따라서 행복이나 완전성 같은 최고선을 설정하고 그것에 어떻게 하면 도달할 수 있는가를 해결하고자 하는 의도는 모두 타율적이다. 이러한 타율성에 입각해서는 필연적이고 보편적인 원리가 확립될 수 없다. 그러므

---

58) N. Hartmann, *Ethik*, 101쪽.
59) N. Hartmann, *Ethik*, 638쪽.
60) N. Hartmann, *Ethik*, 639쪽.

로 필연적이고 보편타당한 행동의 원리를 포착하려면 그것은 이성 스스로에게서 찾아내야만 하는 것이다. 즉 그것은 자율의 원리가 도덕성의 최고의 원리임을 말해 주는 것이다. 그런데 "이러한 도덕성의 원리는 정언명법이어야 하고 이 정언명법은 다름 아닌 자율을 명령하는 것이다."[61] 또한 의지의 자율은 모든 도덕성의 근저로서 인간은 자율에 의해서만 평가되어야 하고, 외부적인 관계로서 평가되어서는 안 된다. 보편적 입법으로서의 도덕성은 의지의 준칙을 통해서 조화되는 것이다. 그러므로 칸트는 "의지의 자율과 함께 설 수 있는 행위는 허용되고, 의지의 자율과 함께 설 수 없는 행위는 허용되지 않는다. 이 때문에 준칙이 필연적으로 자율의 법칙과 조화해 있는 의지는 신성하고 온전한 선의지이다"[62]라고 하였다.

『실천이성비판』에서 이 자율의 원리는 순수한 실천이성의 근본 법칙으로 기술되어 있다. 칸트는 "의지의 자율이란 의지 자체가 그 자신에 대해서 법칙이 되는 의지의 특성으로서 의욕의 대상의 성질과는 상관이 없는 것이다. 그러므로 자율의 원리는 선택의 준칙이 동시에 보편적인 법칙으로서 동일한 의욕 중에 포함되는 것 이외의 것을 선택하지 않는 것이다"[63]라고 하였다. 따라서 자율은 절대적 가치로서 도덕적 인격에 속한다고 할 수 있다. 그리고 그것이 절대적 가치임은 그 근거가 무제약적인 것이지 대상에 부착된 가치가 아니라는 것이다. 이에 반하여 "의지의 타율은 의지가 자기 자신을 넘어서서 객관적 대상에서 자

---

61) *Grundlegung zur Metaphysik der Sitten*, 75쪽.
62) *Grundlegung zur Metaphysik der Sitten*, 74쪽.
63) *Grundlegung zur Metaphysik der Sitten*, 74쪽.

기를 결정하는 법칙을 추구하는 것이다."64) 곧 이러한 경우는 의지가 스스로 자신에게 법칙을 부여하지 않고, 대상이 의지에 법칙을 부여하게 된다. 이 타율의 원리는 두 개의 기본 입장으로 분류할 수 있는데, 그 하나는 경험적인 원리이고 다른 하나는 합리적인 원리이다.

"타율의 경험적 원리"65)란 행복의 원리에 근거하여 자연적 감정이나 도덕적 감정에 세워지는 도덕의 원리들을 가리킨다. 그러나 이러한 도덕의 원리는 감각적이므로 주관성은 지닐 수 있을지 몰라도 보편성과 필연성은 지닐 수 없는 약점을 갖고 있다. 대체로 도덕의 기초에서의 경험주의는 주관성의 바탕 위에 보편성을 세우려고 하나, 흄을 비롯한 그 아류들이 실패하고 말았던 방식이다. 발전적으로 보면 이러한 입장은 도덕에 있어서 결과주의에 도달하게 된다. 왜냐하면 이들은 도덕의 법칙을 인간성(감정 내지 천부적 소질) 내지 환경적인 우연에서 찾으려고 하기 때문에 인간의 지적 능력의 발달과 사회경제적 변화나 문화적 다양성에 따라 그 법칙의 규준이 달라질 수밖에 없기 때문이다.

다음으로 '타율의 합리적 원리'란 완전성 내지 절대적이고 스스로 자립적인 객관적 목적을 설정하고 그 타존재의 원리에 따라 세워지는 도덕의 원리라 하겠다.66) 그러나 이 같은 도덕의 원리는 칸트의 입장에서 보면 막연하고 공허하며 직관이 불가능한 전통적 형이상학에 입각한 것이라고 볼 수 있다. 칸트는 '있

---

64) *Grundlegung zur Metaphysik der Sitten*, 75쪽.
65) *Grundlegung zur Metaphysik der Sitten*, 76쪽.
66) *Grundlegung zur Metaphysik der Sitten*, 77-78쪽.

어야 할 당위'가 자명성을 가질 수 없는 그런 원리는 배척한다. 또 '있는 사실'로부터 출발하는 경험주의에 입각한 원리도 마찬 가지이다. 이러한 것들은 자율적 입법이 불가능하다. 왜냐하면 자명성으로서의 선천적인 원리의 직관이 배제되어 있기 때문이 다. 뿐만 아니라 의지의 객관적 대상이 객관적으로 근저에 놓인 다면 그것은 타율적인 것이다. 그러므로 자율로서 의식의 형식 만을 규정하고, "모든 대상에 관해서 무규정적인 절대적 선의지 는 곧 정언명법인 것이다."67) 그리고 이러한 원리만이 자율적이 라 할 수 있다.

그렇다면 문제의 의지의 자율을 설명할 수 있는 열쇠는 어디에 있는가. 그것은 당연히 자유일 수밖에 없다. 자유는 현상계 곧 자연계에 속하는 사실이 아니며, 예지계에 속하는 것으로서 칸트는 이미 『순수이성비판』에서 물 자체의 인식을 포기했던 것이다. 칸트가 만약 자유의 인식이 가능한 것으로 보았다면, 그것을 분석함으로써 의지의 자율적 입법으로서의 실천법칙이 존재함을 논증할 수 있었을 것이다. 그러나 인간에게는 자유를 직관할 능력이 거부되어 있다. 그러므로 자유의 전제로부터 실천법칙이 증명될 수 있을 뿐이다. 칸트에게 자유란 결국 이성적 존재자가 이성의 법칙을 따름을 가리킨다고 할 수 있다. 그리고 자유를 "이성적 존재자의 자기 한정 즉 자율이라는 말로 옮겨도 무방할 것이다. 자유와 자율은 근본에 있어서 일치함은 명맥한 일이기 때문이다."68)

---

67) *Grundlegung zur Metaphysik der Sitten*, 80쪽.
68) 김태길, 『인간의 존엄성과 성실』, 143쪽.

그러나 앞에서도 언급한 바와 같이 자유라고 하는 것은 선험적 이념이기 때문에 경험적으로 증명될 수가 없을 뿐 아니라 어떠한 실례도 밝힐 수 없는 것이다. 다만 이성적 존재자의 이성의 필연적 전제로서 이 자유의 이념은 자율과는 떼어 놓을 수 없는 결합체인 것이다. 또 도덕성 개념 역시 자유의 개념과 결합해 있다. 만약 자율적 자유가 전제되지 않는다면 선택적 결정이 불가능하고 오직 도덕성의 보편법칙은 합리적 타율에 의지할 수밖에 없는 것이다. 이렇게 논리가 전개된다면 이것은 칸트의 견해가 아니다. 칸트에 있어서 도덕적 원리는 자연법칙이 현상의 근저에 있듯이 자율의 이념하에 모든 행위가 이루어진다고 할 수 있다. 따라서 "자유의 이념에 있어서의 도덕법칙, 즉 의지의 자율의 원리를 전제"[69]하게 된다.

그리고 칸트는 자유와 인격성을 동격으로 규정하는데, 이것은 자유와 인격성으로부터 실천법칙이 나오며, 그런 점에서 감성과 이성을 지닌 인간에 대하여 도덕법칙은 명법이 될 수 있기 때문이다. 그러므로 자유와 인격성의 선천적 당위가 인간의 의지 속에 현존하면서 정언명법의 구실을 하게 되는 것이다. 그러기에 칸트는 "자유의 이념이 나를 예지계의 한 성원으로 삼기 때문에 정언명법이 가능한 것이다"[70]라고 하였다.

인간은 스스로 자기 입법적인 명법에 의하여 자기를 규정하고, 자유를 실현하는 것은 자유의지를 소유하고 있기 때문이다. 그리고 자기가 자기에게 부과한 의무에 따름으로써 참된 자유의

---

69) *Grundlegung zur Metaphysik der Sitten*, 84쪽.
70) *Grundlegung zur Metaphysik der Sitten*, 90쪽.

주체가 되는 것이라 하겠다. 그러면 정언명법에 대한 우리의 인식 곧 조건 없이 실천적인 것에 대한 우리의 인식이 자유에서 기인하는가 아니면 도덕법칙에서 기인하는가 하는 문제에 대하여 칸트는 자유가 아니라 도덕법칙이 먼저 우리에게 나타난다고 하였다. 왜냐하면 '자유'는 원인성으로서 인식할 수 없기 때문이고, 경험으로부터 자유를 추리할 수도 없기 때문이다.

이상의 고찰에 따라서 정언명법의 존재근거는 자유의 이념과 인간의 예지적 성격에 있다고 할 수 있다. 따라서 인간의 존엄(도덕법칙에 대한 존경)의 이념은 자기 입법의 법칙 곧 정언명법을 따르는 데 있다. 그리고 목적 자체로서의 인간이 도덕적 능력을 내적 가치로 갖는 데서 인간은 존엄한 존재임이 드러난다. 정언명법에 대한 존경과 자율적 자유, 이것은 인간과 모든 이성적 존재자의 존엄의 근거이며, 그가 인격적 존재임을 말해주는 것이다. 만약에 존엄한 존재로서의 인간이 자기의 존엄성을 의욕한다면, 그 의욕은 일상적 욕구를 넘어선 인격성 그 자체의 요구로서 심리학적 욕구와는 구별된다. 심리적 사실로서의 욕구와 형이상학적 이념으로서의 인격성의 의욕은 차원을 달리한다.

제 4 장
정언명법과 인격

1. 정언명법과 도덕적 주체

　도덕성의 최고 원리로서의 정언명법은 우리가 절대적·무조
건적으로 따라야 할 도덕적 의무의 형식으로 나타난다. 이 원리
는 칸트가 도덕을 결과의 여부에 대해서는 상관없이 오로지 행
위의 동기만을 고려하며 어떠한 예외도 인정하지 않는 절대적인
규칙을 따르는 문제로 생각한다는 것을 반영한다. 그리고 정언
명법의 형식은 현실에서의 우리의 구체적인 도덕적 행위들을 평
가하는 척도이기도 한 것이다. 그러나 이 명법의 권위와 가치는
인간이 예지적 존재자 또는 순 이성적 존재자로서 존재하는 곳
에서만 절대적 타당성을 갖는 형식적인 것 즉 구체성을 배제한

그런 것이었다. 그런데 현실의 인간은 이성적 존재자이면서 동시에 경향성이나 욕구의 지배를 받기도 하는 감성적 존재자이다. 이러한 인간은 순 형식적인 것에만 따를 수는 없는, 따라서 어떠한 행위들이 구체적으로 정언명법에 부합하는 행위인지 하는 것이 늘 문제가 되는 존재인 것이다. 그러므로 이제는 우리의 구체적 행위들 중 어떤 것이 이러한 법칙(정언명법)에 따르는 행위인가 하는 것을 판정할 수 있는 기준이 마련되어야만 더 만족스러운 행위의 원리일 수가 있다. 이를 위하여 칸트는 이 정언명법의 형식을 정형화하여 모든 현실적 인간이 정언명법에 따를 수 있는 길을 모색하였다.

그러나 유기체적 존재로서의 인간이 어떻게 정언명법을 실천할 수 있는가 하는 것은 그의 도덕철학 체계에서 하나의 난문제일 수밖에 없다. 이러한 문제의 근원은 칸트가 인간의 존재론적 규정을 가상계와 감성계로 이원화하고, 인간의 행위를 의무와 경향성의 항쟁, 법칙과 준칙의 대립이라는 구도로 설정했을 때, 이미 예견된 일이었다. 그러나 칸트는 이를 해결하고 조화시키기 위하여 도덕성의 최고 원리로서의 정언명법이 현실적인 행위들의 도덕성을 판정할 때 그것의 형식적 기준으로 삼아야 할 표징 또는 도식(圖式, Schema)으로서 정형(定型, Formel)을 제시하고 있다.

칸트는 원래 하나인 정언명법을 세 측면 내지는 정형으로 포착하였다.[1] 그 하나가 보편성에 착안한 것으로 보편법칙의 정형

---

1) W. O. Döring, *Das Lebenswerk Immanuel Kant*, 109쪽; B. Aune, *Kant's Theory of Morals*, Princeton University Press, 1979, 36쪽.

과 자연법칙의 정형이다. 다음이 주체성에 착안한 것으로 목적 자체의 정형이며, 셋째가 종합에 착안한 것으로 자율의 정형 또는 목적의 왕국의 정형이다.[2] 그리고 이러한 세 측면의 정언명법을 하나로 연결시켜 주며, 또 그들의 공통의 기초가 되는 것은 의무와 자율이다. 칸트의 말대로 정언명법은 의무의 원리에 기초한 명법이며, 이들 세 가지 정형들은 모두가 의무의 명법으로서의 정언명법의 변형들인 셈이다. 그리고 하나의 명법을 정형화한다는 것은 곧 자율의 원리를 근거해서만이 가능한 것이었다. 그러기에 정언명법(도덕법칙)의 존재근거는 자유로 전제되었던 것이다. 따라서 넓은 의미에서 본다면, 세 번째의 자율의 정형은 단순히 목적의 왕국의 정형에만 밀접한 연관을 갖는 것이 아니라, 이미 첫 번째 정형의 기초가 되는 원리이기도 한 것이다. 그러므로 칸트가 자율의 정형을 주로 목적의 왕국의 정형과 관련하여 언급하고 있는 듯한 인상을 갖게 되는 것은 다만 목적의 왕국이라는 공동체의 구성원의 자격을 강조하기 위한 구분에 지나지 않으며, 이들 세 종류의 정형들은 동일한 것의 상이한 측면들을 포착한 것으로서 상호 의존적인 것으로 보아야 한다.[3]

---

2) H. J. Paton, *Categorical Imperative*, 129쪽; B. Aune, *Kant's Theory of Morals*, 35-120쪽; 최재희, 『칸트의 생애와 사상』, 116쪽 참조.

3) 칸트의 정언명법의 정형을 분류함에 있어서 Paton은 이러한 점을 고려하면서도 자율의 정형을 목적의 왕국의 정형과 관련하여 분류하고 있으나, Sullivan은 그 구성을 달리하여 명법의 종류와 명칭을 (1) 자율의 정형 또는 보편법칙의 정형, (2) 인격의 존엄성에 대한 존경의 정형, (3) 도덕적 공동체를 위한 입법의 정형 등과 같은 방식으로 구분하여 접근하고 있다. Roger J. Sullivan, *An introduction to Kant's ethics*,

그런데 앞의 「정언명법의 존재근거」의 장에서 살펴보았듯이 이 의무와 자율을 근본적인 능력으로 소유하고 있는 도덕적 주체를 한마디로 표현하자면, 그것은 인격이라 할 수 있다. 즉, 인간은 도덕적 본성에 있어서 하나의 인격적 존재인 것이다. 그리하여 칸트로 하여금 이른바 "내 머리 위의 반짝이는 하늘과 내 마음속의 도덕법칙"이라는 감탄과 경이를 자아내게 한 도덕적 행위의 주체는 곧 도덕법칙을 의식하고 이를 실천하려는 의지의 소유자로서의 인격으로 나타난다. 도덕법칙의 존재근거를 논구함에 있어서 인간의 이중성의 문제가 인격 개념과 관련되지 않을 수 없었던 이유도 바로 이 때문이었음은 주지하는 바이다. 이에 여기서 이 인격의 문제를 좀더 상론할 필요가 생긴다.

물론 『순수이성비판』에서 전개된 칸트의 인격 개념은 자아의 본성에 관한 문제와 관련되어 다루어진다. 칸트가 자아의 근본 특성 중의 하나로 규정짓고 있는 선험적 인격성의 문제를 직접적으로 거론하고 있는 부분은 『순수이성비판』의 오류추리의 장[4]이다. 오류추리를 비판의 주제와 관련지어 볼 때, 여기에는 범주의 선험적 연역 및 이의 정당화의 문제가 배경적 이론을 형성하고 있다. 왜냐하면 자아의 본성의 근본 특성으로 규정되는 인격성이란 자아의 여러 특성들 중의 하나이며, 이 자아의 본성은 또한 선험적 연역에서의 순수 통각의 통일 내지는 통각의 근원적인 종합적 통일의 문제를 통해서만 올바로 접근할 수 있기

Cambridge University Press, 1994, 29, 46-64쪽 참조. 그러나 Paton 또한 보편법칙의 정형과 자율의 정형의 밀접한 연관성을 강조하고 있다는 점에서 양자간에 근본적인 견해 차이가 있는 것으로는 보이지 않는다.
4) *Kritik der reinen Vernunft*, A 341-405/B 399-432.

때문이다.

칸트에 의하면, 순수 통각의 선험적 통일은 다양의 종합적 통일의 필연적 조건이다. 한마디로 순수 통각 또는 근원적 통각 내지는 선험적 통각은 모든 범주들의 근저에 있는 범주들의 근거요 원천이다. 이들 개념들은 모두 "선천적 개념이 어떻게 대상과 관계할 수 있는가의 방식에 대한 설명"5) 즉 직관에 주어진 대상의 객관적 타당성을 증명하고자 하는 범주의 선험적 연역의 핵심 개념들이다. 칸트는 순수 통각을 전제로 하여 직관 내용에 대한 범주들의 적용을 정당화하는 증명을 제시했다. 따라서 이들 범주가 적용될 수 있는 것은 경험 대상에 대한 감성적 직관이 주어질 경우에만 가능한 일임에도 불구하고, 이를 넘어서까지 범주를 적용하는 데서 소위 선험적 가상들이 발생한다. 이 중에서도 논리적 판단 주체에 불과한 자아, 마음 내지는 영혼을 실체로 상정하여 자아에 대한 규정들을 경험과 관련 없이 부여하는 논리적 오류와 관련한 것을 칸트는 합리적 심리학의 오류추리, 선험적 심리학의 오류추리, 순수 심리학의 오류추리, 선험적 오류추리 등으로 부른다. 칸트는 합리적 심리학의 오류추리의 일반적 형식을 삼단논법의 형식을 빌려 다음과 같이 정식화한다.

주어로서밖에 사고할 수 없는 것은 또 주어로서밖에 존재하지 않는다. 그리고 바로 그러한 것이 실체이다. 그런데 사고하는 존재자를 사고하는 존재자로서만 보면 주어로밖에 사고할 수 없다. 그러므로 그것은 또 오직 주어로, 즉 실체로서 존재한다.6)

---

5) *Kritik der reinen Vernunft*, B 117.

칸트에 의하면, 이 추리는 단적으로 중개념 다의성의 오류(Sophisma figurae dictionis)를 범하고 있다. 왜냐하면 대전제의 존재자는 직관에 주어질 수 있는 존재자이지만 소전제의 존재자는 사고와 의식의 통일 관계에서만 가능한, 즉 직관과의 관계에서는 파악될 수 없는 존재자임에도 불구하고 이 양자를 동일한 개념으로 상정하고 있기 때문이다. 이 같은 오류가 발생한 근본 이유는 사고하는 자아(존재자)에는 실체 범주를 적용할 수 없음에도 불구하고, 이를 무리하게 적용하려는 데서 비롯된다. 따라서 칸트의 합리적 심리학의 오류추리론은 이러한 오류를 바로잡으려는 비판적 시도이다. 칸트가 『순수이성비판』의 초판과 제2판의 오류추리의 장에서 문제 삼고 있는 자아의 본성에 관한 합리적 심리학의 기본 주장들을 종합해 보면 분량, 성질, 관계, 양상의 범주표에 따라 인격성, 단순성, 실체성, 비물질성 등을 얻을 수 있다. 이상과 같은 선험적 가상을 낳는 오류추리에 기초하여 합리적 심리학이 그 해결을 목표로 하고 있는 주제들을 칸트는 다음과 같이 세 가지로 파악한다. 첫째, 마음과 유기체적인 신체와의 상호성, 즉 인간의 생명에 있어서의 신체성과 마음의 상태와의 상호성의 가능성에 관한 문제, 둘째, 그 상호성의 시초, 즉 인간의 출생 시나 출생 이전의 마음에 관한 문제, 셋째, 이 상호성의 종말, 즉 인간의 사망 시나 사망 이후의 마음에 대한 문제(영혼불멸에 대한 문제).[7]

이러한 문제들을 해결하고자 하는 시도와 관련된 논쟁들, 즉

---

6) *Kritik der reinen Vernunft*, B 410-411.

7) *Kritik der reinen Vernunft*, A 384.

"사고하는 존재자의 본성 및 사고하는 존재자와 물체계의 관계에 관한 모든 논쟁은 결국 사람들이 아무것도 모르는 것에 관한 공백을 이성의 오류추리로서 채우려고 한 결과에 지나지 않는다."[8] 칸트는 '나는 생각한다'라는 심리학적 원칙에서 '나'라는 개념을 실체화시킬 때 바로 이상과 같은 오류가 발생한다고 생각한다. 칸트에 의하면, 합리적 심리학은 경험적 심리학과는 달리 선천적으로 이루어진다. 왜냐하면 우리가 마음에 대해서 알려고 하는 모든 것은 모든 경험적 규정을 떠나서 사고에 나타나는 한에 있어서의 '나'라는 개념에 의해서 추리되어야 하는 것이기 때문이다. 만일 이 '나'에 대한 규정이 경험 중에서 주어진다면, 경험의 필요조건으로서의 나는 경험에서 주어지는 것이 되고 말기 때문이다. 이는 불가능한 일이다. 칸트의 경우에 경험이 가능하기 위한 필요조건은 모든 표상에 수반되는 '나는 생각한다'를 전제로 한다. 그러나 합리적 심리학의 오류는 이 경험의 선천적 조건으로서의 통각의 통일성으로서의 자아를 실체로 간주한다는 데서 생겨난다는 것이다. 바로 자아에 대한 실체적 규정들 중의 하나가 인격성의 개념이다.

인격성과 관련한 칸트의 접근은 단순히 이 개념에 대한 전통적인 해석들을 어떻게 비판하는지에만 초점을 맞추어서는 그 진의를 완전히 드러낼 수가 없다. 오히려 비판과 아울러 이에 대한 그의 평가가 무엇을 함축하고 있는가에 집중되어야 한다. 칸트가 말하는 선험적 인격성은 단지 선험적인, 즉 다른 방법으로서는 우리에게 알려지지 않지만, 그러나 그 규정 내에 통각에

---

8) *Kritik der reinen Vernunft*, A 395.

의한 일반적 종합이 있는 주관의 통일을 전제로 한 개념이다.9)
칸트는 "단순한 그리고 그 자신으로서는 전혀 내용이 공허한
'나'라는 생각(Vorstellung), 이 생각에 대해서는 그것이 하나의
개념일 수 없다"고 말하고 있다. 오히려 그것은 모든 개념에 수
반하는 단순한 의식이다. 사유하는 '나' 혹은 '그'로서 나타내는
것은 사상의 선험적 주관 이외의 다른 아무것도 아니다. 즉 무
엇인 것이다. "그것은 단지 그 술어인 사상에 의해서만 인정되
는 것이고 사유하는 것을 떠나면 그것에 대해 최소의 개념조차
가질 수 없다." 나는 '내가 생각한다'이기 때문에 우리에게 접근
의 통로를 주지만, 그러나 그것은 어디까지나 대상을 대상으로
서 가능하게 하는 입장, 즉 선험적 주관이고 그 자신은 결코 대
상이 될 수 없다. '나는 생각한다'는 것은 모든 개념을, 따라서
또한 선험적인 개념을 싣는 것(Vehikel)이다. 그러므로 이러한
개념하에서 '생각하는 나'는 항상 같이 파악되고 있다. 따라서
똑같이 선험적이다. 범주를 싣는 것 즉 범주의 근저이기 때문에
그 자신 범주의 통일 형식에 속하지 않는 이 선험적인 '나는 생
각한다'의 특성 중의 하나가 바로 칸트가 말하는 인격성이다.

합리적 심리학은 '나는 생각한다'를 유일한 텍스트로 삼고 거
기로부터 대상으로서의 나 자신을 발견하고자 한다.10) 즉 범주
의 근저에 범주를 적용하려고 한다. 칸트의 오류추리론은 그러
한 기도가 불가능하다는 것을 지적하는 데 있었다. 칸트가 제시
하는 인격성의 오류추리는 다음과 같다.11)

---

9) *Kritik der reinen Vernunft*, A 365.
10) *Kritik der reinen Vernunft*, B 401.
11) *Kritik der reinen Vernunft*, A 361.

대전제 : 서로 다른 시간 속에서 자기 자신의 수적 동일성을
　　　　 의식하는 것은 그런 한에서 하나의 인격이다.
소전제 : 그런데 마음은 그러하다.
결　론 : 그러므로 마음은 하나의 인격이다.

　칸트의 기본 주장에 의하면, 이 논증은 마음에 동일성이라는
오성의 분량 범주를 적용함으로써 범주들의 근저에 있으면서 범
주들의 적용을 가능하게 하는 근원적 통각에 오히려 역으로 범
주를 적용하는 오류를 범하고 있다. 그러나 칸트는 이 논증을
무조건 비판하기만 하는 것은 아니다. 우선 칸트는 위 논증의
대전제에 대해 두 가지 상반되는 태도를 취함으로써, 이 논증
자체가 오류를 범하고 있음을 지적하는 데에만 머물지 않고 논
증에 포함되어 있는 타당한 측면을 해명하려는 의도 또한 내비
친다. 이는 『순수이성비판』에서는 인격성의 논제를 소극적으로
만 주장할 수밖에 없음을 비판철학적으로 확정하는 데 주력하고
있으면서도, 장차 『도덕형이상학 정초』와 『실천이성비판』에서
인격 개념을— 더 나아가 도덕적 자아의 존재 자체를— 적극적
으로 도입하기 위한 예비적인 조치가 되기 때문이다.
　먼저 인격성의 오류추리 논증 자체를 비판하는 논리를 전개
하기에 앞서 칸트는 대전제에서의 주장을 한정된 의미에서는 적
어도 타당한 것으로 수긍하고 나선다. 즉 칸트는 대전제에서 주
장되고 있는 "인격의 동일성은 나 자신의 의식 중에서 불가피하
게 발견된다"[12])는 점을 인정하고 있다. 즉 "내가 나 자신을 의

---

12) *Kritik der reinen Vernunft*, A 362.

식하고 있는 시간 전체 중에서 이 시간을 나 자신의 통일에 속하는 것으로 의식한다"[13]는 인격의 동일성 명제는 시간 전체가 개별적인 통일체로서 나의 내부에 있으며, 또 나는 수적 동일성을 가지고 이 모든 시간 속에 있다는 것을 의미한다는 것이다. 그러나 이것이 한정된 의미에서만 타당할 수밖에 없는 것은 내가 나를 다른 자의 관점에서 볼 경우, 그때의 나는 시간 중에서 관찰된다는 점이다. 그러므로 서로 다른 시간에 있어서의 동일성은 실제로 나의 사상과 그 연관의 형식적 제약일 뿐이지, 그것이 곧 내 주관의 수적 동일성을 증명하는 것은 아닌 것이다. 그 이유를 칸트는 다음과 같이 설명한다.

왜냐하면 통각에서는 '시간'이 본래 오직 '나의 내부에서'만 표상되기 때문이다. 그러므로 외부 관찰자는 '나의' 의식 중에서 모든 시간에 있어서의 나의 표상에 더구나 완전한 동일성을 가지고 수반하는 나로부터, 그가 비록 이 나를 허용한다 하더라도, 나 자신의 객관적 지속성을 추리하지 않을 것이다. 왜냐하면 만일 그렇다면 관찰자가 나를 그 속에서 정립하는 시간이 나 자신 속에서 발견되는 시간이 아니라, 그의 감성에서 발견되는 시간이기 때문에 나의 의식과 필연적으로 결부하는 동일성이, 그러므로 그의 의식, 즉 나의 주관의 외적 직관과 필연적으로 결부되어 있는 것이 아니기 때문이다.[14]

간단히 말해서 우리가 우리 자신의 동일성을 인정할 수 있는 것은 오직 우리가 의식하고 있는 우리 자신뿐이기 때문에, 우리

---

13) *Kritik der reinen Vernunft*, A 362.
14) *Kritik der reinen Vernunft*, A 362-363.

는 우리 자신을 의식하고 있는 전 시간에 있어서 동일한 자기라고 판단하는 것은 타당하다 하더라도, 타인의 입장에서는 결코 타당하다고 주장할 수 없다는 것이다. "왜냐하면 우리가 마음에서 발견하는 것은 하등의 지속적인 현상이 아니라 다만 모든 표상에 동반되며, 이를 연결하는 나라는 표상뿐이기 때문이다."15)

그러므로 이와 관련하여 칸트의 비판은 소전제에 집중된다. 말하자면, 한정된 의미에서 대전제가 받아들여진다 하더라도, 그것이 곧 소전제에서 뜻하는 '수적 동일성을 의식하는 것은 마음'이라는 진술의 객관적 타당성을 증명하지는 못한다는 것이다. 만일 소전제가 받아들여지려면, 마음의 동일성에 대한 직관 내용이 발견되어야만 한다. 그러나 이는 불가능하다. 그러므로 이 추리는 오류라는 것이다. 따라서 인격성은 추론된 인식도 아닐 뿐 아니라 그러한 인식의 대상도 될 수가 없다는 것이다. 형식적 제약으로서의 선험적 주관, 범주의 근저에 자리한 인식의 형식적 조건일 뿐이라는 것이다. 그러면 이러한 인격성은 어떻게 규정해야 하며, 또 인격과의 관계는 어떻게 되는가?

그렇다면 대상화될 수 없는 인격성을 어떻게 규정할 수 있는가? 칸트에 의하면 범주를 적용해서는 안 될 '나는 생각한다'에 실체의 범주를 적용했을 때 지성적 실체로서의 실체의 동일성이 인격성을 이룬다. 즉 "주관의 통일성"16) 이외의 다른 것이 아니다. 따라서 또한 인격성은 마음의 실체성을 전제한다. 즉 인격의 동일성을 말할 수 있기 위해서는 "주관의 모든 상황의 변화

---

15) *Kritik der reinen Vernunft*, A 364.
16) *Kritik der reinen Vernunft*, A 365.

를 통해서 사유하는 것으로서의 주관 자신의 실체"[17])의 동일성
이 증명되어야 한다. 이 지성적 실체가 인격이고 이 인격의 동
일성이 인격성이라는 것이다. 이 경우의 인격성은 선험적 인격
성과 구별해서 순수 심리학적 인격성이라고 부를 수 있다. 칸트
는 분명히 "나는 생각한다의 동일성이 인격의 동일성(즉 주관
자신의 실체의 동일성의 의식)을 의미하지 않는다"[18])고 밝히고
있다. 즉 선험적 인격성을 허용하는 것이 순수 심리학적 인격성
을 허용하는 것은 아니라는 것이다. 왜 그런가 하면 인격은 '나
는 생각한다'는 아니기 때문이다. 거기서는 객관으로서의 나, 즉
실체의 범주가 당연히 적용되어야 할, 따라서 직관에 의거한 경
험적 심리학의 자아가 도입되어야만 한다. 따라서 '나는 생각한
다'만을 과제로 삼는 합리적 심리학은 인격의 동일성을 주장할
근거가 없다. 그러므로 칸트는 인격과 인격성을 분명히 구분짓
고 있다.

그러나 인격과 인격성은 단순히 구별되기만 하는 것이 아니
라 동시에 불가분의 관계도 포함하고 있다. 그것은 "서로 다른
시간 속에서 자기 자신의 수적 동일성을 의식하고 있는 것은 인
격이다"[19])라는 진술 속에 함축되어 있다. 여기서 말하는 수적
동일성의 자기는 내감의 대상으로서의 자아이다. "나는 나의 모
든 계기적 한정을 모든 시간에 있어서 즉 내 자신의 내적 직관
의 형식에 있어서 수적으로-동일한-자기에 관련시킨다."[20]) 그러

---

17) *Kritik der reinen Vernunft*, B 408.
18) *Kritik der reinen Vernunft*, B 408.
19) *Kritik der reinen Vernunft*, A 361.
20) *Kritik der reinen Vernunft*, A 362.

나 이 수적-동일의-자기(das numerisch-identische Selbst)가 그대로 인격은 아니다. 인격은 그러한 자기의 수적 동일성을 의식하고 있는 것을 의미하기 때문이다. 그런데 나 자신의 내적 직관의 형식에 있어서 자기를 의식하는 그 나는 '나는 생각한다'의 나인 것이다. 그러므로 이 '나'는 자아의 수적 동일성을 의식하는 자로서의 인격이면서 동시에 대상화될 수 없는 '나는 생각한다' 즉 선험적 인격성이 대상적인 나로서 나타난 것임에 틀림없다. 결국 인격과 인격성은 서로 구분되는 것이면서 서로를 예상하는 관계에 있다.

인격과 인격성의 이상과 같은 관계를 우리는 칸트가 인격을 시간에 있어서의 자각이라고 부른 것을 통해서 더욱 분명하게 읽을 수가 있다. 그 의미는 내가 그 속에서 나를 자각하고 있는 시간 전체에서 내가 이 시간을 나의 자기통일성에 속하는 것으로서 자각하고 있다는 것이다. 따라서 "이 시간 전체는 개별적인 통일체로서의 자아 속에 있다고 하든지, 또는 내가 수적 동일성을 가지고 모든 이 시간 속에 있다고 하든지 똑같은 것이다."[21] 시간이 자아 속에 있는 경우의 자아는 선험적 자아이고, 자아가 시간 속에 있는 경우의 자아는 대상화된 자아이다. 물론 그것은 결코 동일하지 않다. 더구나 인격에 있어서는 시간을 매개로 이 양자는 통일되는 것이다. 자기를 대상화하는 한에 있어서 그 자기는 이미 시간 속에 있지만, 그러나 시간은 어디까지나 대상적이 아닌 자기 속에 있기 때문에 대상화할 수 없는 자기가 자기 자신을 대상화하는 입장은 바로 시간인 것이다. 따라

---

21) *Kritik der reinen Vernunft*, A 362.

서 시간에 있어서의 자각은 선험적 인격성이 어떻게 인격으로 되는가를 표시하는 것이며 이 양자의 결합의 내적 연관성을 드러내 준다. 즉, 선험적 인격성이 시간에서 자기를 대상화하면서 동시에 이 대상을 자기로서 의식한 것이 인격인 것이다. 결국 이 인격은 다양한 경험적 자아를 하나의 동일한 자아로 의식하는 것이면서 동시에 선험적 인격성을 전제로 한 것이므로 경험적 주관과 선험적 주관을 함께 자신 안에 갖고 있는 매개적 의미를 갖는다.

칸트가 『순수이성비판』에서 선험적 인격성과 인격의 문제와 관련하여 한결같이 고수하고 있는 입장은 이에 대한 이론적 인식의 불가능성을 입증해 보이려는 부정적이고 소극적인 접근이었다. 그것은 기본적으로 '나는 생각한다'라는 명제를 둘러싸고 생겨나는 잘못된 추론들을 비판철학적 입장에서 조망하려는 『순수이성비판』의 일관된 흐름의 연장이었다.

이상에서 살펴본 바와 같이 칸트의 비판에 의하면 합리적 심리학이 저지른 오류의 근원은 다음과 같은 오해에서 비롯된 것이었다. 즉, "합리적 심리학에서는 여러 범주들의 근저에 놓여 있는 의식의 통일을 객체로서의 주관의 직관으로 보고 이에 실체라는 범주를 적용시키고 있는 것이다. 그러나 의식의 통일이라는 것은 단지 사고의 통일에 지나지 않는 것이며, 이 사고의 통일만으로는 하등의 객관도 주어지지 않으며, 따라서 언제든지 주어진 직관을 전제하는 실체라는 범주가 이에 적용될 수 없고, 따라서 주체의 인식이 불가능한 것이다."[22] 그럼에도 합리적 심

---

22) *Kritik der reinen Vernunft*, B 421-422

리학은 이에 대한 인식과 논증이 가능하다고 '오해'하고 있으며, 따라서 이 같은 오해를 바로잡음으로써 합리적 심리학이란 학문의 불가능성을 주장하고 있다. 인식론적으로 의식의 통일, 즉 자아의 존재에 대한 이론적 인식은 불가능하며, 그것은 다만 논증 불가능한 선험적 주관으로서 인식의 전제적 요소이며, 또 이를 전제해야만 사고의 통일이 가능한 그런 것이다. 그러기에 통각의 근원적인 종합적 통일을 전제함으로써만 칸트는 범주의 선험적 연역을 정당화할 수 있었다고 말할 수 있다. 이 중에서 바로 선험적 인격성은 주관의 통일성, 달리 말해서 인격의 동일성에 대한 논의와 관련하여 제기되었던 것이다.

그렇다면 합리적 심리학의 오해에 대한 칸트의 비판적 검토가 가져다주는 적극적인 의의는 어디에 있는가? 선험적 인격성을 통해서 이루어지는 인격의 성립이란 단지 자아의 존재에 대한 이론적 인식의 증명 불가능성을 극복하기 위해서 필연적으로 전제하지 않을 수 없음을 비판철학적으로 정당화하기 위한 소극적인 절차에 불과한 것은 아니다. 칸트는 합리적 심리학의 불가능함 내지는 한계에 대한 확인이 가져다주는 의의는 그것이 "우리의 자기 인식을 쓸데없는 초월적 사변에서 알찬 실천적 사용으로 돌리도록 우리를 경고한다는 것"23)이며, 그 중에서도 인격성의 개념은 이론적 인식에의 사용을 위한 전제로서 뿐만이 아니라 "실천적 사용에도 필요하고 충분한 것이다"24)라고 말함으로써, 그것의 소극적 의의를 넘어선 적극적 의의를 시사하고

---

23) *Kritik der reinen Vernunft*, B 421.
24) *Kritik der reinen Vernunft*, A 365.

있다.

그러나 이러한 언급을 제외한 적극성을 띤 대목을 『순수이성비판』의 다른 곳에서는 더 이상 찾아보기가 어렵다. 인격성과 인격의 개념이 본격적으로 사용되는 곳은 『도덕형이상학 정초』에서부터이다. 그렇다고 해서 이 저서에서 인격성과 인격이 어떻게 실천적으로 사용 가능한 개념인지에 대한 칸트의 자세한 설명을 직접 들을 수 있는 기회란 거의 없다. 다만 도덕적 · 실천적 행위의 주체를 가리키는 의미로 곧바로 그리고 직접적으로 전면에 등장할 뿐이다. 왜냐하면 칸트는 모든 윤리학적 저서들에서 이 개념을 설명하고 있다기보다는 자신의 도덕적 주장을 전개하거나 뒷받침하는 근본 개념으로 활용하고 있기 때문이다.

우리는 지금까지 『순수이성비판』에서 제시된 인격성 개념이 주로 소극적 · 부정적으로 다루어지고 있음을, 그러면서도 그것이 자아의 본성을 규정짓는 근본특성들 중의 하나로서 실천적 사용에 있어서 지니고 있을 가치를 적극적으로 드러내기 위한 사전 작업의 성격이 강하다는 것을 보이기 위한 예비적 고찰을 전개하였다. 말 그대로 인격성과 인격의 개념이 칸트의 철학에서 제 역할을 다할 수 있는 영역은 도덕적 · 실천적 세계에서이다. 즉 그것은 역으로 인격성 및 인격 개념의 실천적 사용이야말로 진정으로 우리가 관심을 가져야 할 차원이라는 것을 뜻한다. 그리고 더 나아가, 앞으로 알게 되겠지만, 도덕적 기초 위에서 우리가 진정으로 실현해야 할 참다운 실천적 공동체의 이념과 비전도 제시할 수가 있게 된다. 칸트가 인격 개념에 대해 그토록 애착을 갖고 있는 것도 바로 그것이 공동체의 이념을 목적 지향적으로 가능하게 해주는 인간학적 토대로서의 역할을 간직하고 있기 때문으로 보인다. 그러면 그것을 위한 기초 작업과 그 위에 세워질 건축물의 뼈대들을 칸트는 어떻게 그려내고 있는가? 그 모습을 우리는 정언명법의 정형들을 구체적으로 살펴보는 가운데 접할 수가 있다.

2. 보편법칙의 정형과 자연법칙의 정형

칸트가 『도덕형이상학 정초』에서 첫 번째로 제시하고 있는 정형은 우리의 가능한 실제적 행위에 대한 부정적 테스트라는 절차에 따라서 행위를 결정할 것을 제안한다. 이때 그 부정적 절차의 요건은 보편성의 형식을 거쳐야만 타당한 것이 될 수 있는데, 이러한 보편성은 동시에 상호성을 함축한다. 칸트가 제시하는 정형은 다음과 같다.

준칙이 보편법칙이 되는 것을 네가 동시에 의욕할 수 있도록 하는 그런 준칙에 좇아서만 행위하라.[25]

너의 의지의 준칙이 항상 동시에 보편적 입법의 원리로서 타당할 수 있도록 행위하라.[26]

너의 행위의 준칙이 너의 의지를 통하여 보편적 자연법칙이 되어야 하는 것처럼 행위하라.[27]

---

25) *Grundlegung zur Metaphysik der Sitten*, 51쪽.
26) *Kritik der praktischen Vernunft*, 140쪽.
27) *Grundlegung zur Metaphysik der Sitten*, 51쪽.

위의 첫 번째 정식에서 등장하는 보편법칙이란 단적으로 도덕적 의무의 형식이자 동시에 의무란 보편성의 조건을 충족시켜야 한다는 것을 함축한다. 왜냐하면 감각적 욕망에 의하여 촉발되는 의지가 존재하는 한 인간이 도덕법칙에 따라 행위하여야 할 의무에 반하는, 즉 보편타당한 행위를 실천하지 않을 가능성은 상존한다. 그러기에 정언명법이 강제와 의무에 대한 명령으로 표현되는 것이며, 의무의 명법은 행위의 준칙이 보편타당한 법칙과 같이 되도록 의욕해야만 한다는 것으로 순수한 실천이성의 근본 원칙인 것이다. 따라서 "순수한 실천이성의 무제한적 원리는 그 자체 선한 행위의 원리이므로 정언명법은 의무의 원리로 나타난다."28) 나아가 이 같은 보편성은 결국 한 사람에게 허용하거나 금한 것은 모든 사람에게도 허용하거나 금한다는 것을 의미하는 상호성의 원리 또한 함축한다.

그런데 칸트는 이 의무의 명법으로서의 정언명법을 "행위 일반의 도덕판단의 규준이다"29)라고 하여 행위의 주관적 원리와 객관적 원리의 일치를 주장하고 있다. 그러나 이중적 존재인 인간에게 이 양면성의 대립은 불가피한 것이기도 하다. 칸트가 말하는 특수한 운명을 지닌 유한한 이성적 존재자는 정언명법(도덕법칙)과 모순되는 준칙을 완전히 배제할 수 있는 '신성한 의지'를 소유하고 있지 못하다. 무제약적인 예지적 존재자만이 준칙이 언제나 동시에 도덕법칙이 되는 '신성한 의지'를 가지고 있는 것이다. 그러기에 칸트는 "의지의 신성성은 필연적으로 원

---

28) H. J. Paton, *Categorical Imperative*, 133쪽.
29) *Grundlegung zur Metaphysik der Sitten*, 54쪽.

형 내지 원리로서 실천적 이념이며 이 원형(Urbild)에 접근하여 가는 것만이 인간에게 허용되어 있는 것"[30]으로 본다. 인간은 결코 이 '신성한 의지'의 원형에 일치할 수는 없고 다만 접근할 수 있을 뿐이다.

"준칙이 보편법칙이 되도록 의욕한다"는 것은 준칙이 의무로서의 자기 목적을 근저에 가지고 있음을 시사하는 것이다. "너의 의지의 준칙이 언제나 동시에 (절대적·필연적) 보편적 입법의 원리로서 타당할 수 있도록 행위하라"고 할 때에 이 근본 법칙에 대한 의식은 바로 "이성의 사실"[31]이다. 이 사실은 의지를 행위로 규정하는 도덕성의 원칙에서 자율적 자유의지와 결합되어 있는 것이다. 그리고 통각의 자발적 순수의식과 인격성(순수 실천이성의 주체)은 감각으로부터 독립적이다. 왜냐하면 감성의 원인성이라는 점에서 양자는 예지계에 속하기 때문이다. 곧 통각의 자발성이 감성에 대해서 통일의 형식을 규정할 뿐 직접 대상을 산출하는 것이 아니듯이, 실천이성도 감성적 제약으로부터 독립해야 할 행위의 보편적 형식을 규정할 뿐 준칙의 내용까지 산출하는 것은 아니다. 그렇지만 통각의 자발성이 자연에 대해서 입법적 주체이듯 실천이성의 자기 활동성은 도덕에 대한 입법적 주체라고 할 때 이 양자는 근본적으로 동일한 주체로 보아야 할 것이다.

어쨌든 "칸트에 있어서는 이 명법을 근거로 일상적 도덕판단의 분석과 실천이성의 객관적 원리와 명법 일반의 분석이 가능

---

30) *Kritik der praktischen Vernunft*, 143쪽.
31) *Kritik der praktischen Vernunft*, 141쪽.

한 것이다."[32] 그리고 이 정언명법이 우리에게 명령하는 것은 행위가 법칙에만 따르라는 것이고 우리의 행위의 준칙의 수단은 보편법칙에 복종하라는 것이다. 다시 말해 "너의 행위의 준칙이 너의 의지를 통해서 보편적 자연법칙이 되어야 하는 것처럼 행위하라."[33] 또는 "네가 꾀하는 행위가 너 자신도 그 일부인 자연법칙에 좇아서 생긴다면 그런 행위를 네 의지에 가능한 것으로 네가 과연 볼 수 있느냐 하는 것을 자문해 보라."[34] 우리는 우리의 행위의 준칙이 동시에 보편적 자유의 법칙이 되도록 할 수는 있으나, 우리의 준칙이 보편적인 자연법칙이 되도록 할 수는 없다. 그렇기 때문에 자연법칙이 '되어야 하는 듯이' 행위하라고 하였을 것이다. 칸트는 보편적 자연 필연성과 결합된 자유의 우주론적 해명에서 자연법칙에 대하여 다음과 같이 말하였다.

발생하는 일부는 원인을 갖는다. 이런 원인성의 원인, 다시 말하면 결과를 일으키게 하는 작용은 시간적으로 결과보다 선행하며, 또한 결과는 발생한 것이므로 이 원인성은 항존하여 온 것이 아니라 반드시 생긴 것이다. 따라서 그 원인은 다른 모든 현상들 속에 있고 이 현상들에 의하여 규정되는 것이다. 따라서 자연의 질서에서의 모든 사태가 경험적으로 규정되어 있는 것이 자연법칙이다. 이 법칙은 하나의 오성법칙이어서 어떠한 핑계로도 이에 대한 위반이 허용되지 않으며, 또 어떠한 현상도 이 법칙에서 제외되기를 허용하지 않는다. 왜냐하면 만일 그렇지 않으면 현상이

---

32) *Kritik der praktischen Vernunft*, 141쪽.
33) *Grundlegung zur Metaphysik der Sitten*, 51쪽.
34) *Kritik der praktischen Vernunft*, 188쪽.

가능한 모든 경험의 외부에 놓이게 되고 그리하여 가능한 경험의 모든 대상에서 구별되며, 현상을 단지 사상의 산물로 삼거나 환영으로 삼을 것이기 때문이다.[35]

이 말은 단적으로 자연법칙이 오성법칙이라는 것을 표현하고, 따라서 일체의 현상은 이 오성법칙에 의하여 자연의 질서와 가능적 경험의 대상으로 된다는 것을 해명하고 있는 것이다.

인간은 그의 의지가 자유라고 생각하는데, 이때 자유의 개념은 칸트에게 있어서 필연성을 말한다. 같은 논리로 존재하는 모든 것은 자연법칙에 따라 불가피하게 결정되어 있다는 것도 필연적이다. 그러므로 "자연 필연성도 오성이 낳은 개념이기 때문에 경험 개념이 아니다. 곧 선천적 인식의 개념을 내포하고 있는 것이다. … 자연은 오성 개념이기 때문에 경험상의 실제의 예에서 자기의 실재성을 필연적으로 증명해야 한다."[36] 그러므로 칸트는 "자연법칙은 자연의 대상들에 대한 도덕법칙의 적용을 매개하는 것으로서 오성 이외의 다른 인식 능력을 갖지 않는다. 따라서 단지 형식상으로는 자연법칙을 판단력을 위한 법칙으로 놓을 수 있다. 이런 법칙을 도덕법칙의 전형(典型, Typus)이라고 말할 수 있다"[37]고 하였다.

여기서 도덕법칙은 자유의 법칙으로서 예지계에 속하고, 자연법칙은 인과법칙으로서 현상계에 속하나, 형식상으로 본 자연법칙과 자유의 법칙은 법칙의 형식성에 있어서 동종적이라고 칸트

---

35) *Kritik der reinen Vernunft*, B 570.
36) *Grundlegung zur Metaphysik der Sitten*, 92쪽.
37) *Kritik der praktischen Vernunft*, 188쪽.

는 시사한 것이라고 생각된다. 그러기에 "자연법칙은 도덕법칙의 전형"이라는 말이 성립되며, "네가 도모하는 행위가 너 자신도 일부인 자연법칙에 좇아서 발생한다면, 그런 행위를 네 의지에 의해서 가능한 것으로 볼 수 있는가를 자문해 보라"고 하는 것이다. "이런 법칙에 좇아서 행위가 도덕적으로 선인가 혹은 악인가를 사실로서 판정하고 있는 것이다"[38]라고 칸트는 보았다.

그렇지만 보편법칙의 정형과 자연법칙의 정형은 다같이 보편성에 입각하면서도 날카로운 차이를 보이는데, 그것은 전자에서는 보편타당한 법칙이 의지(준칙)를 규정하는 근거가 되는 데 비해서 후자의 경우에는 자연법칙이 의지(준칙)를 규정하는 근거가 되지 않는 것에 있다. 이것을 칸트는 다음과 같이 지적하였다. "각 개인의 행위의 준칙을 보편적 자연법칙과 비교하는 일이 곧 각 개인의 의지를 규정하는 근거가 되는 것은 아니다."[39] 만약에 의지를 규정하는 근거가 된다면 도덕법칙의 보편성과 자연법칙의 보편성은 아무런 차이도 가지지 않을 것이 때문이다. 그러므로 자연법칙은 순수한 실천적 판단력의 전형일 따름이다.

3. 목적 자체의 정형

첫 번째 정형이 의지(준칙)의 순 형식적 원리에 입각한 행위의 준칙의 도덕성을 테스트하는 정형이었다면, 두 번째 목적 자

---

38) *Kritik der praktischen Vernunft*, 188쪽.
39) *Kritik der praktischen Vernunft*, 189쪽.

체의 정형은 형식성을 벗어난 인간성이라는 새로운 규정을 끌어들임으로써 순 형식적인 것을 넘어 행위 결정에서 내용적인 면에서의 행위 주체의 도덕성에 초점을 맞추고 있다.

네 자신의 인격에 있어서나 다른 모든 사람의 인격에 있어서나 인간성을 단순히 수단으로서만 대하지 말고 항상 동시에 목적으로 대하도록 하라.[40]

인간은 확실히 신성하지 않으나 그의 인격에 있어서의 인간성은 그에게 신성한 것이다. 모든 피조물에 있어서 인간의 의욕과 그리고 인간이 지배하는 것들은 단지 수단으로 사용할 수 있으나, 다만 인간과 그와 동시에 모든 이성적 피조물만은 목적 자체이다.[41]

한마디로 목적 자체의 정형은 인격 자체에 대한 존경을 말하는 것이다. 곧 인격과 인격 간의 독단적이고 편파적인 구별의 의미에서 인격의 차별을 허용하지 않고, 따라서 보편법칙의 정형에 필연적으로 추가되는 것이다. 엄격히 말해서 목적 자체의 정형은 다른 모든 이성적 존재자를 포함하고 있다. 이성적 존재자는 단순히 이성과 감성의 통일체인 하나의 인간으로서 인간을 존경할 것과 순전히 이성적 존재자로서 인간을 존경할 것을 명령한다.

위의 정식에서 '인격(Person)'이라는 말은 이성적 존재자의 자기 목적성을 의미한다. 그리고 '멘슈하이트(Menschheit)'가 뜻하

---

40) *Grundlegung zur Metaphysik der Sitten*, 61쪽.
41) *Kritik der praktischen Vernunft*, 210쪽.

는 '인간성' 또는 '인류성'이라는 말은 이성적 의지를 가진 인간의 특성과 본질 규정을 의미한다. 특히 이 개념의 칸트적 의미에서 인간성(인류성)은 공동체적 법칙을 함축하고 있기도 하다. 우리들 자신이나 다른 사람을 결코 단순히 수단으로 뿐만 아니라 언제나 '동시에' 목적으로 대우한다는 것은 이러한 특성의 덕을 말하는 것이다. 여기에 "동시에(zugleich)라는 말과 단순히(bloß)라는 말은 칸트에 있어서 절대적 필연이라는 의미를 갖는다."42) 그리고 '목적(Zweck)'이라는 말은 '산출되는 목적'이 아니라 '자립적 목적'이다. 곧 "절대적으로 선할 수 있는 의지의 주체"43)가 갖는 목적이며, 또 이 "목적은 의지의 자기 규정적 객관적 근거이며, 모든 이성적 존재자에게 동등하게 타당해야 하는 것이다."44) 나아가 칸트는 절대적인 자립적 목적과 다른 목적에 수단으로서 종속되기도 하는 상대적 목적을 구별하여, 결과를 목적으로 삼는 것은 수단이고, 욕망의 주관적 근거는 동기이며, 의욕의 객관적 근거는 동인이라고 하면서 "주관적 원리가 모든 주관적 목적을 무시하면 형식적이고", "실천적 원리가 주관적 목적을 따라서 동기에 기초될 때에는 실질적이며, 가언명법의 근거이다"라고 하였다.45) 그러므로 "모든 이성적 존재자는 목적 자체로서 존재하고 의지를 수단으로 뿐만 아니라 (의지를 임의로 사용하는 데 있어서) 목적으로 간주하여야 한다."46)

---

42) H. J. Paton, *Categorical Imperative*, 165쪽.
43) *Grundlegung zur Metaphysik der Sitten*, 71쪽.
44) *Grundlegung zur Metaphysik der Sitten*, 59쪽.
45) *Grundlegung zur Metaphysik der Sitten*, 59쪽.
46) *Grundlegung zur Metaphysik der Sitten*, 59-60쪽.

그러므로 이성적 존재자는 목적 자체로 존재해야 한다는 것이 목적 자체의 정형의 근거라 하겠다. 이에 대하여 칸트는 다음과 같이 밝히고 있다.

모든 이성적 존재자(너 자신과 다른 이성적 존재자)와의 관계에서 이성적 존재자가 '너의 준칙에 있어서 동시에 그 자신 목적 자체로서 생각할 수 있도록 행위하라'는 원리는 따라서 모든 이성적 존재자에 대한 보편적 타당성을 동시에 내포하는 준칙에 따라 행위하라는 것과 근본적으로 동일하다. 왜냐하면 목적의 주체로서 이성적 존재자가 자신을 결코 수단으로서가 아니라, 모든 수단의 사용을 제한하는 최상의 조건으로서, 항상 동시에 목적으로서 행위의 모든 준칙의 근저에 두어져야만 한다고 말하는 것과 동일하기 때문이다.[47]

그러므로 모든 이성적 존재자는 목적 자체로서 (인격으로서) 자신을 보편적인 입법자로 간주할 수 있어야만 하는 것이다. 이것은 그 자신이 어떤 법칙에 종속되어 있든 개의치 않는 것이다. 이 때문에 이성적 존재자의 세계가 (가상으로서) 목적의 왕국으로서 가능한 것이고, 따라서 칸트가 말하는 목적 자체로서의 인간은 인격성을 의미하며, 그것은 또 도덕적·실천적 이성을 가리키는 것이기도 하다. 그러면 목적 자체의 정형에서 목적 자체로서 등장하는 인격은 구체적으로 어떤 의미를 갖는가? 『순수이성비판』에서는 단순히 선험적 인격성으로만 규정되었던 인간의 본질 규정이 이제 인격으로서의 의의를 획득할 수 있는 근거는 무엇인가? 이를 위해서는 『도덕형이상학 정초』와 『실천이

---

47) *Grundlegung zur Metaphysik der Sitten*, 71쪽.

성비판』을 상호 연관지어 살펴보아야 한다.

선험적 인격성에서 도덕적 인격성으로의 이행 과정을 가장 잘 명시하고 있는 곳이 『도덕형이상학 정초』이다. 이 책은 극히 일상적이며 상식적인 의무의식에서 출발해서 이에 대한 자세한 분석에 의해 유명한 정언명법을 정립한다. 또한 이 저서의 마지막 제3부에서 그러한 정언명법이 어떻게 가능한가 하는 문제의 해명은 『실천이성비판』을 포함해서 표면상으로는 의지의 자유로서 답변하는 것처럼 보이지만, 실제로 다루고 있는 것은 바로 도덕적 인격성의 문제였다고 할 수 있다. 따라서 우리는 자유와 도덕법칙 또는 자유와 당위 문제에 대한 해명을 통해서 도덕적 인격성에 접근해 볼 수 있다.

앞서 밝힌 것처럼 『순수이성비판』에서의 선험적 인격성이 자기의식과의 연관하에서 해명되었듯이 도덕적 인격성의 문제에서도 우리는 이 자기의식이라는 주제와 마주치게 된다. 이처럼 칸트가 선험적 인격성이든 도덕적 인격성이든 자기의식의 문제와 연관짓고 있다는 것은 그의 사고의 일관된 흐름을 반영한다. 이 자기의식의 문제는 도덕철학의 근본문제를 다루고 있는 저 두 저서에서 자유의 개념에 가려 외관상 잘 눈에 띄지는 않지만 그럼에도 자세히 들여다보면 '본래적 자기'라는 말로 재차 등장한다는 것을 알 수 있다.

그러면 이 본래적 자기란 어떻게 설명되어 있는가? 칸트는 『도덕형이상학 정초』 말미에 있는 「모든 실천철학의 최후의 한계에 대해서」라는 일절에서 다음과 같이 말하고 있다.

상식조차 의지의 자유를 주장할 때 그 주장의 근거는 무엇인가 하면 이성이 단순한 주관적 규정 원인에서 즉 감각이나 감성 (수용성)에서 독립되어 있는 의식 및 그와 같이 승인된 전제이다. 그러한 방식으로 자기를 예지(자발성)로서 직시하는 사람은 그것에 의해 평상시의 자기라는, 즉 그가 실제상 그러했던 것과 같이 자기를 감각계의 현상으로서 지각하고 그 원인성을 자연법칙에 의한 외적 규정에서 인정할 때와는 다른 사물의 질서 속에, 또한 규정 근거에 대한 전혀 이질적인 관계에 자기를 놓게 하는 것이다. 거기서 이 사람은 즉시로 양자(현상아와 본체아)가 동시에 그 자리를 발견할 수 있다는 것, 아니 발견해야 된다는 것을 이해한다. 왜냐하면 현상 중에 있는 것이 감각계에 속하는 것으로서 일정한 법칙에 복종하고 있는 바로 그것이 그 자신에 있는 것으로서는 전자로부터 독립해 있다는 것이 아무런 모순도 포괄되지 않기 때문이다. 그러나 사람이 자기 자신을 그와 같이 두 종류의 방식으로 표상하고 사유해야만 된다는 것은, 한편으로는 감관에 의해 촉발된 대상으로서의 자기 자신에 의거하고 다른 한편으로는 예지로서의 자기 자신의 의식에 의거하는 것이다.[48]

분명히 여기서 의지로서의 자기가 그 자신에 속해 있는 것으로서의 주체라는 것, 더구나 이 자기는 인식되지는 않지만 직시되고 이해되며 의식된다는 것, 자기 자신의 의식에 의거한다는 것 등이 표현되어 있다. 이러한 생각은 『실천이성비판』에서도 현저하며, 예컨대 분석론 말미의 「비판적 고찰」 속에는 "한편으로 자기 자신을 그 자신에 있는 것으로서 의식하고 있는 바로 그 동일한 주체가 다른 한편으로는 …" 등등으로 되풀이해서 표현되고 있다. 즉 인식 문제의 영역에서는 알려지지 않고 다만 생각될 수 있는 것에 지나지 않았던 선험적 주체가 명시적으로

---

48) *Grundlegung zur Metaphysik der Sitten*, 94쪽.

거론되고 있는 것이다.

이상과 같이 인식에 의하지 않고 직접 의식되는 그 자신에 있는 것으로서의 주체를 칸트는 본래적 자기라고 부른다. 그리고 이것이 도덕적 인격성인 것이다. 그러기에 사람은 자기를 감촉된 것으로서 의식하는 동시에 또한 상술한 바와 같은 본래적 자기로서 의식한다. 이 때문에 우리는 본래적 자기로서 의식하는 사태를 자신에게 본질적이고 나아가 필연적인 것으로까지 당연시할 수 있게 된다. 이에 대한 칸트 자신의 말을 직접 들어보자.

> 욕망이나 애착에만 속하는 것을 염려하지 않는 의지가 자기에게 있다고 생각하는, 그리고 욕망이나 감성적 제재를 배척함으로써 일어날 수 있는 자발적인 행위를 가능한 것으로 오히려 필연적이라고 생각한다. 이러한 행위의 원인성은 예지로서 그 속에 존재한다. … 그렇지만 그때에 그는 단지 예지로서만 본래적 자기이고 사람으로서는 이 자기의 현상에 불과하므로 가상계의 원리에 의한 행위의 법칙은 정언적으로 그에 직접 관계하는 것이 된다. … 도덕법칙은 우리의 본래적 자기에서 나온 것이다.[49]

나아가 이 같은 사태는 본래적 자기의 의지를 발견시키고 도덕적 행위를 가능하게 하고 도덕법칙을 명백히 하는 것이다. 그렇다면 본래적 자기의 문제는 또한 본래적 자기의식의 문제로 될 수밖에 없다. 『순수이성비판』의 문제영역에서 대상을 대상으로서 성립시키는 최고의 근저는 자기의식이었다. 이제야 실천의

---

49) *Grundlegung zur Metaphysik der Sitten*, 94-95쪽.

근저에 본래적 자기의 의식이 발견되었다. 그런데 전자의 자기의식조차도 인식을 가능하게 하는 궁극의 근저로서 그 자신 결코 인식의 대상이 되는 것이 아니었다. 그러면 한층 더 본래적인 것인 후자의 인식은 대체 어떠한 것이었던가?

『순수이성비판』에서는 자기의식에서 선험적 인격성이 밝혀졌다. 그것은 말하자면 인격 일반의 형식적 구조를 표현한 것이었다. 이제야 본래적 자기의식에서 도덕적 인격성이 밝혀진다. 이 인식도 또한 자기의식인 한 인격 일반의 형식적 구조를 가짐에는 틀림없으나, 그러나 그것은 더욱 본래적인 것으로서 혹은 도덕적인 것으로서 자기의식의 일정한 한정을 표현해야만 한다. 다시 말하면 도덕적 자기의식이 인격의 본질을 그 본래성에서 특징지어야만 한다. 『실천이성비판』에서는 인격과 인격성의 문제가 유한한 이성적 존재자와 그 이성적 존재자에 있어서의 보편적 의지의 문제로 다루어진다. 이 같은 문제 연관하에서 비로소 이론이성의 세계에서 선험적 인격성에 머물렀던 인격성이 도덕적 인격성이라는 것이 밝혀진다.

그렇다면 칸트는 이 도덕적 자각을 어떻게 해명하였는가? 여기에 제기된 문제는 다음과 같이 정리할 수 있다. 사람이 자기를 도덕적으로 이해할 때, 즉 행위하는 것으로서 이해할 때, 그는 자기 자신을 어떠한 것으로서 알고 있는가, 또는 어떻게 알고 있는가? 이 문제에 대해서 칸트가 어떻게 해답했는지가 여기서 문제가 되는 것이다.

도덕적 자각은 경험적인 것도 아니며 선험적인 것도 아니다. 경험적으로 자기를 안다는 것은 자기의 상태를 아는 것, 즉 내감의 대상으로서 자기를 아는 것이지만, 이렇게 알려진 자기는 객체적이고 본래적 자기는 아니다. 또한 선험적으로 자기를 안다는 것은 초월을 가능하게 하는 이해, 즉 자기의식의 것이고 본래적 자기의 의식이 아니다. 그렇다면 이 본래적 자기는 어떻게 알려져 있는가, 즉 의식으로 되는가? 칸트는 본래적 자기가 알려져 있는 한 자유는 이성의 필연적 전제가 되고 이성은 실천적일 수 있다는 것을 되풀이해서 설명하고 있다. 그런데 자유는 다만 도덕법칙을 자각하는 본래적 자기의 의식에 의해서만 가능하다. 그렇다면 이 문제는 결국 칸트의 도덕철학의 핵심이라 하여도 지나친 말은 아닐 것이다.

이러한 맥락에서 본래적 자기가 인격성과 인격과 맺는 구체적인 관계에 대해서 살펴볼 수 있다. 이 문제를 고찰하기 위해서 우리는 칸트가 인격을 어떻게 규정했는가를 보아야만 한다. 그것을 가장 잘 표현하고 있는 것이 바로 목적 그 자체(Zweck an sich selbst)로서의 인격의 규정이다. 이러한 규정에 이른 경로를 다시 살펴보면 다음과 같다. 우선 정언명법의 근본 형식을 확정지은 칸트는 그 법칙의 보편성에 착안해서 자연법칙을 전형으로 하는 실천적 판단력의 실천 규칙을 내놓는다. 그러나 자연법칙은 도덕법칙과 같은 의미의 법칙은 아니다. 전자는 일어나는 것의 법칙이고 일어나지 않는 것에는 관계없는 데 반해서, 후자는 설혹 일어나지 않는다 하더라도 일어나야 할 것의 법칙이다. 따라서 정언명법이 필연적 법칙이라면 그것은 선험적으로 이성적 인간의 의지라는 개념과 결합되어 있어야만 한다. 다시 말하면 이 법칙은 의지가 이성에 의해서만 자기를 규정하는 한에 있어서의 의지의 자기 자신에 대한 관계를 의미한다.

그런데 의지에 대해 이 자기 규정의 객관적 근거로 되는 것은 목적이다.50) 그러나 모든 목적이 항상 객관적 근거인 것은 아니다. 욕구의 주관적 근거에 의한 주관적 목적도 있다. 이것은 실질적·상대적이고 주관의 어느 특수한 욕구 능력에 관계함으로써 가치를 획득한다. 그러나 이 가치는 상대적이고 모든 의지에 통용하는 필연적 원리를 줄 수 없다. 그렇다면 필연적 법칙으로서의 의지의 법칙은 실질적이고 상대적인 목적을 배제하고 현실적이고 절대적인 목적을 근거로 해야만 한다. 여기에서 그 존재가 그 자신에 있어서 절대적 가치를 갖는 것이 문제가 되는 것이다. 이러한 그 자신에 있어서 목적이 없이는 도덕 법칙은 가능하지 않다. 그렇다면 그러한 목적은 무엇인가?

여기서 칸트는 상술한 규정을 제기하고 있다. 인간(Mensch) 및 일반적으로 모든 이성적 존재자는 그 자신에 있어서의 목적으로서 존재한다. 단지 이것이나 저것의 의지에 대한 임의 사용을 위한 수단으로서 뿐만 아니라 자타에 대한 모든 행위에 있어서 항상 동시에 목적으로서 보아야만 한다. 애착의 대상은 모두가 상대적 가치를 가질 따름이다. 왜냐하면 애착 및 그것에 의거한 욕구가 없다면 그 대상은 가치가 없을 것이기 때문이다. 그렇다면 욕구의 원천으로서의 애착 자신은 어떠한 것일까? 그것은 바람직한 절대적 가치를 갖는 것이 아니라 오히려 그것으로부터 이탈하는 것이 이성적 존재자의 일반적인 소원이어야만 한다. 따라서 우리의 행위에 의해 획득해야 할 모든 대상의 가치는 항상 조건지어져 있다. 그 존재가 우리의 의지에 의해 존재하지 않고 자연에 의거한 것이라 하더라도 그런 것이 이성이

---

50) *Grundlegung zur Metaphysik der Sitten*, 59쪽.

없는 것이라면 단지 수단으로서 상대적 가치를 갖는 데 불과하고 따라서 사물(Sache)이다.

이에 반해 이성적인 것은 그 본성이 그런 것을 이미 그 자신에 있어서의 목적으로 특징짓고 있기 때문에 인격이라고 불린다. 왜냐하면 그것들은 단지 수단으로만 사용해서는 안 된다고 특징지어지고, 따라서 그런 한에 있어서 스스로의 의지로 판단하고 그리고 그 자신 존경의 대상으로 되었던 것이다. 따라서 이것은 단순한 주관적 목적(즉 그 존재가 우리 행위의 결과로서 우리에 대해 하나의 가치를 갖는 것)이 아니라 객관적 목적 즉 그 존재가 그 자신에 있어서 목적인 것이다.[51]

상술한 바에 의해 고찰해 본다면 인격은 사람 및 모든 이성적인 것을 포함하는 것이요, 그리고 그것이 인격이라고 불리는 까닭은 자기 목적성에 있는 것이다. 그러나 왜 이성적인 것의 본성이 자기 목적성인가는 전혀 설명되어 있지 않다. 하지만 칸트에게 이것은 자명한 것이었다고 생각된다. 이성적인 것의 본성은 이성이고 목적을 설정하는 활동은 결국 이성의 활동이라고 한다면, 아마도 그것은 자명한 것이기도 할 것이다. 그러나 인격과 인격성의 구별에 착안하는 사람에게 이 문제는 그리 단순하지 않다. 자기 목적성은 인격이 인격으로 불리는 이유이고 인격 그 자체는 아니다. 다시 말하면 그것은 인격의 본성이고 따라서 인격성인 것이다. 개개의 인격이 그대로 자기 목적이라면 즉 수단적 성격을 전혀 갖지 않는다면, 칸트는 이 인격의 규정으로부터 인간성의 원리를 도출할 수는 없었을 것이다.

---

51) *Grundlegung zur Metaphysik der Sitten*, 59-60쪽.

그렇다면 이 원리는 어떻게 도출되었을까? 칸트는 다음과 같이 말하고 있다.

최고의 실천적 원리는 또한 사람의 의지에 관해서 말하자면 정언명법이 있어야만 한다면, 그것은 다음과 같은 것이 되어야만 한다. 즉 그 자신에 있어서의 목적이기 때문에 필연적으로 어떠한 사람에 대해서도 목적인 것을 표상함으로써 의지의 객관적 원리가 되는 것, 따라서 보편적·실천적 법칙으로 되는 것, 이 원리의 근저는 이성적인 것이 그 자신에 있어서의 목적으로서 존재한다는 것이다. 사람은 필연적으로 자기의 존재를 그렇게 의식한다. 그러한 한 그것은 사람의 행위의 주관적 원리이다. 그러나 다른 이성적인 것도 모두가 동일한 이성근거에 따라 자기 존재를 의식한다. 따라서 그와 동시에 객관적 원리이다. 이것이 최고의 실천적 근거로 되어서 거기에서 모든 의지의 법칙이 도출되어야만 한다. 따라서 실천적 명법은 다음과 같다. 너의 인격 및 다른 모든 사람의 인격에 있어서의 인간성을 어떠한 때나 동시에 목적으로서 다루고 결코 단지 수단으로서는 사용하지 않도록 행위하라.[52]

실로 이 대목은 명백히 인격과 인간성의 구별을 표시하고 있다고 하겠다. 각 인격에 있어서의 인간성(die Menschheit in jeder Person)이란 개개의 인격에 있어서의 자기 목적성이다. 그것은 사람의 총계로서의 인간성이 아니라 사람을 사람이 되게 하고 인격을 인격이 되게 하는 사람의 본성이다. 칸트는 어떤 때는 이것을 인격성이라고도 부르고 있다. 그리고 그것은 상술한 본래적 자기와도 다른 것이 아니다. 따라서 본래적 자기는 바로

---

52) *Grundlegung zur Metaphysik der Sitten*, 60-61쪽.

이 인격성이고 인간성이다. 따라서 칸트는 다음과 같이 말하고 있다. "사람은 그리 신성한 것이 아니다. 그러나 그의 인격에 있어서의 인간성은 그에 대해서 신성해야만 한다."[53] 그와 같이 신성시되는 인간성은 그대로 개개의 인격은 아니다. 인격은 이 인간성에 의거해서 인격으로 된 것이다. 그것은 자기 목적으로서 존재하기 때문에 인격이라고 불린다. 즉 그 존재가 자기 목적인 것, 다시 말하면 자기 목적성을 그 존재에서 실현한 것, 바로 그것이 인격인 것이다. 그런데 칸트는 인격의 인간성 혹은 인격성에만 주의를 기울이고 이면의 수단적 성격을 역설하지 않지만, 그러나 이것을 엄밀하게 정언명법의 제 2 도출방식 속에 표현하고 있다. 즉 그는 거기서 인격에 대한 수단적 다룸을 전제로 하고 그것에 대해 단지 수단으로서만 다루지 말고 항상 동시에 목적으로서 다룰 것을 요구했던 것이다.

그러나 그렇다고 한다면 왜 여기서 인간성을 도입했던 것일까? 수단적 목적으로 이중적인 취급을 받을 수 있는 것은 단지 인격뿐이지 인간성은 아니다. 인간성은 순수한 자기 목적성이고 사람에 대해 신성한 것이다. 그에 대해 수단적 다룸까지도 허용하는 명법은 불가능한 것이 아닐는지, 또 이러한 의문은 일견 그럴 듯하게 보인다. 또한 칸트 자신도 종종 이 명법의 형식에서 인간성의 용어를 빼고 사용한다. 그러한 사용의 의미는 명백하다. 그러나 인격을 동시에 목적으로서 다루라는 명법이 성립할 수 있는 것은 인격을 인격이 되게 하는 인간성 때문이다. 따라서 인격을 목적으로서 다룰 때에는 사람은 이 인격에 있어서

---

53) *Kritik der praktischen Vernunft*, 210쪽.

의 인간성을 목적으로 삼고 있는 것이고 이 인격을 구성하는 다른 요소를 목적으로 하는 것은 아니다.

그렇지만 그와 같이 인격을 수단으로서 사용할 때에는 사람은 이 인격에 있어서의 인간성까지도 수단화할 수밖에 없다. 왜냐하면 인간성을 수단화하지 않고 그 인격에는 관계하지 않는다는 것이 가능하다면 인간성을 수단으로 하지 않았다고 말할 수 있을 것이다. 그러나 그것은 또한 인격까지도 수단으로 삼지 않았다는 것이 된다. 인격을 수단으로서 사용한다는 것 속에는 그 인격이 지니고 있는 신체나 마음이나 모두 사람에 있어서의 경험적 성격에 속하는 것을 수단으로 한다는 뜻이 포함되어 있다. 이것들은 원래 수단적인 것임에도 불구하고, 더구나 그것을 수단으로 다루는 것이 인격을 수단화한다는 뜻을 지니게 된다. 그것은 인간성이 그러한 경험적인 것에 있어서 실현됨으로 말미암아 인격을 형성하고 있기 때문이다. 이와 같이 생각한다면 인격을 수단으로서 사용한다는 사태 속에는 신성한 인간성을 수단화한다는 것이 반드시 포함되는 것이다. 그렇기 때문에 인격을 단지 수단으로서만 사용하는 것을 도덕법칙에 의해 금할 수 있는 것이다.

4. 자율의 정형과 목적의 왕국의 정형

첫 번째 정형이 도덕적 행위의 형식적인 면에, 그리고 두 번째 정형이 내용적인 면에 중점을 둔 것이라면, 이 세 번째 정형은 이 양자를 포괄하는 좀더 종합적인 성격을 갖는 정형이다. 그런 점에서 이 정형은 선행하는 정형의 기본 성격에 의존하면서 우리의 도덕적 삶이 궁극적으로 추구해야 할 도덕적 공동체의 대강마저 제시해 주는 역할을 맡고 있다. 이들 세 정형의 상보적인 역할을 통해서 우리는 칸트의 정언명법의 정형들이 결국 의무의 원리를 명시하고 행위의 도덕적 평가 척도로서 뿐만이 아니라 도덕성의 근본 원리의 적용과 실천을 근거짓고 확장하는 기초가 되고 있다는 것을 알게 된다.

이미 앞서 언급한 것처럼 목적의 왕국의 정형은 자율의 정형과 가장 밀접하게 연관되어 있지만, 자율의 정형 자체는 비단 이 세 번째 정형만이 아니라 모든 정형에, 그것도 무엇보다도 이미 보편법칙의 정형이 성립하기 위한 기초로서 전제되어야 한다는 것을 염두에 두어야 한다. 칸트가 제시하고 있는 자율의 정형과 목적의 왕국의 정형은 다음과 같다.

의지가 자신의 준칙에 의해서 스스로를 동시에 보편적 입법자로 간주할 수 있도록 그렇게 행위하라.[54]

너의 의지의 준칙이 항상 동시에 보편적 입법의 원리로서 타당할 수 있도록 행위하라.[55]

모든 이성적 존재자는 보편적 목적들의 왕국에서 자신의 준칙에 의해 언제나 한 사람의 입법자인 것처럼 행위해야 한다.[56]

먼저 자율의 정형은 이성적 의지 및 자율의 원리에 대한 기

---

54) *Grundlegung zur Metaphysik der Sitten*, 67쪽.
55) *Kritik der praktischen Vernunft*, 140쪽.
56) *Grundlegung zur Metaphysik der Sitten*, 72쪽.

초이다. 『실천이성비판』에서 이 자율의 원리는 '순수한 실천이성의 근본 법칙'으로 기술되어 있다. 이 원리는 다음과 같이 표현할 수 있다. "너의 의지의 준칙이 언제나 동시에 하나의 보편법칙의 원리로서 타당하도록 행위하라." 우선 이 정형에서 알 수 있는 것은 첫 번째 정형에 아무것도 보탠 것이 없다는 것이다.57) 우리의 행위가 오직 준칙에 대하여 명령하는 바는 우리의 의지가 보편한 법칙이 되게 하는 것이다. 첫 번째 정형에서 이미 이성적 의지는 그 자신이 입법자임을 주지하였다. 의지의 자율이란 의지가 그 자신에 대하여 (의욕의 대상의 모든 성질과는 관계없이) 법칙이 되는 의지의 특성이다. 그러므로 자율의 원리는 선택의 준칙이 동시에 보편적인 동일한 의욕 중에 포함되는 것 '밖'의 것을 선택하지 않는 것이다. 이 자율의 원리는 종합명제이며, 도덕성의 원리는 정언명법이고, "정언명법은 바로 자율을 명령"58)하는 것이다.

자율은 무제약적 근거이자 도덕적 인격에 속하며, 단순히 입법하는 도덕적 인격에 복종하지만은 않는 절대적 가치이다. 그리고 "이성적 존재자의 의지가 보편적 법칙을 수립하는 의지라는 이념"59)은 의지가 단순히 법칙에 복종해 있는 것이 아니라 의지 스스로가 입법자가 되고 법칙에 복종하는 것으로 간주되도록 법칙에 복종하는 것이라 하겠다. '보편적 법칙을 수립한다'는 것은 다른 말로 하면 '보편적 입법'이라는 말이다. 그러나 보편적 법칙을 수립하는 데 보편적 입법을 수단으로 사용할 수는 없

---

57) *Grundlegung zur Metaphysik der Sitten*, 180쪽.
58) *Grundlegung zur Metaphysik der Sitten*, 75쪽.
59) *Grundlegung zur Metaphysik der Sitten*, 63쪽.

는 것이다. 보편(Allgemeinen)이라는 말은 '법칙(Gesetz)'을 가리키는 것이지 '법칙을 만든다'는 것을 가리키는 것은 아니다. 곧 모든 의지는 이성적 존재자의 자율과 일치한다는 조건에 국한되어 있다. 그러므로 칸트에 있어서 자율의 정형은 보편법칙의 정형과 자연법칙의 정형을 결합하여 제시한 것 이외의 다른 것이 아니다. 즉 자율의 정형은 보편법칙의 정형으로부터 직접적으로 이끌어낼 수 있고, 보편법칙의 정형은 목적 자체의 정형을 나오게 할 수 있다.

모든 실천적 입법의 근거는 보편법칙의 정형에 좇아 볼 때, 객관적으로 규칙(Regel) 중에 있고, 즉 이 규칙을 자연법칙일 수 있도록 하는 보편성의 형식 중에 있으며, 주관적으로는 목적 중에 있다. 그렇지만 목적 자체의 정형에 따라서 모든 목적들의 주체는 목적 자체로서의 이성적 존재자이다. 여기서 목적 자체로서의 이 객관적 목적은 법칙으로서 모든 주관적 목적들을 제약하는 조건이어야만 하는데, 이 조건은 순수이성과 일치하기 위한 수단으로서의 의지의 자율이라는 원리이다. 이때 의지의 자율은 법칙에 단순히 복종해 있는 것이 아니라 의지 스스로 입법자이며 법칙을 수립한다는 이념이기 때문에 무제약적인 정언명법일 수 있는 것이다. 그러기에 의지의 자율이란 도덕성의 최상의 원리로서 그 자신에 대해 법칙이 되는 의지이고, 도덕성의 원리는 정언명법이어야 하므로 정언명법은 다름 아닌 이 자율을 명령하는 것이다. 이에 반하여 의지의 타율은 의지가 자기 입법적이지 못하고 조건적인 대상에 결부되어 자기를 결정하는 것이다. 그러므로 의지의 타율의 원리는 가언명법을 가능하게 할 뿐이다. 가언명법은 내가 무엇을 '해야 한다'는 것이 의도적인 조

172

건적 목적에 따라서 한다는 것이고, 정언적 명법은 '해야 한다'
는 것이 조건적 목적의 고려 없이 '해야만 하는' 것을 말한다.
그러므로 칸트는 인간은 도덕법칙의 주체요, 도덕법칙은 인간의
자유가 가지는 자율로 인해서 신성한 것이라 하였으며, 또 "모
든 이성적 존재자는 마치 그가 자기의 준칙에 의해서 항상 보편
적인 목적의 왕국에 있어서 법칙 수립적인 성원이 된 듯이 그렇
게 행위해야만 한다"[60]고 하였다.

위의 정식은 결국 "너는 너의 준칙을 통해서 목적의 왕국의
입법적 성원이듯이 행위하라"는 정식과 같은 말이다. 그러므로
목적의 왕국은 보편법칙의 의미와 서로 일치하고(왜냐하면 이
정식의 형식적 원리는 너의 준칙이 보편적 법칙이 되는 듯이 행
위하라는 것이다), 자연의 왕국은 보편한 자연법칙의 의미와 서
로 같은 것이라 할 수 있다. 목적의 왕국은 하나의 이상이고,
'왕국'이라는 말은 객관적 법칙에 의한 이성적 존재자들의 체계
적 결합이다. 따라서 목적의 왕국의 정형은 칸트의 모든 정형
중에서 가장 포괄적인 것이라 하겠다. 이 정형은 도덕적 행위의
형식(보편법칙)과 실질(목적 자체)의 양면을 표기한 것이다. 그
리고 법칙이나 목적만 취급한 것이 아니라 법칙의 체계와 목적
의 체계를 함께 취급한 것이다. 여기서는 자율의 정형에서와 같
이 자연의 법칙과 함께 자유의 법칙이 상호 연관된다(도덕적 행
위와 준칙의 완전한 결합이므로).

이미 앞의 첫 번째 및 두 번째 정형에서는, 즉 보편법칙의 정
형에서는 도덕적 행위가 형식을 갖는 것을 인식하였고, 목적 자

---

60) *Grundlegung zur Metaphysik der Sitten*, 72쪽.

체의 정형에서는 실질이 많은 대상들의 목적을 갖는 것을 인식하였다. 그러므로 "목적의 왕국의 정형에서는 모든 이성적 존재들의 개념이 하나의 보편법칙 아래 완전한 체계에 통일되는 데 도달한다."[61] 이 정형은 준칙과 법칙의 조화로서 인간의 이상이며 이념에 의한 통일이며 체계이다. 다시 말해서 목적의 왕국은 공통의 법칙에 의해서 상이한 이성적 존재자들이 체계적으로 결합함을 의미한다고 하겠다. 그런데 법칙이 보편타당성에 따라 목적들을 규정하기 때문에 개인적 차이와 개인적 목적의 내용을 무시해 버린다면, '목적들의 전체'(목적 자체로서 이성적 존재자라는 목적과 각 이성적 존재자가 자기 자신에 설정할지 모르는 특수 목적의 전체)를 생각할 수 있을 것이나, 목적의 왕국은 자기 자신과 개인을 수단으로서 뿐만 아니라 목적 자체로서 취급한다. 그리고 그 성원(이성적 존재자)은 법칙의 입법자이면서 동시에 자신이 복종하므로 입법자로서 타자의 의지에 복종하지 않을 때, 그는 왕국의 원수이다. 그러나 의지의 준칙에 따라서는 원수의 지위를 주장할 수 없고 단지 성원일 뿐이다. 그러므로 도덕성은 행위의 입법에 대한 관계에서 존립하며 입법에 의해서만 목적의 왕국이 가능하다. 따라서 의지가 자신의 준칙에 의해 자기 자신을 보편적 입법이라고 할 수 있도록 행위해야 하며 동시에 입법자로 보아져야 한다. 칸트는 이것을 "이성적 존재자의 존엄의 이념 때문이다"[62]라고 하였다.

목적의 왕국은 가상의 세계이며 모든 인격이 본래 입법자라

---

61) *Grundlegung zur Metaphysik der Sitten*, 185쪽.
62) *Grundlegung zur Metaphysik der Sitten*, 67쪽.

는 것이다. 곧 "너의 준칙이 보편적 법칙이 되는 듯이 행위하라"는 것이다. 칸트는 "인간의 존엄이 존립하는 이유를 인간성이 보편적 법칙을 수립할 수 있는 능력을 가지고 있다"[63)]는 점에 두었다. 그러므로 자연의 왕국과 목적의 왕국은 모든 준칙의 자기 입법에 의해서 조화되어야만 한다고 볼 수 있다. 목적 자체의 정형에 나타난 인격에 대한 이해를 통하여 칸트에 있어서의 인격과 인격성 혹은 인간성과의 구별이 명백히 되었다고 생각된다. 이제는 이 인격이 타자와 갖는 연관성이 문제가 된다. 칸트는 이를 바로 목적의 왕국의 정형을 통하여 그 이해 가능성을 열어 놓고 있다. 인격은 너의 인격, 타인의 인격이라고 말하여지듯이 개인적 인격이다. 그러나 이러한 인격을 인격이 되게하는 인간성이나 인격성은 자타의 구별이 없는 주체적 근거이다. 그렇다면 칸트는 이러한 보편적 근거로부터 어떻게 개체적 근거로서의 인격들의 공동체를 설명하였을까? 이 문제에 접근할 수 있는 실마리가 되는 것이 바로 유명한 목적의 왕국이다. 이 왕국을 지배하는 법칙들은 상술한 인간성의 원리를 원리로 하는 것이다.

칸트가 인격을 처음부터 개별성으로서 다루었다는 것은 그자신 비판의 대상이 될 수 있을 것이다. 그가 인격을 표시하고 있는 'Person'은 본래 역할의 의미이고 공동체에서의 각자의 임무에서 나온 개념이다. 사회 없이 인격이 인격으로 될 수 없다. 그러나 그 문제에 너무 깊이 관여하는 것은 칸트를 멀리 이탈하는 것이다. 칸트가 역설한 것은 그러한 개별적 인격이 무엇에

---

63) *Grundlegung zur Metaphysik der Sitten*, 74쪽.

의거해서 인격인가 하는 문제였지, 무엇에 의거한 개별적 인격인가 하는 문제는 아니었다. 그것이 개별적인 것은 그에게 자명한 것이었다. 그것은 아마도 인격이 현상적 자아와 불가분적으로 결합되어 있기 때문일 것이다. 경험되는 내가 똑같이 너나 그와 대립해서 각각 개별적이다. 그러나 그러한 현상하고 경험되는 자아는 칸트에 있어서는 물성(物性)을 갖는다. 사물과 본질적으로 다를 것이 없는 물(物)이다. 그러한 물을 사물과 구별하고 인격으로서의 위엄을 부여하는 것이 바로 인간성이었다. 그런데 이 인간성은 현상계와 다른 질서에 속해 있으므로 하나, 다수, 총체와 같은 범주를 적용할 수는 없다. 즉 개별적인 것도 총체적인 것도 아니다. 그것은 개별적인 인격을 인격이 되게는 하지만 그러나 모든 인격에 있어서 평등하고 무차별적이다. 나의 인격에 있어서의 인간성과 너의 인격에 있어서의 인간성 사이에 결코 차별이 있을 수 없다. 인간성에 있어서는 상호 동일해야 한다. 그렇다고 한다면 인격은 그것이 인격인 까닭에 착안하면 평등하고 무차별적이며, 그것을 물인 측면에서 보았을 때 비로소 개별적으로 된다. 이것은 상술한 칸트의 생각에서 당연히 귀결되는 것이다.

그런데 칸트는 그러한 평등하고 무차별적인 인간성을 본래적 자기라 부르고 예지인 또는 본체인이라고 명명했다. 자기라고 부르는 것은 주체성을 표시하기 위해서였다고 하지만 객체아와의 연관을 강하게 보존하고 있다. 사람이라고 명명할 때에는 단지 객체아뿐만이 아니라 나의 신체까지도 끌어들였다고 할 수 있을 것이다. 그렇게 되면 평등하고 무차별적인 인간성은 현저하게 개별적 성격을 띠게 된다. 따라서 사람들이 본체인을 본체계에 있어서의 개별적 인격이라 생각하고 한 걸음 더 나아가 인격까지도 전혀 본체계에 속하는 것으로 생각하게 되는 것은 무리 없는 오해라고도 할 수 있을 것이다. 또한 칸트 자신이 자기의 본래성을 평등하고 무차별적이라고 생각할 수 없었던 것이 아닌가도 생각된다. 왜냐하면 그렇게 생각하는 것은 동시에 자기 개성의 근거를 현상적 자아나 신체 같은 것에 돌리는 것이며, 그리고 그것은 영혼의 불멸을 요청하는 그에 있어서는 바람직한 것이 못 되기 때문이다. 거기에 인간성의 파악을 흐리게 하는 까닭이 있었는지도 모른다.

그러나 인간성의 원리를 설명함에 있어서 칸트는 거기까지는 물러서지 않았다. 인격은 객체나 신체에 있어서 인격이 있기 때문에 개별적이다. 따라서 개별적 인격은 수단으로서 상용될 측면을 결코 벗어날 수가 없다. 더구나 이 개별 인격은 인간성을 실현하고 있기 때문에 바로 인격인 것이다. 따라서 어느 인격도 똑같이 존경의 대상이고 반드시 목적으로서 이루어야만 한다. 여기에 상호 동일의 인간성이 자타의 차별에서만 나타나는 까닭이 극히 예리하게 파악되어 있다. 인간성의 원리는 꼭 이 진리를 표현한 것이다. 우리는 다른 인격을 단지 목적으로서만 다룰 수 없다. 인격은 인간성을 실현하고 있는 한 어디까지나 목적으로서 다루어야 하지만 그러나 그것을 실현하고 있는 것인 한, 즉 자타의 차별이 있는 한 수단으로서 다루지 않을 수 없다. 내가 다른 인격을 목적으로서 다룰 수 있기 위해서는 상대편은 나의 인격을 수단으로서 사용해야만 된다. 그렇지 않다면 상대편은 나의 봉사를 받지 않는 것이고, 따라서 나는 그에게 봉사할 수 없는 것이다.

이렇게 본다면 인격을 목적으로서 다루는 것의 이면에는 반드시 또한 인격을 수단으로서 사용한다는 것이 뒤따라야만 한다. 개별적 인격 간에는 상호 목적도 되고 수단도 되고 하는 부단한 상호 전환을 필요로 하는 것이다. 아니, 한 걸음 더 나아가 말하자면 목적인 동시에 수단이라는 이중적 구조가 인격을 성립시키고 있는 한, 인격 면의 문제도 또한 이중적이다. 사용하는 것이 동시에 봉사하는 것이고 봉사하는 것이 동시에 사용하는 것이다. 그러한 관계에서 상호 동일의 인간성은 비로소 그 상호 동일성을 실현한다. 그리고 거기에 인격의 공동체가 엿보이는 것이다. 이렇게 생각해 본다면 인간성의 원리가 공동체의 원리라는 것이 극히 명백할 것이다. 칸트가 목적의 왕국으로서 공동체를 설명할 때에도 이러한 내용은 일단 긍정되고 있다. 그에 의하면 왕국이란 차별성에 있는 이성적인 것이 공동체적 법칙에 의해 체계적으로 결합하는 것이었다.[64] 이 공동체적 원리는 결국 인간성의 원리이다. 즉 차별적 인격에 상호 동일성을 실현하는 원리이다. 그것에 의해 차별적 인격이 체계적으로 결합하는 것은 극히 당연한 것이다. 이 법칙이 다수의 목적 즉 차별적 인격을 그것들이 가지는 보편타당성에 따라 규정한다. 따라서 이러한 이성적인 것의 인격적 차별을 사상한다면 체계적으로 결합하는 모든 목적(개개 인격)의 전체, 즉 목적의 왕국(그것은 인간성의 원리에 의해 가능하지만)이 생각될 수 있을 것이다.[65] 여기에 차별적 인격은 하나의 전체로 결합하는 것이다. 그러한 한

---

64) *Grundlegung zur Metaphysik der Sitten*, 66쪽.
65) *Grundlegung zur Metaphysik der Sitten*, 66쪽.

에 있어서 무차별적 인격은 하나의 전체로 결합하는 것이다. 그러한 한에 있어서 무차별성이 실현된다. 그러나 그것에 의해 차별성이 전부 소멸된다면 체계적 결합이라는 것은 있을 수 없다. 차별에 있어서 무차별성이 실현되기 때문에 체계적 결합인 것이다. 따라서 인격적 차이(persönlicher Unterschied)가 사상된다는 것은 단순한 무차별성에 몰입한다는 것은 아니다. 만약 그렇다고 한다면 거기에 인간성의 원리가 지배한다는 것은 불가능하다.

목적의 왕국이 인간성의 원리에 의해 가능하게 된다는 것은 이 왕국 성원인 개개 인격이 자타를 동시에 수단적 혹은 목적적으로 다룸으로 말미암아 체계적 결합을 성립시킨다는 것이다. 따라서 목적의 왕국의 성원은 자타 대립하면서 상호 사용하고 상호 봉사하는 관계에 서야만 한다. 그러한 관계는 차별의 입장이 아니고서는 불가능하다. 그러나 단지 차별만이라면 그러한 관계는 성립하지 않는다. 따라서 상술한 바와 같이 차별에 의해서 무차별을 실현하기 때문에 인간성의 원리가 지배한다고 말할 수 있다. 목적의 왕국의 성원은 수단으로서 사용할 수 있는 인격 즉 신체나 믿음을 갖는 인격이어야만 한다. 그러한 인격의 체계적 결합은 현실의 공동체이어야만 한다.

5. 정형과 도식

칸트에 있어서 도식(圖式, Schema)은 '개념의 도식'과 '이념의 도식'으로 구별할 수 있다. 이것은 이성의 인식에서 건축술적 통일과 기술적 통일을 구분한 것과 같다.[66] 다시 말하면 칸트는 도식을 오성 개념을 구체화하는 데뿐만 아니라 이념을 구체화시키는 데도, 또는 이념이 그 목적을 달성하려는 데도 필요하다고 하였다.[67] 그리고 선험철학의 체계에서는 이념의 도식이 상징(Symbol) 또는 유사물(Analogon)이란 말로 통용되고 있다.[68] 칸트 이전에는 도식이라는 말은 신학과 수학에서 사용되던 개념이다. 수학에서는 순수한 수학적 개념을 눈에 보이도록 표현하는 것, 예를 들면 관념적인 삼각형을 칠판에 그리는 것을 도식화라고 하였다. 또한 신학에서는 마귀가 여자나 짐승의 모양으로 표현되는 것을 도식화(Schematisme)라고 하였다.[69] 그리고 신약에서는 하나님이 인간인 그리스도로 나타났다고 할 때 인간의 '형상(形象, Schemati)'[70]이라는 말을 사용하고 있어, 도식이 신학적 용법의 배경이 되고 있다.[71] 다발(Daval)은 도식화(Schematisieren)를 '현상화(現象化)'라고도 하였다. 하이데거(M. Heidegger)는 '순수 개념의 구체화(감성화)'로 도식을 이해하고 있다.[72] 실버(Silber)는 '실천이성의 도식론'에서 최고선의 실현

---

66) *Kritik der reinen Vernunft*, B 861.

67) *Kritik der reinen Vernunft*, B 862; 손봉호, 『현대정신과 기독교적 지성』, 성광문화사, 1978, 25쪽 참조.

68) Kant, *Kritik der Urteilskraft*, 바이셰델판 Ⅹ권, 225쪽; *Kritik der reinen Vernunft*, B 693.

69) R. Daval, *La Metaphysique de Kant*, Press Universitaires de France, 1951, 8쪽.

70) 빌립보서, 2:7.

71) R. Daval, *La Metaphysique de Kant*, 6쪽.

72) M. Heidegger, *Kant und das Problem der Metaphysik*, Frankfurt am Main, 1973, 88쪽: Die Transzendenz bildet sich demnach in der Versinnlichung der reinen Begriff, ··· Die reine Versinnlichung geschieht als ein Schematismus.

에 있어서 도덕적 도식론을 상징적 도식론(Symbolische Sche-matismus)[73]으로 전개하고 있다. 넓은 의미로 볼 때 칸트의 도식은 『실천이성비판』의 '전형(Typus)' 개념도 포함한다.[74] 칸트는 'Typus'라는 말을 도덕법칙의 전형이라는 매개적 개념으로 쓰고 있다. 이에 대한 칸트의 설명을 보면 다음과 같다.

도덕법칙은 자연의 대상에 대하여 도덕법칙의 적용을 매개하는 것으로서 오성(구상력이 아니라)의 인식 능력 이외에 다른 것을 가지지 않는다. 이성의 이념은 감성의 도식이 아니라 법칙을 갖는다. 그러나 감관의 대상을 구체적으로 자연법칙 아래 둘 수 있다. 다만 형식상으로 본 자연법칙을 판단력을 위한 법칙으로서 둘 수 있을 뿐이다. 그러므로 이런 법칙을 도덕법칙의 전형이라고 부른다.[75]

여기서 판단력은 실천적 판단력으로서 개별적 행위가 보편법칙에 적합해 있는가를 판정하고 평가하는 판단력이다. 왜냐하면 인식적 판단력은 구상력을 통해서 특수를 보편에 포섭하는 능력이나, 실천적 판단력은 행위의 적법성을 판정하는 것이기 때문이다. 이렇게 볼 때 위에서의 도식은 전형의 개념과 같은 것이 된다. 그러므로 칸트는 전형으로서의 도식은 "법칙에 따를 때의

---

73) J. R. Silber, "Der Schematismus der praktischen Vernunft", in *II. Internationaler Kant-Kongress*, Kölner Universität, 1966, 253-273쪽.

74) *Kritik der praktischen Vernunft*, 187쪽 참조; P. Daval, *La Metaphysique de Kant*, 8쪽; L. W. Beck, *A commentary on Kant's critique of practical reason*, The University of Chicago Press, 1960, 157쪽 참조; H. J. Paton, *Categorical Imperative*, 160-161쪽 참조.

75) *Kritik der praktischen Vernunft*, 188쪽.

도식이 문제되지 않고, 법칙 자신의 도식이 문제된다"[76]고 하였다. 칸트의 실천(도덕) 형이상학에서는 "행동을 선천적으로 규정하고 필연적이게 하는 것이므로 도덕법칙은 완전히 선천적으로 그 원리에서 도출될 수 있는 행동의 유일한 합법칙성"[77]이라고 하였다. 왜냐하면 칸트는 진정한 형이상학은 실천적이어야 하고, 그것이 이성의 궁극 목적(자유, 불사, 신의 존재를 가능하게 한다)에 부합한다고 보았기 때문이다. 그런데 실천적 판단력이 실천법칙을 행위의 실현에 "구체적으로"[78] 적용하려 할 때, 그 구체적 실현과 실천법칙 간에는 항쟁과 모순이 발생될 수밖에 없다. (이론이성에서는 감성적 소재와 오성 능력의 항쟁을 도식으로 해결하려 하였다.) 이러한 실천적 항쟁의 해결을 위하여 'Typus'의 개념이 적용되는 것이다. 그러나 정언명법(도덕법칙)의 정형은 그 체계의 전체성에서 볼 때 도덕법칙의 도식화(이념의 도식화)로 볼 수 있다.[79] 따라서 정형의 유형에서 첫 번째 정형과 두 번째 정형을 종합한 것이 자유의 왕국의 도식화라 하겠다.

또한 도식의 신학적 용법의 배경에서 언급한 것과 같이 그리스도가 '인간의 형상'으로 나타났다고 하는 것과 같은 맥락에서 구약성경의 '십계명'[80]도 하나님의 사랑이 인간에게 구체화(도식화)된 것으로 볼 수 있다. 왜냐하면 '십계명'은 은혜 관계의

---

76) *Kritik der praktischen Vernunft*, 187-188쪽.

77) *Kritik der reinen Vernunft*, B 869-870.

78) *Kritik der praktischen Vernunft*, 186쪽.

79) R. Daval, *La Metaphysique de Kant*, 6-8쪽.

80) 출애굽기, 20:1-17.

것이지 보상주의적인 것이 아니기 때문에 사람이 하나님을 사랑하고야 그의 '계명'을 참으로 지킬 수 있기 때문이다.[81] 이것은 칸트에 있어서도 도덕법칙에 대한 존경의 감정이 의무의식을 낳게 하는 것과 같은 의미를 지닌다. 물론 칸트의 정형 체계의 구조는 인식 형이상학의 체계를 기저로 하고 있다. 그러면서도 인간의 존엄과 자유에 대한 신앙은 순수이성의 최후 목적이 자유와 더불어 영혼불멸 그리고 신의 존재에 있음을 간과할 수 없다. 칸트는『순수이성비판』의 '순수이성의 이상'에서 신 존재의 증명이 허위라고 논증하면서 자연신학적 신 존재의 실재성을 부정하였다. 그리고 "신과 영혼불멸의 이념은 도덕법칙의 제약이 아니라 도덕법칙에 의하여 규정된 의지의 필연적 대상"[82]에 불과하다고 하였다. 이것은 언뜻 보기에 이론과 실천의 부조화를 표현한 것 같지만 이미 선험철학적 체계 속에서 칸트는 신의 실재를 이론이성의 사용과 관련하여 유보시켜 놓았으며, 이를 실천이성의 사용에서 도덕에 근거하여 재정립한 것에 불과하다. 칸트에 있어서 도덕법칙 곧 정언명법은 신의 존재를 전제하는 데에서만 체계적이 된다.[83] 그렇다고 그것이 신 존재를 통해 증명되거나 정당화되는 것은 결코 아닌 것이다. 때문에 칸트는 실천이성과 관련하여, 비록 그것이 차지하는 비중과 의의는 작지 않지만, 신 존재를 요청이라는 이름으로 거론하고 있을 뿐이다.

칸트는 우리가 신의 개념을 얻는 것은 도덕적 완전성의 이념으로부터라고 하며 다음과 같이 말하고 있다. "우리는 최고선으

---

81) 박윤선,『출애굽기 주석』, 영음사, 549쪽.
82) *Kritik der praktischen Vernunft*, 108쪽.
83) *Kritik der reinen Vernunft*, B 839 참조

로서의 신의 개념을 어디에서 얻을 수 있을까? 그것은 이성이 선천적으로 구상하고 자유의지의 개념과 불가피하게 결합시키는 도덕적 완전성의 이념으로부터 얻는다."[84] 그리고 칸트가 말하는 "신성한 의지의 원형"[85]에서 '신성성'이란 다름 아닌 도덕법칙과 의지가 일치하는 것을 말하는 것이다. 즉 감성계의 어떠한 이성적 존재자들도 그 생존의 순간에는 결코 소유할 수 없는 완전성을 의미하는 것이다. 완전성의 성취란 생존의 영속성을 전제하여야 하므로 도덕법칙과 영혼의 불멸(인격성)은 불가분의 관계로 결합되어야 하며, '하나님의 실존' 역시 같은 논리로 도덕법칙에 적합한 행복과 관련하여 전제된다. 결국 칸트는 신에의 봉사를 그대로 도덕법칙을 존경하는 것으로 보는 셈이다.

그러나 계속해서 칸트에게 남는 문제는 어떤 행위의 법칙이 참된 도덕법칙 곧 정언명법이 되기 위하여 갖추어야 하는 조건인지를 밝히는 문제이다. 이 문제에 대하여 칸트는 명료한 논리적 해명을 할 수 없었고, 다만 실천이성의 근본 법칙이 순수이성의 사실이라고 밀어붙일 뿐이다. 다시 말하면 저 근본 법칙은 자유법칙의 세계 즉 예지계에 속하고, 개별적 행위는 현상의 세계 즉 감성계에 속하는 사실이기 때문에, 두 이질적 세계의 일치·불일치를 직접적으로 판정할 수는 없다는 것이다. 그러므로 이 양자의 세계를 연결해 줄 매개자가 있어야 하는데 이 개념이 바로 전형 개념인 것은 주지의 사실이다. 그러므로 '준칙이 법칙이 되도록' 하기 위해서 칸트는 '전형'의 개념으로 자연법칙

---

84) *Grundlegung zur Metaphysik der Sitten*, 36쪽.
85) *Kritik der praktischen Vernunft*, 143쪽.

을 필연적으로 전제해야만 했던 것이다.

그러나 과연 자연의 법칙과 자유의 법칙이 그 법칙의 보편성 곧 형식의 일치라는 이유만으로 도덕법칙의 전형으로서의 근거가 충분한가는 검토되어야 할 문제이다. 또한 정언명법은 자유의 이념이 없다면 성립할 수가 없다. 그렇다고 자유의 이념을 직접 우리가 확인할 수도 없으므로 다만 도덕법칙의 존재를 통해서만 의식할 수 있을 뿐이다. 그러므로 칸트는 다음과 같은 경우를 들어 자유의지와 도덕법칙의 관계를 예시하고 있다.

군주로부터 어떤 정직한 사람이 불리한 위증을 하라는 명령과 함께 그것을 이행하지 않으면 사형에 처하겠다는 위협을 받았다면, 그 사람은 자기 생명의 애착을 극복할 수 있는지 어떤지를 그 사람에게 물어보라. 그는 아무런 확실한 언명을 하지 않을 것이다. 그러나 그는 자신이 그렇게 할 수 있다고 내심으로 용인할 것이다. 그러므로 그는 자기가 어떤 일을 해야 하기 때문에 할 수 있다고 판단하는 것이다. 이것은 도덕법칙에 의하여 자기에게 알려진 자유를 자기 자신 속에서 인식하는 것이다.[86]

아울러 칸트는 인간을 감성과 이성의 이원적 존재 구조로 파악하여 대립적으로 생각하였기 때문에 실천이성의 명령은 무조건적으로 의무를 수행할 것을 인간의 내적 심정에 명령한다고 보고 있다. 또 이처럼 의무를 내면화한 칸트는 의무의식을 선의지와 결합시켜 절대적 가치로 승화시켰고, 이 선의지는 인간에게 일반적으로 정언명법을 과한다고 보았다.

---

86) *Kritik der praktischen Vernunft*, 54쪽.

그러나 도덕적 명령으로서의 정언명법의 세 측면은 의지의 형식과 실질 그리고 체계의 전체성으로 나눈 것에 불과하다. 칸트의 정언명법은 개인의 도덕성을 성립시키는 원리일 뿐 아니라 개인들의 조직적 결합체로서의 공동체의 구성 원리이기도 하다. 그러므로 칸트는 이성적 존재자는 모두 목적의 왕국의 성원인 동시에 원수(元首)이기도 하다고 생각하였다. 그러나 인간은 단순히 이성적 존재자인 것만은 아니므로 준칙이 언제나 동시에 객관적 법칙에 일치할 수는 없다. 그러므로 각 성원에게 의무가 부과되며, 이 의무는 도덕법칙을 존경해야 하는 의무이다. 도덕법칙을 존경한다는 것은 실천적 이념이지 일치를 주장하는 것은 아니다. 왜냐하면 인간의 인격 중에 있는 인간성은 신성할 수 있으나 인간은 신성하지 않으므로 신성한 의지의 원형성(原型性)에 따르는 것만이 우리에게 허용되어 있는 것이다.

한편 정언명법은 도덕 생활의 형식주의에 치우쳐 구체적 행위의 지침이 없는 것이 약점이라고 비판받기도 한다. 왜냐하면 인간의 본성에 속하는 자연적 경향성에 충실하도록 자기의 행복을 목표로 삼는 행위는 결코 도덕적일 수 없고, 도덕은 오히려 행복을 받기에 합당하도록 행위하라고 명령할 것이기 때문이다. 도덕적인 행위는 그 동기가 행복에 있지 않고 '행복에 부합되어야 할 것'을 동기라고 보는 것이다. 그렇다고 행복이 인간에게 중대한 관심사인 것을 부인하려는 것은 아니다. 다만 의무가 문제될 때 그것을 고려해서는 안 된다는 것이다. 행복의 추구는 인간의 자연이며, 도덕은 인간의 당위이며 명령으로 나타난다. 그러므로 인간은 자연의 질서 이외에 도덕의 세계 질서를 인정해야만 한다. 이런 점에서 현실성은 곧바로 실재성이 될 수 없고 한갓 형이상학적인 실재성이 고려되어 있음을 깨달아야 한다. 형이상학적 질서는 전지전능한 도덕적 예지자의 행위를 능히 생각할 수 있는 것이다. 이 예지자는 전능, 거룩한 정의의 성품도 함께 지니고 있는 우주의 대주재자(大主宰者)이며, 칸트는 이를 신이라 불렀다. 따라서 신의 실재는 도덕적 질서의 현실성의 형이상학적 전제가 된다. 우리가 도덕의 질서를 믿는 이상 신의 실재를 부인할 수 없다는 것이다. 그러므로 칸트는 신의 실재에 대한 확신을 갖는 일은 중요하지만, 그 존재를 증명하는 일은 그렇게 중요하지 않다고 하였다.

칸트의 기나긴 학문 생활의 핵심은 '인간이란 무엇인가?'라는 문제로 시종일관했다고 볼 수 있다. 그러나 그가 파악하려는 인간은 우리가 흔히 말하는 그러한 인간이 아니라 인간이 인간인 까닭, 즉 인간성 혹은 인격성이야말로 그의 주요한 관심사였다고 볼 수 있다. 임종 시까지 인간성에 대한 존엄에의 감정을 잊을 수 없었다는 그의 말에서 그가 인격성을 얼마나 높게 평가하고 있는가를 알 수 있다.

칸트는 인격성 개념의 가장 심오한 의의를 도덕적 영역에서 찾았다. 이성적 존재자는 목적 그 자체로서 실존한다는 표현에서 엿볼 수 있듯이 이성적 존재자라는 징표는 도덕적 존재자를 의미하게 된다. 도덕적 존재자로서의 인간, 즉 인격은 절대적 가치를 갖는다. 칸트는 이미 전비판기 이래, 절대적 가치를 갖는다는 것은 인격 이외에는 있을 수 없다는 신념을 표현하고 있다. 도덕적 존재자로서의 인격의 절대적 가치를 인정하는 사고방식은 실은 그의 일생에 걸친 윤리학의 근본 사상이었던 것이다.

제 5 장
도덕적 종교론

1. 칸트의 도덕철학과 실천철학

칸트의 도덕철학은 실천철학적 문제들이 실마리를 찾아가는 나침반의 역할을 한다. 그리고 그 위에 쌓을 실천철학의 세계라는 건축물의 굳건한 토대이다. 그는 인간의 실천적 문제들을 도덕적 토대 위에서 조망하는 방도를 취한다. 도덕철학이 도덕의 기초의 확립과 정당화에 집중되어 있다면, 그 이외의 실천철학적 주제들은 이를 원천으로 하여 인간의 사회적·종교적·역사적 성격과 문제들을 아울러 고려하는 포괄적인 접근을 시도한다.

칸트에 의하면 인간은 하나의 고립된 존재가 아니라 사회적 존재이다. 인간의 도덕적 이상 내지는 선의 실현도 한 개인의 힘이 아니라 공동체 안에서 더욱 잘 실현될 수 있으며, 또 그렇게 발휘되도록 사회적 조건들이 형성되지 않으면 안 된다고 생각한다. 그것은 기본적으로 더불어 사는 다양한 제도를 포함하고 있는 사회 내지는 공동체 또는 국가를 축으로 하여 전개되는 세계이다.

플라톤이 그의 대화편 『국가론(*The Republic*)』에서 자신의 이상 국가론을 전개한 이래로 적지 않은 철학자들이 '살기 좋은 나라'를 실현하고자 하는 열망을 저마다 피력해 왔다. 철학의 목적이 궁극적으로 가치의 추구와 실현을 지향하는 데 두어져 왔고, 따라서 자신의 이론적 토대 위에서 그것의 가능성을 더욱 구체적으로 설계해 본다는 것은 그 자체로 당연한 일이었을 것이다. 더구나 우리네 일상인들도 이따금 마음껏 상상의 날개를 펼치면서 살기 좋은 나라를 꿈꾸며 가슴을 부풀린다는 점을 미루어 보면, 이런 소망을 충족시켜 줄 최상의 공동체나 국가를 철학적 토대 위에서 조망해 봄은 오히려 철학자의 의무라고까지 말할 수 있다.

'살기 좋은 나라는 과연 어떠한 나라인가?' 하는 물음에 답하기에 앞서 철학자들이 먼저 해결하지 않으면 안 될 작업은 그 물음의 축이 되는 '나라' 또는 '국가'란 무엇인가에 대한 고찰이다. 그리고 이 고찰은 그 자체에 공동체와 국가의 발생과 기원, 정당화 가능성 등에 대한 문제를 해결하지 않으면 안 된다는 요구를 포함하고 있다. 그러나 무엇보다도 그 해결책에 전제되어 있는 가장 중요한 요인은 인간에 대한 이해이다. 공동체에 대한 물음에의 접근은 언제나 그 구성원으로서의 인간이 어떠어떠한 존재라는 견해가 분명하게 때로는 암암리에 전제되어 이루어질 수밖에 없다. 따라서 어떤 인간관을 전제하느냐가 동시에 공동체에 대한 고찰의 향방을 결정지으며, 나아가 살기 좋은 이상적인 공동체는 어떠해야 하는가에 대한 구상을 좌우한다. 칸트에게서도 공동체에 대한 이러한 접근 방법은 잘 나타나 있다. 그뿐만 아니라 칸트는 자기 이전의 철학자들에 비해서 그 과정을 더욱 명확하게 논증해 보이고 있는 하나의 전형적인 모범이자 원천이다.

그러나 칸트는 이 같은 문제를 단순히 역사적으로 존재하는 공동체나 국가에 한정시키지 않는다. 먼저 칸트는 인간의 도덕적 본성에서 도출되는 가장 이상적인 공동체의 모습을, 또 인간의 이중적 본성과 제약에 입각하여 현실의 국가와 공동체의 정당성을 가늠하는 척도로서의 국가 이념을 역사적 사실의 재구성이라는 논리적 장치를 통하여 제시하고자 한다. 또 그 이상과 이념은 현실적으로 실현 가능한지, 만일 그것이 불가능하다면 실현 가능한 대안은 무엇인지를, 나아가 인류의 역사는 그러한 이상으로의 접근을 보여주거나 보장하는지를 조망하고자 한다. 이와 같은 이상과 이념을 실현할 최선책으로서의 윤리적 공동체와 그 차선책으로서의 정치적 공동체에 관한 논의는 모두 이러한 사고의 산물들이다.

2. 도덕과 종교

이 장에서 다루게 될 주제는 칸트가 자신의 철학의 세 가지 과제로 설정해 놓은 물음 중 세 번째 것인 "나는 무엇을 희망해도 좋은가?" 하는 문제와 관련한, 즉 종교와 관련한 신 존재 증명의 문제이다.1) 종교철학의 핵심적인 주제는 신과 인간이다. 칸트 철학의 주제와 관련하여 더 엄격하게 말하자면 종교철학은 "신학과 도덕의 결합을 통한 종교"2)의 문제가 중심을 차지한다.

도덕과 종교의 관계를 다루는 모든 철학적 탐구는 플라톤의 대화편 『에우티프론(*Euthyphro*)』에서 소크라테스가 제기한 바 있는 소위 에우티프론의 딜레마(Euthyphro dilemma), 즉 어떤 행위가 도덕적으로 옳은 것은 신이 그것을 명령하기 때문인가 아니면 그것이 옳기 때문에 신이 명령하는 것인가, 말하자면 어떤 행위가 도덕적으로 의미를 갖는 것은 도덕 그 자체의 본질과 가치 때문인가 아니면 신이 어떤 행위의 도덕성을 승인하고 또 신이 그러한 지시에 따를 것을 명령하기 때문인가라는 물음에 답하지 않으면 안 된다. 또한 이러한 문제로부터 곧바로 제기되는 도덕과 종교 사이에 존재할 수 있는 갈등이나 조화는 어떻게 정당화될 수 있는가라는 물음에도 답하지 않으면 안 된다.

칸트의 경우에 도덕과 종교 이 양자는 기본적으로 전혀 다른 차원의 문제 영역이다. 그러면서도 동시에 이 양자 간의 밀접한

---

1) 칸트가 자신의 철학의 주제로 설정해 놓은 물음은 다음과 같다. (1) 나는 무엇을 알 수 있는가? (2) 나는 무엇을 해야만 하는가? (3) 나는 무엇을 희망해도 좋은가?(*Kritik der reinen Vernunft*, B 833/A 805) 칸트는 『논리학』에서는 이 세 가지 과제에 '인간이란 무엇인가?'라는 네 번째 과제를 덧붙여 제시하면서 이들 물음을 순서대로 각각 형이상학, 도덕, 종교, 인간학이 답한다고, 그리고 전자의 세 가지 물음은 마지막 네 번째 물음과 관계하기 때문에 근본적으로 이들 물음 전부가 인간학에 속할 수 있다고 말하고 있다. Kant, *Logik*, 바이셰델판 VI권, 448쪽.

2) *Kritik der reinen Vernunft*, B 395 각주.

관계를 통하여 종교 문제에 접근하고 있는 것이 칸트의 종교철학의 근본 특징이다. 칸트의 이러한 접근 방식은 도덕과 종교의 관계를 해명하려는 철학적 시도들 중에서 하나의 독특한 전형을 보여준다. 무엇보다도 칸트는 진정한 종교란 그 근본에 있어서 도덕의 핵심적인 요소를 간직하고 있는 것이어야 한다고 생각한다. 칸트가 그의 『종교론』에서 다른 종교에 비해 기독교를 높이 평가하는 기준도 바로 종교가 갖는 도덕성에 대한 그의 견해로부터 정당화된다. 물론 이러한 사고방식을 단순히 그의 도덕 이론과의 직접적인 연관성에서만 고려해야 하는 것은 아니다. 오히려 그 반대로 그의 도덕적 견해뿐만이 아니라 그의 종교적 견해도 당시 루터교(Lutheranism)와 경건주의(Pietism)의 영향을 받고 있다는 점에서 이미 도덕과 종교에 대한 그의 정신의 한 단면을 감지할 수 있다.3) 그러나 루소와 더불어 칸트가 자연 종교에 있어서 도덕을 강조한 최초의 근대인은 아니지만 그들은 계몽 시대의 비판정신을 쫓아서 수용 가능한 방식으로 기독교를 자연 종교의 형태로 만들려고 시도한 점에서는 최초의 근대인이라 부를 수 있다.4) 그 결과 칸트가 마침내 비판철학의 세례를 받아 자신의 종교철학적 견해를 집약시켜 놓은 『종교론』에서 제시한 이성종교 또는 도덕종교는 "전통적인 종교적 주제들을 실천이성의 새로운 발견법에 따라서 해석함으로써, 기독교, 그의 경건주의적 유산 및 계몽 정신을 조화시키고자 하며, 그에

---

3) Bernard M. G. Reardon, *Kant as Philosophical Theologian*, Macmillan Press, 1988, 1-23쪽 및 제2부.

4) Vincent A. McCarthy, "Christus as Chrestus in Rousseau and Kant", in *Kant-Studien* 73, 1982, 192쪽 참조.

따라서 모든 교설들은 도덕적으로 해석되고 있다."5)

이와 같이 전통적인 종교론과 달리 칸트는 종교의 문제를 이성적 및 도덕적 맥락에서 접근하고 있다. 다음과 같은 거의 고백에 가까운 칸트의 확신은 이러한 자세를 극명하게 보여준다.

도덕적 규칙들이 동시에 나의 준칙이기 때문에 (이성이 그렇게 하기를 명령하기 때문인 것처럼) 나는 필연적으로 신의 현존과 하나의 내세적 삶을 믿게 된다. 그리고 나에게 아무런 것도 이 신앙을 흔들리게 할 수 없다는 것을 확신한다. 왜냐하면 만약 이 신앙이 흔들린다면 나 자신이 혐오스럽게 느끼지 않고서는 그에 반대할 수 없는 나의 도덕적 원칙들 자체가 무너지기 때문이다.6)

이러한 맥락에서 문제 해결의 관건이 되는 중요한 주제가 바로 도덕을 기초로 한 종교 문제의 중심에 놓여 있는 신 존재 문제이다. 칸트는 도덕과 종교의 관계의 중심에 놓여 있는 신 존재 문제를 『순수이성비판』과 『실천이성비판』에서 그 이론적 및 실천적 근거들을 점검한 다음, 『종교론』에서 본격적으로 취급한다. 좀더 적극적으로 표현한다면, 칸트의 전 철학 체계를 고려해 볼 때, 신 존재와 관련한 종교철학의 주제는 동시에 칸트의 전 철학의 주제라고까지 말할 수 있다.7) 그러나 이 장에서 보이

5) Vincent A. McCarthy, "Christus as Chrestus in Rousseau and Kant", 197쪽.
6) *Kritik der reinen Vernunft*, B 856.
7) G. Picht, *Kants Religionsphilosophie*, Stuttgart: Klett-Cotta, 1985, 1-2쪽.

려는 도덕적 신앙의 확신을 위한 칸트의 신 존재 증명 방식은 엄밀한 의미에서 증명이 아니라 논증의 성격을 갖는다. 칸트는 신 존재의 사실성을 증명하려 하지 않았을 뿐만 아니라 그것은 불가능한 것으로 이해한다. 칸트의 증명은 모든 경우에 도덕적 신앙의 옹호와 관련한 요청으로서의 의미를 벗어나지 않는다. 그런 점에서 그것은 증명이 아니라 하나의 논증이다. 이러한 의미의 신 존재 증명이 칸트의 주저들에서 어떻게 제시되고 있는지를 고찰하려는 것이 이 글의 목적이다.

3. 전비판기의 신 존재 증명의 음미

자유와 영혼의 문제와 마찬가지로 종교철학의 근본 개념인 신의 존재 또한 칸트의 이론철학이 그어놓은 한계 밖에 놓여 있는 대상이다. 즉, 그 존재를 경험적으로나 논리적으로나 증명할 수 없다는 것이 『순수이성비판』에서의 칸트의 결론이었음은 주지의 사실이다. 그러나 종교철학의 주제인 신 존재에 대한 칸트의 견해는 이 문제를 본격적으로 비판철학적 차원에서 이론적으로 검토하고 있는 『순수이성비판』 이전에도 이미 중요한 관심사로 다루어지고 있다. 그리고 적지 않은 부분들이 그대로 비판철학적 입장과 조화를 이루거나 수용되어 있음을 보여준다. 즉, 비판철학적 테두리에서 검토되고 있는 것은 아니지만, 이의 전조를 보여주는 주장들은 초기 저술에서부터 등장한다. 특히 1755년에 출판된 『보편적 자연사』에서 칸트는 신과 자연의 관계를 언급하면서 무신론자나 자연주의자들의 반대편에 서서 유신론적 철학자들의 주장을 옹호하면서 동시에 후자의 논변들이 지니는 약점을 보완하려는 태도를 취한다. 이 저술에서 칸트는 "신은 그를 우연의 원천으로 여기는 사고에서보다는 그를 자립적이고 자기 안에서 자족하는 자연의 창조자라 여기는 형이상학적 이성의 사고에서 더 견고하고 확실한 위치를 차지하게 된다"8)고 생각한다. 여기에서 우리는 칸트가 종교의 최고의 진리인 신을 이성 일반의 최고의 대변자로, 즉 신을 가장 이성적인 존재자로 파악함으로써 이성에 대한 믿음에 기초를 두는 그의 철학적 종교론에 부합하는 논지를 개진하고 있음을 발견하게 된다.

더 나아가 이처럼 '신적 진리'를 순수이성의 영역에서 찾고자 하는 칸트의 문제의식은 후에 그가 비판철학적 사고로 이행해 갈 때도 여전히 견지되고 있는 특징 중의 하나이다. 그러나 아직까지 칸트는 신 문제를 집중적으로 다루지는 않고 있으며, 다만 이를 감성의 세계로서의 자연이 보여주는 보편적 법칙에 대한 해명의 차원에서 주로 세계에 대해서 갖는 신의 지위에 관심을 기울인다. 따라서 칸트의 종교철학의 근본 문제로서의 신 존재에 대한 칸트의 더욱 세련된 주장은 그 이후에 등장하게 된다.

칸트의 이러한 사고는 1763년에 쓰인 『신 존재 증명』에서 더욱 주제적으로 다루어지게 된다. 이 저술에서 칸트가 문제 삼고 있는 주제는 사물의 모든 가능성 전체를 포섭하는 최고 존재자로서의 신 존재 증명에 관한 것이다. 칸트는 여기서 그 당시에 형이상학자들이 신 존재를 증명하던 세 가지 방식들을 검토하면

---

8) F. 카울바하, 백종현 옮김, 『칸트 비판철학의 형성과정과 체계』, 서울: 서광사, 1992, 46쪽.

서 자신의 결론에 도달한다. 그 세 가지 방식이란 신 존재의 존재론적 증명, 우주론적 증명, 자연신학적 증명이다. 칸트에 따르면, 우주론적 증명은 세계의 존재로부터 그것의 최고 원인으로서의 신의 존재를 추론해 내기 때문에 이 증명은 사고와 존재의 대립을 해명하지 못하고 단순히 뛰어넘어 버리며, 따라서 비록 세계가 현실적으로 존재함에도 불구하고 그 실재성 여부는 확인할 수가 없게 된다. 그리고 존재론적 증명도 신의 개념을 가장 완전한 존재로 규정해 놓은 다음 신 존재의 필연성을 부여하므로 사고와 실재 사이의 한계를 뛰어넘어 버린다. 그리고 우리를 둘러싸고 있는 직접적인 자연 경험에 속하는 세계의 미와 질서로부터 세계 창조자를 논증하는 호소력 있는 방식 때문에 칸트가 가장 호감을 갖고 칭찬을 아끼지 않는 자연신학적 증명 또한 그 형식에서 완전성이나 조화, 미 따위를 우연적인 것으로 돌려 버리기 때문에 "수학적 확실성"9)과 같은 것을 신 존재 증명에서 구하고자 하는 자신의 철학적 사고에는 어울리지 않는다고 단언한다. 결국 칸트가 여기서 옹호하는 신 존재 증명의 유일 가능한 논거는 개개 사물의 내적 가능성을 결과로 하여 그 가능성의 근거로서의 신의 존재를 증명하는 방식이라고 결론짓는다. 즉, "모든 가능성은 그것 안에서 그리고 그것에 의해서 모든 사고가 이루어지는 어떤 현존하는 것을 전제로 하며"10) 또 "만일 사물의 내적 가능성이 어떤 존재를 전제하지 않는다면, 그것은

---

9) Kant, *Der einzig mögliche Beweisgrund zu einer Demonstration des Daseins Gottes*, 바이셰델판 II권, 729쪽. 이하 *Der einzig mögliche Beweisgrund*.
10) *Der einzig mögliche Beweisgrund*, 643쪽.

우연적인 것이 되므로,"[11] 모든 개개의 사물의 본질이 현존하는 것이 되기 위해서는 반드시 그것을 가능하게 하는 존재자 중의 존재자로서의 신이 필연적으로 존재해야만 한다는 것이다. 그러나 아직도 이 시기의 칸트가 옹호하는 견해는 존재론적 신 존재 증명에 의존하고 있는 것을 엿볼 수 있다. 즉, 이성을 통하여 현실 속에서 그 가능성의 실현을 파악할 수 있는 신의 존재를 인정하고 있던 시기였다고 하겠다. 칸트가 신의 이념이 그 가능 근거로서의 최고의 존재자를 생각하도록 만들어준다 할지라도 곧 그것이 신의 현실을 포함하고 있지는 못하다는 것을 분명하게 해둔 것은 『순수이성비판』에 와서의 일이다.

4. 비판기의 신 존재 증명의 음미

『순수이성비판』에서의 신 문제는 형이상학적 이성의 변증적 가상을 해소하는 '선험적 변증론'의 선험적 신학 부분에 이르러서야 마침내 이성비판의 시각 위에서 다루어지게 된다. 초기의 저술에서 칸트는 합리적 신학의 원리들을 다루면서 세계에 대한 신의 지위에 대해서 주로 관심을 기울였으나, 이제는 그런 신의 존재가 비판철학적으로 검토되기에 이른다. 그러나 우리는 이 양자를 상호 배치되거나 거부되는 관계로가 아니라 자신의 이전의 단초들을 더욱 발전시키고 있는 관계로 이해해야 한다. 왜냐하면 이러한 관계를 단적으로 우리는 『신 존재 증명』과 『순수이성비판』의 선험적 변증론에 담겨 있는 신학에 대한 그의 구

---

11) *Der einzig mögliche Beweisgrund*, 644쪽.

분법을 통해서 간접적으로 엿볼 수 있으며, 내용면에서도 이들 각 신학의 신 존재 증명 방식에 대한 비판적 검토는 한결같이 인간 이성이 갖는 지위를 문제 삼고 신 문제에 대한 기존의 왜곡된 형이상학적 주장들을 새롭게 조명하려는 의지를 담고 있기 때문이다.

변증론의 선험적 신학 부분에서의 신 존재 증명에 대한 비판적 고찰은『신 존재 증명』에서 들고 있는 당대의 전통적인 신 존재 증명의 세 가지 방식에 대한 고찰과 궤를 같이 한다. 그러나 이 양자 간의 연관성을 우리는 그의 사후에 최초로 출간된 강의록 중의 하나인『종교학 강의(*Vorlesungen über die philosophische Religionslehre*)』(1817, 1830)를 통해 확인해 볼 수 있다. 비록 이 강의록이 적어도『순수이성비판』(1781)과『도덕형이상학 정초』(1785) 사이에 이루어진 것으로, 좀더 정확하게는『프롤레고메나』(1783)가 출판되던 해와 비슷한 시기인 1783년에서 1784년 겨울 학기의 것으로 추정되지만,[12] 이것은 칸트가 '종교 및 그 원리인 신학'의 문제들을 다루는 그의 철학적 종교론의 시각에서 신의 존재 문제를 아주 체계적으로 다루어 놓고 있다는 점에서 그의 여타의 저술들에서 보여준 논의들의 일관된 흐름을 읽게 해준다.

『종교학 강의』에서 칸트는 신학을 "자연의 현상을 설명하기 위한 것이 아니라 자연의 법칙을 통찰하고, 누가 자연의 법칙을 견고하게 확립했으며, 그것의 작용을 제한하고 있는가를 물어, 신이 바로 이성과 자연의 모든 것에 대한 최상의 원인임을 알아

---

12) *Lectures on philosophical theology*, 14-15쪽.

내는 것"13)으로서의 "최고 존재자에 대한 우리의 인식 체계"14)
로 정의한다. 이러한 정의를 통해 칸트가 의도하는 것은 이를
단순히 사물을 조화나 통일과 상관없이 다른 사물과 나란히 나
열해 놓은 것으로 이루어진 집합체를 뜻하는 일상적 지식과 구
별하면서, 신에 대한 인식 체계란 신에 대한 모든 가능한 인식
의 총체를 가리키는 것이 아니라, 단지 인간 이성이 신의 존재
와 마주치는 것만을 가리키는 것으로 파악하려는 데 있다. 이러
한 이유에서 칸트는 신학을 우선 서로 대별되는 경험신학과 이
성신학으로 구분하고, 자신의 철학적 신학관에 맞추어 이성신학
만을 가능한 신학의 범주에 들어가는 것으로 규정한다. 칸트는
이성신학과 관련한 신학에 대한 가능한 몇 가지 구분을 시도해
본 다음, 최종적으로 이성신학을 선험적 신학 혹은 사변신학과
도덕신학으로 구분하고, 전자를 다시 존재신학, 우주신학, 자연
신학으로 분류한다. 이러한 분류법은 결과적으로『신 존재 증명』
과『순수이성비판』에서 칸트가 의존하고 있는 것에 부합한다.
그리고『종교학 강의』는 적어도 신 문제에 관한 칸트의 논의에
있어서 결코 전비판기의 사고가 비판철학의 확립 이후의 그것과
무관하지 않음을 보여준다. 그것은 특히 칸트가 신의 존재 문제
를 인간 이성의 문제와 관련하여 문제 삼을 때 더욱 분명해진
다.

　그러나『순수이성비판』의 이성비판을 통해서 이제 선험적 신
학의 오류가 구체적으로 다루어진다. 여기서는 이전에 세계에

---

13) *Lectures on philosophical theology*, 25쪽.
14) *Lectures on philosophical theology*, 23쪽.

대해서 신의 존재 자체가 가장 이성적인 존재자로 파악되던 방식에서 신의 존재에 대해서 인간 이성 자체가 갖는 지위를 이성 비판의 차원에서 본격적으로 문제 삼는 방식으로 전환된다. 그렇게 함으로써 장차 『실천이성비판』을 거쳐서 『종교론』에 이르러 인간에게 신이란 진정으로 어떤 의미를 갖는가 하는 종교철학의 주제들을 위한 이론적 기초가 마련된다.

『순수이성비판』의 '선험적 변증론'에서 칸트는 선험적 신학의 문제를 '순수이성의 이상' 또는 '선험적 이상'에 대한 논의로부터 시작한다. 그러나 이에 앞서 신은 선험적 이념 중의 하나라는 것이 밝혀져 있다. 순수오성 개념 혹은 범주와 대비되는 순수이성 개념 혹은 선험적 이념은 오성의 모든 개별적이고 제약하에 놓여 있는 조건들을 포괄하는 가능한 경험의 영역을 넘어서 있는 무제약자를 추구하려는 인간 이성의 본성에서 불가피하게 발생한다. 그런데 문제는 이성은 인식 가능한 영역인 경험의 한계를 망각하고 초경험적인 무제약자를 마치 객관적으로 실재하는 대상인 양 착각한다는 것이다. 칸트는 이러한 이성의 본성으로 인해서 필연적으로 야기되는 오류를 선험적 가상(transzendentaler Schein)이라 부른다. 그리고 이렇게 인식 불가능한 무제약자를 현실적으로 존재하는 것으로 추구하는 순수이성이야말로 선험적 이념들을 오류에 빠지게 하는 "선험적 가상의 소재지(所在地)"[15]이다. 선험적 변증론은 바로 이 가상을 폭로하여 이성의 올바른 사용에 입각한 엄밀한 학으로서의 형이상학의 정초를 위한 예비적인 고찰인 셈이다.

---

15) *Kritik der reinen Vernunft*, B 355.

이를 위해 먼저 칸트는 감성적 직관에 주어지지 않는 것마저 인식하려는 이성의 능력을 오성과 대비적으로 고찰한다. 먼저 "오성이 규칙에 의하여 현상을 통일하는 능력이라면, 이성은 오성의 여러 규칙들을 원리의 밑에 통일하는 능력이다."[16] 즉, 오성은 "규칙의 능력"이며, 이성은 "원리의 능력(das Vermögen der Prinzipien)"이다.[17] 이 말은 곧 이성은 오성처럼 경험이나 경험 가능한 대상과 직접적으로 관계를 맺는 것이 아니라, 개념에 의해서 오성의 다양한 인식에 선천적 통일성을 부여하기 위하여 오성에 관계를 가지는데, 통일을 추구하는 이성 자신의 본성과 능력에서 기인하는 것임을 뜻한다. 그러므로 오성이 가능한 경험의 대상에 대한 판단의 능력임에 반해서 이성은 이 오성에 의한 판단을 간접적으로 통일하고 체계화하는 추리의 능력을 갖는다. 이러한 오성의 작용을 통일하고 통제하는 것이 바로 이성의 규제적 사용이다. 이성의 이러한 사용은 정당한 것이지만, 감성적 직관에 포착되지 않는 대상을 이성 자신이 구성하려는 것은 그릇된 것으로서 칸트는 이러한 이성의 쓰임을 이성의 구성적 사용이라 부른다.[18] 이처럼 추리의 능력으로서의 이성은 감성의 한계를 넘어서까지 무제약자를 추구하게 되는데, 칸트는 전통적 논리학의 추리론에 따라 추리를 정언적 추리, 가언적 추리 및 선언적 추리로 분류하여 그 각각에 세 종류의 무제약자를 상정하고 있다. 동시에 그에 대응하는 어떠한 직관의 대상도 주어져 있지 않은 이들 무제약자들의 구체적 명칭을 일러 "이성

---

16) *Kritik der reinen Vernunft*, B 359.
17) *Kritik der reinen Vernunft*, B 356.
18) *Kritik der reinen Vernunft*, B 672.

추리의 형식을 범주의 예에 따라서 직관의 종합적 통일에 적용하면 그 형식이 특수한 선천적 개념의 근원을 포함하게 되는 순수이성 개념 또는 선험적 이념"[19]이라 부른다. 이들 이념은 경험 중에서는 발견할 수 없는 인식의 한계 너머에 있는 단지 이성의 선천적 개념에 불과함에도, 마치 객관적인 실재로서 인식 가능한 양 취급해 버리는 데서 전통적인 형이상학의 오류가 발생하게 된다. 그렇지만 이 오류는 이성 자신의 본성에서 불가피하게 발생하는데, 선험적 가상은 바로 이를 두고 부여한 명칭이다. 따라서 이성 추리의 분류에 따라 각 계열의 무제약자를 추구해 가다 보면 도달하게 되는 선험적 이념에는 세 종류가 있듯이, 이 각각에서 생기는 오류에 해당하는 세 종류의 선험적 가상이 있다. 첫째, 선험적 심리학의 대상이 되는 사고 주관의 절대적(무제약적) 통일(영혼)로서의 선험적 이념에는 선험적 오류추리, 둘째, 선험적 우주론의 대상이 되는 현상의 제약의 계열의 절대적 통일(세계)로서의 선험적 이념에는 순수이성의 이율배반, 끝으로 선험적 신학의 대상이 되는 사고 일반의 모든 대상의 제약의 절대적 통일로서의 선험적 이념에는 순수이성의 이상이 그것이다. 이 가상의 정체를 폭로하여 선험적 이념이 갖는 타당한 지위를 귀속시키려는 것이 바로 선험적 변증론이 주제로 삼고 있는 이성비판의 기본 목표이다.[20]

칸트가 『보편적 자연사』와 『신 존재 증명』 등 초기 저술에서 보여준 이성신학의 원리에 대한 본격적인 비판적 검토가 이러한

---

19) *Kritik der reinen Vernunft*, B 378.
20) *Kritik der reinen Vernunft*, B 390-398.

선험적 신학의 문제에서 이루어지기 시작한다. 칸트에 의하면, 신이라는 선험적 이념 자체는 인간 이성의 본성상 불가피하고 필연적인 것이다. 그것은 선언적 이성 추리를 쫓아서 이성이 무제약자를 추구하게 될 때, 모든 개념의 분류를 가능하게 하고 모든 것을 포괄하는 사고 일반의 절대적 통일로서 상정하게 되는 바의 것이다. 그러나 이 이념은 그것이 "단지 이념에 불과한 것이기 때문에 그것과 일치하게 주어질 수 있는 그 어떤 객관과 전혀 관계가 없는 것"21)으로서 오로지 규제적으로만 사용되어야 할 주관적 원리에 불과함에도 불구하고, 이를 구성적으로 사용하게 될 때, 즉 객관적으로 실재하는 대상으로 실체화되는 순간에 이 이념은 선험적 가상으로 등장하게 된다. 칸트는 이 모든 존재자 중의 존재자로서의 신에 대한 선험적 가상을 "순수이성의 이상(Ideal der reinen Vernunft)"이라 부른다.22)

『종교학 강의』에서 칸트는 이념(Idee)과 이상(Ideal)을 구별하여 "이념은 추상적인 하나의 보편적 규칙이며, 반면에 이상은 내가 이 보편적 규칙에 귀속시키는 하나의 개별적인 경우이다"23)라고 정의내리고 있다. 말하자면 이상은 이념으로서의 존재를 현실적으로 실재하는 존재로 실체화시켜 버리는 것을 이른다. 즉, 인간의 이성은 자신이 그것에 따라서 무엇을 결정하는 데 사용할 수 있는 표준으로서 가장 완전한 것에 대한 이념을 필요로 하는데, 칸트는 이 이념을 일러 "그 자신의 실재와는 무관하게 이런저런 상황에서 더 낮고 높은 등급의 표준으로 요구

---

21) *Kritik der reinen Vernunft*, B 393.
22) *Kritik der reinen Vernunft*, A 567/B 595.
23) *Lectures on philosophical theology*, 22쪽.

되는 개념"24)이라 규정하고, 인간은 이성의 욕구에 따라서 가장 완전한 이념을 필요로 하게 되고, "이 이념을 실체화시켜 더 추구해 보면, 우리는 이 근원적 존재자를, 단지 최고의 실재성이라는 개념에 의해서 하나의 유일하고 단순하고 자족적이고 영원한 존재자, 즉 한 마디로 말해서 기타 모든 술어에 의해서 무제약적 완전성을 갖는 존재자로 규정할 수 있으며",25) 이와 같은 최고 존재자의 개념이 바로 칸트가 말하는 선험적 의미에서의 신의 개념이다. 칸트에 의하면, 우리의 이성은 확실히 신의 존재 혹은 비존재를 직접적으로 증명할 수는 없지만, 그러나 인간 이성의 본성상 가장 실재적인 존재자를 모든 사물의 가능성의 근거로서, 즉 "순수이성의 이상"으로서 상정하는 것은 사변이성의 "필연적 가정"26)이라는 것이다.

칸트의 선험적 신학의 중심 내용은 바로 "단지 하나의 표상에 지나지 않는"27) 최고 존재자의 존재, 가장 실재적인 존재자로 실체화된 이상(理想)의 정체를 밝히는 대목이다. 소위 '신의 존재를 추리하는 사변이성의 논거', 즉 '사변이성에 의한 신 존재 증명 방식'에 관한 비판적 고찰이 그것이다. 칸트는 신 존재를 추리하는 인간 이성의 자연적 진행에 대해서 다음과 같이 요약한다.

인간의 이성은 첫째로 그 어떤 필연적 존재자의 현존재를 확

---

24) *Lectures on philosophical theology*, 21쪽.
25) *Kritik der reinen Vernunft*, B 608.
26) *Lectures on philosophical theology*, 80쪽.
27) *Kritik der reinen Vernunft*, B 611 각주.

신한다. 이성은 이 필연적 존재자에게서 무제약적 실존을 인식한다. 이성은 여기서 모든 제약에 의존하지 않는 독립적 개념을 찾으며, 그것을 모든 다른 것에 대한 충분한 제약, 즉 모든 실재성을 내포한 것 속에서 발견한다. 그러나 무제한적인 전체는 절대적 통일이며, 그리고 유일한 존재자, 즉 최고의 존재자라는 개념을 갖는다. 그래서 이성은 만물의 근원인 최고 존재자가 절대 필연적으로 존재한다고 추리한다.28)

그리고 사변이성의 이러한 진행 방향을 따라 이루어지는 신존재 증명 방식에는 다음의 세 종류만이 있다고 칸트는 주장한다. 이러한 칸트의 사고는 앞서 언급한 바와 같이 대체로 이성비판 이전 시기에 행한 이성신학적 논변들과 궤를 같이 한다.

이 의도에서 (사변적 이성에 의한 신의 현존재를 증명하려는) 취해진 모든 길은 특정한 경험과 이 경험을 통하여 인식된 우리의 감성계의 특수한 성질에서 출발하여, 여기서 인과성의 법칙에 따라서 이 세계 밖에 있는 최고의 원인에 거슬러 올라가는 것이거나, 다만 막연한 경험, 즉 그 어떤 존재를 경험적 기초로 삼거나, 모든 경험을 사상하고 최고 원인의 존재를 한갓 개념에서만 선천적으로 추리하거나이다. 첫째가 자연신학적 증명(der phys-ikotheologische Beweis)이고, 둘째가 우주론적 증명(der kosmo-logische Beweis)이며, 셋째가 존재론적 증명(der ontologische Beweis)이다. 그 이상의 증명은 있지 않으며, 또 그 이상 있을 수도 없다.29)

28) *Kritik der reinen Vernunft*, B 614-615.
29) *Kritik der reinen Vernunft*, B 618-619.

이들 세 증명은 모두 가장 완전한 존재자라는 개념에 입각하여 존재론적 증명은 우리의 이성으로부터, 우주론적 증명은 현상의 피제약성으로부터, 자연신학적 증명은 현상의 합목적성으로부터 신의 존재를 도출해 낸다. 이 중 존재론적 증명은 오직 신의 개념에 의해서만 그 존재를 논증하는 방식을 취한다. 즉 우리의 이성은 가장 완전한 존재자로서의 신의 개념을 요구하고, 동시에 이 가장 완전한 존재자라는 개념에서 그런 존재자가 필연적으로 존재함이 추론된다. 왜냐하면 그 자신 존재를 갖지 않는 신이라 함은 신이라는 개념에 모순되므로 신은 가장 완전한 존재자로서 현실적으로도 존재해야 하기 때문이라는 것이다. 그리고 우주론적 증명은 자연의 경험 가능한 현상의 세계로부터 출발한다. 세계 내의 모든 것은 선행 원인에 의해서 제약되어 있기 때문에 그 자체가 무제약적인 궁극적 원인이 존재해야 하고, 이 무제약적 필연성으로부터 여타의 현실적으로 실재하는 것들이 존재할 수 있게 된다는 것이다. 이러한 궁극적인 원인으로 생각할 수 있는 존재자는 신뿐이므로 신은 존재한다는 것이다. 끝으로 자연신학적 증명은 자연의 조화와 질서가 보여주는 합목적성의 경험에서 출발하여 이러한 징표들은 세계 내의 사물들과는 전혀 무관한 것이어서 자연의 작용만으로는 설명할 수 없으므로 명백히 최고의 지혜를 가진 자의 의도가 표현되어 있는 것이며, 따라서 세계의 근저에 예지적인 세계 창조자로서의 신이 존재해야 함을 도출한다.

이상의 세 가지 증명은 공히 가장 완전한 존재자의 개념과 사물의 존재와의 필연적인 관계를 논리적으로 입증하려는 방식을 취하고 있다. 그러나 이에 대한 칸트의 비판의 요지는 존재는 결코 논리적으로 파악될 수 있는 개념의 징표가 아님에도 불구하고 이들 증명은 논리적인 비약을 저지르고 있다는 것이다. 그것이 가능하려면 양자 간을 연결할 수 있는 직관적인 내용이 개입해야 하지만, 신의 존재는 결코 우리의 직관에 주어지는 그런 존재가 아닌 다만 순수이성 개념에 지나지 않는다는 것이다. 그러므로 이것의 가능성에 기초해 있는 선험적 신학 내지는 사변신학은 신의 존재를 증명할 수 있는 올바른 방도가 되지 못한다는 것이다.

이와 같은 신 존재 증명 방식에 대한 비판을 통하여 칸트가 주장하는 것은 신 존재 가능성에 대한 인식은 인간의 이성 능력을 넘어서 있기 때문에 우리는 신 존재의 가능성도 불가능성도 선천적으로 증명할 수 없다는 것이다. 곧 사변적 이성은 가장 실재적인 존재자에 대해서 '종합판단'을 형성할 수가 없기 때문에, 신 존재에 대한 선천적인 증명의 가능성을 무비판적으로 주장하는 것도, 신의 존재 가능성을 단적으로 부정하는 것도 이성의 권위에 지나지 않으며, 따라서 독단적인 유신론이든 독단적인 무신론이든 똑같이 오류를 범한다는 것을 의미한다.

그러므로 신학을 "근원적 존재자(Urwesen)의 인식"[30]으로 이해하는 칸트는 "어쩔 수 없이 일련의, 가장 완전한 그리고 이성적인 근원적 존재자로 이끄는 사변신학"[31]에서는 사변이성에 입각한 이들 각각의 증명이 불가능하다는 것을 보여줌으로써, 이성신학이 걸어갈 진정한 방도를 위한 이론적 초석을 다져 놓

---

30) *Kritik der reinen Vernunft*, A 631/B 659.
31) *Kritik der reinen Vernunft*, B 842.

게 된다. 말하자면 칸트의 진정한 목표는 신학 자체를 파괴하려는 데 있는 것이 아니라 저러한 독단적 신학을 비판적 신학으로 대체하려는 데 있었다.[32] 그것은 곧 아직 그 가능성이 열려 있는 도덕신학에로의 길을 터놓기 위한 예비적인 작업으로서의 성격 또한 갖는다. 다음과 같은 글은 칸트의 생각을 아주 잘 드러내 준다.

여기서 내가 주장하는 바는 신학에 관해서 이성을 단지 사변적으로만 사용하려고 하는 모든 시도는 전연 아무런 성과도 거둘 수 없으며, 그러한 시도의 내적인 성질로 보아 무의미하다는 것, 그러나 이성의 자연적 사용의 원리들은 전연 어떠한 신학으로 이끌어 가지 못하고, 따라서 도덕법칙에 근거를 두지 않고서는, 또는 그 지도를 받지 않고서는 결코 이성신학은 존재할 수 없다는 것을 주장한다. 그 이유는 오성의 모든 종합적 원칙은 경험 내부에서만 사용되는 것이고, 최고 존재자의 인식을 위해서는 이성의 초험적 사용이 요구된다. 그러나 우리의 오성에는 그러한 초험적 능력이 갖추어져 있지 않다.[33]

이러한 이성적 도덕신학은 칸트에 의하면 세계와 자연에 대한 우리의 표상을 전체에서 종결짓고, 자연신학과 선험적 신학을 포함하여 자연의 합목적적인 통일성에 대한 우리의 자연 탐구에 모든 목적들의 체계적 통일로 향하는 방향을 제시한다. 그러나 이 도덕신학은 어떠한 이론적 인식도 아니며, 주관적 확실

---

32) A. Wood, *Kant's Rational Theology*, Ithaca and London: Cornell University Press, 1978, 17쪽 참조.
33) *Kritik der reinen Vernunft*, B 664.

성을 가지나 어떠한 객관적 지식도 포함할 수 없는 실천적 이성 신앙이다. 이 이성신앙의 근거는 도덕법칙의 확실성이지 신 존재의 이론적 인식이 아니다. 그러므로 우리는 도덕법칙에 기초한 최고선의 실현을 그 종교적 가능성에서 도모하지 않으면 안 된다. 이러한 맥락에서 이루어지는 칸트의 도덕적 신 존재 증명은 그의 주요 저작들을 중심으로 크게 세 가지로 구분할 수 있다. 그 각각에 제1, 제2, 제3 도덕적 증명이라는 명칭을 부여하여 살펴보자.

5. 제1 도덕적 증명

제1 증명의 대강은 최고선을 매개로 한 실천이성의 이율배반 및 요청의 문제와 직접적으로 상관한다. 『순수이성비판』에서의 신 존재의 인식 불가능성은 감성론에서 감성적 직관의 의의를 언급할 때 이미 예정되었던 사실이었다. 인식 주관에 감각적으로 주어지는 것만을 인식할 수 있는 우리의 인식의 한계가 이론적 인식의 가능성과 범위를 결정지어 놓았던 것이다. 그러나 이론이성과는 달리 실천이성은 이렇게 외부로부터 감각적으로 주어진 것에 의존하는 것이 아니라, 이성 자신이 스스로 제시한 것과 관계를 맺는다. 바로 이성적 존재자의 주관에 주어져 있어 이성 자신이 선천적으로 인식하기만 하면 되는 '도덕법칙'이 그것이다. 칸트는 이것을 "순수이성의 사실(Faktum)"[34]로 파악했다. 우리는 이를 간접적으로 『실천이성비판』의 체계를 통해서

---

34) *Kritik der praktischen Vernunft*, 161쪽.

엿볼 수가 있다.

『순수이성비판』에서는 감성론에서부터 분석론으로, 즉 감관들로부터 출발하여 원칙들로 나아가는 데 반하여 『실천이성비판』에서는 원칙들에서 출발하여 개념들로 나아가고, 또 이 개념들을 다룬 후에야 비로소 감관들과 연관을 문제 삼는 방식을 취한다.[35] 그러나 무엇보다 이 사실로서의 도덕법칙은 자유와의 연관하에서 그 존재근거를 보장받는다. 왜냐하면 자유를 고려하지 않은 도덕법칙의 전제는 근거 없는 독단적인 전제가 되고 말기 때문이다. 양자 간의 이러한 관계를 일러 칸트는 "자유는 도덕법칙의 존재근거이며, 도덕법칙은 자유의 인식근거이다"[36]라고 말해 두고 있다. 칸트가 영혼의 불멸을 포함해 신의 존재에 적극적으로 그 객관적 실재성을 부여하게 되는 것은 바로 이 '도덕법칙의 존재근거로서의 자유'와 '자유의 인식근거로서의 도덕법칙'의 연관을 파악함으로써이다. 그러므로 이러한 연관하에서 칸트는 자유의 개념을 사변이성의 체계를 망라해서 "순수이성의 전 체계의 요석(要石, Schlußstein)"[37]으로 파악하고 있다.

나아가 칸트의 방식을 따라 자유의 문제를 통하여 이론이성과 실천이성 모두의 공통된 관심사와 체계적 연관을 파악해 두는 것이 이성비판 일반의 우선적인 과제이자 핵심이 된다. 그렇게 함으로써 동시에 우리는 먼저 『실천이성비판』에서 이루어지는 신의 존재 규명에 접근해 갈 수가 있다. 『순수이성비판』에서의 자유는 선험적 이념으로서의 자유, 즉 선험적 자유였다. 이

---

35) *Kritik der praktischen Vernunft*, 121쪽.
36) *Kritik der praktischen Vernunft*, 108쪽 각주
37) *Kritik der praktischen Vernunft*, 107쪽.

는 "그 인과성이 자연법칙에 따라서 시간적으로 규정하는 다른 원인에 다시 종속되지 않는 그런 상태를 스스로 시작하는 능력",38) 즉 시간에서의 시작이 아닌 "자연법칙에 따라서 진행하는 현상의 계열을 자기 스스로 시작하는 원인의 절대적 자발성"39)을 뜻한다. 그런데 자유가 이러한 수준에만 머물러 있으면, 이는 사변이성이 인과성의 개념을 사용할 때 이율배반에 빠지지 않고자 필요로 했던 '시간 제약성과 자연 필연성을 넘어서는 부정적인 한계지음'이라는 소극적인 의미만을 갖고 만다. 그런데 이제 이 자유가 인간의 실천적 행위와 관련해서는 적극적인 의미를 갖게 된다. 실천이성은 이론적 한계지음으로서의 선험적 자유를 넘어서 실천적 행위에 있어서는 감성적 충동의 제약에 의존하지 않고서 자신의 행위를 스스로 규정(결단)하는 능력이 있음을 인식하게 된다. 이것이 바로 "감성의 충동에 의한 강제로부터의 의지의 독립성"40)이라는 실천적 자유의 의미이다. 그러나 이때 실천적 자유를 우리는 직접적으로 의식할 수 없다. 우리가 이 자유를 의식할 수 있는 것은 도덕법칙을 통해서이다. 즉, 도덕법칙이 우리에게 "자유의 이념을 알려주기"41) 때문이며, "최초로 자유를 깨닫게 해주기"42) 때문이다. 또 반대로 이 자유가 있음으로 해서 도덕법칙의 존재가 우리에게 인식될 수가 있는 것이다. 즉, 도덕법칙이 요구하는 행위 자체가 자유가 없

---

38) *Kritik der reinen Vernunft*, A 533/B 561.
39) *Kritik der reinen Vernunft*, B 474.
40) *Kritik der reinen Vernunft*, B 562.
41) *Kritik der praktischen Vernunft*, 108쪽.
42) *Kritik der praktischen Vernunft*, 108쪽 각주

다면 무의미한 것으로 되고 만다. 그 때문에 『실천이성비판』이 첫 번째 과제로 삼고 있는 것이 바로 칸트가 '자유의 원인성' 또는 '자유에서의 인과성'이라 부르는 실천적 행위의 주체이자 그 원인으로서의 의지(실천이성)의 규정 근거에 대한 문제이다. 왜냐하면 의지의 객관적이고 보편타당한 규정 근거로서의 도덕법칙을 다루는 가운데에서 비로소 『순수이성비판』에서 그것의 경험적인 제시를 할 수 없었던 자유가 인간의 의지에 속해 있다는 것을 증명하는 근거들을 발견하게 되고, 또 경험적으로 제약된 이론이성이 아니라 무제약적으로 타당하기를 요구하는 실천이성의 법칙들이 확인될 수 있기 때문이다. 이처럼 자유를 매개로 해서 도덕법칙의 존재를 밝힌 후에야 비로소 우리는 칸트가 도덕적 경험의 현상적인 구체적 상황에 도덕법칙이 어떻게 관계하는가 하는 문제를 다루는 가운데에서 최고선과 그 가능 조건으로서 요청되는 영혼의 불멸과 신의 존재에 대한 성격이 규명되기에 이른다.

『실천이성비판』에서 신 존재의 도덕적 증명은 이처럼 도덕법칙과 최고선 개념을 통해서 비로소 확고한 지반을 갖추게 된다. 칸트에 의하면, 도덕법칙은 실천이성의 궁극 목적으로서 최고선의 실현을 명령한다. 이러한 명령은 도덕법칙에 일치하는 결과로서의 행복을 요구한다. 그러나 도덕법칙과 행복은 본래 서로 결합할 수 없는 이질적인 요소들이다. 따라서 유한한 이성적 존재자인 인간의 자력으로는 그러한 결합을 기대하기란 불가능한 일이다.

도덕법칙은 가장 완전한 존재자의 의지에 대해서는 신성성의 법칙이지만, 모든 유한한 이성적 존재자의 의지에 대해서는 의무의 법칙이자 도덕적 강제의 법칙이며, 법칙에 대한 존경에 의해서 그리고 자신의 의무에 대한 외경(畏敬)에서 자신의 행위를 규정하는 법칙이다.[43]

이처럼 도덕법칙은 "감성적 동기의 참여가 전혀 없는, 순전히 순수이성에 의해서만 규정되는 실천 과제"[44]인데, 도덕법칙의 무조건적인 준수가 의무인 유한한 존재로서의 인간에게는 그 결과로서의 행복마저 스스로 기대한다는 것은 원칙적으로 불가능한 과제이다. 물론 우리가 행복 자체를 의욕할 수는 있지만, 칸트에 의하면, 그것은 도덕법칙의 존재를 왜곡시키거나 그 존재 의의를 무가치하게 만드는 결과를 초래한다. 왜냐하면 굳이 도덕법칙이 우리에게서 발견된다는 것 자체가 모순이며, 더욱이 도덕법칙이 명령으로 우리에게 나타난다는 것 자체가 모순된 요구가 아닐 수 없기 때문이다. 그러므로 이성 자신이 이러한 양자의 결합을 요구한다는 것 자체는 어떠한 방식으로든 해결되지 않으면 안 된다. 그러므로 실천이성은 제 스스로 의지와 도덕법칙 간의 합치를 도모하지 않으면 안 된다.

칸트에 따르면 유한한 인간에게 있어서는 "최고선의 촉진은 의무"[45]이다. 그러나 행복 자체도 우리가 의무로서 추구해야 하는 그런 것은 결코 아니다. 그러므로 최고선이 실현 가능하기 위해서는 "도덕성에 적합한 행복의 가능성"을 보증해 줄 근거,

---

43) *Kritik der praktischen Vernunft*, 204쪽.
44) *Kritik der praktischen Vernunft*, 254쪽.
45) *Kritik der praktischen Vernunft*, 256쪽.

즉 내가 도덕법칙을 무조건적으로 준수하기만 하면, 우리 자신에 의해서는 불가능하더라도 행복을 가져다 줄 수 있는 그 무엇이 있어서 이를 보증해 줄 수 있어야만 한다. 만일 그것이 존재하지 않고 따라서 불가능하다면, 최고선의 실현을 추구하는 이성 자신의 요구는 거짓이 될 것이기 때문이다. 따라서 그러한 모든 것이 원인이자 근거일 수 있는 최고 존재자가 있어야만 한다. 그것이 바로 '신의 존재'이다. 이러한 논증의 전체적인 구조를 다행히 칸트 자신의 설명을 통해서 직접 들어볼 수 있다.

자유의 법칙인 도덕법칙은 자연에서 독립한 규정 근거에 의해서 명령하고, 또 자연과 (동기로서의) 우리의 욕구 능력의 합치에서도 전적으로 독립해 있어야 하는 규정 근거에 의해서 명령하지만, … 세계에 의존적인 존재자의 도덕성에 비례하는 행복 간에는 필연적 연관에의 근거가 조금도 없다. … 그럼에도 불구하고 순수이성의 실천적 과제, 말하자면 최고선에의 필연적 추구에 있어서는 이러한 연관은 필연적으로 요청된다. … 그러므로 자연의 최상의 원인은, 그것이 최고선을 위해서 전제되어야 하는 한에서, 오성과 의지에 의해서 자연의 원인(따라서 창조자)인 존재자, 즉 신이다. 따라서 최고의 파생된 선(최선의 세계)의 가능성의 요청은 동시에 최고의 근원적인 선의 현실성, 즉 신의 현존이다.[46]

이와 같이 길게 인용한 글에서 칸트의 신 존재 증명 방식의 면모를 분명하게 파악할 수가 있다. 이는 단적으로 도덕적 필연성에 근거하여 최고선으로부터 신 존재를 증명하는 방식이다.

---

46) *Kritik der praktischen Vernunft*, 255-256쪽.

그러나 이 도덕적 필연성이란 무엇보다도 인간의 도덕적 의무에 기초해 있는 것이다. 왜냐하면 최고선을 촉진하도록 지시받는 의지를 규정하는 근거는 행복이 아니라 도덕법칙이며, 따라서 도덕법칙은 그 자신 최고선이 실현될 것을 명령하지만, 인간에게 도덕법칙은 마땅히 의무로서만 준수될 수 있는 것으로서 최고선의 촉진 또한 우리에게는 의무이며, 최고선의 가능성을 전제하는 것은 이 의무와 결합된 필연성이기 때문이다. 바로 이 의무에서 행하는 인간이 최고선이라는 목적에 도달하고자 노력할 때, 이 목적에의 도달 가능성을 보장해 주고 또 도덕성에 적합한 행복을 가져다 줄 수 있어야 한다. 그러나 이런 약속을 도덕법칙 자신이 해줄 수는 없다. 또 유한한 인간의 입장에서는 최고선의 실현이란 하나의 불가능한 이념이다. 그러므로 우리는 그것을 보증해 줄 수 있는 그 무엇, 즉 신의 존재를 필연적으로 요청해야만 한다.

그러나 칸트는 요청된 신의 지위에 대해서 그것이 하나의 가능성으로 요청된 것인지 아니면 실제적 현존으로 요청된 것인지를 명시적으로 밝히지 않고 있다. 칸트의 이러한 두 가지 주장에 대해서 벡(Beck) 및 그의 견해를 암묵적으로 추종하는 사람들은 신의 가능성에 대한 칸트의 주장들을 안중에 두지 않는 태도를 취하고 있다.47) 이러한 태도를 지적하면서 페레이라 (Ferreira)는 신의 요청의 이념을 가능성으로서의 요청으로 보는

---

47) L. W. Beck, *Commentary on Kant's Critique of Practical Reason*, 259, 271-279쪽; A. Wood, *Kant's Moral Religion* ,Cornell University Press, 1970; R. Green, *Religious Reason: Rational and Moral Basis of Religious Belief* , Oxford University Press, 1978.

것이 무시되어서는 안 되며 오히려 칸트의 도덕적 논증을 이해하기 위한 필수적인 요소라고 주장한다.[48] 그러나 논자는 그 어느 쪽이든 칸트의 요청으로부터 결과하는 것이기 때문에 양자 모두 칸트의 정당한 견해로 보아야 한다고 생각한다. 칸트는 신 존재나 영혼불멸과 같은 요청을 일러 "이론적인 교리(Dogma)들이 아니라 실천적인 전제들"[49]로 규정하고 있으며, 그리고 이러한 전제들은 오로지 도덕법칙으로부터, 나아가 최고선의 가능성으로부터, 말하자면 "세계[현실]에서 가능한 최고선의 존재를 명령하는 실천법칙이 순수 사변이성의 객관들의 가능성, 즉 순수 사변이성이 보증할 수 없었던 객관적 실재성을 요청한다"[50]고 말하고 있다. 따라서 "사변적 사용에서의 순수이성의 '요구'는 '가설들(Hypothesen)'에 도달할 뿐이지만, 순수실천이성의 요구는 '요청들'에 도달한다"[51]고 보아야 하는 것처럼, 신 존재의 실재적 현존이든 실재적 가능성이든 그것은 요청으로서의 지위를 넘을 수 없으며, 동시에 요청과 관련해 볼 때 그것은 가능성이면서도 동시에 현존해야 하는 이념 이외의 다른 것일 수 없다.

무엇보다도 칸트의 "신의 개념은 근원적으로 자연학 즉 사변이성에 속하는 개념이 아니라 도덕에 속하는 개념이다."[52] 그러

---

48) M. Jamie Ferreira, "Kant's Postulate: The Possibility or the Existence of God", in *Kant-Studien* 74, 1983, 75-80쪽, 특히 75쪽.
49) *Kritik der praktischen Vernunft*, 264쪽.
50) *Kritik der praktischen Vernunft*, 266-267쪽.
51) *Kritik der praktischen Vernunft*, 276쪽.
52) *Kritik der praktischen Vernunft*, 274쪽.

나 칸트의 말대로 이러한 도덕적 필연성은 "주관적인 요구"[53]에 머물고 만다. 신이라는 최고 존재자가 있어 의무에 따른 결과에 대한 우리의 기대와 희망을 충족시켜 주리라 믿고자 하는 바람일 뿐이다. 그러므로 이러한 신 존재의 요청은 이론이성의 관점에서는 하나의 '가설'에 속하지만 도덕법칙이 우리에게 부과하는 최고선을 실현해야 할 의무의식과 결합되어 있는 실천적 관점에서는 '신앙', 순수한 '이성신앙(Vernunftglaube)'[54]이다. 따라서 결국 도덕 자신은 종교를 필요로 하지 않음에도 불구하고 불가피하게 "순수실천이성의 대상이며 궁극 목적인 최고선의 개념을 통하여 도덕법칙은 '모든 의무를 신적인 명령으로 인식하는 종교'에 이르게 된다."[55]

이와 같이 실천이성의 요청으로서 요구되었던 신 개념은 도덕성과 행복의 일치와 조화라는 단순한 논리적 장치를 넘어서 최고선을 촉진하고 싶다는 또는 신의 왕국을 실현시키고 싶다는 도덕법칙에 기초를 둔 도덕적 소망이 각성됨으로써, 이제 종교의 도덕적 기초에 대한 입론을 거쳐서 도덕에서 종교로의 진행을 정당화시켜 주는 구심점이 되며 종교의 영역에서도 중심적인 자리를 차지하게 된다. 그러나 이러한 종교로의 진행을 통해서 우리는 종교에 대한 칸트의 더욱 상세한 논의를 『실천이성비판』에서는 더 이상 들을 수 없다. 다만 여기서 칸트가 강조하고 있는 것은 "[자연]형이상학에 의한 이 [현실]세계의 인식으로부터의 확실한 추리를 통해서 신의 개념과 신 존재 증명에 도달한다

---

53) *Kritik der praktischen Vernunft*, 256쪽.
54) *Kritik der praktischen Vernunft*, 257쪽.
55) *Kritik der praktischen Vernunft*, 261쪽.

는 것은 불가능하다"[56]는 것이며, 오로지 도덕을 통해서만 종교에 그리고 신의 현존에 도달할 수 있다는 것을 더욱 분명히 해두는 일이다. 그러나 "신의 현존을 가정하는 것이 도덕적 필연"이기는 하지만, 그렇다고 해도 이 "도덕적 필연성은 주관적 요구",[57] 따라서 하나의 요청 또는 신앙에 불과할 뿐이다. 본래 순수이성(의지) 자신이 최고선을 추구할 것을 필연적으로 요구하고 있기 때문에, 이 같은 자신의 불가피한 과제로서 최고선의 실현 가능성에 상관하는 근원적 존재자인 신을 가정하는 도덕적 필연성이 대두되었던 것이다.

6. 제 2 도덕적 증명

앞 절에서 살펴보았듯이 『실천이성비판』에서의 신 존재의 도덕적 증명과 종교의 연관은 최고선의 개념을 매개로 해서 간접적인 방식으로 이루어진다. 직접적으로 확신할 수 있는 것은 인간과 도덕법칙의 도덕적 관계뿐이다. 도덕법칙의 준수가 의무인 인간에게 있어서 신의 존재가 요청되는 것은 최고선의 실현 가능성을 보증하기 위한 조건으로서였던 것이다. 말하자면 도덕 자신은 종교에 근거할 필요가 전혀 없음에도 불구하고 불가피하게 "순수실천이성의 대상이며 궁극 목적인 최고선의 개념을 통하여 도덕법칙은 '모든 의무를 신적인 명령으로 인식하는 종교'에 이르게 된다"[58]는 것이 이미 밝혀졌다. 그런데 이러한 논의

---

56) *Kritik der praktischen Vernunft*, 272쪽.
57) *Kritik der praktischen Vernunft*, 256쪽.
58) *Kritik der praktischen Vernunft*, 261쪽.

는『판단력비판』에서 다시 한번 강조되고 있다.『실천이성비판』이 신 존재의 문제를 주로 도덕법칙과 최고선을 중심으로 하여 실천이성의 요청을 통하여 전개되고 있다면, 이제 여기서는 도덕적 목적론과 관련한 증명 방식이 도입된다. 물론 제1증명과 제2증명은 기본적으로는 모두 동일한 논리에 입각해 있다. 왜냐하면 최고선과 도덕적 목적론은 근본적으로 도덕성이라는 하나의 동일한 원리에 근거해서만 성립할 수 있는 개념들일 뿐만 아니라 이를 자연과 역사의 차원으로 확대하는 과정에서 생겨난 동일한 것의 양면으로 볼 수 있기 때문이다. 따라서 중요한 차이점도 제2증명은, 제1증명처럼 최고선으로부터 단순히 오성적 존재자로서의 신 존재의 요청으로 직접적으로 비약하는 것이 아니라, 근본적으로 도덕적 목적론으로부터 출발하여 창조의 궁극 목적에 도달하고, 다시 이로부터 오성적 존재자의 상정을 넘어서 도덕적 존재자로서의 세계 창조자인 신이 상정되지 — 그것은 통찰이 아니다. 우리는 이러한 도덕적 최고 존재자를 결코 통찰할 수 없다 — 않으면 안 된다는 점에서 생겨난다.

이러한 제2도덕적 증명의 기본 구조는 '도덕법칙에 입각한 궁극 목적의 필연성으로부터 도덕적 세계 원인으로서의 신 존재의 필연성을 상정하는 방식'으로 이루어진다. 이때 실천이성의 궁극 목적은 인간을 포함한 자연 세계의 궁극 목적이요 최종 목적으로서 도덕적 목적론에 의해서 정당화된다. 이러한 정당화로부터 궁극 목적의 실천적 필연성이 그리고 신의 현존의 주관적 필연성이 추론된다. 이러한 증명 방식에 대해서 칸트는 다음과 같이 해명하고 있다.

이러한 도덕적 논증은 신의 현존재에 관하여 객관적으로 타당한 증명을 제공하려는 것도, 회의적 신앙가에게 신이 존재한다는 것을 증명하려는 것도 아니다. 만일 그가 도덕적으로 모순 없이 일관된 사유를 하려고 한다면, 그는 이 명제의 상정을 그의 실천 이성의 준칙 가운데에 받아들일 수밖에 없다는 것을 증명하려는 것이다. — 또한 이 논증이 주장하려는 것은, 모든 이성적 세계 존재자들의 행복을 그들의 도덕성에 따라 상정함이 도덕성을 위하여 필연적이라고 하는 것이 아니라, 그러한 상정이 도덕성에 의해서 필연적이라고 하는 것이다. 따라서 그것은 도덕적 존재자들에게 주관적으로 충분한 논증이다.[59]

이와 같이 인간의 현존재의 "내면적 도덕적 목적 규정"으로부터 도출되는 도덕적 목적론에 의해서 "모든 사물들의 현존재의 궁극 목적에 대하여 전 자연을 저 유일한 의도(이 의도에 대하여 자연은 단지 도구일 뿐이다)에 종속시킬 수 있는 특성을 가진 최고의 원인(즉 신성성으로서)을 생각하도록 지시함으로써 자연에 대한 지식의 결함을 보충한다."[60]

결국 도덕적 목적으로부터의 신 존재 증명은 제1 증명을 자연과 역사의 영역에까지 확대하고 있다고 볼 수 있다. 왜냐하면 도덕법칙의 필연성으로부터 최고선의 실현 가능성을 보장하기 위한 조치로서 신의 존재를 요청하고, 나아가 도덕적 신앙에 정당성을 부여하고 있다면, 제2 증명은 무엇보다도 그것이 하나의 역사적 과제로서 주어져 있으며, 따라서 역사적 실현의 가능성을 보장할 지고한 원인을 가정할 당위성으로서 신 존재의 필연

---

59) *Kritik der Urteilskraft*, 413쪽 각주
60) *Kritik der Urteilskraft*, 409쪽.

성을 도출하고 있기 때문이다. 물론 목적론은 인간이 자신을 포함한 자연의 의도를 읽어내기 위해서 자연 질서를 합목적적으로 조망하고자 하는 반성적 판단력에 근거를 둔 규제적 원리일 뿐이다. 그럼에도 그것이 신 존재에까지 추론되는 것은 인간의 도덕성 내지는 도덕법칙에 따른 최고선을 실현해야 할 당위성 때문이다. 그것은 곧 최고선이 현재 불가능한 것이라면 그리고 그것은 언젠가 실현되어야 할 것이라면 역사적 시간 속에서 그것의 가능성이 확립되어야 한다는 것을 함축한다.

칸트는 제1 증명이 보여주듯이 이미 실천이성의 이율배반에서 만일 최고선의 실현이 불가능하다면 그때 그것을 명령하는 도덕법칙이란 환상적이고 공허한 상상에 지나지 않는 것이므로 그 자체가 거짓이 되고 말 것이라고 주장했다. 말하자면, 어떤 명령에 복종하기 위해서는 애초부터 실현이 불가능한 목적을 추구해야 한다는 명령은 불합리하며, 전혀 타당하지 않을 뿐 아니라 모순이다. 즉, 도덕법칙은 나에게 내가 실현 불가능한 목적을 추구할 것을 요구하는 것이 된다. 따라서 최고선의 실현이 도덕법칙의 당연한 명령이라면 그리고 의심할 수 없는 사실이라면 그것은 어떠한 방식으로든 실현 가능하지 않으면 안 된다. 그러나 그것은 현재까지 아직 달성되지 않은 사실이다. 그러므로 그것은 자연 속에서 또 역사적 과정 속에서 실현되지 않으면 안 되며, 결국 언젠가 이루어져야 한다. 자연이 보여주는 합목적성도 최종적으로는 이러한 목적을 실현하도록 계획되어 있다고 생각하지 않으면 안 된다. 그것은 신이 자연의 섭리처럼 역사 속에서 그것을 가능하도록 보장해야 한다. 만일 인간의 도덕성이 필연적인 사실이라면 당연히 신은 존재해야 한다고 믿는 것이 합리적이다.

칸트는 목적론을 크게 자연적 목적론(die physische Teleo-
logie)과 도덕적 목적론(die moralische Teleologie)으로 구분한
다. 이 중에서 자연적 목적론은 경험적 원리에 의존하고 있기
때문에 이로부터는 유일한 지성적 원인이라는 개념을 도출할 수
가 없다.[61] 칸트에 의하면 신 존재를 정당하게 도출할 수 있는
것은 도덕적 목적론뿐이다. 물론 도덕적 목적론은 근본적으로
그 자체가 오성적 존재자로서의 신 존재를 증명해 주는 것이 아
니라 "우리가 그와 같은 세계의 어떤 의도적으로 작용하는 최고
의 원인을 생각하지 않고서는, 우리는 우리의 인식 능력의 성질
상, 따라서 경험을 이성의 최고 원리와 결합시킴으로써는 그와
같은 세계의 가능을 절대로 이해할 수 없다는 것 이상은 아무것
도 증명하지 못한다"[62]는 것에 절대적으로 의존한다. 말하자면,
이러한 관계 설정으로부터 비로소 자연을 신의 섭리의 표현인
것처럼, 나아가 신이 궁극적으로 최고의 도덕적 목적의 실현을
의도하는 것처럼 생각하지 않으면 안 된다는 추론에 의하여 신
존재에 도달한다.

이와 같이 근본적으로 칸트의 제2 도덕적 증명 역시 기본적
으로는 제1 증명과 마찬가지로, (도덕적) 신 존재를 통찰할 수
없으며, 다만 "우리의 이성 능력의 성질상, 우리는 도덕법칙과
그 객체에 관계하는, 그리고 이러한 궁극 목적 속에 존재하는,
그러한 합목적성의 가능성을 세계 창시자이자 통치자요 동시에

---

61) *Kritik der Urteilskraft*, 401쪽.
62) *Kritik der Urteilskraft*, 351쪽.

도덕적 입법자인 하나의 존재자를 떠나서는 이해할 수가 없으며",63) 따라서 "최고의 도덕적-입법 창시자의 현실성은 단지 우리 이성의 실천적 사용에 대해서만 충분히 입증되고 있을 뿐이요, 그러한 창시자의 현존재에 관해서 어떤 것이 이론적으로 규정된 것은 아니다"64)라는 비판적 입장에 기초하여 있다. 즉, 이두 가지 모두 "이성은 그의 도덕적 원리를 매개로 하여 최초로 신의 개념을 산출할 수 있었으며",65) "도덕적 증명은 신의 현존재를 단지 실천적으로 순수한 이성에 대한 신앙의 사상으로서만 증명한다"66)는 공통점을 갖는다.

여기서도 칸트의 신 존재에 대한 비판적 사고는 분명하게 드러난다. 한마디로 칸트에 있어서 "신학이란 과학적인 것일 수 없으며, 그것은 전적으로 실천적 신념의 문제일 뿐이다."67) 그리고 그러한 신념의 정당성은 오로지 인간 이성의 본질로부터 즉 도덕성으로부터만 정당성을 부여받을 수 있다. 따라서 칸트는 이러한 도덕적 증명은 증명이 아니라 일종의 논증일 뿐이며, "새로이 발견된 증명 근거가 아니라 다만 새로이 구명(究明)된 증명 근거에 지나지 않는다. 왜냐하면 이 증명은 인간의 이성 능력이 최초에 싹트기 이전에 이미 이성 능력 속에 있었고, 이 이성 능력이 계속해서 전개됨에 따라 점점 더 발전하는 것이기

---

63) *Kritik der Urteilskraft*, 419쪽.
64) *Kritik der Urteilskraft*, 419-420쪽.
65) *Kritik der Urteilskraft*, 409쪽.
66) *Kritik der Urteilskraft*, 443쪽.
67) Bernard M. G. Reardon, *Kant as Philosophical Theologian*, Macmillan Press, 1988, 75쪽.

224

때문이다"68)라고 하여 자신의 증명의 성격과 한계를 분명히 하고 있다. 이러한 신은 다른 한편으로 칸트의 실천철학 내에서 이미 최고선의 개념과 동일한 의미를 갖는다. 칸트는 "우리는 최고선으로서의 신 개념을 어디로부터 갖게 되는가? 그것은 이성이 선천적으로 도덕적 완전성에 관해 구상해서 자유의지의 개념과 분리되지 않도록 결합하는 그런 이념에서부터인 것이다"69)라고 말하고 있다.

7. 제 3 도덕적 증명

『실천이성비판』에서의 신 존재는 유한한 인간 자신의 힘으로는 불가능하며 다만 가능성으로서 주어져 있는 최고선의 이념을 실현하기 위한 필연적 조건으로서 영혼불멸과 자유와 더불어 요청된 것이었다. 최고선의 실현이 인간의 의무이면서도 근본적으로 그 실현 자체는 인간에게 주어져 있지 않다는 이 모순된 상황이 도덕법칙 자신이 실현되기를 끊임없이 요구하는 실천이성 자신에게서 발생하는 것이라면 이 역시 그 자신이 해소해야 할 도덕적 필연성을 인식하지 않을 수 없게 된다. 신의 존재는 따라서 실천이성의 당연한 요청일 수밖에 없었다. 이처럼 신 존재에 대한 도덕적 증명은 오로지 도덕법칙에 기초한 최고선의 이념을 매개로 해서만 가능한 것이었다. 이 최고선의 실현 가능성을 근거짓는 가운데에서 도덕은 종교의 영역과 관계를 맺게 되

---

68) *Kritik der Urteilskraft*, 422쪽.

69) *Grundlegung zur Metaphysik der Sitten*, 36쪽.

는 것이었다. 이러한 연관 때문에 칸트의 종교는 성격상 도덕적 종교일 수밖에 없으며, 동시에 모든 종교 문제에 관한 논의가 도덕의 바탕 위에서 음미되고 의미를 부여받게 된다. 이러한 칸트의 종교 문제에 대한 접근 방법 및 그 해결책들은 『종교론』에 이르러서 『실천이성비판』에서보다도 더욱 구체적이고 풍부하게 그리고 강조점을 달리하며 전개되기에 이른다.

　『실천이성비판』에서와는 달리 『종교론』은 도덕적 증명의 문제를 근본악(das radikale Böse)이라는 인간 본성에 대한 고찰로부터 접근한다. 칸트에 의하면 인간의 도덕적 악이란 인간의 성향(Hang; propensio)에서 유래한다. 따라서 이 성향의 의미를 규정하는 것이 중요하다. 이와 대비될 수 있는 또 다른 개념이 소질(Anlage)이다. 칸트는 성향을 "인간에 대해서 우연적인 것으로서 경향성(Neigung)(습관적인 욕망)의 가능성의 주관적 근거" 또는 단순히 "쾌락의 욕구로 향하는 경향(Prädisposition)"[70]으로 정의내린다. 그리고 소질은 "그 존재자에게 필요한 구성 요소이자 그 존재자를 존재하게 해주는 요소들의 결합 방식"[71]으로 규정한다. 그리고 인간에 갖추어져 있는 자연적 소질을 "생물로서의 인간의 동물성(Tierheit)의 소질", "생물이면서 동시에 이성적 존재자로서의 인간의 인간성(Menschheit)의 소질", 그리고 "이성적이며 동시에 책임질 능력이 있는 존재자로서의 인격성(Persönlichkeit)의 소질"의 세 가지로 구분하고 있다.[72]

　이러한 구분에 따르면, 인간의 소질이란 인간 본질을 규정하

---

70) *Die Religion innerhalb der Grenzen der bloßen Vernunft*, 675-676쪽.
71) *Die Religion innerhalb der Grenzen der bloßen Vernunft*, 675쪽.
72) *Die Religion innerhalb der Grenzen der bloßen Vernunft*, 672-673쪽.

는 필연적 요소라면, 성향은 상황에 따라 달라지는 인간의 감성적 욕구를 충족시키려 하는 경우에 발휘되는 일종의 우연적인 요소라고 말할 수 있다. 이러한 성향은 인간의 자연적 소질에 의탁하지 않고서도 이루어지는 성질을 갖는다. 그런 점에서 이 성향을 우연적 소질 또는 제 4의 소질이라 부를 수도 있겠다. 이러한 소질은 넓은 의미에서는 다같이 인간의 본성에 갖추어져 있는 요소들이지만, 성향은 각각의 소질에 있어서 그것을 어떤 경향성에 더욱 적합하도록 하려고 선택 의지에 영향을 미치는 성향이라 할 수 있다. 따라서 인간이 갖고 있는 성향은 자연적 소질은 아니면서도 행위에 앞서 그 무엇을 자신의 주관적 근거로 선택할 수 있는 의지의 규정 근거에 양향을 미친다는 점에서 행위자 자신의 선택에 따라 악이나 선을 행하고자 할 수 있다. 말하자면, 악은 인간의 본성 자체가 악하기 때문이 아니라, 인간의 성향에 의해서 악을 선택할 수 있는 "자유로운 행위자로서의 주관 안에서 발견되는 것이다."[73] 그렇다고 인간의 본성이 악하거나, 악이 실재하는 것은 아니다. 엄밀히 말해서 그것은 인간의 본성 중에서 분명한 자신의 자리를 갖지 못하는 이상야릇한 것이다.

그러면 우리는 성향 자체는 악의 소질을 갖고 있지 않음에도 불구하고 그러한 악이 어떻게 우리에게서 발견되는지를 물을 수 있다. 칸트에 의하면, 악은 악에의 성향에 물들기 쉬운 선택 의지와 도덕법칙 사이에서 발생한다. 그리고 그러한 악은 악에의 성향이 도덕법칙에 위배되는 이기적인 감성적 동기를 자신의 행

---

73) *Die Religion innerhalb der Grenzen der bloßen Vernunft*, 683쪽.

위의 근본 동기로 채택하는 데에서 비롯한다고 말할 수 있다. 결국 인간의 악은 "그가 동기를 그의 준칙 안에 채용할 때 동기들의 도덕적 질서를 전도시킴으로써"74) 발생하게 된다. 이러한 상호 관계에 근거했을 때, 결국 칸트의 악의 개념은 그의 순수 윤리학의 범위 안에서 보자면, "인간의 '본래적 자아'에서도, 인간의 경험적·자연적 존재자에서도 발견되지 않는, 말하자면 두 세계 사이에서 자리를 차지하고 있는 것"75)이라 말할 수 있다. 그러므로 칸트가 말하는 도덕적 악이란 그 어디에도 실재하지 않지만, 인간이 스스로 선택한 결과로서 생겨나지 않을 수 없는 악이다.

그러면 우리는, 그러한 전도가 이루어지지 않도록 하면 악은 발생하지 않을 수 있지 않은가라고 반문할 수 있다. 그러나 칸트는 그 가능성을 용인하면서도 이러한 전도가 인간의 자연적 성향이기 때문에 근절시킬 수 없다고 본다. 이 때문에 그것은 이미 인간의 마음속에 자리 잡고 있는 것, 인간의 의지가 이미 "죄 없는 것(res integra)이 아닌 것",76) 이미 죄를 짓게 되는 상태에 놓여 있다는 의미에서 근본적인 것, 즉 '근본악'이다. 칸트는 "우리의 선택 의지의 탈선, 즉 악에의 성향의 이성적 근원은 우리에게 파악 불가능한 것으로 남는다",77) 즉 "도덕적인 악의 최초의 발생 근거로서 파악될 수 있는 어떤 근거도 우리에게는

---

74) *Die Religion innerhalb der Grenzen der bloßen Vernunft*, 685쪽.

75) O. Petras, *Der Begriff des Bösen in Kants Kritizismus und seine Bedeutung für die Theologie*, Dissertation, Breslau, 1913, 37쪽.

76) *Die Religion innerhalb der Grenzen der bloßen Vernunft*, 710쪽 각주.

77) *Die Religion innerhalb der Grenzen der bloßen Vernunft*, 693쪽.

존재하지 않는다"78)고 말한다.

그러나 그것이 전도된다는 것은 논리적으로 그렇지 않을 가능성을 허용한다. 따라서 칸트 역시 근본악을 극복 가능한 것으로 파악한다.

이러한 악은 모든 준칙들의 근거를 부패시키는 것이기 때문에 근본적인 것이다. 동시에 자연적 성향이기에 인간의 힘으로는 근절시킬 수 없는 것이다. 왜냐하면 이것은 선한 준칙들을 통해서만 일어날 수가 있는데 모든 준칙들의 최상의 근거가 부패한 것으로 전제된다면 그런 일은 일어날 수 없기 때문이다. 그러나 그럼에도 불구하고 악에의 성향은 자유롭게 행위하는 존재로서의 인간 안에서 발견되는 것이므로 그것의 극복은 가능한 것이다.79)

말하자면, 악이 악에의 성향 자체로부터 나오는 것은 아니라, 악에의 성향이 있는 그리고 선을 택할 수도 있는 자유(의지)로부터 나오는 것이다. 만약 악이 악에의 성향으로부터 유래하는 것이라면, 인간 자체가 근본에 있어서 죄를 지은 존재라는 말이 될 것이므로, 악의 극복은 원천적으로 불가능하게 되고 말 것이다. 그러면 악의 근원의 파악 불가능성에도 불구하고 극복이 가능하다면 어떻게 가능한 일인가? 전도된 질서를 어떻게 바로잡을 수가 있는가? 이 가능성을 칸트는 단적으로 "선으로부터 악으로 타락하였다는 것은 악으로부터 선으로의 전향만큼이나 이해하기 힘든 것이다. 그러므로 악으로부터 선으로 돌아갈 수 있는 가능성도 역시 반박될 수 없는 것이다"80)라고 비유적으로

---

78) *Die Religion innerhalb der Grenzen der bloßen Vernunft*, 693쪽.
79) *Die Religion innerhalb der Grenzen der bloßen Vernunft*, 686쪽.

말하고 있다. 칸트에 의하면, 악의 근원의 파악 불가능성에도 불구하고 악의 극복의 가능성은 스스로 악을 초래했던 바로 그 인간이 악의 성향과 더불어 자신의 본성 안에 갖고 있는 "선에의 근원적인 소질을 자신의 힘으로 회복시키는 것"[81]에서 찾을 수밖에 없다. 이 소질은 무엇보다도 "무조건적으로 법칙을 부여하는 이성에 근거를 두고 있는 인격성의 소질"[82]로서 이미 인간의 본래적인 가능성으로 주어져 있는 것이므로, '회복'은 상실된 것을 회복하는 것이 아니라 이미 있는 것을 다시 세운다는 것을 뜻한다. 그러나 그것은 점진적인 회복이 아니라 일거에 이루어지는 "인간의 심성의 혁명"[83]을 통해서만 가능한 일로 생각된다.

그러나 인간의 근원적인 도덕적 소질에도 불구하고 악에의 성향에 굴복하는 주관적 근거가 이미 부패해 있는 상태에서 그리고 스스로 그러한 악을 선택한 인간이 자력으로 그것도 일거에 전도를 역전시킨다는 것은 불가능한 것으로 보아야 한다. 칸트 역시 "인간이 그의 준칙의 근거에서 타락해 있다면 과연 어떻게 자신의 힘으로 이 혁명을 수행하여 스스로 선한 인간이 될 수 있단 말인가?"[84]라고 자문한다. 『종교론』에서의 칸트의 도덕적 증명이 제시되는 곳이 바로 이 부분이다. 칸트의 증명을 간략하게 정리해 보면, 근본악에 처해 있는 인간의 근본 상황에도

---

80) *Die Religion innerhalb der Grenzen der bloßen Vernunft*, 695쪽.
81) *Die Religion innerhalb der Grenzen der bloßen Vernunft*, 694쪽.
82) *Die Religion innerhalb der Grenzen der bloßen Vernunft*, 675쪽.
83) *Die Religion innerhalb der Grenzen der bloßen Vernunft*, 698쪽.
84) *Die Religion innerhalb der Grenzen der bloßen Vernunft*, 698쪽.

불구하고, 도덕법칙의 준수가 인간에게는 의무로 부과되어 있듯이, 이로부터 선한 도덕적 소질을 발휘하여 전도된 도덕적 질서를 회복함 또한 인간의 당연한 의무이다. 그러나 이러한 의무를 위한 인간의 노력은 자력으로는 그 목적에 도달할 수 없다. 따라서 이를 극복하고 도덕적 완전성의 이념을 성취할 수 있는 가능성을 보장해 줄 신이 존재하지 않으면 안 된다. 그리고 이러한 의무는 그것의 극복 가능성을 믿고 있는 인간의 신 존재에 대한 신앙 즉 도덕적 신앙 이외의 다른 것이 아니다. 이는 곧 도덕과 종교의 칸트적 결합을 의미한다.

결국 근본악과 관련한 신 존재의 도덕적 요청을 통해서 칸트는 악에의 성향을 극복하고 선하게 되는 것이 인간의 자력으로는 불가능하므로 초자연적인 신의 도움이 필요하게 된다고 주장하는 셈이다. 그렇다고 신이 존재한다고 해서 인간이 선하게 되는 것은 아니다. 신이 존재하기 때문에 인간이 도덕적 존재일 수 있고, 선한 존재로 태어났고, 결국 악을 극복하고 선이 승리할 수 있게 되는 것이 아니라, 인간이 도덕법칙의 준수가 의무인 선한 도덕적 소질의 소유자이고, 이 존재자의 의지가 알 수 없는 근원에 의해 악에 물들어 있으므로, 이 악을 극복하고 선한 인간이 되어야 하는 자신의 의무를 다하기 위해 먼저 근원적인 도덕적 소질을 발휘하도록 노력함으로써 자신을 신의 도움을 받을 만한 가치가 있는 존재로 만들 때에만 신의 도움을 희망할 수 있으며, 오직 그때에만 신의 존재가 의미를 갖게 되는 그런 것이다.

8. 요약과 평가

지금까지 살펴본 바와 같이 『순수이성비판』을 통해 칸트가 밝혀 놓은 것은 이성신학의 원리들의 탐구에서 사변적 신 존재 증명의 원천적인 불가능성이었다. 이러한 성과 위에서 칸트에게 남은 것은 이성신학 중의 실천적 부분에 속하는 도덕적 신 존재 증명이었다. 그리고 칸트가 제시하는 도덕적 증명은 크게 세 가지로 구분할 수 있었다. 이 각각의 도덕적 신 존재 증명이 직접적으로 논의되고 있는 대표적인 저술은 『실천이성비판』과 『판단력비판』 그리고 『종교론』이다. 첫 번째로 살펴본 『실천이성비판』의 기본 의도와 목적은 『도덕형이상학 정초』에서 도덕의 최고 원리의 근원으로서의 순수한 실천이성이 있음을 전제하고 이에 대한 오해와 잘못된 사용을 바로잡음으로써 실천이성의 근본 성격을 올바로 해명하려는 것이며, 이 과정에서 최고선의 개념이 정립되며 이를 매개로 하여 요청으로서의 도덕적 신 존재의 증명이 등장한다. 반면에 『판단력비판』에서의 도덕적 신 존재 증명은 최고선 실현의 당위성을 도덕적 목적론의 차원에서 정당화하는 과정에서 등장한다. 나아가 『종교론』에서는 최고선과 관련한 실천이성의 필연적인 요청이 아닌 근본악이라는 인간의 자연 본성에 대한 고찰로부터 출발하여 그 한계를 극복하고자 하는 인간의 자구적인 노력과 결부되는 신 존재와 그 증명이 등장한다.

칸트는 자신의 신 존재에 대한 도덕적 증명은 새롭게 발견된 것이 아니라 그 기초만이 새롭게 해명된 것에 지나지 않는다고 자평하고 있다. 그럼에도 불구하고 칸트의 도덕적 증명은 바로 그 기초를 자신의 비판철학적 조망 아래에서 신 존재를 실천적 차원에서 합리적으로 옹호할 수 있는 길을 확고히 하고자 했다는 점에서 부인할 수 없는 독창성을 지니고 있다.

지금까지 인간의 도덕성을 중심으로 파악한 칸트의 세 가지 도덕적 신 존재 증명은 전통적인 사변적 신 존재 증명과는 근본적으로 구분되는 성격을 갖는다. 칸트의 도덕적 증명은 모두 도덕적 신앙을 겨냥하고 있다고 볼 수 있다. 그리고 그것은 한결같이 도덕적 기초 위에서 그리고 그 한계 안에서 신 존재의 타당성과 필연성을 논증하는 방식을 보여준다. 칸트가 도덕적 신 존재 증명을 통해서 우리에게 보여주는 것은 신이란 신앙과 이성 모두를 필요로 하는 유한한 이성적 존재자로부터 필연적으로 요구되는 존재라는 것이다.

그러나 이러한 칸트의 증명과 관련하여 우드(Wood)가 밝히고 있듯이 그의 저술들로부터 신 존재와 이에 대한 도덕적 신앙의 정당화를 꾀하는 추론 과정이 보여주어야 할 하나의 단일하고 정합적인 설명 방식을 가려내기란 쉽지 않다.[85] 나아가 가령 우드는, 이러한 사정 때문에 적지 않은 칸트 학자들은 대부분 도덕적 신앙에 대한 타당한 논증을 칸트의 저술들로부터는 전혀 추출해 낼 수 없다는 결론을 내리기도 하였다고 평가한다.[86] 심지어 칸트의 『유작(Opus Postumum)』의 편집과 해석에서 선구적인 업적을 쌓은 아디케스(Adickes)도, 『유작』에서 칸트가 자신의 비판기의 도덕적 증명을 거부했으며 그것을 주관적 체험

---

85) A. Wood, *Kant's Moral Religion*, 10쪽.

86) Wood가 대표적으로 꼽고 있는 학자들로는 Victor Cousin, L. W. Beck 등이 있다. A. Wood, *Kant's Moral Religion*, 10쪽 및 각주 2 참조.

(subjectives Erleben)에 입각한 신에 대한 더 '개인적(personal)' 이면서도 '주관적(subjective)'인 신앙으로 대체했다는 결론을 내리고 있다.[87] 그리고 더불어 그의 이 같은 결론을 많은 권위 있는 칸트 주석가들이 그대로 수용하고 있다는 것이다. 이에 대해서 우드는, 그들이 아디케스가 그러한 결론에도 불구하고 칸트의 『유작』이 보여주는 단편적이고 해석하기 어려운 언급들이 갖는 문제점들 및 그러한 해석들이 이미 출간되어 상대적으로 더 명료한 저작들에 대한 그 나름의 독해에 입각하지 않으면 안 된다고 한 지적에 대해서는 충분히 고려하지 못하고 있음을 덧붙이고 있다. 이러한 점을 고려하면서 우드는, 칸트는 그의 『유작』 이전에는 결코 도덕적 논증을 거부하지 않았으며, 오히려 계속해서 그의 비판적 저술을 통하여 옹호하고 있으며, 따라서 만일 『유작』에서 그것을 거부하고 있다면 그것이야말로 놀라운 일이며, 설사 그렇다 하더라도 그것이 더 강력하고 결정적인 증거에 의해서 뒷받침되지 않는 한 이를 칸트 자신의 최선의 견해로 받아들여서는 안 된다는 점을 강조하고 있다.[88]

그러나 이러한 평가를 고려하지 않더라도 칸트의 도덕적 신앙의 옹호와 확신을 다지기 위한 도덕적 신 존재 증명은 오로지 이성의 유일한 사실로서의 도덕법칙의 확실성으로부터의 증명인 이상 우리의 시각은 이러한 전제적 사실로부터 정당화될 수 있는 도덕적 증명의 건전성에 모아져야 할 것이다. 신의 현존재

---

87) Erich Adickes, *Kants Opus Postumum, dargestellt und beurteilt, Kant-Studien Ergänzungsheft 50*, 1920, 720ff, 769-885쪽; Allen Wood, *Kant's Moral Religion*, 11쪽.

88) A. Wood, *Kant's Moral Religion*, 12-13쪽.

에 대한 칸트의 저 세 가지 유형의 도덕적 증명도 바로 그 연장선상에 놓여 있는 증명들이다. 따라서 어떠한 경우든 칸트의 도덕적 신 존재 증명이 갖는 고유한 의미는, 비록 그것이 성공하지 못했다 하더라도, 또 『유작』과 관련하여 심지어 칸트 스스로 그것을 거부했다는 주장이 어느 정도 설득력을 갖는다 하더라도, 도덕적이어야 하는 우리의 신앙의 당위성을 정당화하려는 차원에서 이루어지고 있는 시도로 보아야 한다. 그리고 이것은 칸트가 신 존재의 도덕적 증명을 통해서 우리에게 보여주고자 했던 유일한 그리고 변함없는 사실임에 틀림없다.

제 6 장
종 교 적 인 간 학

1. 도덕과 종교, 그리고 『인간학』

칸트는 종교에 관한 자신의 입장을 체계적으로 해명해 놓은 『단순한 이성의 한계 내에서의 종교』(이하 『종교론』)의 초판 (1793) 머리글을 이성적 존재자로서의 인간의 자유라는 단서와 함께 "도덕은 인간의 개념에 기초한다"[1]라는 선언으로 시작하고 있다. 또 몇 줄 지나지 않아서 "도덕은 그 스스로를 위해서는 결코 종교를 필요로 하지 않는다"는 또 하나의 단서를 추가하고 있다. 도덕이 그 자신만으로도 충분한 것은 '순수한 실천

---

1) *Die Religion innerhalb der Grenzen der bloßen Vernunft*, 649쪽.

이성'에 힘입고 있기 때문이라는 것이 그 이유이다. 이처럼 인간과 도덕의 관계를 제한하는 내용이 재삼 등장하는 것은 무엇 때문일까?

우선 칸트가 종교에 관한 자신의 견해를 담은 글을 출간하는 마당에 왜 인간과 도덕의 관계를 이처럼 단서에 단서를 달며 강조하고 있는지를 세 가지 관점에서 생각해 볼 필요가 있다. 첫째로 전체 철학 체계로 볼 때 칸트는 종교 문제를 근본적으로 도덕철학의 연장선에서 자신의 도덕 이론을 토대로 하여 전개하고 있다. 더욱이 그에게는 도덕적 인간만이 진정한 의미에서 종교적 인간이다. 따라서 자신의 종교철학의 새로운 기초와 원리 및 방식과 관련하여 자신의 작업의 성격을 더욱 분명히 해둘 필요가 있었을 것이다.

둘째로 당시의 상황을 고려할 때, 종교 문제는 인식과 도덕의 영역에서 합리론과 경험론 사이에 빚어진 갈등 이상으로 혼란과 대립의 양상을 보이고 있었다. 이 같은 상황과 문제의식은 칸트의 '선험적 이성신학'의 체계를 낳았다. 이는 당시 계몽주의 시대가 안고 있었던 다양한 비판과 시대 변화에 새롭게 대처하고자 했던 계몽사상가로서의 칸트가 종교 문제와 관련하여 자신의 선험철학적·도덕철학적 기초 위에서 이룩한 비판적 종교론의 결정체였다. 그러나 종교에 새로운 이론적 기초를 부여하고 이를 정당화하지 않으면 안 되었던 시대적 과제를 해결함에 있어 자신이 내놓은 도덕적 이성종교라는 대안에도 불구하고, 이같이 제대로 이해되지 못하고 있는 자신의 의도를 분명히 함으로써 저간의 오해를 불식시키고 싶었을 것이다.

마지막 셋째로 이는 선행 관점들의 배경이 되면서 동시에 칸트 종교론의 핵심에 접근하는 중요한 실마리가 된다. 칸트의 글 곳곳에는 항상 현실적 인간의 유한성에 대해서 고심한 흔적이 배어 있다. 칸트가 자신이 통찰한 도덕이 그 자체만으로는 종교를 필요로 하지 않는다고 하면서도 도덕적 종교론으로 나아가는 마당에 분명히 해두고 싶었던 것은 『종교론』의 저술 의도에 대해 자칫 있을 수 있는 오해를 불식시키고 싶었기 때문일 것이다. 이를 우리는 그의 『종교론』에서 확실히 감지할 수 있다. 여기에는 단순히 기존의 종교적 전통으로의 복귀도 단절도 아닌, 진정한 종교로서의 도덕적 이성종교의 세계로 인도하려는 칸트의 엄정한 요구가 함께한다. 그러나 무엇보다도 여기에서 고려되고 있는 존재는 죄지음과 나약함에 처해 있는 현실적 인간이며, 그러한 인간의 구제 역시 도덕적 바탕 위에서만 진정으로 가능하다는, 즉 도덕적으로 정당화된 종교적 인간임을 간과해서는 안 된다는 경고가 담겨 있다고 생각된다. 즉 칸트가 종교론을 전개하면서 도덕을 거론하고 또다시 이를 인간 개념과 관련한 단서 조항을 들먹이고 있는 이유도 이 점을 염두에 두고 있기 때문이라 할 수 있다.

이 같은 사실은 주지하다시피 이미 『순수이성비판』과 『논리학』에서 설정해 놓은 바 있는 철학의 주제에도 반영되어 있다. 칸트는 『순수이성비판』에서는 (1) 나는 무엇을 알 수 있는가? (2) 나는 무엇을 해야만 하는가? (3) 나는 무엇을 희망해도 좋은가?라는 철학의 근본 주제를 제시하고 있으며,[2] 『논리학』에서는 이 세 가지 과제에 '인간이란 무엇인가?'라는 네 번째 과제

---

2) *Kritik der reinen Vernunft*, A 805/B 833.

를 덧붙여 제시하면서 앞의 세 가지 물음들에 형이상학(또는 인식론), 윤리학, 종교철학을 대응시키고 있으며, 네 번째 물음에 대한 답을 다름 아닌 인간학이 담당하는 것으로 말하고 있다. 그러나 선행하는 세 가지 물음 각각이 넓은 의미에서 인간의 특수한 능력 및 기능과 관계한다는 점을 고려할 때, 정반대의 관점에서 볼 경우 그것은 곧 인간학을 구성하는 요소들이기도 하다. 따라서 그런 점에서 선행하는 세 가지 물음들은 이 마지막 네 번째 물음을 전제하며 또 최종적으로 이에 귀착한다고 할 수 있다.3) 그리고 우리가 일반적으로 글쓰기와 사고의 관계에서 결론은 서론에 선행하며 서론은 결론을 전제한다는 점을 염두에 둔다면, 처음 세 가지 물음과 과제가 네 번째 물음과 갖는 관계는 당연한 것이기도 하다. 이에 따라 우리는 칸트의 종교론 또한 인간에 대한 칸트의 견해에 의거하여 바라보고 접근할 때에야 비로소 그의 종교에 대한 사고의 진면목을, 즉 칸트적 인간이 그 중심에 있어서 왜 도덕적 존재이며 나아가 또 왜 도덕적인 것을 넘어서 종교적인 것으로 귀착하게 되는지를 올바르게 파악할 수 있을 것이다.

필자가 이해하는 한, 칸트는 지극히 '상식의 철학자'이다. 비록 통속적인 상식을 그대로 수용한 것은 아니지만, 또 그 때문에 상식의 오류와 한계를 날카롭게 지적하곤 했지만, 칸트는 그러한 상식 속에 반영된 이면의 진실을 언제나 '상식의 관점'에서 고찰하기를 즐겼다. 이러한 경험적 내지는 일상적 이해로부터의 접근법을 가장 잘 보여주고 있는 저서가 다름 아닌 『실용

---

3) Kant, *Logik*, 바이셰델판 VI권, 448쪽.

적 관점에서 본 인간학』(이하 『인간학』)이다. 이 저서는 그런 식으로 그의 철학의 혁명성을 부드럽게 표현해 내면서 동시에 전통적 철학과의 연관성과 차이를 자연스럽게 드러내고 있다.

『인간학』이 보여주는 인간에 대한 다양한 경험적 접근과 이해 및 일반적 앎으로부터 시작하여 인간의 본질 규정에까지 이르는 폭넓은 담론들은 칸트 철학의 세부 주제들과 긴밀한 연관성을 갖고 있다. 때문에 철학적 주제들에 대한 칸트의 사고와 입장을 이해하는 데 상당히 유용한 자료이기도 하다. 이 글은 이 같은 맥락에서 칸트의 종교적 견해를 인간학적 관점에서 접근해 보려는 것이다. 특히 필자는 『인간학』에서 칸트가 즐겨 사용한 '성격(Charakter)' 개념을 중심으로 이에 접근할 것이다. 칸트는 『인간학』은 물론 『순수이성비판』을 포함한 다른 저서에서도 성격 개념을 인간과 세계 이해의 중요한 통로로 묘사하고 있는 것을 볼 수 있다. 그런 점에서 이 성격 개념은 그의 전체 철학의 체계적 구성의 근간 개념들 중의 하나로 보아도 무방할 것이다.

2. 인간에 대한 물음: 생리학적 인간학, 실용적 인간학, 철학적 인간학

칸트의 철학을 그 이전의 철학적 전통과 비교해 볼 때 가장 두드러진 특징들 중의 하나로 꼽을 수 있는 것이 인간 개념이다. 한마디로 칸트적 '인간'은 그의 철학의 출발점이자 최종 도달점이다. 철학적 인식의 인간중심적 기초를 확립한, 소위 인간의 인식 능력에 대한 탐구서인 『순수이성비판』이 그 단적인 증거이다. 그러나 이는 단순히 '인식'의 영역에만 국한되지 않는다. 인간의 모든 활동 영역에 항상 함께하는 배경적 지식이 바로 칸트의 인간 개념이다.

방법론적으로 칸트는 분석과 종합이라는 그의 철학의 일반적 방식과 동일하게 한편으로는 단계적 전략에, 다른 한편으로는 전체적 전략에 의거하여 자신의 인간관의 면모를 제시하고 있다. 이성, 오성, 감성, 판단력 등을 축으로 하여 전개되는 주제들과, 정치적 인간, 역사적 인간, 종교적 인간을 축으로 하여 전개되는 주제들이 그것이다. 특히 후자의 논의들에는 세부적으로는 전자에 속하는 감성, 오성, 이성, 감정, 욕구, 쾌, 오감, 상상력, 성격, 욕정, 성향, 경향성 등 인간적 특성들의 다양한 요소들에 대한 그의 치밀한 고찰이 수반되고 있다. 우리는 이러한 칸트의 인간관의 전모를 인간학이라는 이름 아래 한데 묶어 더욱 체계적으로 밝혀볼 수 있다.

칸트에 의하면, 인간학(Anthropologie)은 "인간에 대한 앎을 체계적으로 파악하는 학문"이다.4) 그런데 칸트는 『인간학』에서 이를 생리학적 관점에서의 인간학과 실용적 관점에서의 인간학으로 구분하면서 전자의 관점에서의 인간에 대한 앎은 '자연'이 인간에 대해서 하고 있는 것이 무엇인가에 대해서 탐구하는 것이며, 후자의 관점에서의 인간에 대한 앎은 '인간'이 자유롭게 행위하는 자로서 자신에 대해 무엇을 하고 있으며, 혹은 무엇을 할 수 있으며, 그리고 해야 하는가에 대해서 탐구하는 것으로

---

4) Kant, *Anthropologie in pragmatischer Hinsicht*, 바이셰델판 XII권, 399
쪽.

정의내리고 있다.5) 즉 그 탐구 대상을 각각 자연과 자유를 기준으로 구분하고 있다. 그런데 전자에 대한 탐구가 인간의 생리적·물리적 현상에 대한 이해를 목표로 하는 데 반해서, 후자 즉 실용적 관점에서의 인간학은 인간의 행위와 관련 있거나 또 그로부터 알 수 있는 인간의 특성, 즉 "실천적인 것에 관계하고 관찰에 근거한 이런저런 인간의 특성"6)에 대한 탐구가 총망라 되어 있다. 물론 칸트의 생리학에 대한 이해는 오늘날의 그것에는 미치지 못한다. 그러나 심지어 칸트는 기억 능력이나 기억 작용이 갖는 측면 자체는 생리학적 인간 지식이지만, 기억에 방해가 되거나 도움이 되는 지식을 이용하여 기억의 확대나 효과를 도모할 수 있는 그런 지식까지도 실용적 인간학에 포함시키고 있다. 실제로『인간학』에 제시된 내용들을 볼 때, 실용적 인간학은 상당 부분 '이런저런 인간의 특성'에 대한 경험적·심리학적 관찰을 기록하고 있는 인간학이라 할 수 있다.7)

이상과 같은 점을 고려할 때, 칸트의『인간학』은 자신이 최종적인 과제로 설정했던 '인간이란 무엇인가?'라는 물음에 답하고

---

5) *Anthropologie in pragmatischer Hinsicht*, 399쪽.

6) *Anthropologie in pragmatischer Hinsicht*, 402쪽.

7) 그러나 이 또한 주의를 요한다. 이 글에서 '경험적·심리학적'이라는 표현은 현상적인 것을 더 강조하기 위해 사용하고 있지만 칸트 자신은 심지어 '인간학적'과 '심리학적'을 구분해 사용하고 있다. 가령 내적 경험을 예로 들 경우 그것을 '인간학적' 관점에서 말할 때는 사람들이 실제로 영혼을 가지고 있는지 아닌지 하는 문제에는 직접 상관하지 않지만, '심리학적' 관점에서 말할 때는 사람들은 영혼을 자기 안에서 지각한다고 믿으며, 사유 능력으로서 인간 안에 내재하는 실체로 간주하게 된다. 따라서 칸트 자신이 쓰는 말과 혼동하지 말아야 한다. *Anthropologie in pragmatischer Hinsicht*, 456쪽 참조.

자 했던 인간학과는 거리가 멀다. 왜냐하면 칸트가 실제로『인간학』에서 보여주고 있는 '실용적 인간학'과 칸트 철학의 네 번째 과제로 설정된 '인간이란 무엇인가?'라는 두 테마는 근본적으로 상이한 문제 영역에 속하는 것들이기 때문이다. 다시 말해 전자가 인간에 대한 경험적·심리학적 차원의 문제들과 주로 관계하는 응용적 인간학에 속한다고 할 수 있는 반면, 후자의 경우에는 소위 인간의 본질에 대한 체계적 탐구와 이해를 근간으로 하는 철학적 인간학에 속한다. 실제로『인간학』은 24년 가까이 겨울학기에 행한 강의 내용을 출간한 것으로 엄밀한 이론적 지식을 담고 있는 저술이 아니다. 왜냐하면『인간학』이 갖는 근본 특징을 고려할 때, 그것이 '인간이란 무엇인가?'라는 물음에 부합하는 체계적 해명 즉 철학적 논증이 제시되어 있지 않기 때문이다. 따라서 정작 칸트에게 필요한 인간학은『인간학』이 보여주는 것과 같은 그런 인간학이 아니라 다름 아닌 철학적 인간학이다. 그러나 근본적인 상이함을 무시할 경우에 우리는 네 번째 물음과 이 저서와의 긴밀한 연관성은 충분히 엿볼 수 있다. 왜냐하면『인간학』은 인간의 이성적 특성과 경험적 특성을 총체적으로 고려함으로써 최소한 인간 일반에 대한 포괄적 규정을 담고 있기 때문이다.

이러한 점을 고려할 때,『인간학』이 갖는 저서로서의 성격을 철학적 인간학 및 응용적 인간학을 뒤섞어 놓은 '포괄적인 인간학'으로 특징지을 수도 있다. 그럼에도 불구하고 이 저술은 인간에 대한 본질적 이해를 겨냥하고 있는 것임에는 의심의 여지가 없다. 실제로 칸트가 '실용적 관점'이라는 말로 의미했던 것에 주목해 보면 분명해진다. 칸트가『인간학』에서 의도한 실용적 관점이란 단적으로 "무엇을 어떻게 해야 할 것인지에 대한 탐구를 목표로 하는 체계적 조망"을 의미한다.[8] 따라서 그것은 "단순히 지식의 응용이라는 관점에서 인간에 관한 앎을 말하려는 것이 아니라, 오히려 인간에 관한 앎 자체의 구성에 이미 들어가 있는 하나의 조망이다."[9] 때문에 『인간학』에서 다루어지는 주제와 관점 그리고 내용들은 직접·간접으로 칸트의 철학 전반과 관계되어 있으면서도, 그 나름의 고유한 특징을 드러내고 있다. 그런 점에서 『인간학』은 칸트의 비판철학의 정수를 담고 있는 저서라고 평가되기도 한다.[10] 먼저 칸트의 『인간학』 전체를 통해서 드러나는 그의 순수 철학적 주제들과의 긴밀한 연관성에 주목해 보자.

다른 주저들과 비교할 때 『인간학』은 우선 대체로 다양한 실례와 더불어 그 표현에서 서술적인 성격이 두드러진다. 즉 증명이나 논증보다는 보고 느끼고 관찰한 사실, 또는 세간의 이해와 평가에 대한 부연 등이 대부분이다. 그러면서도 칸트 자신이 주요 저술들에서 문제 삼았던 논제들과 주장들이 함께 거론된다. 이러한 점들을 미루어볼 때, 칸트의 엄격한 철학적 논의들은 이미 실용적 관점에서 본 인간학에 대한 그의 이해를 그대로 반영하거나 여러 모로 관련이 있다. 따라서 칸트의 저 세 가지 물음들 각각이 『인간학』이 보여주는 경험적이면서 실제적으로 파악

---

8) *Anthropologie in pragmatischer Hinsicht*, 399쪽.

9) G. Böhme, *Philosophieren mit Kant. Zur Rekonstruktion der Kantischen Erkenntnis- und Wissenschaftstheorie*, Frankfurt am Main: Suhrkamp, 1986, 216쪽.

10) V. Gerhardt, "Kants kopernikanische Wende", *Kant-Studien* 78, 1987, 148쪽 참조.

된 '인간'에 대한 이해를 암묵적으로 전제하거나 이에 의존하고 있다고 평가할 수 있다.

이러한 사실은 간접적으로 칸트의 철학적 활동을 연대기적 순서로 살펴볼 때에도 드러난다. 우리는 이미 『순수이성비판』(1781)을 통해 인식 능력에 관한 이론을, 『실천이성비판』(1788)을 포함한 도덕적 저술들을 통해 욕구 능력에 관한 이론을, 그리고 『판단력비판』(1790)을 통해 쾌·불쾌의 감정에 입각한 취미론 즉 미감적 판단력에 관한 이론 등 많은 핵심 주제와 이론들을 알고 있다. 그런데 이들 칸트의 주저들보다 늦은 시기인 1798년에 출간된 『인간학』은 실제로 『순수이성비판』의 출간보다도 20년 앞서, 그리고 『순수이성비판』의 출간을 기획했던 시기와 비슷한 시기인 1772년부터 24년 동안 이미 해오고 있었던 칸트 자신의 강의 자료였던 것이다.

이러한 점 때문에 우리는 『인간학』에서도 칸트가 종교철학에서 문제 삼았던 논의나 주제들과의 관련성을 엿볼 수 있는 대목들을 찾아 그의 종교철학을 이해하는 데 도움이 되는 언급들을 재구성해 볼 필요성에 주목하게 된다. 앞서 언급한 바와 같이 칸트가 실용적 목적을 가진 인간학을 자유 존재로서의 인간이 자신에 대해 무엇을 하고 있으며, 혹은 무엇을 할 수 있으며, 그리고 해야 하는가에 대한 탐구로 정의하고 있다는 사실에서, 비록 그 철학 방법론과 지향점은 달라도, 곧 그의 도덕철학과의 관계를 분명하게 보여주고 있다. 따라서 도덕과 종교의 관계가 차지하는 중요성을 고려할 때, 인식론 및 윤리학의 주제와 관련된 논의와 묘사와 마찬가지로 '이런저런 인간의 종교적 특성'에 대해서도 그런 점들을 발견할 수 있다는 것은 당연할 것이다.

이러한 이유에서 철학적 인간학에 대비되는 소위 실용적 인간학과 같은 종류의 응용적 인간학에는 종교적 인간에 대한 앎을 탐구하는 인간학 같은 것들도 포함되는 것이 온당하지 않을까 하는 생각을 하게 된다. 실제로 『인간학』의 구성을 주제별 구분에 의거하여 살펴보면, 크게 인식 능력, 욕구 능력, 쾌·불쾌의 감정, 성격론 등 그의 철학의 중심 사상들을 예상할 수 있는 내용들이 총망라되어 있다. 때문에 칸트의 이론 체계에서 종교철학이 차지하는 비중을 감안할 때 이에 대응하는 종교적 인간학이 있을 수 있다고 생각하는 것은 자연스러울 것이다. 더욱이 앞서 언급한 바와 같이 『인간학』이 갖는 '포괄적 인간학'의 성격을 감안한다면, 우리는 이 저서 안에서도 칸트의 종교철학과 밀접한 관련이 있는 인간학적 견해들을 충분히 예상할 수 있을 것이다. 그러므로 종교철학의 문제를 직접적으로 다루고 있는 『종교론』에서의 인간 이해를 좀더 분명히 하는 데 『인간학』이 적지 않게 도움이 될 것이다. 따라서 이 글이 의도하고 있는 종교적 인간학은 이미 칸트가 『종교론』에서 논증한 인간 이해, 즉 (종교)철학적 해명을 필요로 했던 주제들에 대한 경험적·심리적 탐구 자료와 지식들을 『인간학』의 도움을 받아 재구성하는 작업이 된다.[11]

---

11) 칸트는 '심리적'이라는 말을 '응용적'이라는 뜻으로 쓰기도 한다. *Anthropologie in pragmatischer Hinsicht*, 431쪽.

3. 종교적 인간에 대한 체계적 지식의 몇 가지 구성 요소

1) 인간학적 성격론

우선 종교적 인간학의 대강을 살펴보도록 하자. 인간의 성격 (Charakter) 일반의 특성을 고찰하고 있는 『인간학』 제2부 「인간학적 성격론」은 '개인의 성격', 남성과 여성으로서의 '양성의 성격', '민족의 성격', '인류의 성격' 등을 다루고 있는데, 이 '성격' 개념에 대한 이해는 그의 철학 전반을 '종합적으로 조망하는 데' 유용할 뿐만 아니라, 그의 인간학 일반, 특히 종교적 인간학 전체의 모습을 '재구성할 수 있는 체계적 관점'을 제공해 준다.

칸트가 이룩한 비판적 선험철학이 다루었던 주제들을 고려할 때, 그의 성격론이 함의하는 '종합적 조망'과 '체계적 재구성'이라는 상호 연관된 두 가지 특징을 통해서 우리는 그의 종교적 인간학 또한 인간학 전체와의 체계적 연관하에서 다룰 수 있다는 것을 알게 된다. 다시 말해 『인간학』 강의가 이루어지고 있던 시기와 비판철학의 전개 과정을 비교할 때, 칸트가 최종적인 것으로 설정한 '철학적 인간학'에 이르는 여정은 이미 그 출발에서 '잠정적인 인간학'이라 할 수 있는 것을 전제하고 있었다고 할 수 있으며, 다름 아닌 그의 성격론을 통해서 칸트 철학의 세부 논증과 개념들, 그리고 그의 문제의식과 연관성 등을 하나의 일관된 시각에서 접근, 이해할 수 있는 또 하나의 방도를 얻게 된다.

칸트는 『인간학』에서 성격을 실용적 관점에서 포괄적으로

'자연적(physisch) 성격'과 '도덕적(moralisch) 성격'으로 구분하고 있다. 그리고 "전자는 감성적 존재자 혹은 자연적 존재자로서의 인간의 차별 특징이며, 후자는 자유가 부여된 이성적 존재자로서의 인간의 차별 특징이다"[12]라고 하였다. 다시 넓은 의미의 성격 개념을 구체적으로 '소질' 개념에 의거하여 전자에는 자연적 소질로서의 천성, 감성 방식(Sinnesart)에 해당하는 기질을, 후자에는 도덕적 소질 혹은 사유 방식(Denkungsart)을 포함시키고 있다. 특히 칸트는 성격을 인간만이 갖는 특징으로 보면서 도덕적 성격을 아무런 형용 없이 '단적으로(schlechthin) 성격' 혹은 그냥 '성격'이라 부르기도 한다. 그리고 칸트는 인간에 고유한 이 같은 성격의 의미를 올바로 파악하지 못하면서 두 종류의 성격을 혼용하여 사용하는 일상적 태도를 경계한다. 그 분명한 예로 일반인들이 통상 성격이라는 부르는 것들이 인간의 성격이 아닌 '감성 방식'을 나타내는 것임을 강조하는 경우를 들 수 있으며,[13] 또 모방이나 흉내, 나아가 "기질로부터 나오는 선량함은 성격의 특색이 아니다"라는 말에도 잘 나타나 있다.[14]

인간을 이렇게 성격에 의거해서 규정하는 방식은 '인간의 내면을 외면으로부터 인식하는 방법에 관하여'라는 「인간학적 성격론」의 부제가 암시하듯이 천성이나 기질, 성격 등을 망라한 인간의 다양한 모습에 대한 체계적 설명을 시도하는 경험적 접근법이다. 그러면서 동시에 이를 통해 선험적 인간 이해 일반과의 연관성을 보여주고 있다. 한마디로 칸트가 주목하고 있는

---

12) *Anthropologie in pragmatischer Hinsicht*, 625쪽.
13) *Anthropologie in pragmatischer Hinsicht*, 633쪽.
14) *Anthropologie in pragmatischer Hinsicht*, 635쪽.

'성격'은 인간의 다양한 측면을 종합적으로 담지하고 있는 인간적 특징이다. 즉 외면으로부터 그 내면까지도 알아낼 수 있으며, 역으로 내면의 인격적 특성이 외면으로 드러나고, 그것의 드러나 있음 또한 알 수 있는 인간적 징표이다.

인간학적 관점에서 볼 때, 이는 칸트의 선험철학적 논증이 언제나 귀착했던 가장 기본적인 조건과 전제가 성격 개념에 의거하여 하나로 통일될 수 있다는 것을 의미한다. 실제로 칸트가 『순수이성비판』에서 전개한 경험과 가상, 현상과 물 자체, 현상계와 예지계, 현상인과 가상인 등의 이원적 구조는 인간 성격의 이중성과 직결되어 있다. 경험적 성격에서 드러나는 현상인과 가상적 성격에서 드러나는 가상인이 그 단적인 예이다. 심지어 칸트는 경험적 성격이 가상적 성격의 표현, 즉 "경험적 성격이 가상적 성격의 감성적 도식"[15]에 불과한 것으로, 또한 "경험적 성격의 선험적 원인인 가상적 성격은 이 가상적 성격의 감성적 표시로서의 경험적 성격을 통해서만 표시될 수 있다"[16]고 함으로써 자유와 도덕적 악이라는 '도덕과 종교'의 핵심 주제에는 물론 자유와 자연 필연성의 이율배반의 논증과 해결이라는 비판철학의 핵심에 접근하고 있다.[17] 여기서 원인으로서의 가상적 성격은 이미 선험적 인격성을 예시하고 있으며, 이는 곧 칸트에 있어서 도덕적 자발성(자율성)이 도덕적 성격과 관계하며, 또 이것이 자연적 내지는 경험적 성격을 갖는 현상인에 대해서 가상

---

15) *Kritik der reinen Vernunft*, A 553/B 581.

16) *Kritik der reinen Vernunft*, A 546/B 574.

17) Hermann Schmitz, *Was wollte Kant?*, Bonn: Bouvier, 1989, 125-140 쪽, 특히 127-128쪽 참조.

인으로서 파악되고 있다는 것을 알 수 있다.[18] 칸트는 또한 인간 내면의 순수 자발성이 반드시 감성계, 즉 시간 속에서 경험적 성격에 의해 행해지는 것을 분명히 함으로써 이러한 구도를 내면의 도덕성과 밖으로 드러나는 행위의 관계에까지 이어가고 있다. 이와 같은 구조적 연관성을 고려할 때, 성격 개념은 그대로 자유 개념에 대한 칸트의 이해와 일맥상통한다.[19] 다시 말해서 이 같은 가상인과 현상인의 구별 혹은 가상적 성격과 경험적 성격 사이의 내면적 관계는 도덕철학에도 동일한 방식으로 적용된다.

칸트는 『도덕형이상학 정초』의 첫 장에서도 이와 같은 관점에서 선의지와 성격의 밀접한 관계를 분명히 하고 있다.[20] 즉 칸트에 의하면 "선의지는 유일하고 전체적인 선이 된다고까지는 할 수 없겠으나 그래도 최고의 선이요, 다른 모든 선이나 모든 행복 추구에 있어서도 조건이 되어야 한다"고 하였다.[21] 다시 말하면 선의지는 '최고의 선'으로서 '그것 자체'가 목적적 가치라는 것이다. 오히려 선한 것들로서의 통속적인 선은 본래적 선인 선의지에 의해서만 그 가치가 규정될 수 있다는 것이다. '이

---

18) 인간의 본성이라는 측면에서 가상적 성격과 경험적 성격을 의지의 자유의 문제와 관련하여 다루고 있는 부분에 대해서는 *Anthropologie in pragmatischer Hinsicht*, 677-688쪽 참조.

19) H. Heimsoeth, "Freiheit und Charakter", in *Kant. Zur Deutung seiner Theorie von Erkennen und Handeln*, G. Prauss(hg.), Köln: Kiepenheuer & Witsch, 1973, 292-302쪽, 특히 301-302쪽 참조.

20) F. Kaulbach, *Immanuel Kants "Grundlegung zur Metaphysik der Sitten"*, Darmstadt: Wissenschaftliche Buchgesellschaft, 1988, 199-200 쪽 참조.

21) *Grundlegung zur Metaphysik der Sitten*, 22쪽.

해력, 기지, 판단력' 등과 같은 정신의 능력들이나 '용기, 과단성, 인내' 등 기질의 속성과 같은 것들은 선의지에 의하여 사용될 때만 선하며, 칸트는 이러한 '의지의 고유한 본성'을 '성격'으로 표현하고 있다.[22] 결국 인간의 (도덕적) 성격을 선의지에 따르려는 의지적 특성으로서의 덕성으로 보고 있다. 이와 동일한 맥락에서『인간학』에서 성격은 시장 가격을 갖는 재능, 교환 가격을 갖는 여타의 다른 선하고 유용한 성질, 애착 가격(Affektionspreis)을 갖는 기질 등과는 전혀 다른 일체의 가격을 넘어선 숭고한 내적 가치를 갖는 것으로 말하고 있다.[23] 이는『인간학』의 성격론, 특히 '개인의 성격'에 관한 고찰 전반에 걸쳐 예증되고 있다.

2) 인간의 본성과 근본악

지식과 종교의 문제는 칸트 철학의 두 축이다. 이성 능력의 한계를 기점으로 해서 지식의 체계와 신앙의 체계가 전혀 다른 두 차원의 세계로, 마치 물과 기름처럼, 양분되어 있음에도 칸트의 철학은 다시 도덕을 매개로 하여 이 둘의 결합을 꾀하고 있다. 지식의 문제에 대한 이론적 확실성 이상으로 칸트는 도덕적 · 실천적 확신에 근거하여 종교의 문제에 접근해 간다. 칸트의 이러한 확신은 무엇보다도 그의 인간 본성에 대한 견해에 전적으로 좌우된다. 신의 존재와 내세의 삶마저 긍정하게 만드는 인간의 (도덕적) 본성에 대한 믿음과 애착은 신앙을 위해 지식

---

22) *Grundlegung zur Metaphysik der Sitten*, 18쪽.
23) *Anthropologie in pragmatischer Hinsicht*, 634쪽.

을 제한하지 않을 수 없다는 고백을 하도록 만들기도 했다.

지식의 한계뿐만 아니라 지식과 신앙의 양립 불가능성에도 불구하고 칸트는 지식과 도덕 그리고 신앙의 문제를 해결해 나 갈 수 있는, 누구나 쉽게 긍정하고 확인할 수 있는 방도를 모색 한다. 이러한 접근과 노력은 대체로 경험적 · 심리학적 해명으로 주어진다. 소위 칸트의 선험적 논증은 이를 철학적으로 정당화 한 결과라고 할 수도 있다. 선험적 논증 자체가 칸트의 순수 철 학의 백미라면, '인간학'은 그 같은 논변을 가능하게 한 원천이 자 칸트가 왜 그러한 길로 걸어갔는지를 읽어낼 수 있는 증거이 기도 하다는 점에서 이 둘은 논리적으로나 실제적으로나 상호의 존적이다.24) 그리고 『종교론』은 이러한 점들이 구체화된 또 하 나의 결실인 것이다. 그러므로 이제 칸트의 종교철학적 논변들 을 통해 드러난 정보들을 이용해 그의 종교적 인간학, 즉 종교 적 인간에 대한 체계적 지식의 대강을 엮어볼 수 있으리라 생각 된다.

『종교론』의 핵심 주제는 주지하다시피 인간의 본성 안에 있 는 '근본악(das radikale Böse)'의 문제이다. 이 근본악을 필두로 하여 선의 원리와 악의 원리 사이의 투쟁, 윤리적 공동체의 건 설, 종교의 역할 및 종교인의 자세 등에 대한 논의들이 펼쳐진 다. 이러한 논의들을 이끌어 가고 있는 인간에 대한 앎의 가장

---

24) 가령 칸트는 『인간학』에서 인식 능력의 문제를 다루면서 형이상학과 인 간학의 관계를 단적으로 엿볼 수 있는 구분을 하고 있다. 그는 형이상 학이 선천적 인식의 가능성을 탐구하는 것인 반면, 인간학은 이미 존재 하는 오성의 법칙에 따라 경험이 실제로 어떻게 이루어지는 것인지를 설명하는 문제로 파악한다. *Anthropologie in pragmatischer Hinsicht*, 431쪽.

유력한 후보로 소질과 성향을 꼽을 수 있다. 종교적 인간학을 재구성하고자 할 경우, 근본악만이 아니라 넓은 의미에서 성격의 범주에 포함되는 바로 이 '소질'과 '성향'이 '인간이란 무엇인가?' 즉 '인간에 대한 앎'이라는 칸트의 인간학적 견해를 인도하는 근간 개념이라는 점에 주목하는 것이 중요하다.25)

칸트는 근본악의 문제를 의지의 자유 내지는 도덕적 의지를 기초로 하여 풀어 나가고 있다. 이때 근본악의 개념을 이해하는 데 관건이 되는 개념이 다름 아닌 소질과 성향이다. 그리고 이들을 매개로 하여 해명되는 근본악은 그야말로 인간이 유한한 존재임을 가장 극명하게 보여주는 사실적 개념으로 등장한다. 그렇다고 소질과 성향이라는 인간 본성의 특성들이 종교적 인간에 대한 앎에만 전용되는 성질의 것은 결코 아니다. 그것들은 인간 본성 일반의 사실들이기 때문에 도덕적 인간에 대한 앎에 있어서도 오히려 더 중요한 의미를 갖기도 한다. 다만 종교적 인간의 문제에 관한 한 관건은 자유의지의 문제와 관련하여 이 소질과 성향 자체의 존재가 아니라 그것들의 상호 관계와 작용 및 역할이다. 이로 말미암아 근본악 내지는 도덕적 악이 문제되고 동시에 그것이 인간의 한계에 대한 인식, 그리고 나아가 종교와 신앙의 세계로의 확장이 이루진다는 점에서 이 또한 칸트의 철학을 이해할 수 있는 중요한 열쇠인 것이다.

---

25) 이 글은 칸트의 종교철학의 핵심 주제인 근본악 자체의 문제를 다루려는 것이 아니다. 이 주제에 관한 연구 성과들은 많다. 이 논문의 주제인 종교적 인간학에서는 근본악을 포함하여 칸트의 종교철학의 근본 문제들에 대한 접근과 해결 방법들이 칸트 자신이 이해하고 있는 인간학, 즉 인간에 대한 체계적 앎에 얼마만큼 그리고 어떻게 의존하고 있는가를 보여주는 것을 목표로 하고 있을 뿐이다.

칸트에 의하면, 근본악은 비도덕적인 동기를 도덕적 행위의 동인으로 선택한 결과로 인해서, 즉 도덕법칙을 의지의 최상의 규정 근거로 삼지 않고, 다른 동기에 의해서 대체되는, 말하자면 제약 관계의 전도가 이루어지기 때문에 발생한다.[26] 다시 말해 "인간이 악한 것은 다만 그가 동기를 그의 준칙 안에 채용할 때 동기들의 도덕적 질서를 전도시키는 것에 의해서인 것이다."[27] 칸트에 따르면, 도덕적 악으로서의 근본악의 원인 제공자는 결국 인간 자신이다. 그리고 도덕적 가능성의 원천인 의지, 즉 행위 주체의 심성에는 그러한 선택 행위가 거부하기 힘들고 거역할 수 없는 힘이기에 근본악의 발생은 불가피한 그런 것이다. 그렇다면 근본악을 허용하는 인간 본성의 정체는 무엇인가? 종교적 인간의 모습은 어떤 것인가? 이러한 물음에 접근하기 위해서는 그 실마리가 되는 몇 가지 개념들을 살펴보아야 한다.

3) 소 질

먼저 칸트는 포괄적으로 규정된 성격을 '소질(Anlage)' 개념에 따라 '여러 소질들'로 세분하여 규정한다. 먼저 어떤 존재자의 소질을 칸트는 "그 존재자에게 필요한 구성 요소이자 그 존재자를 존재하게 해주는 요소들의 결합 방식"으로 이해한다. "소질들이 어떤 존재자의 가능성에 필연적으로 속해 있다면, 그것들은 근원적이다. 그러나 그 존재자가 이러한 소질들이 없이도 스스로 가능할 수 있다면, 그것은 우연적인 것이다."[28] 그런

---

26) R. Koppers, *Zum Begriff des Böser bei Kant*, Pfaffenweiler: Centaurus-Verlagsgesellschaft, 1986, 64쪽.

27) *Die Religion innerhalb der Grenzen der bloßen Vernunft*, 685쪽.

데 이런 소질은 성격 없이는 (올바로) 현실화되지 못한다. 즉 소질의 현실화는 성격을 통해서 또 성격에 의해서 가능한 것이다. 따라서 포괄적 의미에서 성격은 "욕구 능력"29)이자 "주체가 자기 자신을 특정한 실천적 원리에 결부시키는 의지의 특성을 의미한다."30)

칸트는 『종교론』에서 인간이 갖고 있는 자연적 소질을 "생물로서의 인간의 동물성의 소질", "생물이면서 동시에 이성적 존재자로서의 인간의 인간성의 소질" 그리고 "이성적이며 동시에 책임질 능력이 있는 존재자로서의 인격성의 소질" 세 가지로 구분한다.31) 이와 유사한 방식으로 『인간학』에서 칸트는 인간의 소질을 "기술적(technische) 소질, 실용적(pragmatische) 소질, 도덕적(moralische) 소질"로 구분하고 있다.32) 여기서 기술적 소질은 "의식과 결합하여 기계적으로 물건을 사용하는 것"과, 실용적 소질은 "교묘하게 타인을 자신의 의도를 위해 이용하는 것"과, 도덕적 소질은 "법칙에 기초를 둔 자유의 원리에 따라서 자신과 타인에 대하여 행위하는 것"과 관계한다.33) 특히 칸트는 '도덕적'을 '품행(Wohlverhalten)', '실용적'을 '안녕(Wohlbefinden)'과 관계하는 것으로 구분함으로써 자신의 저서가 취하고 있는 '실용적 인간학'의 관점이 자신이 기획했던 인간학의 전부

---

28) *Die Religion innerhalb der Grenzen der bloßen Vernunft*, 675쪽.
29) *Anthropologie in pragmatischer Hinsicht*, 625쪽.
30) *Anthropologie in pragmatischer Hinsicht*, 633쪽.
31) *Die Religion innerhalb der Grenzen der bloßen Vernunft*, 672-673쪽.
32) *Anthropologie in pragmatischer Hinsicht*, 674-678쪽.
33) *Anthropologie in pragmatischer Hinsicht*, 674쪽.

가 아님을 시사하고 있다.³⁴⁾

인간의 소질을 이렇게 구분함으로써 인간의 본성이 갖는 세 가지 층위 각각이 인간의 사고와 행위에 미치는 영향 그리고 그로부터 나타날 수 있는 가능한 경험적 현상들을 체계적으로 해명하기 위한 칸트의 철학적 작업들은 그 이론의 안과 밖이 수미일관한 모습을 갖추게 된다. 특히 그는 도덕적 소질을 자연적 소질의 하나로 파악함으로써 도덕적 행위에 대한 다양한 가능성을 열어 놓게 된다. 무릇 도덕적 행위란 그 가능성에서 보자면 논리적 가능성과 사실적 가능성에 따라 그 양상은 완전히 달라질 수 있다. 즉 소질이 있다 함은 논리적 가능성을 증명하는 것이 되며, 사실적 가능성은 논리적 가능성에 기초하여 그것의 실현 가능성의 정도를 가늠할 수 있는 현실성의 객관적 평가 척도가 될 수 있다. 그 단적인 표현은 칸트의 교육관을 간명하게 보여주는 말, 즉 "인간은 교육을 받지 않으면 안 된다"는 『인간학』의 한 구절에 나타나 있다.[35]

칸트에 의하면 인간은 전적으로 자유로운 행위자이다. 그리고 무엇보다도 도덕적 소질을 소유한 인간이다. 그런 점에서 동물성과 심지어는 단순히 (타산적일 수 있는) 이성적 능력을 소유하고 있다는 의미에서의 인간성과도 구별된다. 그러나 소질은 말 그대로 싹이자 씨앗이지 완성품이 아니다. 그렇기 때문에 도덕성의 근원적 소질은 인위적인 노력이 가미되어야 제대로 발휘될 수 있으며, 역으로 그 노력 여하에 따라서는 정반대의 결과

---

34) *Anthropologie in pragmatischer Hinsicht*, 556쪽.
35) *Anthropologie in pragmatischer Hinsicht*, 678쪽.

가 생길 수도 있다. 그러기에 칸트에 의하면, 자연이 만들어낸 기질적 성격과 달리 도덕적 성격은 인간이 자기 자신으로부터 만들어낸 것이요, 그때그때마다 획득하지 않으면 안 되는 그러한 것이다.[36]

칸트는 인간이 지니고 있는 이 동물성, 인간성, 인격성의 세 가지 소질 모두 첫째로 선한 소질들이며, 둘째로 우연적 소질이 아닌 근원적 소질임을 강조한다. 그것들이 선하다 함은 그것들이 모두 도덕법칙에 모순되지 않는다는 점에서는 소극적으로도 선하며, 도덕법칙의 준수를 촉진한다는 점에서는 적극적으로도 선한 소질임을 의미한다. 말하자면 소질은 어떤 존재가 존재하기 위해서는 필연적으로 그에게 속해 있어야 하는 것이기에 적어도 인간이 도덕적 소질의 소유자라 함은 인간이 소유한 다른 소질들과도 양립 가능한 것이어야지 그렇지 않을 경우 그것은 인간 존재의 자기모순이라고 칸트는 보고 있는 것이다.

4) 성 향

칸트의 종교적 인간학을 재구성하려 할 경우, 소질 못지않게 관건이 되는 개념이 다름 아닌 '성향(Hang; propensio)'이다. 특히 칸트가 말하는 근본악의 문제에 접근하거나 이해하고자 할 때, 이 성향에 대한 이해는 거의 모든 것을 좌우한다. 칸트는 성향을 "인간에 대해서 우연적인 것으로서 경향성(습관적인 욕망)의 가능성의 주관적 근거"[37] 또는 "어떤 욕망이 그 대상의 표

---

36) *Anthropologie in pragmatischer Hinsicht*, 634-637쪽 참조.
37) *Die Religion innerhalb der Grenzen der bloßen Vernunft*, 675-676쪽.

상에 선행해서 성립하는 주관적 가능성"[38]으로 정의한다. 또 단순히 "쾌락의 욕구로 향하는 경향(Prädisposition)"[39]으로 정의하기도 한다. 그리고 여기서 경향성(Neigung; inclinatio)은 "습관적인 감성적 욕망"[40] 또는 "주관에서 규칙(습관)의 역할을 하는 감성적 욕망"[41]으로, 다시 욕망(Begierde; appetitio)은 "그 자신의 결과로서 어떤 미래의 것에 대한 표상에 의해서 주관이 자기를 규정하는 힘"[42]으로 정의된다. 이렇게 하여 성향으로부터 경향성이, 다시 경향성으로부터 성적 욕정이나 명예욕, 지배욕, 소유욕, 복수욕 같은 자연적(생득적) 경향성의 욕정(Leidenschaft)이나 문화적(획득적) 경향성의 욕정이 설명되고 있다.

그런데 칸트는 성향을 소질과 같이 생래적인 것이 아니라 인간 자신이 스스로 획득한 것이거나 초래한 것임을 강조한다.[43] 그렇다면 일차적으로 성향은 인간의 여러 성격들 중에서 더욱 근본적인 것이면서 동시에 인간 스스로가 획득하거나 초래하는 무엇과 관계한다는 것을 의미한다. 그러나 이 '획득한다'거나 '초래한다'와 같은 말은 자칫 소질 개념과 혼동하기 쉽다. 우선 성향은 인간의 본래적 가능성에 필연적으로 결합되어 있는 소질과는 구별되는 우연성의 성격을 갖는다. 그런데 이 성향은 그 우연성에도 불구하고 이를 넘어서 경향성을 가능하게 하는 인간

---

38) *Anthropologie in pragmatischer Hinsicht*, 599쪽.
39) *Die Religion innerhalb der Grenzen der bloßen Vernunft*, 676쪽 각주.
40) *Anthropologie in pragmatischer Hinsicht*, 579쪽.
41) *Anthropologie in pragmatischer Hinsicht*, 599쪽.
42) *Anthropologie in pragmatischer Hinsicht*, 579쪽.
43) *Die Religion innerhalb der Grenzen der bloßen Vernunft*, 676쪽 이하 참조.

의 내적 조건이라는 점에서 그것의 존재론적 지위는 '거의' 소질과 비슷하다 할 수 있다. 그런 점에서 소질이 아니면서도 소질처럼 스스로 가능할 수 있다는 의미에서 이것도 일종의 '우연적 소질' 또는 굳이 말을 만들어 표현하자면 '필연적 우연성'이나 '우연의 필연성'이라 할 수 있겠다. 그만큼 성향에 대한 칸트의 설명과 이해는 적지 않게 애매한 점이 있다.

우선 성향에는 선한 성향도 있고 악한 성향도 있다.44) 그러나 그 어느 쪽이든 그것은 생래적 혹은 생득적인(angeboren) 것이 아니다. 그런데 칸트가 주목하는 것은 악에의 성향이다. 선에의 성향은 이미 선한 소질로서의 인격성의 소질이 선천적으로 부여되어 있기 때문에 문제가 되지 않는다. 하지만 악에의 성향은 이와는 그 존재론적 지위가 다르다. 우선 근본악은 선과는 달리 소질이 아니다. 또 모든 도덕적 악을 초래하는 근거이면서 무엇보다도 인간의 자력으로는 근본적으로 근절시킬 수 없는 근거이기도 한 것이다. 때문에 칸트는 악의 문제를 '성향'이라는 개념을 실마리로 해서 풀어나간다.

다른 한편으로 성향을 일러 생래적인 것이 아니며 따라서 필연적이면서 '근원적인 소질'과 달리 우연적인 소질에 불과한 것이라고 하면서도, 칸트는 특히 악에의 성향을 일러 곳곳에서 '인간에 뿌리박고 있는 타락한 성향', '자연적 성향', '보편적 성향'이라 말하는 등 마치 인간의 타고난 본성인 양 표현하기도 한다.45) 가장 대표적인 경우로 성향 자체를 "인간 본성 안에 있

---

44) *Die Religion innerhalb der Grenzen der bloßen Vernunft*, 676쪽.;
   Anthropologie in pragmatischer Hinsicht, 684쪽.
45) 이런 표현들은『종교론』제 1 권의 두 번째 주제와 세 번째 주제 아래에

는 근본적이며 생득적인 악, 그러면서도 우리 자신에 의해서 초래된 악"46)이라고 하는 상호 모순적인 언급을 들 수 있다. 악에 대한 칸트의 근본 입장은 악은 인간의 자유로운 선택의 결과로서 인간 스스로가 초래한 것이라는 데 있다. 그런데 이 성향 자체가 본성적으로 또는 생득적으로 악하다면 인간의 자유의지에는 기본적인 책임이 없게 된다. 이는 칸트가 악의 근거(Grund)와 원인(Ursache) 또는 기원(Ursprung)을 해명하기 위해서 얼마나 고심했는가를 보여주는 단적인 증거라 할 수 있다.

칸트는 『종교론』 제 1 권의 세 번째 주제인 "인간은 본성적으로 악하다"에서 이 문제를 해결하고 있다.47) 칸트는 악의 근거를 해명하면서 악의 성향을 주관의 도덕성 즉 선택의지 안에 깊이 뿌리 박혀 있는 것이라고 설명하고 있다. 다시 말해 자유로운 선택의지와 동기로서의 도덕법칙 즉 준칙과 법칙 사이의 관계와 관련되어 있는 것이다. 이 양자의 관계는 준칙 속에 채용하는 동기들의 관계가 도덕법칙을 무조건적 동기로 삼고 그 아래에서 조건적으로 행복을 추구했는가, 아니면 행복 또는 자기애를 무조건적 동기로 삼고 도덕법칙을 그에 종속되는 것으로 선택했는가의 둘 중 하나이다. 악에의 성향은, 칸트의 입장에서 볼 때, 바로 후자의 경우인 "동기들의 도덕적 질서를 전도시키는 것에 의해서" 생겨난다. 말하자면 이런 질서의 전도가 실제

서 자주 등장한다.

46) *Die Religion innerhalb der Grenzen der bloßen Vernunft*, 676-677쪽 참조.

47) *Die Religion innerhalb der Grenzen der bloßen Vernunft*, 680-688쪽 참조.

로 이루어지고 있다는 것이야말로 모든 악의 뿌리로서의 근본
악, 악에의 성향의 단적인 증거라 할 수 있다.

결국 칸트는 도덕적 악이 유래하는 근본적인 원인을 바로 이
'악에의 성향'에서 찾고 있다. 심지어 칸트는 행위에 관한 한 가
장 선한 인간에게서도 악에의 성향이 있음을 발견할 수 있다고
함으로써 인간에 있어서의 악에의 성향의 보편성에 주목하고 있
다. 그만큼 악에의 성향이 인간적 본성과 밀접하게 결합되어 있
다는 것을 인정하고 있다.[48] 물론 성향 자체가 악의 원인은 아
니지만 그 가능성을 제공하고 또 이에 불가피하게 굴복하게 되
는 인간 심정의 특성과 결부되어 악은 극복하기 어려운 것으로
서 인간을 지배하게 된다. 칸트가 말하는 심정의 특성은 첫째,
채택된 준칙 일반을 따를 경우 인간적 심정의 연약함 또는 인간
본성의 '허약성', 둘째, 비도덕적 동기들과 도덕적 동기들을 혼
합시키려는 성향인 '불순성', 셋째, 악한 준칙을 채용하려는 성
향, 즉 인간 본성 또는 인간적 심성의 '사악성' 등이다.[49] 이처
럼 인간에게 속해 있는 악에의 자연적 성향이라 부를 수 있는
것들로 인해 우리는 통상 인간을 악하다고 판단하게 된다. 그럼
에도 불구하고, 칸트에 의하면, "악은 자기 자신과의 항쟁을 동
반하고 있으며, 어떤 지속적인 원리를 자기 자신 안에 허락하지
않기 때문에 본래 성격을 갖지 않는다."[50]

---

48) *Die Religion innerhalb der Grenzen der bloßen Vernunft*, 677-678쪽
참조.
49) *Die Religion innerhalb der Grenzen der bloßen Vernunft*, 676-677쪽
참조.
50) *Anthropologie in pragmatischer Hinsicht*, 684쪽.

그러면 이런 일은 왜 발생해야만 하는가? 또는 왜 발생할 수 밖에 없는가? 다시 말해 칸트는 인간을 어떻게 이해하고 있기에 도덕적 질서의 전도와 같은 일이 근절시킬 수 없는 하나의 자연적 성향으로서 인간 스스로에 의해 초래될 수밖에 없었다고 보았는가? 칸트는 이런 문제에 대해서 기껏해야 상술한 바와 같이 그 근거를 제시하는 소극적인 해명에 머물고 만다. 하지만 왜 그런 사건 자체가 생겨나는지에 대한 인식은 불가능하다고 말한다. 우리는 이 문제를 칸트 자신이 제시하고 있는 소극적 해명을 염두에 두면서 소질과 성향의 비교를 통해서 좀더 살펴보자.

5) 선에의 소질과 악에의 성향

칸트에 있어서 인간의 본성은 그 근원적인 소질에서는 선하다. 반면에 도덕적 악은 기본적으로는 인간의 의지적 선택의 결과이다. 다시 말해서 칸트가 말하는 악은 일종의 선재하는 우주적 원리에 의해서 주어지는 것으로서 나의 의지적 행위에 앞서 존재한다는 것을 의미하는 형이상학적 의미에서의 악이 아니다.[51] 그것은 인간의 본성 자체가 악하기 때문이 아니라, 악에의 성향이 있는 의지와 도덕법칙 사이에서 발생하는, 원칙적으로는, 일종의 인위적인 산물이다.[52] 그러나 그 같은 인위성은 우연적 산물이긴 하지만 앞서 지적한 바 있는 허약성, 불순성, 사악성과 같은 악에의 성향을 허용하는 조건들이 인간의 심정에

---

51) E. L. Fackenheim, "Kant and Radical Evil", in Chadwick, R. F./ Cazeauk, C.(ed.), *Immanuel Kant: Critical Assessments*, Vol. III, London/New York: Routledge, 1992, 266쪽 참조.
52) *Die Religion innerhalb der Grenzen der bloßen Vernunft*, 676-679쪽.

도사리고 있다는 점에서 인위성과 우연성으로 그 성격을 단정짓는 것만으로는 불만족스럽기도 하고 애매하기도 하다. 이 때문에 칸트의 악의 개념을 "인간의 본래적 자아나 경험적 · 자연적 본성 그 어떤 곳에서도 발견되지 않는 인간의 두 세계 사이쯤에 위치하는 것"[53]이라 규정하는 해석은 어느 정도 설득력이 있다.

그러나 이러한 불만족스러움과 애매함을 우리는 소질과 성향의 중요한 차이점을 지적함으로써 어느 정도 해소할 수 있다. 칸트는 선에의 소질이라고는 말해도 악에의 소질이라고는 말하지 않는다. 반면에 선에의 성향이나 악에의 성향이라고는 말할 수 있다. 이는 곧 소질과 성향에 대한 정의에 비추어볼 때 칸트가 무엇을 말하고자 했는지를 분명히 알 수 있다. 그 개념 정의에 따라서 인간 자체의 존재를 위해서는 선에의 소질은 근원적이자 필연적인 것이다. 즉 인간이 존재하기 위해서는 그 같은 소질이 반드시 있어야 하는 것이다. 반면에 성향은 인간 존재에게는 반드시 필요한 것이 아님에도 인간의 의지에 영향을 미치는 작용을 하는 그런 것이다. 때문에 때로는 선하게 때로는 악하게 작용하기도 한다. 칸트는 특히 악에의 성향을 일러 "악에의 자연적 성향" 또는 "인간 본성 안에 있는 근본적이며 생득적인(그럼에도 불구하고 우리 자신에 의해서 초래된) 악"으로서의 근본악이라고 불렀던 것이다.[54]

그런데 앞서 제기했던 물음, 즉 악에의 성향은 생득적인 것이 아니면서도 즉 인간의 자유의지에 의한 우연적인 것이면서도 왜

---

53) O. Petras, *Der Begriff des Bösen in Kants Kritizismus und seine Bedeutung für die Theologie*, Dissertation, Breslau, 1913, 37쪽.

54) *Die Religion innerhalb der Grenzen der bloßen Vernunft*, 680쪽.

불가피한 것으로 발생할 수밖에 없는가에 대해 칸트에게서 그나마 직접 들을 수 있는 유일한 답변은 인간이 감성적 존재이기 때문이라는 것이다. 그러나 칸트는 이 또한 인간의 자연적 소질에 속하긴 하나 "감성은 인간에 있어서 도덕적 악의 근거를 제시하기에는 너무나도 부족한 것이다. 왜냐하면 감성은 자유로부터 발생하는 동기들을 제거함으로써 인간을 단순한 동물적 존재로 만들기 때문이다"55)라고 하여 감성적 동기 자체가 악의 근거도 근원도 아님을 분명히 하고 있다. 즉 "자기애의 주관적 원리라는 감성의 동기"가 존재한다 하더라도 ― 존재한다는 것 자체는 아직 문제가 되지 않는다 ― 다만 준칙 안에서 채택하는 법칙의 동기와 감성의 동기의 질서가 전도되는 선택을 하는 인간 본성의 자연적 성향 또는 악에의 성향 자체가 문제임을 분명히 하고 있다. 그리고 왜 그렇게 되는지에 대한 원인은 더 이상 알 수 없다고 말한다.

칸트는 악의 근거는 사람들이 흔히 말하듯이 "인간의 감성 및 그로부터 발생하는 자연적 경향성 안에 놓여 있는 것"도 또 "도덕적으로 입법하는 이성의 부패성 안에 있는 것"도 아니라고 단호하게 말한다.56) 왜냐하면 감성은 악과는 직접적인 관련이 없으며, 도덕적 이성의 부패란 그 자체 모순이고 인간의 도덕적 소질과 도덕법칙은 서로를 결코 배척할 수 없는 동일한 근원을 갖는 것이기 때문이다. 따라서 이런 악에의 성향이 왜 그렇게 뿌리 깊게 인간의 본성 안에 박혀 있는 것인지 알 수 없다는 것

---

55) *Die Religion innerhalb der Grenzen der bloßen Vernunft*, 683쪽.
56) *Die Religion innerhalb der Grenzen der bloßen Vernunft*, 683쪽.

이 칸트가 도달한 결론이다. 인간에 대한 앎의 체계적 탐구를 시도하는 칸트의 인간학이 왜 그 종착점을 도덕적 신앙 속에서 구하게 되는지를 예상해 볼 수 있는 것도 바로 이 지점이다. 『종교론』의 나머지 부분들에서 우리는 악에의 성향의 기원과 근원은 알 수 없지만— 기껏해야 우리는 악의 근거만을 알 수 있을 뿐이다— 종교적 차원에서 도덕적 악의 극복 가능성을 설파하는 칸트를 만나게 된다.

칸트는 소질과 성향이 인간 본성에서 맡고 있는 작용과 역할을 구분함으로써 이제 통상 일반 사람들이 "인간은 본성적으로 악하다"고 하는 말의 진정한 의미를 해명할 수 있다고 생각한다. 즉 '인간은 악하다'는 명제는 실제로 "인간이 도덕법칙을 의식하면서도 종종 그 법칙으로부터의 이탈을 그의 준칙 안에 받아들였다는 것을 말하려는 것뿐이며", 이 사실을 일반인들은 다만 경험을 통해서 판단할 수밖에 없기에 그렇게 말하는 것이라는 해석을 내린다.57) 이런 칸트의 논리는 근본악의 문제의 해결은 경험적 방식으로는 더 이상 불가능하며, 결국 선험적 논증에 입각하지 않으면 안 된다는 것을 예고하는 것이기도 하다. 그러나 근본악에 대한 선험적 논증 자체가 이론적 작업인 이상 그것은 근본적으로 증명 불가능하다. 따라서 이 문제는 종교적 인간학의 범위를 넘어서는 과제일 뿐만 아니라, 칸트가 신앙의 세계를 위해 마련해 놓은 도덕신학의 영역에서 답하게 될 성질의 것이다.

이와 함께 앞서 지적한 바와 같이 칸트는 근본적으로 하나의

---

57) *Die Religion innerhalb der Grenzen der bloßen Vernunft*, 680쪽.

곤란에 직면해 있다. 악에의 성향 자체의 기원이나 근원은 알수 없지만 도덕적 악의 발생적 기원으로 볼 때 악에의 성향은 자유롭게 행위하는 존재로서의 인간 안에서 발견되는 것이므로 원칙적으로 악 자체는 극복 가능한 것이다. 그러나 역설적으로 그 악을 극복해야 할 주관적 근거인 인간의 의지 자체가 이미 부패해 있거나 악에 빠져 있다는 것은 인간 자력으로는 그 극복이란 불가항력이라는 것을 의미한다.[58] 이러한 두 대립되는 인간의 근본 상황을 해결해 나가는 여정이 곧 『종교론』이 펼쳐 보여주는 세계이다.

6) 도덕적 성격과 악의 극복

그러면 우리는, 그러한 전도가 이루어지지 않도록 하면 악은 발생하지 않을 수 있지 않은가라고 반문할 수 있다. 그러나 제5장 「도덕적 종교론」에서 살펴보았듯이, 칸트는 그 가능성을 용인하면서도 이러한 전도가 인간의 자연적 성향이기 때문에 근절시킬 수 없다고 본다.

그러나 다른 한편으로 그것이 전도된다는 것은 논리적으로 그렇지 않을 가능성을 허용한다. 따라서 칸트 역시 근본악을 극복 가능한 것으로 파악한다. "이러한 악은 모든 준칙들의 근거를 부패시키는 것이기 때문에 근본적인 것이다. 동시에 자연적 성향이기에 인간의 힘으로는 근절시킬 수 없는 것이다. 왜냐하면 이것은 선한 준칙들을 통해서만 일어날 수 있는데 모든 준칙

---

58) *Die Religion innerhalb der Grenzen der bloßen Vernunft*, 685-686쪽 참조.

들의 최상의 근거가 부패한 것으로 전제된다면 그런 일은 일어날 수 없기 때문이다. 그러나 그럼에도 불구하고 악에의 성향은 자유롭게 행위하는 존재로서의 인간 안에서 발견되는 것이므로 그것의 극복은 가능한 것이다."[59] 따라서 이 같은 칸트의 말에 따르면, 악은 악에의 성향 자체로부터 나오는 것이 아니라, 악에의 성향이 있는 그리고 선을 택할 수도 있는 자유(의지)로부터 나오는 것이며, 만일 악이 악에의 성향으로부터 유래하는 것이라면, 인간 자체가 근본에 있어서 죄를 지은 존재라는 말이 될 것이므로, 악의 극복은 원천적으로 불가능하게 되고 말 것이다.

그러면 그 근원의 파악 불가능성에도 불구하고 악의 극복이 가능하다면, 그것은 어떻게 가능한 일인가? 제5장에서 지적했듯이 악의 극복 가능성은 원칙적으로 인간 자신에게 달려 있다. 그러나 그것은 '점진적'으로가 아니라 '일거에' 이루어지는 혁명적 가능성이어야 하기에 인간 자력에 의한 극복에는 제약이 따른다.

이러한 칸트의 태도는 『인간학』에도 그대로 나타난다. 칸트가 말하는 도덕적 성격(소질)은 "인간을 무엇으로 만들어내는가"를 나타내는 자연적 소질과 달리 "인간이 자기 자신을 무엇으로 만들 준비가 되어 있는가"를 의미한다.[60] 따라서 기질처럼 자연적 소질에 속하는 성격은 대부분 인간 주체에게는 수동적인 것이어서 자연이 인간을 만드는 그런 성질의 것인 반면에, 단적으로

---

59) *Die Religion innerhalb der Grenzen der bloßen Vernunft*, 686쪽.
60) *Anthropologie in pragmatischer Hinsicht*, 625쪽.

(도덕적) 성격을 갖는다고 할 수 있는 것이야말로 인간이 자기 자신을 스스로 만들어 갈 수 있는 그런 특성이다.[61] 따라서 소질이 인간에게 주어져 있지만 아직 가공되지 않은 재료라면, 성격은 그것을 발휘하여 실현하거나 실현해 낼 수 있는 인격적 내지는 의지적 특성이다. 즉 그러한 소질이 드러난 외적 징표가 성격이며, 반대로 우리는 드러난 성격을 통해서 그러한 소질이 있음을 알 수 있는 것이다. 그러기에 칸트는 "성격에 의해서 사람들은 악성을 극복할 수 있다"[62]고 말하고 있는 것이다.

무엇보다도 칸트는 이런 (도덕적) 성격의 획득을 위한 "이성과 도덕적·실천적 원리로부터 생겨나는 준칙의 필요성"[63]을 강조한다. 그러므로 이미 성격을 갖고 있다는 것은 그러한 원칙을 갖고 있다는 것을 의미한다.[64] 칸트가 도덕적 성격을 단적으로 그냥 성격으로 표현하는 것도 이 때문이다. 그런데 특히 주목할 만한 것은 칸트는 인간의 성격을 "사유 방식의 독창성"[65]으로 파악한다는 점이다. 욕구 능력상 성격은 소질에 속하지만 그 소질이 발휘되기 위해서는 소질을 행사할 수 있는 각성이 요구된다. 그리고 성격은 결국 그것을 자기 것으로 일구고 형성하고 다듬고, 또 그 결과로서 소유하는 것이 된다. 따라서 결과적

---

61) *Anthropologie in pragmatischer Hinsicht*, 634쪽.
62) *Anthropologie in pragmatischer Hinsicht*, 635쪽.
63) *Anthropologie in pragmatischer Hinsicht*, 635-636쪽.
64) 칸트는 이를 다음과 같이 밝히고 있다. "자신의 본능으로부터가 아니라 자신의 의지로부터 무엇을 기대할 수 있는지를 확실히 아는 원칙의 소유자는 성격을 갖고 있다." *Anthropologie in pragmatischer Hinsicht*, 635-636쪽.
65) *Anthropologie in pragmatischer Hinsicht*, 635쪽.

으로 이러한 사유 방식에서 일어나는 자각을 통해서만 진정으로 성격은 획득될 수가 있는 것이다. 다시 말해서 자연이 만들어낸 기질적 성격과 달리 도덕적 성격은, 칸트에 의하면, 인간이 자기 자신으로부터 만들어낸 것이요, 그때그때마다 획득하지 않으면 안 되는 그런 것이다.[66] 그러면서도 칸트는 이 같은 성격의 확립과 그 지속은 교육, 범례, 훈육 등에 의해서 서서히 일어나는 것이 아니라 내면에서의 폭발적인 혁명을 통하여 일어날 수 있다고 말한다. 심지어 단편적으로 더 선한 사람이 되고자 하는 단순한 바람은 다른 동기에 의해서 망각될 수도 있는 그런 것이기에 악을 물리칠 수 있는 확고하고도 지속적인 행위의 원천이 될 수 없는 헛된 시도로 치부해 버린다.[67] 결국 칸트는 악을 극복할 수 있는 성격의 확립을 인간 내면의 근원적 통일성의 표현이자 심성 혁명의 근원적 가능성으로 파악하고 있다.[68]

한 가지 특기할 만한 것은 칸트는 이런 성격을 갖고 있다는 것을 의식하는 유일한 증명으로서 성실성(Wahrhaftigkeit)을 들고 있다는 점이다. 이 성실을 자기 자신에 관한 내면적 고백에서든 다른 모든 사람에 대한 행동에서든 최상의 준칙으로 삼는 것이야말로 그 같은 도덕적 성격을 갖는다는 것을 보여주는 것이며, 이야말로 우리가 "이성적 인간에게서 구할 수 있는 최소한이자 (인간 존엄이라는) 내적 가치의 최대한"으로 보고 있다.[69] 그리고 칸트는 이 같은 (특정한) 성격을 갖는다는 것 또

---

66) *Anthropologie in pragmatischer Hinsicht*, 634-637쪽 참조.
67) *Anthropologie in pragmatischer Hinsicht*, 636-637쪽 참조.
68) *Die Religion innerhalb der Grenzen der bloßen Vernunft*, 699쪽 참조.
69) *Anthropologie in pragmatischer Hinsicht*, 637-638쪽.

는 원칙을 갖는 사람이 된다는 것은 "가장 보통의 인간 이성에서도 가능한 것이며, 그렇게 됨으로써 최대의 재능을 가진 사람보다도 존엄에 관해 우월하다고 할 수 있다"고 봄으로써,[70] 인간이 악을 극복할 수 있는 하나의 방도를 제시하고 있다.

그러나 칸트는 악의 극복을 단순히 개인의 관점에서만 다루지 않는다. 심지어 칸트는 악의 극복이란 단순히 개개인의 노력이 한데 모여 이루어지는 그런 것이 아니라고 본다. 『인간학』과 『종교론』 모두 유기적 조직체로서의 (도덕적) 공동체를 통해서만 악의 극복을 기대할 수 있음을 강조하고 있다. 『종교론』에서는 교회를 모델로 한 윤리적 공동체가 제시되고 있는 반면에, 『인간학』에서는 그의 정치철학적 저술들에서 다루어지고 있는 정치적 공동체에 대한 언급이 눈에 띈다. 악의 극복을 위한 방도로서 공동체를 특별히 강조하는 『인간학』에서의 설명은 '인류의 성격'을 통해 이루지고 있다.

주지하다시피 인간의 내면적 세계의 이해를 목적으로 하는 칸트의 성격론은 기본적으로 경험적 방법에 입각해 있다. 이 경험에 의거한 고찰 가능성과 설득력은 우선 상호 비교할 수 있는 대상을 통해서 얻어진다. 그런데 이성적 존재자로서의 인류의 성격을 특징지을 때, 다른 이성적 존재자와의 비교가 불가능하다. 즉, 다른 이성적 존재자에 대한 경험을 얻을 수 없기 때문이다. 그래서 칸트는 그 가능성을 생물적 자연 체계 안에서 인간에게만 부여할 수 있는 특징에서 해답을 찾는다. 이에 따르면, "인간은 스스로 설정한 목적에 따라 자기를 완성하는 능력을 소

---

70) *Anthropologie in pragmatischer Hinsicht*, 638쪽.

유"하고 있기 때문에 인간은 "스스로 창조한 성격을 갖는다."[71] 이로부터 인간을 다른 지상의 생물과 구별시켜 주는 특징적 성격으로 칸트가 들고 있는 것이 앞서 「소질」 부분에서 소개한 바 있는 "기술적 소질, 실용적 소질, 도덕적 소질"이다. 칸트에 의하면, 이들 소질은 기본적으로 한 인간이 독립적으로보다는, 그것이 자연의 섭리거나 지혜이든, 인간 상호 관계 속에서 더욱 잘 획득될 수 있는 성격적 특징들이다. 때문에 악의 극복 또한 악에 대항하며 선을 이루려는 목적은 인류의 도덕적 성격, 즉 악으로부터 선을 향해서 노력하는 유적 존재로서의 이성적 존재자의 공동체를 통해서만 달성될 수 있다고 본다. 이러한 칸트의 시각은 여타의 저술들에서도 변함없이 그대로 반영되고 있으며, 또 더욱 분명한 언어로 구체화되고 있다.

4. 맺음말

인간이란 무엇인가? 이에 대해 답하려는 철학적 시도들은 철학의 역사만큼이나 오래되었다. 칸트가 이룩한 업적은 이 과제를 다른 그 무엇에도 의존하지 않고 인간 자체에 대한 앎으로부터 접근했으며, 또 그 한계를 넘어서지 않으려 했다는 점에서 찾을 수 있다. 그런 점에서 종래에 시도되었던 전통적인 방식들과 비교할 때 칸트의 인간 이해는 철학사에 길이 남을 획기적인 사건이라 할 수 있다. 소위 코페르니쿠스적 전회로 일컬어지는

---

71) *Anthropologie in pragmatischer Hinsicht*, 673쪽. 또한 『종교론』에서도 인간을 '자기 성격의 창시자'로 규정하고 있다. *Die Religion innerhalb der Grenzen der bloßen Vernunft*, 668쪽.

사고방식의 혁명은 근본적으로 인간을 바라보는 칸트의 관점의 독창성에서 유래한다. 그리고 그러한 독창성은 인간의 도덕성을 근거짓는 지점에서 절정에 달하고 있다. 그의 종교적 인간학은 그로부터 파생된 구체적인 열매들 중의 하나라 해도 과언이 아니다. 이는 곧 칸트의 인간 이해가 그의 철학의 모든 것을 좌우하고 있으며, 또 그대로 반영되고 있음을 뜻한다.

더욱이 그의 '성격론'이 보여주듯이 칸트는 인간에 관한 일상적 지식과 경험에 담겨 있는 허와 실을 자신의 철학적 담론 속에 훌륭하게 담아내고 있다. 무엇보다도 칸트는 자칫 단편적인 것 또는 독립적인 것으로만 머물 수도 있는 자신의 종교철학의 핵심 주제들을 인간학 일반과 종교적 인간 이해의 긴밀한 연관 속에 위치시키고 있다. 그렇게 함으로써 자신의 철학 체계의 중심에 놓여 있는 인간의 본질에 관한 다양한 이해 가능성들 간의 균형을 잘 보여주고 있다.

우리가 인간에 대한 앎을 구하고자 할 때 경험적으로 마주치는 현상과 사건들은 그 자체만으로도 충분한 설득력을 갖는다. 종교적 행위들 역시 마찬가지이다. 칸트의 종교적 인간학은 그런 사실적 체험들을 그대로 보존하면서도 이를 다른 형이상학적 내지는 종교적 원천과 권위가 아닌 외면적으로 경험할 수 있는 인간 그 자체에 대한 성찰을 통해서 해명하고자 했다는 점에서 그 매력과 깊이를 더한다.

제 7 장
윤 리 적 공 동 체 이 론

1. 칸트의 이상사회론

　도덕철학이 칸트의 철학적 관심의 중심에 놓여 있듯이, 도덕
적 기초 위에서 모색하고 있는 실천철학적 문제들도 그가 심혈
을 기울여 철학적 대안들을 제시한 주요 영역이다. 물론 칸트는
시종 비판철학자로서의 태도를 견지하여 엄격한 제한을 가하면
서 실천적인 문제에 관심을 가졌다. 나아가 다른 한편으로는 자
신이 설정한 학문적 한계를 넘나들기도 하면서 이에 대한 철학
적인 청사진을 제시하고자 했다. 이러한 문제가 거론되고 있는
곳이 바로 그의 종교철학, 정치철학 및 사회철학과 관련한 실천
철학의 부분들이다. 이러한 문제 영역들과 관련하여 과연 칸트

가 그려보려고 했던 가장 바람직한 사회 곧 이상사회는 무엇이며, 또 그것은 어떻게 가능한 것인가 하는 물음은, 철학의 주요 관심사가 비단 순수 이론적인 탐구만이 아니라 실제적인 문제에 대한 이론적 해결책 또한 포함하기에 칸트에게도 우리는 그러한 이상사회의 청사진이 있으리라 쉽게 짐작해 볼 수 있다. 그것이 바로 칸트의 윤리적 공동체 이론이다. 그의 윤리적 공동체 이론이 직접적으로 가장 심도 있게 논의되고 있는 곳은 종교철학적 저술들의 이정표라 할 수 있는 『종교론』이다. 그러나 이 저술도 그 토대에 있어서는 그의 도덕철학을 기저로 하여 정치철학 및 역사철학과의 전체적인 연계 위에서야 비로소 제대로 이해될 수 있다는 점에서 그것과 관련된 영역은 방대하다 할 수 있다.

칸트가 궁극적으로 지향하는 이상사회는 최고선의 실현을 추구하고 선의 원리가 지배하는 윤리적 공동체이다. 이 공동체는 다분히 종교적이고 신앙적이다. 그러나 칸트에 의하면, 이 윤리적 공동체의 실현은 순전히 윤리적 차원에서만 가능한 것이 결코 아니다. 칸트는 이러한 공동체는 현실적인 정치적 공동체라는 성숙된 조건을 필요로 하며, 또 이와 병행해서만 실현 가능한 목표라고 생각한다. 동시에 이러한 윤리적 공동체의 실현 가능성의 선행 조건인 정치적 공동체는 이상사회로서의 윤리적 공동체의 실현을 이상적인 모델로 삼아 추구되어야만 한다고 생각한다. 따라서 칸트가 그리고 있는 공화국 및 영구평화론은 바로 윤리적 공동체를 모델로 삼아 우리가 최종적으로 지향해야 할 정치적 공동체의 구체적 제시로 볼 수 있다.

한마디로 이상사회의 한 모델로 제시된 칸트의 윤리적 공동체는 그것이 갖는 종교적 성격에도 불구하고 넓은 의미에서 보면 개인윤리의 관점에 서 있는 자신의 도덕철학을 개인과 개인 간의 공동체에 확대시켜 적용한 일종의 사회윤리 이론에 속한다. 이는 한 개인이 설사 선한 원리의 지배하에 있다 하더라도 지속적으로 악의 지배로부터 벗어나는 길은 한 개인의 노력만으로는 안 되며, 오히려 인간이 악의 유혹을 더욱 강하게 받게 되는 이유도 타인과의 관계 속에 놓여 있기 때문이며, 따라서 이 문제의 유일한 해결책은 악에 대항하는 한 개인의 노력에 달려 있는 것이 아니라, 힘을 합쳐 악에 대항하는 공동체를 통해서만 가능하다는 칸트의 강경한 입장 속에 함축되어 나타나 있다. 이러한 주장의 근거는 이미 그의 정언명법과 인간성(인류성)의 개념에 제시되어 있으며, 『종교론』에서는 더욱 적극적이고도 구체적으로 다루어지고 있다.

그러나 어떤 면에서는 『종교론』에서 다루어지고 있는 윤리적 공동체의 성격은 전체적인 성격상 종교라는 테두리를 크게 벗어나지 못하고 있다. 그러나 윤리적 공동체는 도덕철학은 물론 그의 정치철학과 역사철학의 도움을 받아야 제대로 이해될 수가 있다. 따라서 당연히 이에 함축되어 있는 이상사회론에 대한 칸트의 기본 구상은 그의 저작 곳곳에서 더욱 광범하게 전개되어 있다. 그러므로 이하에서는 우선 칸트의 윤리적 공동체의 성격과 특징을 상론한 다음, 이를 칸트 철학의 중심 이론과 관련하여 그의 윤리적 공동체의 사회·정치철학적 전망을 재구성해 봄으로써 칸트의 철학 안에서 그려내 볼 수 있는 이상사회론의 한 모델을 제시해 보고자 한다.

2. 인간의 이중적 본성과 인간의 사회성

칸트가 내세우는 윤리적 공동체가 가능하기 위한 선결 조건은 일차적으로 윤리적 공동체가 어떤 것이냐가 중요한 것이 아니라, 윤리적 공동체의 성원이 어떠한 인간이어야 하느냐에 달려 있다. 이러한 조건은 그 근거를 그의 도덕철학에 두고 있다. 이러한 접근 방식은 그의 도덕론이 궁극적으로 종교론으로 귀결되고, 역으로 그의 종교론은 그의 도덕론을 기초로 한다는 것의 단적인 증거이기도 하다.

그 선행 조건 중에서 제일 먼저 마주치게 되는 것은 이성적 존재자로서의 도덕적 인간이다. 그런데 인간성에 관한 견해에서 일차적으로 기억해야 할 것은 칸트는 전통적인 방식에 따라 한 인간의 본성을 이성적인 면과 감성적인 면으로 파악한다는 점이다. 이성적인 행위자로서의 인간은 다른 모든 이성적 존재자뿐만 아니라 신과도 유사한 면을 갖고 있다. 그러나 인간이 이성적 존재자라는 것은 행동과 사고에 있어서 완벽하게 그리고 필연적으로 이성적인 존재자라는 의미에서 그렇다는 것이 아니다. 그렇다면 인간은 신이나 다름없을 것이다. 물론 이성이 갖는 근원적 의미에서는 그렇다. 그러나 인간이 이성적 존재자라 함은 그가 이성을 사용할 수 있고, 또 도덕성의 요구에 따라서 합리적인 결정을 할 수 있는 능력을 갖고 있기 때문이다. 따라서 칸트가 이성적 존재자로서의 인간을 말할 때, 이는 인간의 합리성 이외의 또 다른 중요한 특징인 자율적·도덕적 존재자로서의 의미도 갖는다.

그러나 다른 한편으로 합리성이란 인간의 본성 중에 있는 하나의 요소에 불과한 것이다. 인간이 도덕법칙의 원천이며 합리적으로 행동할 수 있다 하더라도, 그가 항상 옳은 것을 행하는 것은 아니다. 그는 도덕적 규칙들을 이끌어내고 또 이를 실행하는 행위의 도덕적 원천이요 척도로서의 도덕법칙에 항상 부합되게 행동하지는 않는다. 그 까닭은 인간은 또한 본래적으로 감성적 존재자로서 경향성과 욕망을 소유하고 있는 존재이기 때문이다. 이런 측면에서 인간은 여타의 동물과 유사한 면을 갖고 있다. 경향성은 유혹의 부단한 원천이며, 지속적으로 도덕적 요구에 따르려는 합리적 선택을 위협한다.

그러므로 칸트에 있어서 합리성과 감성, 도덕성과 경향성은 인간의 도덕적 행위를 설명하는 데 필수적인 요소이다. 합리성과 도덕성 없이는 인간은 도덕적 행위와 의무를 실행할 수 없으며 또 행동의 책임을 질 수도 없다. 그러나 감성은 또한 그의 의무의 이행에 필수적인 것이다. 왜냐하면 그가 반드시 그리고 오직 이성적인 존재자이기만 하다면, 그는 완벽한 존재일 것이기 때문이다. 도덕법칙과 관련한 인간의 지위 또한 완벽한 이성적 존재자의 지위와는 다르다. 칸트가 말하는 인간의 사실적 조건과 무관한 완벽한 존재자는 그 자체로서 언제나 오직 아무런 제약 없이 이성적으로만 즉 도덕적으로만 행위하는 존재이다. 그는 해야 하기 때문에 해야 하는 존재가 아니며, 그는 의무와는 상관없이 언제나 필연적으로 행위하는 것처럼 행위할 뿐이다. 반면 인간으로서의 이성적 존재자는 그렇지 않다.[1] 인간은

---

1) 칸트는 『도덕형이상학 정초』에서 전반적으로 이성적 존재자의 용어를 이성으로만 존재하는 존재자(신적인 존재)와 이성적 존재자(인간) 사이를 엄밀하게 구분하지 않고 사용하고 있지만, 실제 의미에서는 이성적

도덕법칙의 지배를 받고 의무를 갖는다는 관념은, 칸트에 의하면, 도덕성에 따라서 행동하지 않는 선택을 할 수 있는 가능성을 전제한다. 그리고 인간을 종종 유덕한 행동과는 어긋나게 처신하게 하는 욕망의 소유가 역설적으로 인간이 도덕적 당위와 의무의식에서 자유롭지 못한 존재임을 입증해 준다.[2]

인간 본성의 이러한 이중적 성격에 대한 규정은 한 개인의 특성과 관련한 것이지만, 그의 공동체 이론에서 무엇보다도 주목하지 않으면 안 되는 중요한 점은 개인으로서의 인간이 아니라 유적 존재로서의 인간의 존재 특성이다. 이는 도덕성을 한 개인이 아니라 공동체 내의 개인들 간의 관계에서 규정하는 공동체에 대한 논의와 일치한다.

칸트는 인간의 이중적 본성을 사회적 존재로서의 인간의 특성에 그대로 확장시킨다. 사회적 존재로서의 인간에 대한 칸트의 견해는 그의 이론철학의 그늘에 가려 올바른 평가를 별로 받지 못하였지만, 우리는 그의 글 곳곳에서 탁월한 통찰력과 선구자적 안목을 풍부하게 발견할 수 있다. 칸트는 인간의 본능은 다른 사람들과 조화를 이루어 일하면서 살아가는 데 있는 것이 아니라 오히려 경쟁하는 데 있으며, 따라서 인간이 근본적으로 하나의 이상적이고 평화로운 세계를 성취하기 위해서는 개인의 선의지에만 전적으로 의존해서는 안 된다고 생각한다. 더 나아

존재자라는 용어를 전자와는 구분되는 감성과 이성을 함께 갖추고 있는 존재자를 고려한 '주관적인 불완전성의 관계하에 있는 이성적 존재자' (*Grundlegung zur Metaphysik der Sitten*, 43쪽 참조)로서의 인간을 지칭하는 의미에서 사용하고 있다.

2) H. E. Jones, *Kant's principle of personality*, 9-10쪽 참조.

가 이성은 자신을 인간의 역사 속에서 개인의 의지를 통해서 직접적으로 표현하지 않고, 인류 전체의 발전을 통해서 간접적으로 표현한다고 본다. 칸트는 이를 다음과 같은 명제로 요약하고 있다.

자연이 인간들의 모든 소질을 계발시키기 위해 사용하는 수단은, 이 항쟁이 궁극적으로 사회의 합법칙적인 질서의 원인이 되는 한에서, 사회에서의 인간들 상호간의 항쟁이다.3)

칸트는 이러한 인간의 사회적 본성을 단적으로 인간의 '반사회적 사회성(die ungesellige Geselligkeit)' 또는 '비사교적 사교성'이라 칭하면서 "끊임없이 사회를 파괴하려고 위협하는 일반적인 저항들과 결합되어 있으면서도 사회를 이루고 살려는 인간의 성향"4)으로 정의한다. 이런 인간 본성의 내적 및 외적인 이중성은 인간 자신뿐만 아니라 인류 역사의 발전의 원동력이 된다. 칸트에 의하면, 인간이 사회를 도덕적인 공동체로 만들려는 의식도 바로 사회 속에서의 인간들 상호간의 항쟁(Antagonism)으로부터 싹트기 시작한다.5) 그리고 『종교론』에서도 칸트는 '인간 스스로가 원인 제공자'라는 의미에서의 근본악에의 경향만을 갖고 있는 것이 아니라 인간은 또한 선한 행위의 입안자로서 이 자유를 사용할 수 있는 존재이기도 하다는 인간 본성의 이중적 측면을 강조하고 있다.6)

---

3) *Idee zu einer allgemeinen Geschichte*, 37쪽.
4) *Idee zu einer allgemeinen Geschichte*, 37쪽.
5) *Idee zu einer allgemeinen Geschichte*, 37-38쪽 참조.

3. 목적 자체로서의 인간과 목적의 왕국

칸트의 윤리적 공동체 이론은 이상과 같은 인간의 특성을 고려한 이상사회의 한 모델이다. 감정이나 충동 및 애착심이나 경향성을 고려하지만 기본적으로 이성적 존재자의 상호간의 관계를 중심으로 하여 구축되는 공동체가 바로 윤리적 공동체이며, 역설적으로 인간의 이중적 본성과 반사회적 사회성(비사교적 사교성)은 이러한 공동체를 건설하지 않으면 안 된다는 문제의식을 가져다주는 계기로 작용한다.

칸트는 이 이성적 존재자를 단적으로 '인격' 및 '목적 자체'로 표현한다.7) 칸트는 이성적 존재자가 인격인 것은 "이성적 존재자의 본성이 이성적 존재자를 이미 그 자신에 있어서의 목적 그 자체로서, 즉 단순히 수단으로 사용되어서는 안 되는 것으로 특징짓고 있기 때문"8)이라고 말한다. 이때 이 이성적 존재자의 의지는 "어떤 법칙의 표상에 따라서 자기 자신을 행위하도록 규정하는 능력"9)인데, 칸트는 이러한 능력은 이성적 존재자에게서만 발견되는 것으로 본다.10) 또 이 의지의 자기규정의 객관적 근거가 이른바 '목적'11)이며, 이 목적이 인간의 이성에 주어져 있기에 인간은 그 누구도 단순히 수단으로만 존재해서는 안 된다는

---

6) *Die Religion innerhalb der Grenzen der bloßen Vernunft*, 668쪽.

7) *Grundlegung zur Metaphysik der Sitten*, 59-61쪽.

8) *Grundlegung zur Metaphysik der Sitten*, 60쪽.

9) *Grundlegung zur Metaphysik der Sitten*, 59쪽.

10) *Grundlegung zur Metaphysik der Sitten*, 59쪽.

11) *Grundlegung zur Metaphysik der Sitten*, 59쪽.

것이 칸트의 근본 입장이었다. 즉, 칸트에게는 이 목적은 "원리에 따라서 의지를 결정하는 근거"12)로서 인간의 이성에 보편적으로 주어져 있기에 모든 이성적 존재자에게 똑같이 타당해야만 하며, 보편적 실천법칙으로서의 정언명법이라는 최고의 실천원리는 모든 이성적 인간의 의지의 객관적 원리의 근거이기도 하다. 이 원리가 곧 "이성적 존재자는 목적 그 자체로 존재한다"13)는 명제이며, 칸트는 이를 다시 구체적으로 "너는 너의 인격에서나 타인의 인격에서나 인간성을 단순히 수단으로만 사용하지 말고 언제나 동시에 목적으로 사용하도록 행위하라"14)는 이른바 두 번째 정언명법 중의 하나로 정식화시켜 놓는다.15)

이처럼 칸트는 모든 이성적 존재자를 인격 및 목적 자체로 파악한다. 그러나 이성적 존재자인 인간은 오직 "인격성에 의해서만 목적 그 자체"16)이지만, 다른 한편으로는 본성상 이중적이고, 따라서 경향성의 제약을 피할 수가 없는 존재이기도 하다. 따라서 이성적 존재자를 목적으로 취급하는 것은 그의 도덕적 품성을 계발하여 도덕성에 따른 삶을 추구하도록 해야 한다는 것과 동시에 그 자신의 행복 또한 진척시키려고 한다는 것을 함축한다. 그러나 인간은 오직 그의 도덕성에 입각해서만 목적 자체일 수가 있다. 그 때문에 그의 행복도 도덕성의 제약을 받아야 한다. 칸트의 말을 빌리자면 "이성적 존재자가 목적 자체일

---

12) *Kritik der praktischen Vernunft*, 176쪽.
13) *Grundlegung zur Metaphysik der Sitten*, 61쪽.
14) *Grundlegung zur Metaphysik der Sitten*, 61쪽.
15) 제4장 「정언명법과 인격」 중 '정언명법의 정형' 참조.
16) *Kritik der praktischen Vernunft*, 210쪽.

수 있는 유일한 제약이 도덕성이다."[17] 이성적 존재자로서의 인간의 이성은 본성상 목적을 추구하는 존재이며,[18] "이성적 존재자가 그 이외의 다른 존재자와 뚜렷하게 다른 점은 자기 스스로 목적을 세우는 존재"[19]로서 근본적으로 하나의 "목적론적 능력"[20]을 갖는다. 이는 당위적 요청으로서의 실천적 지향의 의미를 갖는다.

그러나 다른 한편으로 도덕법칙의 주체인 인간은 예지계에 속하면서 불가불 이성의 목적을 현상계 안에서 실현해야 한다. 그의 철학에서 역사의 두 축인 인과율에 의해 규정되는 '자연'과 도덕법칙의 근거인 '자유', 이 양자 간의 조화를 설명하기 위해 칸트는 '자연의 합목적성'의 개념을 도입한다.[21] 이 개념을 통해서 현상계라는 인과율의 지배를 받던 소극적인 자연 개념에서 벗어나 자연의 배후에도 목적을 추구하는 성질이 잠재되어 있다는 적극적인 자연 개념을 수용하게 된다. 이성의 목적의 실현이란 자연 세계에서야 구체적으로 실현될 수밖에 없으므로 목적의 왕국은 보편적 자연법칙이 지배하는 자연의 왕국을 전형으로 하여 자유의 준칙이 자연법칙인 것처럼 행위할 것을 요구한다. 그렇게 할 때만 목적 자체로서의 이성적 존재자의 보편적인 목적의 왕국이 구체적으로 현실적 의미를 갖는다.[22] 따라서 이

---

17) *Grundlegung zur Metaphysik der Sitten*, 68쪽.
18) *Kritik der reinen Vernunft*, A 797/B 825 참조.
19) *Grundlegung zur Metaphysik der Sitten*, 71쪽.
20) Roger J. Sullivan, *Immanuel Kant's Moral Theory*, Cambridge: Cambridge University Press, 1989, 212쪽.
21) *Kritik der Urteilskraft*, Einl. 참조
22) *Grundlegung zur Metaphysik der Sitten*, 101쪽.

러한 인간의 이중적 구조를 현실적인 차원에서 고려하고 있는 이른바 칸트가 구상하는 윤리적 공동체는 이중적 본성을 소유한 인간들의 사회에서 선의 원리가 지배하는 이상적인 사회의 모델을 제시하려는 것으로 보아야 한다.

정언명법의 두 번째 정식에서의 칸트의 의도는 첫 번째 정식과 관련해 볼 때, 더 한층 분명해진다. 첫 번째 정식은 "너는 너의 행위의 준칙에 의하여 동시에 그 준칙이 보편적 법칙이 될 것을 의욕할 수 있는 그러한 준칙에 따라서만 행위하라",23) 그리고 이를 달리 표현해서 "너의 행위의 준칙이 너의 의지에 의하여 보편적 자연법칙이 되어야 하는 것처럼 행위하라"이다.24) 이는 한 개인으로서의 이성적 존재자가 아니라 이성적 존재자 일반에 타당한 행위의 원리의 지침을 일러준다. 즉, 두 번째 정언명법의 한 정식이 개인의 인격만이 아니라 타인의 인격과의 관계에 있어서의 행동 지침인 것과 일맥상통한다.

더 나아가 저 정식은 한 개인의 행위는 그것이 자기 자신에게만 타당한 것이 아니라 보편적으로 모든 사람에게 타당하도록, 동시에 이런 관점에서 자기 자신과 그 자신의 행위를 평가해야만 하는 이성적 존재자의 개념을 함축하고 있는 세 번째 정언명법 중의 하나인 "너의 의지가 자신의 준칙을 통하여 동시에 자기 자신을 보편적인 법칙을 세우는 존재로 간주할 수 있도록 행위하라"25)는 정식과 같은 선상에 놓여 있는 하나의 일관된 목소리를 담고 있다. 칸트는 이상과 같은 인격 및 목적 자체라

---

23) *Grundlegung zur Metaphysik der Sitten*, 51쪽.
24) *Grundlegung zur Metaphysik der Sitten*, 51쪽.
25) *Grundlegung zur Metaphysik der Sitten*, 67쪽.

는 이성적 존재자의 개념에 기초하여 현실적 인간을 하나의 최종적인 개념으로 인도한다. 이것이 다름 아닌 그의 세 번째 정언명법 중의 또 다른 표현인 "너는 언제나 너의 준칙을 통하여 보편적인 목적의 왕국의 입법하는 성원인 것처럼 행위하라"[26]는 정식에 나타나 있는 '목적의 왕국'의 개념이다. 각 정식들 간의 이러한 연관성에서 보면, 근본적으로 정언명법은 일관되게 '이상적인 목적론적 · 도덕적 세계'를 겨냥하고 있다는 해석을 가능하게 한다. 아울러 이런 해석은 자연스럽게 칸트의 이상사회론의 구상의 철학적 기초로서의 역할과 불가분의 관계를 갖게 된다.[27]

이 목적의 왕국의 개념을 도입하면서 칸트는 이 왕국을 가장 먼저 공동체의 의미에서 이해한다.[28] 그리고 칸트의 논리에 따르면, 목적의 왕국의 가능성의 기초는 도덕성과 도덕적 입법이다.[29] 이렇게 보면 이 왕국은 곧 도덕적 왕국, 다시 말해 이상적인 도덕적 공동체의 성격을 갖게 된다. 우선 칸트가 목적의 왕국을 공동체적 의미로 이해한 것은 일차적으로 한 개인이 아니라 개인들의 집합체로, 즉 사회적 관계로서 인간을 파악하고 있기 때문이다. 이것을 칸트는 다음과 같은 명제로 표현하고 있다.

(지상에서의 유일한 이성적 생명체인) 인간에 있어서 그의 이

---

26) *Grundlegung zur Metaphysik der Sitten*, 71쪽.
27) *Grundlegung zur Metaphysik der Sitten*, 70쪽 각주와 72쪽 참조.
28) *Grundlegung zur Metaphysik der Sitten*, 66쪽 참조
29) *Grundlegung zur Metaphysik der Sitten*, 67쪽.

성의 사용을 지향하는 그러한 자연적 소질은 개인(Individuum)에서가 아니라 유(Gattung) 속에서만 완전히 계발될 수 있다.[30]

그러면서도 도덕철학적 논의에서 칸트가 인간의 사회성이 아닌 한 개인의 도덕적 원리에만 초점을 둔 듯한 인상을 갖게 한 것은, 순수 윤리학을 보편적인 이성적 존재자의 행위의 원리를 밝히는 것으로 그리고 이러한 작업을 윤리학자의 임무로 생각하는 그의 철학적 태도에 의존하고 있기 때문이다. 따라서 실제로 한 개인의 행위가 필연적으로 타인과의 관계에서 성립하기 마련인 인간의 사회성은 앞서 살펴보았듯이 칸트가 제시한 정언명법의 여러 정식에 분명하게 표현되어 있는 것으로 해석해야 한다.

이러한 점은 칸트가 『종교론』에서 윤리적 공동체의 구체적 건설을 강조하는 곳에서 한층 더 분명해진다.[31] 또한 공동체로서의 목적의 왕국은 개개의 각기 다른 이성적 존재자가 "공동체적인 모든 법칙에 의해 체계적으로 결합",[32] 즉 "공동체적 객관 법칙에 의한 이성적 존재자의 체계적 결합"[33]으로 생긴다. 이는 곧 개개인이 추구하는 목적의 보편적 타당성과 각 개인 간의 인격적 차이와 그들의 개별적 목적의 상이한 내용들을 사상한 하나의 공통된 목적으로의 통합을 이상으로 상정함을 뜻한다. 그리고 정언명법의 세 번째 정식에서 표명된 이 공동체의 상정은 정언명법의 다른 두 선행 정식을 기초로 하고 있다. 공동체 내

---

30) *Idee zu einer allgemeinen Geschichte*, 35쪽.
31) *Die Religion innerhalb der Grenzen der bloßen Vernunft*, 특히 제3권 및 제3권의 서론과 752쪽.
32) *Grundlegung zur Metaphysik der Sitten*, 66쪽.
33) *Grundlegung zur Metaphysik der Sitten*, 66쪽.

의 성원은 "어떠한 이성적 존재자도 자기 자신 및 다른 이성적 존재자를 단지 수단으로서가 아니라 항상 동시에 목적으로서 취급해야 한다는 법칙"과 공동체가 수립하는 입법은 모든 이성적 존재자 자신 안에서 발견되어야 하고, 그의 의지로부터 이루어져야 하므로 "의지가 그 준칙을 통하여 자기 자신이 동시에 입법하는 자로서 보이도록 행위하라"는 의지의 원리는 이 목적의 왕국이 다름 아닌 "실천적 이념"[34])으로서의 공동체의 건설을 지향하고 있음을 단적으로 명시해 준다. 그리고 칸트에게 있어서는 개인이든 공동체든, 도덕적 동기 부여의 궁극적 근거뿐만 아니라 도덕적 선택의 유일한 근거이자 동시에 목적의 왕국의 유일한 기초는 언제든지 도덕법칙이다.

이와 같이 이상적인 공동체의 형태를 취하는 목적의 왕국은 한마디로 도덕적 이성의 요구를 만족시키는 공동체이며, 따라서 이에 준하여 칸트가 이러한 도덕적 요구를 만족시키는 모델로 제시하는 공동체는 크게 세 가지로 구분해 볼 수 있다.[35]) 하나는 정치적 공동체로서 민족적 및 국제적 수준의 형태를 취하며, 정치적 혹은 법률적 방식으로 국가와 세계의 정의를 추구한다. 그 실제적 방안은 공화국 내지는 국제 연맹과 같은 형태로 제시된다. 또 하나는 비정치적인 윤리적 공동체로서 도덕적·종교적 색채를 띠며, 칸트는 기독교적 맥락에서 지상의 하나님 나라인 교회를 그 대표적인 형태로 제시한다. 두 형태는 모두 현실 속에서 그려볼 수 있는 이상적 공동체이지만, 후자는 전자보다는

---

34) *Grundlegung zur Metaphysik der Sitten*, 70쪽 각주.
35) Roger J. Sullivan, *Immanuel Kant's Moral Theory*, 214-216쪽 참조.

좀더 완전한 이상적인 공동체의 형태이다. 그리고 마지막으로 완전무결한 공동체는 현실 속에서가 아닌 죽음을 초월한 저 미래의 삶에서 발생하는 공동체의 형태를 취하게 되는데, 칸트적인 의미에서 이것은 말 그대로 하나님 나라의 구현이자 정치적 공동체와 윤리적 공동체가 지향해야 할 궁극적인 원형에 속한다.

4. 이상사회의 한 모델로서의 윤리적 공동체

칸트가 거론하고 있는 세 가지 공동체의 형태 중에서 인간이 언젠가는 실현할 수 있으리라 소망할 수 있는 가장 이상적인 모델은 윤리적 공동체이다. 물론 이 공동체는 이론적으로는 도덕적 이성의 실천적 필연성으로부터 요구되는 실현 가능한 구상이지만, 실제적으로는 윤리적 공동체의 차선책이자 인간의 현실적 조건으로부터 성립하는 정치적 공동체가 더 의미 있는 현실적 대안이다. 그러나 칸트의 논리에 따르면, 정의로운 정치적 국가의 구조는 모든 사회적 결합체에 대한 이상으로서의 공동체의 이념을 기초로 해야 한다. 이런 의미에서 윤리적 공동체는 현실 속에서의 정치적 공동체의 상위에 있는 이상으로 간주될 수 있다. 그러나 무엇보다도 중요한 것은 칸트가 윤리적 공동체는 정치적 공동체를 토대로 해서만이 존립 가능하며, 더 나아가 정치적 공동체의 성원들로 이루어지며, 이들 정치적 공동체의 성원이 없이는 실현 불가능한 사회로 파악한다는 점이다.[36]

---

36) *Die Religion innerhalb der Grenzen der bloßen Vernunft*, 752-753쪽.

이와 같은 상호 관계 때문에 칸트의 윤리적 공동체는 정치적 공동체와 불가분의 관계를 갖는다. 그러면서도 다른 한편으로 "윤리적 공동체는 정치적 공동체에 대응하는 것이며, 도덕성이 적법성과 구별되듯이 정치적 공동체와 구별된다. 그리고 정치적 공동체가 시민들의 경험적 현존과 법률의 등장과 관계하는 반면에, 윤리적 공동체는 시민들의 초경험적 인격성 및 도덕적 인격성과 관계한다."37) 이렇게 대비되는 두 공동체의 성격에 대한 언급은 주로 그의 『종교론』에서 구체적으로 나타나지만, 주된 논의는 윤리적 공동체에 한정되어 있으며, 정치적 공동체 및 그 정당성을 거론하는 논의는 『도덕형이상학』의 「법론」과 『속언』, 『영구평화론』, 『이념』 등에서 각각 부분적으로 다루어지고 있다. 이하에서는 『종교론』에서 묘사하고 있는 윤리적 공동체를 중심으로 칸트가 제시하는 이상적인 도덕적 사회로서의 공동체의 한 모델의 성격과 형태를 살펴볼 것이다.

칸트의 윤리적 공동체는 단적으로 그 사회의 성원이 단순한 적법성의 요구를 넘어서 도덕법칙에 복종하는 자율의 법칙에 토대를 두고 있는 공동체이다. 이는 『도덕형이상학 정초』에서 모든 가능한 이상적 공동체의 원형 즉 도덕적 공동체로 거론된 목적의 왕국의 이념을 구체화시킨 것으로 볼 수 있다. 거기에서 제시된 목적의 왕국은 도덕철학적 맥락에서 그려진 원리적이고 형식적인 도안에 머물러 있다. 물론 이러한 이론적 작업을 토대로 해서만이 『종교론』에서의 윤리적 공동체의 전모가 가능한

---

37) Y. Yovel, *Kant and the Philosophy of History*, Princeton: Princeton University Press, 1980, 110쪽.

것이었음은 이미 앞에서 밝혀 두었다. 이에 반해 여기서의 윤리적 공동체는 직접적으로 경향성과 악의 원리가 내재해 있는 사회 속의 인간의 절박한 상황에 대한 호소로부터 시작한다. 다음과 같은 칸트의 문제의식이 이를 아주 분명하게 보여주고 있다.

진실로 인간에게 있어서 악의 방지와 선의 촉진을 목적으로 하는 결합을, 즉 힘을 합쳐 악에 대항하는 공동체, 이를테면 지속적이며 항상 확대되며, 단순히 도덕성의 유지에 관심을 두는 공동체를 건설하기 위한 어떤 수단을 발견하지 못한다면 개인이 악의 지배에서 벗어나기 위해서 아무리 힘쓴다고 해도 끊임없이 인간을 자기의 지배 밑에 두려고 하는 악의 위험에서 벗어날 수 없을 것이다. 그러므로 선의 원리의 지배는 인간이 그를 위하여 애쓰는 한에서, 다시 말하면 도덕법칙에 따르고, 또 이를 목적으로 하는 공동체의 건설과 확장을 통해서만 가능할 수가 있다. 그리고 이러한 공동체를 인간의 주위에 보존하는 것은 이성에 의하여 인류에게 부과된 과제이며 의무인 것이다. 왜냐하면 오직 그렇게 함으로써만 악의 원리에 대한 선의 원리의 승리를 기대할 수 있기 때문이다.[38]

칸트는 이와 같이 도덕법칙 밑에서 형성되는 인간들의 결합을 일러 '윤리적 사회'라 부르고, 이 도덕법칙이 하나의 공적인 원칙으로 적용될 때에는 '윤리적·시민적 공동체' 또는 '윤리적 공동체(ein ethisches gemeines Wesen)'라 부른다.[39] 칸트는 "하나님 나라에 대비되는 최고선"[40]을 역사의 목적이자 인간의 최

---

38) *Die Religion innerhalb der Grenzen der bloßen Vernunft*, 752쪽.
39) *Die Religion innerhalb der Grenzen der bloßen Vernunft*, 752쪽.
40) *Kritik der praktischen Vernunft*, 259쪽.

종 목적으로 파악한다. 정치적 공동체든 윤리적 공동체든 모두가 선의 원리의 승리 및 최고선의 촉진이나 실현을 궁극 목적으로 상정한다. 따라서 미래의 삶에 있어서 목적의 왕국의 완전하고 최종적인 현실적 실현태로서의 최고선의 이념을 위해서 칸트는 무엇보다도 가능한 공동선의 이념을 형성할 것을 주장한다. 정언명법의 정식 중에서 자율의 법칙은 우리에게 최고선을 우리 자신의 도덕적 의지의 최종 대상으로 삼는 '도덕적 목적론'의 원리를 채택할 것을 권하는데,[41] 윤리적 공동체는 바로 이러한 원리의 구체적 실현의 방도를 실천적 이념으로 삼는다.[42]

그런데 위 구절에서 우리가 주목해야 할 것은 공동체의 건설을 강변하는 칸트의 선언적 표현 속에 등장하는 '인류에게 부과된 과제이며 의무'라는 대목이다. 이는 칸트가 윤리적 공동체를 인류가 실현해야 할 하나의 역사적 과제로 생각하고 있음을 반영한다. 칸트는 정치적 공동체의 '법률적·시민적(정치적) 상태'를 '법률적 자연상태'와 대비하는 것과 같이 윤리적 공동체의 내적 조건으로서의 '윤리적·시민적 상태'를 '윤리적 자연상태'와 대비시키면서 인간의 인간에 대한 의무가 아닌 인류 전체에 대한 인류의 의무에 대해서 문제 삼는다. 법률적·시민적(정치적) 상태는 "공적인 법률 밑에 공동체적으로 존재하는 한에 있어서의 인간 간의 상호 관계"[43]를, 윤리적·시민적 상태는 "그 안에서 인간이 강제에서, 즉 단순한 덕의 법칙 밑에서 결합하는 상태"[44]를 가리키는 반면에, 법적 자연상태와 윤리적 자연상태

---

41) *Grundlegung zur Metaphysik der Sitten*, 70-72쪽 참조.

42) Roger J. Sullivan, *Immanuel Kant's Moral Theory*, 227쪽 참조.

43) *Die Religion innerhalb der Grenzen der bloßen Vernunft*, 753쪽.

에서는 개인 각자가 자기 자신에 대한 재판관이 되어 개인 각자의 의무가 무엇인지를 법칙에 따라서 규정하여 이를 일반적인 실천으로 이끄는 공적인 규범과 권위가 존재하지 않는다.[45] 따라서 "법률적 자연상태가 만인의 만인에 대한 투쟁의 상태인 것처럼, 윤리적 자연상태는 모든 인간에 내재하는 악에 의해 끊임없이 공격받는 상태이다."[46] 그리고 윤리적 공동체의 정치적 공동체와의 결정적인 차이를 칸트는 "인류 전체의 이념"[47]과의 관계의 유무로 판별하고 있음을 볼 수 있다.

이러한 대비를 통해서 칸트는 윤리적 공동체가 추구해야 할 방향을 지시해 놓는다. 칸트는 "윤리적 자연상태는 덕의 원리들의 공적이며 상호적인 투쟁의 상태이며 내면적인 도덕의 상실의 상태이므로, 자연적 인간은 가능한 한 속히 이러한 상태에서 벗어나고자 힘쓰지 않으면 안 되는"[48] 인류 그 자체에 대한 인류의 의무의 대강을 제시한다. 이는 동시에 최고선의 실현을 역사적 발전의 목적으로 삼는 윤리적 공동체의 성격과 일치한다. 정언명법의 각 정식들 간의 연관성을 목적의 왕국과 관련한 인류성의 맥락에서 해석할 수 있는 실마리는 다음과 같은 인류의 의무에 대한 칸트 자신의 단호한 언명에서 명약관화해진다.

모든 종류의 이성적 존재자는 객관적으로 이성의 이념 안에서

---

44) *Die Religion innerhalb der Grenzen der bloßen Vernunft*, 753쪽.
45) *Die Religion innerhalb der Grenzen der bloßen Vernunft*, 752쪽.
46) *Die Religion innerhalb der Grenzen der bloßen Vernunft*, 755쪽.
47) *Die Religion innerhalb der Grenzen der bloßen Vernunft*, 754-755쪽.
48) *Die Religion innerhalb der Grenzen der bloßen Vernunft*, 756쪽.

어떤 공동체적 목적을 향하여, 즉 공동체적 선으로서의 최고선을 촉진하도록 규정되어 있다. 그러나 최고의 도덕적 선은 개체 인격이 그 자신의 도덕적 완전성을 위해 노력하는 것만을 통해서는 실현될 수 없다. 왜냐하면 그와 같은 목적을 위해서는 개체 인격들이 하나의 전체 안에서 결합하여 선한 심성을 가진 인간들의 체계를 형성하는 것이 요청되기 때문이다. 최고의 도덕적 선은 다만 이러한 체계 안에서만 그리고 그 체계의 통일에 의해서만 성취될 수가 있다.[49)]

따라서 인간이 추구해야 하는 도덕적 최고선은 고립된 개인의 노력만으로 실현되는 것이 아니라 개개인의 도덕적 인격이 동일한 목적을 갖고서 상호 협력하는 윤리적 공동체의 건설과 확장을 통해서만 가능하다고 칸트는 주장한다. 그럼에도 불구하고 칸트는 이러한 '독특한 의무'를 짊어진 인류가 추구해야 하는 이상적인 사회로서의 윤리적 공동체의 개념을 "윤리적 법칙 밑에 있는 신의 백성의 개념"[50)]으로, 또 "신의 백성의 이념은 (인간의 제도로서는) 교회의 형식 안에서만 실현될 수 있는"[51)] 것으로 파악함으로써 자신의 공동체 이론에 도덕론 이외의 종교론이라는 또 하나의 축을 세워 놓는다.

윤리적 공동체의 구성원이 되는 것은 특수한 종류의 의무이다. 그리고 비록 각 개인들이 자기 자신의 개인적인 의무만을 수행하더라도 공공의 선을 목적으로 하는 만인의 우연한 일치가 이

---

49) *Die Religion innerhalb der Grenzen der bloßen Vernunft*, 756쪽.
50) *Die Religion innerhalb der Grenzen der bloßen Vernunft*, 757쪽 이하.
51) *Die Religion innerhalb der Grenzen der bloßen Vernunft*, 759쪽 이하.

루어지는 결과를 초래할 수도 있다. 그러나 이때 이러한 만인의 일치는 만인이 하나의 동일한 목표를 위하여 서로 단합하며, 악의 원리의 유혹에 대항하기 위하여 단합된 더 강력한 힘으로서의 하나의 공동체를 도덕법칙 밑에 세우려는 각별한 계획이 행해지지 않는 한 기대할 수가 없다. 그렇지 않으면 사람은 악의 원리를 서로에게 사용하려는 유혹을 받게 된다. … 윤리적 공동체는 하나님의 나라로서 단지 종교를 통해서만 인간에 의해서 건설될 수 있다.[52]

이처럼 종교를 통해서 실현될 공동체의 비정치적 형태인 윤리적 공동체의 구체적 대안으로 칸트가 제시하고 있는 것이 다름 아닌 교회이다. 그러므로 우리는 칸트가 마음속에 구상하고 있는 윤리적 공동체의 모습을 그가 구체적인 대안으로 제시하는 교회의 특징들을 살펴봄으로써 재구성해 볼 수가 있다.

우선 "신적인 도덕적 입법 밑에 있는 윤리적 공동체"[53]로서의 교회는 다시 '비가시적 교회(die unsichtbare Kirche)'와 '가시적 교회(die sichtbare Kirche)'로 구분된다. 비가시적 교회는 "가능한 경험의 대상, 즉 신의 직접적·도덕적 세계 통치 밑에 있는 모든 의로운 인간들의 연합체의 단순한 이념으로서, 인간에 의하여 설립되어야 할 것의 원형"[54]의 역할에 해당하며, 가시적 교회는 비가시적 교회의 이념과 합치하는 세계를 지향하는 "인간들의 현실적인 결합체"[55]를 가리킨다. 아울러 그것의 완전

---

52) *Die Religion innerhalb der Grenzen der bloßen Vernunft*, 819쪽.
53) *Die Religion innerhalb der Grenzen der bloßen Vernunft*, 760쪽.
54) *Die Religion innerhalb der Grenzen der bloßen Vernunft*, 760쪽.
55) *Die Religion innerhalb der Grenzen der bloßen Vernunft*, 760쪽.

한 실현은 불가능한 비가시적인 교회를 모형으로 삼아 인간의 손으로 지상에 이룩할 수 있는 참된 (가시적인) 교회의 자격과 특징을 칸트는 다음과 같이 네 가지로 들고 있다.[56] 근본 원리들 위에 세워져야 하는 보편성, 교회의 성질에 있어서 도덕적 동기 이외의 어떤 다른 동기도 가지지 않는 순수성, 자유의 원리하에 있는 교회의 대내외적 관계, 교회의 양태에 있어서의 근본 구조의 불변성 등이 그것이다. 참된 교회의 자격과 특징으로서의 이것들은 한결같이 정언명법과 마찬가지로 윤리적 공동체의 형식성을 대변하는 것들이다. 칸트는 이것의 구체적 성격을 단지 비유적으로만 명시하는데, 이러한 형식을 표방하는 윤리적 공동체를 군주 정치나 귀족 정치 혹은 민주 정치와 거리가 먼 '가족 공동체(Hausgenossenschaft 또는 Familie)'에 견주고 있다.[57] 그러나 이 개념 역시 현실의 가족 제도의 성격과는 전혀 거리가 먼 것이다. 칸트가 뜻하는 바는 아래의 글에서도 알 수 있듯이 다분히 기독교를 모델로 한 하나님과 예수 그리고 인간의 관계의 한 다른 표현에 불과하다.

이러한 비유도 신의 뜻을 알고 있고, 또한 공동체의 성원들과 혈연관계에 있는 신의 거룩한 아들이 신을 대신하여 신의 뜻을 알림으로써 공동체의 성원들이 그 안에서 아버지를 존경하고 상호간에 자유의지에 의한 보편적이며 지속적인 심정적 결합에 이르도록 하는 한에서 타당한 것이다.[58]

---

56) *Die Religion innerhalb der Grenzen der bloßen Vernunft*, 761쪽.
57) *Die Religion innerhalb der Grenzen der bloßen Vernunft*, 762쪽.
58) *Die Religion innerhalb der Grenzen der bloßen Vernunft*, 762쪽.

칸트는 이러한 교회의 형식적 특징을 기초로 하여 윤리적 공동체의 실현 방향을 제시한다. 이러한 방향 설정의 단적인 표현이 "교회신앙으로부터 순수한 종교신앙의 단독 지배로 점차적으로 진행하는 것은 하나님 나라가 가까워지는 것이다"59)라는 진술이다. 이것은 칸트가 모든 교회의 구성은 항상 단순히 사실에 근거를 두고 있는 역사신앙(칸트에 의하면 교회신앙도 이에 속한다)으로부터 출발하는 반면에, 전적으로 이성에 기초하는 순수한 종교신앙은 모든 인간에게 설득력을 가지고 전파될 수 있는 순수한 이성신앙으로서 보편적인 교회의 기초가 될 수 있는 유일한 신앙으로 간주하기 때문이다.60) 이 같은 의미의 종교신앙은 좀더 정확하게 말해서 도덕적 이성신앙이다. 그러면서도 교회신앙 자체를 역사적인 것으로 파악하면서 참된 교회라는 공동체의 역사적 시점을 교회신앙에서 순수한 종교신앙으로의 이행으로 이해하는 것은, 즉 교회를 처음부터 단지 순수한 기초 위에다만 정초하지 못하는 것은 인간의 본성을 불완전한 이중적 성격으로 보는 칸트의 인간관에 근거를 두고 있다. 따라서 윤리적 공동체는 이러한 인간의 본성을 한편으로는 서로 제약하고 다른 한편으로는 서로 협심, 인도하는, 한마디로 악에 대항하여 악을 점차적으로 감소시키면서 선을 추구하고 나아가 최고선의 실현을 도모하는 자들의 결합체에 다름 아니다.

이와 같이 칸트는 윤리적 공동체의 구체적 · 현실적 대안으로서 교회를 제시함으로써, 이상적인 공동체가 종교와 불가피한

---

59) *Die Religion innerhalb der Grenzen der bloßen Vernunft*, 777쪽.
60) *Die Religion innerhalb der Grenzen der bloßen Vernunft*, 762쪽 이하.

관련을 맺고 있다는 것을 보여주고 있다. 따라서 이제 우리가 주목해야 할 중요한 점은 바로 가시적 교회로서의 윤리적 공동체의 종교적 성격이다. 앞서 우리는 교회신앙, 역사신앙, 이성신앙 등 종교적 측면들이 윤리적 공동체를 구현함에 있어 중요한 요소로 부각된다는 것을 알게 되었다. "도덕법칙 밑에서 형성되는 인간들의 결합",61) "덕의 법칙에 따르는 공동체"62)로서만이 아니라, "실천이성의 필요에 따르는 보편적인 참된 종교신앙"63) 등의 표현에서도 알 수 있듯이 칸트가 말하는 윤리적 공동체는 인간이 마땅히 그 당위성을 자각하고 의무에 따르는 각 개인에게 부여되어 있는 도덕성의 사회적 실현체이지만 종교에의 의존을 필연적으로 수반한다. 그러기에 칸트는 "도덕적 세계 지배자의 이념은 우리의 실천이성에 부과된 과제이다. 우리에게 중요한 것은 신이 그 자신에 있어서 (그 본성에 있어서) 무엇인가를 아는 데 있는 것이 아니라, 오히려 신이 도덕적 존재로서의 우리에게 있어서 무엇인가를 아는 것이다"64)라고 단언한다.

5. 윤리적 공동체의 정치적 구현

우리는 지금까지 살펴본 칸트의 주장에서 결코 간과할 수 없는 점들과 마주치게 된다. 그것은 윤리적 공동체의 비현실성에 대한 칸트의 현실적 대안책이다. 무엇보다도 "윤리적 공동체의

---

61) *Die Religion innerhalb der Grenzen der bloßen Vernunft*, 752쪽.
62) *Die Religion innerhalb der Grenzen der bloßen Vernunft*, 788쪽.
63) *Die Religion innerhalb der Grenzen der bloßen Vernunft*, 806쪽.
64) *Die Religion innerhalb der Grenzen der bloßen Vernunft*, 806쪽.

이념은 결코 완전히 실현될 수 없는 것"65)으로 파악하는 칸트가 윤리적 공동체의 구체적 대안으로서 교회를 제시한 것은, 그것이 갖고 있는 이념적 성격이 부분적이고 투쟁적이며, 우연한 것이 아니라 객관적이고 체계적으로 완전한 것, 절대적인 것, 필연적인 목적을 지닌 것, 무조건적인 것을 궁극 목표로 삼고 추구하며 의존하고자 하는 이성의 본성에 부합하며, 도덕적 이성의 요구 또한 만족시킬 수 있으며, 더 나아가 정치적 공동체의 한 이상적 모델로서의 역할을 감당할 수 있는 매력적인 것으로 여겼을 가능성 때문으로 볼 수 있다. 이러한 의도는 "윤리적 공동체는 교회로, 즉 신의 나라의 단순한 대표자로 고려될 때에는 그의 근본 원칙들에 있어서 정치적으로 유사한 체제를 가지는 것이 아니다"66)라는 칸트의 말에 역설적으로 함축되어 있다.

다시 말해서 이미 앞서 지적했듯이, 칸트는 윤리적 공동체 성립의 선행 조건으로서 정치적 공동체를 전제한다. 즉, "윤리적 공동체는 정치적 공동체의 한가운데에서 존립하며 더욱이 정치적 공동체의 성원들로 성립된다(사실 정치적 공동체의 기반 없이 그것은 인간에 의하여 결코 실현될 수 없는 것이다)."67) 그리고 "윤리적 공동체가 성립될 수 있으려면 모든 개인들은 하나의 공적인 입법에 종속되지 않으면 안 된다."68) 따라서 정치적 공동체와 윤리적 공동체의 명확한 차이점에도 불구하고, 정치적 공동체와 윤리적 공동체는 상호적인 관계에 놓여 있는 것으로

---

65) *Die Religion innerhalb der Grenzen der bloßen Vernunft*, 759쪽.
66) *Die Religion innerhalb der Grenzen der bloßen Vernunft*, 761-762쪽.
67) *Die Religion innerhalb der Grenzen der bloßen Vernunft*, 752-753쪽.
68) *Die Religion innerhalb der Grenzen der bloßen Vernunft*, 757쪽.

보아야 한다. 그리고 좁은 의미에서 정치적 공동체가 한 국가 내지는 국가 간의 법률적 제반 사항을 고려한 것이라면, 윤리적 공동체는 전 인류의 상호 관계를 윤리적 자율 의지의 유대에 토대를 둔 범세계적인 이상사회의 모델에 해당한다고 볼 수 있다. 그렇다면 결국 정치적 공동체는 윤리적 공동체를 이상적인 모델로 지향하면서 동시에 윤리적 공동체는 정치적 공동체라는 토대가 그 성격에 있어서 이성의 도덕적 요구에 부합할 것을 기대하지 않으면 안 된다. 역으로 이것은 모든 사회적 결합체에 대한 이상으로서의 도덕적 공동체의 이념이 정의로운 정치적 공동체의 기초가 되어야 한다는 것을 함축한다. 이것은 인간의 도덕적 삶은 시민사회 밖에서는 번성할 수 없다는 칸트의 일관된 입장을 재확인해 주는 것이기도 하다.

그렇다면 소위 윤리적 공동체의 정치적 구현이라 할 수 있는 좀더 현실적인 대안으로 내놓을 만한 것을 칸트의 철학의 테두리 안에서 찾아내는 것은 가능한가? 칸트의 경우에 우리는 그 가능성을 하나의 국가를 통해서 실현될 개별 정치 공동체와 국가와 국가 사이에서 성립하는 연합적 성격의 정치 공동체라는 두 경우를 구분해서 고찰해야 한다. 우리는 그 각각을 국가론과 영구평화론이라는 주제로 묶을 수 있다. 하지만 이 두 주제를 독립적으로 다루기 전에 윤리적 공동체 이론과 그 전반적 성격에서 대비될 수 있는 칸트의 영구평화론에 대해 간략히 언급하면서 이 장을 마치려고 한다.

칸트는 일찍이 오늘날의 국제 연합의 전신인 국제 연맹의 창설을 제창한 바 있다. 그가 이러한 기구 창설을 주장했을 때 그것의 이론적 기초가 되었던 것이 바로 영구평화론이다. 영구평화론은 기본적으로 칸트의 정치철학의 영역에 속한다. 이는 그의 도덕철학 내지는 종교철학 및 역사철학과 밀접한 관련을 가지면서도 정치 이론에만 고유한 문제라 할 수 있는 독자적인 성격을 형성하고 있다. 영구평화론의 문제 영역에는 선행적으로 정치적 공동체의 맥락에서 거론되어야 할 고유한 문제들이 있다. 우선 정치적 공동체의 성립을 정당화해야 하는 이론적 작업을 선행시켜야 하고, 이러한 토대 위에서 이상적인 정치적 공동체의 정부 형태, 시민사회, 법적 장치의 기본 구조 등의 과제가 부과되어 있다.

그러나 이러한 기본적인 문제 이외에, 어쩌면 칸트가 자신의 정치 이론을 갖고서 해결하고자 시도해야 했던 좀더 구체적인 문제들도 있다.[69] 첫째, 정치적 권위를 정당화하는 것이야말로 정치 이론의 기본적인 과업인데, 이는 우리가 국가를 외부에서 바라볼 경우에만 문제가 되는 것이다. 만일 그가 국가의 성원이라면 국가가 그에게 세금을 부과한다든지 하는 것에 대한 물음은 국가 안에서의 협의가 정부로 하여금 그러한 일을 허용했기 때문임을 지적해 주면 그만이지만, 어떤 사람이 이러한 내부의 견해를 아직 채택하지 않았거나 소외된 느낌을 갖고 있을 경우에, 무엇이 국가로 하여금 개인의 자유를 제한하는 강제적인 기능에 종사할 권한을 갖도록 만들며, 또 동일한 강제적인 행위가 국가 내의 개인과 개인 간에 행해졌을 경우에 비도덕적 것으로 간주되는 것은 어떻게 가능한 것인가? 칸트는 개인들이 해서는

---

69) *Die Religion innerhalb der Grenzen der bloßen Vernunft*, 233-235쪽 참조.

안 되는 것을 국가는 행할 수 있다는 것을 정당화하고자 하였다.

둘째, 칸트에게는 그 자신의 도덕 이론에서 발생하는 특수한 문제들이 있다. 도덕성은 한 사람이 자신이 택한 합리적 원리에 따라 행동하는 자율적인 능력이며 비도덕성은 반면에 타율적인 것인데, 자율은 원칙적으로 강제를 행사하는 정부의 성격과는 양립할 수 없으며, 국가에 의한 강제의 행사는 언제나 개인들의 정치 이전의 도덕적 권리들을 위협하는 것으로 보였을 것이다.

마지막으로, 칸트가 도덕성과 정치적 권위 간에는 하등의 갈등도 필요 없다는 것을 보여줄 수 있다 하더라도, 그는 여전히 소위 그 자신을 최고로 간주하는 국가의 권리와 시민의 의무라는 또 다른 문제에 직면한다. 그에게 있어 이것은 이론적인 문제일 뿐만 아니라 실제적인 문제이기도 하였다. 왜냐하면 그는 자비롭든 아니든 자신의 권력을 포기할 의사가 전혀 없는 군주 밑에서 글을 쓰고 있었기 때문이다. 한마디로 영구평화론은 이러한 이론적 기초 위에 세워진 동시에 이런 기본적인 작업과 공동체와의 긴밀한 관계를 조화시킨 하나의 웅대한 정치적 구상이자, 하나의 결정체라 할 만하다.

칸트는 영구적인 평화를 인류 최고의 정치적 목표로 간주한다. 그러나 마치 윤리적 공동체가 도덕적이면서 동시에 종교적이었듯이 영구평화를 실현할 정치적 공동체의 성격은 다분히 도덕적이다. 물론 당연히 이러한 성격들은 칸트가 종교적·정치적 문제를 도덕적 기초와 관점에 입각해서 조망하고 있기 때문이다. 칸트의 국가 간의 평화 유지책도 "여하한 경우에도 인간의 기본적 선을 저해하는 행위를 해서는 안 된다"는 도덕적 원리에 기초한 기본 방침을 국가 간에 확대, 적용하는 데에서 성립한다. 이러한 방침은 "덕의 법칙에 따르는 공동체로서 인류 안에 힘을 일으키고, 악에 대한 선의 승리를 주장하며, 그의 세계 지배 밑에서 영원한 평화를 확보하는 왕국을 세우는 것은 인간의 눈에는 보이지 않으나 부단히 진전되는 선한 원리의 활동인 것이다"[70]라는 윤리적 공동체의 실현의 외적 조건의 우회적 표현이다. 동시에 인간이 마땅히 견지해야 하는 의무의 이행을 불가능하게 해서는 안 된다는 기본 조건의 표시이기도 하다.

평화의 전제 조건으로서의 예비 조항과 평화의 조건으로서의 한정 조항 그리고 이것의 실행을 목적으로 한 보완 사항과 추가 사항으로 짜여 있는 『영구평화론』은 『이념』에서 제시한 명제들의 구제적인 방안이기도 하다. 칸트는 다음과 같이 적어 놓고 있다.

자연이 인간으로 하여금 그 해결을 강요하는 인류의 가장 큰 문제는 보편적으로 법이 지배하는 시민사회의 건설이다.[71]

이 문제는[72] 가장 어려운 문제이면서 동시에 인류에 의해 가장 나중에 해결될 문제이다.[73]

완전한 시민적 정치 체제를 확립하는 문제는 합법적인 국제

---

70) *Die Religion innerhalb der Grenzen der bloßen Vernunft*, 788쪽.
71) *Idee zu einer allgemeinen Geschichte*, 39쪽.
72) 이 문제란 전항의 '보편적으로 법이 지배하는 시민사회를 건설해야 하는 문제'를 가리킨다.
73) Idee zu einer allgemeinen Geschichte, 40쪽.

관계의 문제에 의존하며, 이 후자의 해결 없이는 해결될 수 없다.[74]

그러나 이러한 문제 해결을 위해, 국내적 수준에서 강제력에 의해 개인들을 법에 복종하게 하듯 강력한 통치력을 가진 하나의 정치적 공동체를 국제적 수준에서도 동일하게 만든다는 것은 불가능하다. 왜냐하면 그것은 영구평화를 위한 조건에 위배되는 모순을 범하게 되기 때문이다. 즉 칸트는 정치적 공동체를 이성적 존재자들의 자유의지에 기초한 하나의 인격적 결합체로 생각하기 때문에 강제력을 수반하는 국제적 차원의 정치 기구란 바로 이러한 정치적 공동체 성립의 근본 성격을 무시하고 위배하는 결과를 초래할 것으로 보고 있는 것이다.

그러므로 아이러니컬하게도 영구평화의 목적은 정치적 · 법률적 수단만으로는 성취될 수 없다. 앞서 지적했듯이 정치적 공동체는 칸트의 입장에서 보자면 그 비현실적인 성격에도 불구하고 윤리적 공동체를 궁극적인 이상적 모델로 삼아야 한다는 결론에 도달한다. 결국 다음에서 살펴보게 될 국가론을 통해 알게 되겠지만 칸트의 영구평화론이라는 윤리적 공동체의 정치적 구현은 인간의 도덕적 진보에 달려 있는 것이 되며, 더 나아가 세계 평화는 필연적으로 마음속에 있는 도덕법칙 아래의 공화적 정치 체제라는 윤리적 공동체를 창출할 수 있느냐 하는 전망에 달려 있다. 이것은 곧 『종교론』에서 밝혀 놓은 윤리적 공동체라는 목표에 귀착한다. 그렇지만 우리는 그 선행 조건으로 놓여 있는

---

74) *Idee zu einer allgemeinen Geschichte*, 41쪽.

아직도 그 성사가 묘연한 정치적 공동체를 현실적인 수준에서의 이상적인 모델로 간주해도 좋다. 왜냐하면 칸트가 제시하는 정치적 공동체 또한 윤리적 공동체를 모델로 하여 우리가 현실적으로 그 실현을 모색해 나아가야 할 목표이며, 또 그 양자는 서로 별개의 것이 아니라 상호 보완적인 것일 수밖에 없는 성격의 것이며, 더 나아가 양자 공히 최고선의 실현을 목적으로 하기 때문이다.

6. 목적론적 역사관과 목적론적 도덕성

지금까지의 고찰에서 직간접적으로 드러났듯이, 칸트의 공동체 이론을 지탱해 온 것은 '도덕성과 역사'라는 원리를 축으로 해서 이루어진 것이다. 다시 말해 정치적 진보와 도덕적 진보를 전망하는 칸트의 시각 속에는 바로 역사에 대한 목적론적 전망과 도덕에 대한 목적론적 전망을 통해서 바라본 세계가 그려져 있다.

먼저 칸트의 목적론적 역사관의 핵심을 이루는 두 개의 극은 자연과 인간이다. 그리고 역사의 목적은 최고선의 실현을 목표로 한다. 정치적 공동체든 윤리적 공동체든 최고선을 역사의 목적으로 파악한다는 점에서 최고선에 대한 이론적 토대를 형성하고 있는 『도덕형이상학 정초』와 『실천이성비판』은 앞에서 고찰한 바와 같이 칸트의 공동체 이론의 도덕철학적 근거를 확보해 놓은 이론서로 평가되어야 한다. 역사에 있어서의 자연과 인간의 관계에 대해서 칸트는 다음과 같이 함축적으로 명시한다.

자연이 의도하고 있는 것은, 인간이 그의 동물적 존재의 기계적인 명령을 넘어서는 모든 것을 전적으로 자기 자신으로부터 이끌어내어야만 한다는 것이며, 또 인간 자신이 본능에 의존하지 않고 이성을 통해서 창조한 행복과 완전함 이외에는 관여하지 않아야 한다는 것이다.[75]

더 나아가 칸트는 인간은 자연 때문에 진보하지만 동시에 자연에 반하여 진보한다고 생각한다. 이것은 인간의 본성을 이중적으로 파악하는 자신의 견해와 맥을 같이 한다. 이러한 칸트의 생각 속에는 자연의 목적과 도덕의 목적의 상호성에 대한 사고가 담겨 있다.

자연의 목적과 관련한 칸트의 목적론적 역사관은 "자연은 쓸데없는 것은 아무것도 행하지 않으며, 또 자신의 목적을 위한 수단을 사용함에 있어서 필요 이상의 낭비는 하지 않는다. 자연이 인간에게 이성을 주었으며 이성에 기초하는 의지의 자유를 주었다는 사실은 이미 인간에 관한 자연의 계획을 분명히 보여주고 있다"[76]는 그의 진술 속에 잘 나타나 있다. 인류 역사의 진행에는 인간의 반사회적 사회성을 원동력으로 삼아 인류를 하나의 목적으로 나아가게끔 하는 자연의 의도가 숨겨져 있기 때문에, 칸트는 정치적 공동체의 건설에 대한 희망을 견지한다. 이런 점에서 칸트는 인류의 미래에 대해 낙관적인 태도를 취한다. 그는 미래의 어느 시기에는 사람들이 영구적인 평화의 상태에서 살게 되리라 믿는다.[77] 칸트가 영구평화를 거론하고 국제

---

75) *Idee zu einer allgemeinen Geschichte*, 36쪽.
76) *Idee zu einer allgemeinen Geschichte*, 36쪽.

연맹이나 공화적 정치 체제의 건설을 낙관적으로 보는 것도 자연과 인류에 대한 목적론적 역사관을 신봉하고 있는 데서 연유한다. 이러한 칸트의 의도는 다음과 같은 글에 명확하게 나타나 있다.

인류의 역사는 국내적으로도 완전하며, 그리고 이 목적에 맞으면서 국제적으로도 완전한 국가 체제를— 이 완전한 국가 체제는 자연이 인류의 모든 소질을 완전히 계발시킬 수 있는 유일한 상태인데 — 성취하고자 하는 자연의 숨겨진 계획을 실현하는 과정으로 간주될 수 있다.[78]

칸트에 따르면, 자연은 인간이 만든 거대한 사회나 국가 체제에서까지도 인간들 상호간의 불화를 수단으로 하여, 그와 같은 불가피한 대립 속에서 평화와 안정의 상태를 찾아내도록 하며, 결국에는 야만의 무법 상태에서 벗어나 국가들 사이에 체결하는 연맹, 즉 국제 연맹을 이루는 것으로 몰고 간다.[79] 그리고 칸트는 거듭되는 전쟁을 통하여 마침내 한시적인 "정치 기구들이 내부적으로는 가장 가능성이 있는 시민적 정치 체제의 확립에 의해, 외부적으로는 공동의 약정과 입법에 의해 시민적 공동체와 유사한 상태에 도달하도록"[80] 하는 것이 감추어진 자연의 목적이라 믿는다. 이와 같이 목적론적 관점으로부터 역사를 고찰하는 이론적 정당성의 기초를 칸트는 그의 비판철학의 대단원을

77) H. Williams, *Kant's Political Philosophy*, 1쪽.
78) *Idee zu einer allgemeinen Geschichte*, 45쪽.
79) *Idee zu einer allgemeinen Geschichte*, 42쪽 참조
80) *Idee zu einer allgemeinen Geschichte*, 43쪽.

이루는 『판단력비판』에서 마련해 놓은 바 있다.

그러나 무엇보다도 중요한 것은, 칸트의 이런 목적론적 역사관은 동시에 인간의 이성이 요구하는 목적과 부합한다는 점이다. 칸트에 의하면, 인류의 역사적 목적의 유래는 그 기원을 인간의 도덕성에 두고 있다. "목적은 도덕으로부터 생기며",[81] 자연의 의도에 따라 진보의 길을 걸어가는 바로 그 인간은 동시에 자유의지를 부여받은 도덕적 존재이기에, 인간의 역사는 이와는 반대로 퇴보의 길을 걸을 수도 있다. 그럼에도 불구하고 인류의 역사의 궁극적인 진보에 대한 확신은 인간의 이성에 대한 신뢰, 즉 역사를 도덕적 전망에서 바라보는 그의 목적론적 도덕성에서 비롯된다.

칸트에 있어서 자연과 도덕성은 영구평화를 위해서 존재하는 역사의 확고한 디딤돌이다. 도덕성이 자연이 제공할 수 없는 것을 제공하는 일을 담당한다는 점에서, 반대로 자연은 도덕성이 제공할 수 없는 것을 제공한다. 역사에서의 자연의 역할과 도덕의 역할은 이런 의미에서 상호 보완적이다. 도덕성이 자신의 힘으로 성취할 수 없는 것은 평화가 가능할 수 있는 외적인 조건들인데, 칸트는 자연이 이 일을 성취해 주고, 인간은 자연이 제공할 수 없는 것, 즉 외적인 조건들을 이용하여 영구적인 평화를 달성하려는 의지를 갖기를 희망한다. 그렇지만 이러한 의지를 소유하기 위해서는 인간이 도덕적 존재로서 미성년 상태로부터 벗어나서 이성을 올바로 사용하는 능력을 기르는 것이 전제되어야 한다.

---

81) *Die Religion innerhalb der Grenzen der bloßen Vernunft*, 651쪽.

칸트는 "이성의 공적인 사용은 언제나 자유롭지 않으면 안 되며, 공적인 사용만이 인류를 계몽시킬 수 있다"고 본다.[82] 욕망(경향성)과 도덕성(의무)이라는 인간의 이중적인 본성에 비추어 보면, 하나의 사건이 일어났을 경우에 모든 사람이 다 찬성할 수는 없는 일이다. 칸트는 이런 경우에 제3자의 입장에서 그 사건을 평가하고 더욱 바람직한 방향을 제시할 수 있어야 한다고 본다. 칸트는 이러한 입장을 다름 아닌 이성의 공적인 사용이라 부른다. 칸트의 말을 빌리면 이성의 공적인 사용이란 "어떤 사람이 한 사람의 학자(Gelehrte)로서 독자 대중 앞에서 이성을 사용하는 경우"[83]를 말한다. 목적론적 도덕성의 관점에서는 인간은 이러한 입장을 소유하려 함으로써 도덕적으로 성숙해지고 궁극적으로는 인류의 계몽을 통하여 역사의 최종 목적으로서의 최고선의 실현에 다가서게 된다.

칸트의 최고선의 개념은 그의 전 철학과 관련해 볼 때 두 가지 의미를 갖는다.[84] 『순수이성비판』 특히 방법론과 『실천이성비판』의 변증론에서는 주로 도덕적 요소(자유)와 경험적 요소(자연)의 단순히 개념상의 종합으로서 최고선은 하나의 고립된 초월적 세계의 이념이자 비역사적 이념의 의미에 머무는 데 반하여, 『실천이성비판』의 일부를 포함한 후기 저작들에 속하는 『판단력비판』, 『종교론』 및 『영구평화론』 등에서는 단순한 종합을 넘어서 시간 중에서의 구체적인 전개를 통해서 실현되는

---

82) *Was ist Aufklärung?*, 55쪽.
83) *Was ist Aufklärung?*, 55쪽.
84) Y. Yovel, *Kant and the Philosophy of History*, 제1부 1장(29-80쪽), 특히 30-31쪽.

자유와 자연의 종합으로 그 의미가 주로 사회적·역사적 측면에서 다루어진다. 때문에 그의 목적론적 역사관과 목적론적 도덕성의 관점에서 보자면 최고선은 단순히 역사의 규제적 이념일 뿐만 아니라 인류가 도달해야 할 역사의 궁극 목적이다.[85]

말하자면, 칸트의 이론철학의 연장선에서 그의 주장을 평가해 보면, 칸트의 논증은 자연과 역사라는 두 개의 이질적인 것 자체가 본래부터 어떤 당위적인 목적을 소유하고 있는 것은 아니어야 한다. 오히려 이성이라는 구조가 자연과 역사가 합목적적이라고 우리가 가정하는 것을 필연적이도록 한다.[86] 그것은 우리의 사변이성의 규제적 사용에 기초하여 상정한 하나의 이념이다. 그러면서도 이성의 실천적 사용에 있어서는 이런 의미에서 최고선은 실천이성이 자신의 도덕성에 기초하여 필연적으로 상정하는 하나의 이념이며, 역사의 진보는 자연의 숨겨진 계획에서만 기인하는 것이 아니라 실천이성의 의식적인 노력에서 기인하기도 한다. 따라서 정치적 공동체와 윤리적 공동체의 구상은 이 이념을 역사의 목적으로 상정하고 그것의 구체적 모델로서 제시한 칸트의 이상사회론의 정수라 할 수 있다. 칸트는 이런 자신의 작업을 이미 다음과 같은 말로 정당화시켜 놓고 있다.

인류의 완전한 시민적 통합을 목표로 하고 있는 자연의 계획에 따라서 보편적 세계사를 편찬하려는 철학적 시도는 가능한 것으로서, 또 이런 자연의 의도에 공헌하는 것으로 간주되어야만 한다.[87]

---

85) Y. Yovel, *Kant and the Philosophy of History*, 29쪽.
86) H. Williams, *Kant's Political Philosophy*, 22쪽.

자연의 계획에 부합하는 이상의 실현이라는 도달점의 외적 조건으로서의 정치적 공동체와 내적 조건으로서의 윤리적 공동체는 다같이 최고선에의 도달을 위해 서로를 필요로 하지 않으면 안 된다. 그것은 칸트의 말대로 지상에서의 최고선을 향해 꾸준히 나아가려는 가능성과 희망이자, 이론적으로 가능한 하나의 '철학적 시도'이다.

7. 맺음말

지금까지의 고찰에 의하면, 칸트가 구상하고 있는 이상사회란 이성의 도덕적 요구를 기초로 한 최고선의 실현을 그 이상으로 하는 사회로 귀결된다. 그 이상사회로의 역사적 진행 과정의 원천은 자유와 자연이다. 여기에서 순전히 내적 자유에만 의존함으로써 건설되는 사회가 윤리적 공동체이며, 정치적 공동체는 이러한 윤리적 공동체의 전망을 모델로 하여 외적 자유와 자연의 의도가 결합하여 건설되는 사회이다. 칸트는 이 두 공동체의 구체적 대안으로 전자에는 '비가시적 교회와 가시적 교회' 및 목적의 왕국을, 후자에는 국제 연맹과 시민사회 및 이성법에 의해 유지되는 정치 공동체를 제시한다. 그리고 두 공동체 모두 최고선을 실현함으로써 역사의 목적을 달성하게 된다. 최고선의 실현의 두 원리는 목적론적 역사관과 목적론적 도덕성을 축으로 하여 진행된다.

그러나 불완전한 인간의 본성에서 보자면, 그러한 사회의 건

---

87) *Idee zu einer allgemeinen Geschichte*, 47쪽.

설은 하나의 이상향에 지나지 않는다. 동시에 정치적 공동체든 윤리적 공동체든 어느 하나만으로는 그 이상사회의 수립이란 불가능한 것이며, 불가불 양자의 조건의 성숙을 필요로 한다. 또 이 양자는 '계몽'을 통한 이성의 공적인 사용에 의한 인간의 도덕적 진보에 의존한다. 따라서 외적 강제라는 아무런 제약 없이 그 구성원들의 자율에 입각하여 운영되는 윤리적 공동체와 외적 강제를 수반하는 정치적 공동체의 상호 관계에서 정치적 공동체는 윤리적 공동체의 실현의 선행 조건으로, 또 바람직한 정치적 공동체의 모습은 윤리적 공동체를 이상적인 모델로 삼아야 한다는 것은 칸트의 이상사회론의 성격과 특징을 잘 나타내 준다.

무엇보다도 궁극적으로 이상과 같은 이상사회론에 대한 칸트의 구상은 하나의 도덕적 신념에 의존하고 있다. 그것은 바로 도덕적 신앙이다. 이상사회의 도래가 단순히 두 공동체의 조건의 성숙에 상호 의존하기만 하는 것이 아니라 언젠가는 실현되리라는 희망과 기대 없이는 그러한 설계 자체가 별 의미 없는 것이 되고 만다. 따라서 칸트의 두 가지 공동체의 모델은 이 희망과 기대에 대한 도덕적 신앙을 현실화시켜 줄 두 가지 조건의 사회철학적 정당화의 시도에 다름 아니다.

제 8 장
국 가 론

1. 머리말

칸트가 직접적으로 국가론을 포함한 정치철학적 이론들을 독립된 주제로서 체계적으로 다룬 대작을 계획했거나 발표한 적은 없다. 그럼에도 그의 생전의 저작들과 사후의 원고들을 살펴보면 이들 주제와 관련한 문제에 지속적으로 몰두하고 있었음을 알 수 있다. 게다가 그의 일련의 주저들은 정치철학적 주제들이 선험철학적 및 도덕철학적 체계 연관 속에서 논의되고 있음을 증명해 준다. 그리고 그의 도덕철학은 인간에 대한 이원적 사고를 극명하게 보여준다.

정치적 이념에 대한 칸트의 견해는 이미 『순수이성비판』에서도 분명하게 언급되고 있음을 볼 수 있다. "법이라는 것은 우리의 자유가 법과 전반적으로 일치하도록 하기 위한 제약에 의해서 우리의 자유를 제한하는 것에 불과한 것이다."[1] "각 개인의 자유가 타인의 자유와 공존할 수 있도록 법에 의한 최대의 인간적 자유의 헌법(최대의 행복을 위한 헌법이 아니다. 왜냐하면 그것은 자연히 따라오는 것이기 때문이다)은 적어도 단지 헌법을 기초하는 경우뿐만 아니라 또 모든 경우에도 그 기초가 되지 않으면 안 될 하나의 필연적 이념이다."[2] 이 구절은 단편적인데 지나지 않지만, 이것이 함축하는 바는 그의 정치철학의 기본 사상을 특징짓는 중요한 대목이라 할 수 있다.

그러나 칸트가 정치 문제를 명백하게 언급하고 있는 최초의 저술로 출간한 것은 1784년의 『계몽이란 무엇인가?』와 『보편사의 이념』이며, 더 나아가 후기의 저술에 속하는 『속언』(1793), 『영구평화론』(1795), 『도덕형이상학』 중의 「법론」(1797), 『학부들의 싸움』(1798) 등도 이러한 문제를 다루고 있다. 이들 저술들 속에서 나타나는 통찰에도 불구하고 정치사상사를 살펴보면 칸트가 중심적인 이론가로 대접받지 못해 왔던 것도 어쩌면 그가 정치철학에 관한 체계적인 이론서를 내놓지 못하였기 때문인지도 모른다. 더욱이 그의 세 비판서가 차지하는 비중이 높고 큼으로 인하여 제대로 주목받지 못한 데에도 그 원인이 있었을 것이다. 최근에 이르러서야 주목받기 시작한 그의 정치철학에 대한 깊은 관심은, 아마도 그러한 장애가 아니었더라면 과거에

---

1) *Kritik der reinen Vernunft*, B 358.
2) *Kritik der reinen Vernunft*, B 373.

단순히 "헤겔의 선구자"[3] 정도로만 취급하던 경향과는 달리 예전부터 영향력 있는 탁월한 정치철학자로서 간주되었을 것이라는 평가를 뒷받침해 준다 하겠다.

칸트의 모든 철학적 주제들이 그러하듯이, 그의 정치철학적 주제들도 비판철학적 맥락에서 이해되어야 하며, 이러한 접근 방법은 그 자체로 정당성을 보장받는다. 더욱이 정치철학적 문제들은 특별히 그의 도덕철학을 토대로 하지 않고서는 제대로 이해될 수가 없다. 그리고 정치 이론은 그의 도덕형이상학의 한 부분에 속한다. 왜냐하면 인간의 사회적·정치적 행위들은 근본적으로 우리가 무엇을 해야만 하는가에 대한 문제, 즉 공적인 분쟁을 해결할 수 있는 기준을 확립하는 문제와 관련되고, 이는 도덕적 차원을 넘어서면서도 동시에 인간의 도덕적 측면과 불가분의 관계를 맺고 있기 때문이다.

칸트가 자신의 도덕철학적 토대 위에 서서 정치 이론을 통하여 해결하고자 시도해야 했던 문제들은 대체로 다음과 같이 세 가지 측면으로 간추려 볼 수 있다. 첫째, 정치적 권위의 정당화. 둘째, 정치적 권위와 도덕적 권리 또는 강제와 자율 간의 양립 가능성. 셋째, 국가의 권리와 시민의 의무의 합리적 조정이 그것이다.[4] 이는 곧 칸트의 정치철학 내지는 국가론의 주제들이다. 국가라는 정치 공동체의 정당화 문제는 정치철학의 핵심이며, 이를 선험철학적 및 도덕철학적 토대 위에서 근거짓는 일은 칸트의 고유한 관심사 중의 하나이다. 또한 국가의 권리와 시민

---

3) H. Reiss, *Kant's Political Writings*, Cambridge University Press, 1970, 편집자 서론, 3쪽.

4) Roger J. Sullivan, *Immanuel Kant's Moral Theory*, 234-235쪽 참조.

의 의무를 합리적으로 조정하는 일은 정치 이론이 간과할 수 없는 실제적인 문제이다.

엄밀히 말해서 칸트의 정치철학은 법철학과 국가철학으로 나누어 볼 수 있다. 그런데 무엇보다도 국가가 개인들 간에 빚어지는 사회적 분쟁을 해결하고자 할 때 근본적으로 의존하는 것이 다름 아닌 법이다. 그렇다고 해서 국가가 단순히 법에 토대를 두는 것이 아니라, 법 자체가 국가를 필연적으로 요구하게 되는 상호적인 관계에 놓이게 된다. 이 관계를 근거짓는 방식이 곧 칸트의 국가론을 그 이전의 정치철학자들의 그것과 분명하게 구분짓게 해준다. 그러므로 국가와 법의 관계의 해명은 정치철학의 근간을 이루고 있으며, 이를 철학적으로 정당화하는 그의 사회계약론도 이 관계를 근거짓기 위한 해결책에 다름 아니다. 더욱이 국가론은 바로 이 법과 국가의 관계를 설명하는 가운데에서 제 모습을 드러낸다. 이 장에서는 칸트의 정치철학을 국가론에 초점을 맞추어 법과 국가의 관계를 중점적으로 다루고자 한다. 이를 위해서 먼저 국가의 도덕철학적 기초가 해명되지 않으면 안 된다.

2. 실천이성과 법

칸트의 정치철학은 그의 도덕 이론으로부터의 당연한 귀결이다. 더구나 법과 도덕과의 분명한 차이를 인식하고 있음에도 불구하고 그는 시종일관 정치적 이상의 표준을 그의 도덕적 토대 위에서 조망하고자 한다. 이는 윤리적 공동체와 정치적 공동체의 관계 및 그 실현 가능성을 타진하고 있는 『종교론』(1793)에 가장 잘 나타나 있다. 법철학을 포함하여 국가론은 그의 유고집에서 방대하게 발견되지만, 생전의 저작 중에서는 특히 「법론」과 「덕론(Tugendlehre)」으로 구성된 『도덕형이상학』과 『속언』, 그리고 나아가 『영구평화론』 등에서 주로 전개되어 있으며, 그 것은 논리적으로는 『도덕형이상학 정초』 및 『실천이성비판』과 연계되어 있다. 따라서 국가론은 무엇보다도 국가에 대한 도덕적 기초와 전망에 의해서 결정된다. 이는 곧 도덕형이상학적 단초와 부분적으로는 선험철학적 토대 위에서 법과 국가의 필연성을 근거짓는 보편적이고 선천적으로 규정할 수 있는 원리의 문제가 주가 됨을 의미한다. 이와 함께 그는 어떻게 상이한 개인들의 자유가 공존할 수 있으며 또 이를 보증하기 위해서 선천적으로 요구되지 않으면 안 되는 것이 무엇인지에 대한 물음을 경험의존적인 지식에 기대지 않고서 해명하고자 한다. 이는 또한 국가의 기원에 대한 역사적이고 사실적인 설명이 아닌 도덕적인 정당화가 선행 조건임을 의미한다.

칸트의 정치철학의 핵심적인 열쇠는 한 개인으로서의 인간의 존엄성에 대한 그의 사고에 놓여 있다. 그리고 이 존엄성의 사상은 그의 자유의 개념에 압축되어 있다. 인간이 존엄한 존재인 이유는 그가 자유라는 근본 권리를 타고난 목적 자체로서의 인격적 존재이기 때문이며, 또 이 자유에의 권리로부터 여타의 인간의 권리들, 특히 인간의 정치적 권리가 결과하기 때문이다. 이처럼 인간의 존엄성과 자유가 그에게서 강력한 의미를 갖는 것은 바로 인간을 도덕적 존재로 파악하기 때문이며, 또 그것이 인간의 모든 권리의 원천이기 때문이다. 따라서 그 권리의 원천이란 단적으로 인간의 도덕적 자유에 근거를 두고 있다고 말할 수 있다. 그리고 이 도덕적 자유란 의지의 자율에 다름 아니다. 또 이 의지의 자율은 인간이 법칙 수립적, 자기 입법적 존재임을 뜻한다. 이처럼 도덕은 모든 권리의 원천이며 의지의 자유는 이 도덕을 가능적이고 필연적이게 해주는 조건이라는 주장은 그의 정치철학적 사고의 올바른 이해를 위한 대전제에 해당된다.

칸트는 이러한 토대에 입각하여 국가의 근거에 대한 철학적 정당화를 꾀한다. 이를 인간 본성에 관한 근본 가정 위에서 꾀했던 홉스의 경우와는 달리, 인간의 도덕적 자유의 필연성으로부터 국가를 철학적으로 정당화하려는 이러한 시도는 부분적으로는 자신의 시대를 위한 매우 근대적인 원리를 낳게 됨과 아울러 동시에 국가에 대해서 우리가 통상 직관적으로 기대하는 것과는 다른 견해를 전개하기에 이른다. 더욱이 그의 경우에 국가는 단순히 법에 토대를 두는 것만이 아니라, 선천적으로 주어진 법 제도의 필연성이 국가를 필연적인 것으로 만든다. 따라서 국가는 이차적인 질서의 제도이며, 국가의 임무는 오로지 법의 안전을 보장하는 데 있게 된다. 그러면 그에게 있어서 법이란 무엇인가? 이를 해명하기 위해서 도덕의 문제와 비교해 보는 것이 좋다.

법칙 수립적 존재로서의 인간의 특성을 정식화해 놓은 도덕적 행위의 최고 원리는 소위 정언명법이다. 이는 실천이성에서 나온 도덕성의 법칙을 내적인 행위 즉 도덕적 동기에 적용한 것이며, 순전히 인간을 예지적 측면에서만 고려한 것이다. 그러나 인간은 이성적인 면과 감성적인 면을 겸비한 이중적 본성의 소유자이다. 그러므로 인간은 또한 현실적인 사회적 행위와 관련해서는 순전히 예지적 존재이기만 한 것이 아니라 동시에 경향

318

성이라는 자연 본성에 좌우되는 현상적·감성적 존재이기도 하다. 따라서 여기서는 내적인 행위가 아니라 외적인 행위가 관건이 되며, 도덕성이 아니라 적법성이 문제가 된다. 이 각각에 수반되는 의무를 칸트는 내적 의무와 외적 의무로 구분한다. 내적 의무는 도덕적 의무와 내적 강제를, 외적 의무는 법적 의무와 외적 강제를 규정짓는 중요한 구분법이다.

칸트에 의하면 "의무 개념은 그 자체가 이미 법칙에 의한 자유로운 선택 의지의 강요(강제)의 개념이며, 이러한 강제는 외적 강제이거나 자기 스스로 부여한 강제이거나이다."5) 그러나 도덕적 존재로서의 인간은 기본적으로 자율적인 내적 강제에 의해서 의무를 자기 스스로 수행할 수 있는 존재이나, 이러한 "의무 수행을 방해하는 마음속의 장애물이요 (때로는 강력하게) 반항하는 힘들"6)인 자연적 경향성들로 인하여 타율적인 외적 강제를 수반하게 된다. 그러므로 외적 강제하에서의 행위란 그것이 의무에 일치한다고 할지라도 이미 완전한 의미에서의 도덕적 행위는 아닌 것, 즉 행위의 적법성은 갖지만 도덕성을 갖는 것은 아니다.

칸트에 의하면, 행위가 도덕적 동기에서 비롯한 것일 경우에만 그 행위는 도덕적이다. 그런데 일차적으로 도덕과 반대로 법에서는 인간 행위의 내적인 동인이 어떠한 역할도 하지 않는다. 여기서 인간 행위는 개인으로부터 고찰되는 것이 아니라, 개인들의 공동체가 어떻게 외적인 형식에 맞춰서 행동해야 하는가에

---

5) *Metaphysik der Sitten*, 508쪽.
6) *Metaphysik der Sitten*, 509쪽.

의해서 고찰된다. 따라서 법은 외적인 행위의 적법성을 가늠하는 표준이자 타율적인 외적 강제가 가능한 권리를 갖는다. 그렇다고 해서 도덕과 법이 전혀 무관한 것이라는 말은 아니다. 당연히 인간의 사회적 행위가 어떠해야 한다는 것은 일차적으로 외적인 형식의 부합 여부가 관건이 되지만 그 형식 자체는 도덕적 조망에 의해 그 타당성을 보장받아야 한다는 점에서 여전히 도덕 의존적 형식을 취하지 않을 수가 없다. 바로 이 양자를 매개해 주는 역할을 하는 것이 칸트의 법과 국가에 대한 견해를 특징짓게 되며, 도덕적 의무와 법적 의무, 도덕 이론과 국가론을 성격상 명확히 구분지으면서 동시에 그 불가분의 관계를 일관되게 유지하도록 해준다.

인간은 자유로운 이성적 존재자이기 때문에 인간의 사회적 행위는 서로에게 영향을 미치는 가능성을 소유하고 있다. 그때 이 영향은 어떤 사람들의 자유가 다른 사람들의 자유를 제한하는 결과를 가져올 수가 있다. 그러나 자유로운 존재자의 최고의 관심은 자신의 자유를 지키는 데 있기 때문에 어떤 방식으로 다수의 자유로운 존재자가 서로 공존할 수 있는가 하는 물음이 제기된다. 칸트는 이 문제를 해결하기 위해서 선천적으로 무엇을 받아들여야 하는지를 해명하고자 한다.

법 개념은 칸트가 이해한 바에 따르면 "그 밑에서 어떤 사람의 선택 의지가 다른 사람의 선택 의지와 자유의 보편적인 법칙에 따라서 함께 통일될 수 있는 조건들의 총괄 개념"[7]이다. 결국 "다른 모든 사람들의 자유와의 합의를 조건으로 한 각 개인

---

7) *Metaphysik der Sitten*, 337쪽.

의 자유의 제한"[8]을 의미한다. 그뿐만 아니라 법이란 자유의 유지를 위한 선천적으로 주어진 보편적 의지도 규정한다. 칸트의 경우에 보편적 자유를 보증하는 것만이 법일 수 있다. 이때의 법 개념 자체는 법 이념의 본질 규정상 아직 실정법을 포함하지는 않는다. 왜냐하면 실정법은 경험을 전제로 하지만 이념으로서의 법 자체는 경험과는 무관한 자유의 이념과 관계하기 때문이다. 그러나 법 개념은 현실적인 기능을 행사하는 법이기 위해서는, 한편으로는 실정법의 성격을 가져야 하고, 동시에 이를 무엇으로 또 어떻게 실현해야 하는지를 확립하지 않으면 안 된다. 그러나 주민들 중 일부에게는 권한을 부여하고, 나머지 다른 주민들은 노예로 만드는 법 질서는, 칸트에 의하면, 반도덕적일 뿐만 아니라 본래적인 의미에서의 법 질서도 전혀 아니다. 왜냐하면 그것은 다른 사람보다 특정한 사람들을 우월하게 보는 것이기 때문에 '자유의 보편법칙'이 전혀 아니다. 따라서 특정한 사람들의 선택 의지가 다른 사람의 그것과 동일한 방식으로 통일되지 못한다. 현실적으로 인간의 본성이란 법이라는 강제의 위협에 의해 뒷받침되지 않으면 정의롭게 행동할 수 없는 그런 존재이기도 하다.

칸트가 법으로부터 국가로의 이행을 설명하기 위한 이론적 장치로서 사회계약론을 펼치는 것이 바로 이 때문이다. 이는 반도덕적인 국가 제도 내지는 법 질서와 차원을 달리하며 아울러 이에 대한 도덕성 여부를 가늠할 수 있는 척도이다. 다시 말하면 보편적 자유와 법 질서의 구현을 도덕적 토대 위에 세우기

---

8) *Über den Gemeinspruch*, 144쪽.

위한 정치 원리의 이론적 근거지음이 사회계약론을 근거로 한 그의 국가론의 성격을 특징짓는다. 이러한 시도에는 실제 현실에서 일어나는 강제적 권리의 원천으로서 법의 근거를 자율성이라는 도덕적 본질에 기초하여 근거지으려는 의도가 반영되어 있는 것이다.

3. 사회계약론: 법으로부터 국가로

1) 원초적 계약과 국가의 이념

정치적 이상에 대한 이해를 반영하고 있는 칸트의 기본 입장에 따르면 자유로운 존재자들의 공존의 문제에 대한 해결책으로서의 법은 자유에 대한 제도적인 보증이 없이는 불가능하다. 이러한 필연성은 인간의 본성에 대한 가정으로부터가 아닌 자유의 개념 자체로부터 나온다. 왜냐하면 인간은 자유로운 존재이며 따라서 타인의 자유를 해치는 행위를 하려고 마음먹을 수가 있기 때문이다. 모든 인간은 다른 사람들과 자유롭게 살아가려고 노력해야 한다는 것을 우리가 경험적으로 확신한다고 할 때라도, 이러한 행위의 가능성은 선천적으로 주어진다. 결국 경험적 확증은 법 개념이 야기하는 문제의 보편적 성격 때문에 구체적 행위의 가능성을 정당화하는 근거로서는 무의미한 것이 되고 만다.

칸트의 정언명법의 원리에 의하면 다른 사람의 자유를 침해하는 행위는 '보편적 법칙'에 의해서 존재할 수가 없다. 왜냐하면 그렇게 되면 개인 상호간의 자유는 폐기되고 말 것이기 때문이다. 그런 행위를 적법한 행위라 말하는 것은 하나의 모순을 결과하게 되며, 그것은 그런 행위를 저지하는 강제에 의해서만 해결될 수가 있다. 그러므로 법은 '강제를 행사할 권한'이 없이는 전혀 성립할 수 없는 것으로 생각한다. 왜냐하면 자유 파괴적인 행위를 저지하는 제도 없이는 법 자체는 폐기되고 말 것이기 때문이다. 즉 어느 한 사람의 자유가 아니라 모든 사람의 자유가 문제이며, 이를 해결하기 위해서는 불가불 그 자유의 제한이 필요하고, 또 그런 제한적인 자유의 상태를 존속시키고, 아울러 모든 사람의 도덕성의 실현을 위해서는 외적 강제가 불가피하게 요구된다는 것이다. 이러한 강제는 확실히 자유의 침해이다. 그러나 그것만이 타인의 자유를 침해하고자 하는 그 같은 행위를 저지하는 까닭에 보편적 자유를 보증해 주고 따라서 적법한 것이 된다. 자신의 자유를 지키려는 개인의 현존하는 선천적인 의지는 그러므로 법이라는 제도에 도달하고 이것은 그것의 보증을 위해서 하나의 광범한 제도, 즉 국가라는 제도를 필요로 한다. 이 때문에 칸트에 있어 법과 국가는 필연적으로 자유의 개념으로부터 추론된다. 그 시대의 많은 국가 이론가들처럼 칸트는 자연상태로부터의 국가의 성립을 소위 사회계약에 의해서 설명한다.

칸트가 계약 개념에 대한 접근을 도덕적 자유라는 이념적 전망에서 시도하는 까닭은 그의 철학 체계 전반과 일치되는 것이지만, 무엇보다도 그는 계약 개념을 경험적 차원에서 이해하고자 할 때 충분히 해명할 수 없는 그 나름의 특유한 난점이 있다고 생각하기 때문이다. 경험적 차원에서 칸트가 염두에 두고 있는 곤란한 문제는, 한 사회 내에서 이루어지는 계약의 성공적인 성사는 계약의 주체인 쌍방의 "의지의 통일"9)을 필요로 하며,

또한 쌍방 간의 계약의 약속 및 승인의 행위는 동시 발생적이어야 함에도 불구하고 현실적으로는 그렇게 되지 않는다는 데 있다. 시간상의 불일치는 당사자들이 애초의 그들의 계약을 철회하거나 유보할 수 있는 상황을 발생시키기 때문에 계약은 그 자체가 지향하는 이념을 실현할 수가 없게 되어 버리고 만다. 여기서 계약의 체결과 승인을 동시 발생적인 것으로 간주하고 이의 이행을 강제할 수 있는 장치가 필요하다. 이는 사회의 이념 및 이의 실현을 가능하게 하는 사회 구성원들 간의 일반의지를 전제로 할 때만이 적법한 것이 된다. 또 순전히 논리적으로만 보자면 자유로운 존재자로서의 인간은 우선은 구속받지 않는 완전한 무법 상태 속에 있게 된다. 그와 함께 순전히 추정에 의거한 이러한 상태는 모든 사람을 다른 사람에 의해서 죽임을 당하게 되거나 약탈당하게 되는 것으로 간주한다. 그리고 다툼이 발생했을 때 누가 정당한가를 판정해 줄 제도가 없다. 순전히 이성으로부터 추정된 이러한 상태는 자유와 일치할 수 없기 때문에 다른 사람과의 공존을 도모하여 상호간의 자유를 제한 내지는 보장해 주지 않으면 안 되는 이성의 필연적인 강제적 규정이 필요하게 된다. 그리하여 자유의 보장을 위해 한 사람이 다른 사람과 결합을 체결하는 것을 칸트는 '원초적 계약(ein ursprünglicher Vertrag)' 또는 사회계약이라 부른다.

칸트는 원초적 계약을 다음과 같이 정의한다. "그것에 의해서 국민이 스스로 국가를 구성하는 행위, 좀더 정확하게 말해서 오직 그것에 의해서만 국가의 합법성이 인정될 수 있는 그러한 행

---

9) *Metaphysik der Sitten*, 384쪽.

위의 이념이 원초적 계약이다. 이에 의해서 모든 국민은 그들의 외적인 자유를 포기하고 자신들을 공동체의 일원, 즉 국가로 간주된 국민의 일원으로서의 지위를 곧 다시 인수하게 된다."[10] 즉 자연상태의 무제한한 자유를 제한하고 법에 의해서 인정되는 자유와 안전을 시민에게 제공해 주는 국가를 도덕적 이념하에서의 개인의 자유의지에 의한 계약의 산물로 이해한다.

그러나 사회계약이 지니는 비경험적·비역사적 성격과 주체들 간의 합의에 의한 계약의 수립 및 이행 등에 대한 칸트의 설명은 대부분 이전의 정치철학자들의 견해와 별 차이가 없어 보이는 듯하지만, 결정적인 차이가 결국에는 세부적인 사항에 이르기까지 전혀 다른 관점에서 접근하게 만들고 있다. 무엇보다도 칸트는 사회계약을 경험적 사실이나 역사적 사건으로서가 아니라 '이성의 실천적인 도덕적 이념'으로서 설명한다. 그러므로 칸트가 현실적인 국가가 실제로 계약을 통하여 성립한 것으로 본다는 것은 아니다. 오히려 그는 현실적으로 존재하는 국가의 성립을 역사적으로 발생한 사건으로 파악한다. 그런 면에서 그는 흄에 가깝다. 그러나 흄과는 달리 그는 계약 이론을 단순히 물리치지 않고, 고유한 방식으로 전개하고자 한다.

칸트 이전의 정치철학자들과의 관계를 고려해 볼 때, 칸트와 가장 밀접한 입장에 놓여 있는 사람은 루소이다. 루소의 영향 및 밀접한 관계에도 불구하고, 칸트는 루소가 사회계약을 도덕적 전망에서 바라보지 못하였다고 보고 그의 견해에 동의하지 않는다. 칸트는 루소가 정부에 의해서 구체화될 수 있다고 믿었

---

10) *Metaphysik der Sitten*, 434쪽.

던 일반의지의 개념을 정치적 조치를 취하고 보편적 법칙에 따라서 다른 사람을 강제하는 자격을 부여하는 이성의 이념으로 대체한다. 그리고 시종일관 이러한 관점에 입각하여 사회계약 개념을 경험적 혹은 현상적 차원이 아니라 이성의 실천적 이념의 차원에서 설명하는 방식을 취한다. 즉, 그것이 실천적 이념이라 함은 국가가 비록 하나의 역사적이고 사실적인 계약에 의해서 성립한 것은 아니지만, 국가 성립의 정당화를 위한 이성의 규제적 원리이자 이성의 논리적 구성물로 활용한다는 말이며 동시에 현실의 국가는 불완전하게나마 이러한 이념의 반영임을 시사한다. 따라서 결국 칸트의 사회계약론은 현실의 국가를 사실적으로 설명하고 있다기보다는 역사적으로 존재해 온 국가가 불완전하나마 어떻게 해서 성립될 수 있었으며 또 의당 존재해야 할 국가라면 어떠한 국가이어야 할 것인지를 보여주는 이념적 척도로서의 구실을 담당한다.

칸트에 의하면, 자연상태에서는 즉 외적인 강제가 출현하기 이전에는 사람들이 폭력 속에서 살아가며 싸우기가 일쑤라는 것을 우리의 경험이 말해 준다 하더라도, 그것이 꼭 공적인 법적 강제를 필요로 한다는 근거가 되는 것은 아니다.[11] 이는 칸트가 자연상태로부터 소위 시민사회로의 이행을 정당화하는 방식을 특징짓게 해준다. 칸트는 "공적인 법적 강제의 필요성은 어떤 사실에 의존하는 것이 아니라, 이성의 선천적 이념에 의존한다"[12]고 주장한다. 칸트에게는 당연히 원초적 계약 자체가 "이

---

11) *Metaphysik der Sitten*, 430쪽.
12) *Metaphysik der Sitten*, 434쪽.

성의 단순한 이념"[13]이자 논리적 구성물이다. 왜냐하면 비록 공적인 법적 사회상태가 확립되기 이전에는 인간이 바르고 착한 본성을 지니고 있었다고 상상해 본다 하더라도, 각자의 의지가 타인의 의지와는 전적으로 무관하게 자신에게 좋고 옳은 것으로 보이는 것을 행할 각자의 권리를 소유하고 있기 때문에 각 개인과 민족, 국가가 서로간의 폭력에 대항해서 그들의 안전을 보장해 준다고 확신할 수 없다. 따라서 결과적으로 그가 정의에 포함된 모든 발상을 포기하려 하지 않으려면, 그가 해야 할 첫 번째 결정은 자연상태를 단념해야 한다는 원칙을 받아들이는 것이라는 방식으로 칸트는 자신의 생각을 논리적으로 정당화하고자 하기 때문이다. 말하자면, 자신에게 속해 있다고 생각한 것을 자신의 권력이 아닌 외부의 권력이라는 하나의 효과적인 장치에 의해서 자신의 안전을 지켜주도록 그리고 법적으로 확립하도록 해야만 하는 사회의 조건을 형성해야 한다. 그러기 위해서는 모든 것에 앞서 그는 시민사회에 들어가야만 한다는 것이다.[14] 그리고 이를 위해 필요한 장치가 바로 원초적 계약의 논리인 것이다.

이러한 시민사회에서 시민은 국가에 대해서 의무를 갖는데, 칸트는 그 같은 개인들의 상태를 자연상태와 대비하여 법적 지위를 획득한 '시민적 상태'라 명명한다. 이때 칸트의 경우에 시민적 상태와 국가는 상반된 관점으로부터 바라본 동일한 관계를 가리킨다. 국가는 전체로서의 사회의 관점에서 바라본 관계를,

---

13) *Über den Gemeinspruch*, 153쪽.
14) *Über den Gemeinspruch*, 153쪽.

그리고 시민적 상태 또는 시민사회는 개인의 관점에서 바라본 관계를 뜻하게 된다.15) 그러므로 시민사회와 국가를 엄격하게 구분하는 헤겔과는 달리 칸트는 이처럼 국가와 시민사회의 상호 전제적 관계에만 만족하고 이 양자 간의 관계를 불분명한 채로 남겨두고 말지만, 그럼에도 이는 칸트에게 있어서 그 나름의 중요한 의미를 갖는다. 왜냐하면 적어도 칸트에게는 국가와 시민사회가 모든 실천적인 목적들에 있어서는 결국 동일한 것을 추구하는 것으로 이해되고 있음을 보여주기 때문이다. 또 그것은 칸트가 국가를 개인들의 이익을 넘어서는 상위의 선을 실현하는 주체로 생각하지 않고, 국가란 개인들의 사적 이익을 정당하게 추구할 수 있도록 하기 위해서 존재한다고 생각하고 있기 때문이다. 이는 근본적으로 칸트가 일반의지를 시민사회와 분리된 독립된 힘으로 보지 않고, 일반의지의 표현으로서의 국가의 권위란 자유로운 주체들의 합의와 동의에 기초하고 있는 것으로 보는 데서 비롯된다.16)

그러므로 칸트가 의도하는 국가의 이념은 원초적 계약에 의해 이루어진 이러한 합의와 동의가 유지되도록 하는 데 있는 것이 된다. 물론 이러한 국가의 이성적 이념은 역사적 · 경험적 사실로서의 구체적인 국가 수립과는 구분되어야 한다. 칸트에 의하면 이 이념은 국가를 평가하는 하나의 척도이다. 모든 국가는 그것이 원초적 계약의 이념의 실현에 얼마나 근접했는가를 통하여 측정되지 않으면 안 된다. 따라서 이 계약은 모든 사회 정의

---

15) *Metaphysik der Sitten*, 429쪽.
16) H. Williams, *Kant's Political Philosophy*, 163-165쪽 참조.

를 재는 척도의 역할을 한다. 원초적 계약에 의한 '순수한 이념'만이 다양한 방식으로 실현될 수 있는 국가에 대해서 규정할 수 있다. 그러므로 "원초적 계약의 정신은 정부의 형태를 이 이념에 합치하도록, 따라서 정부를 점차적으로 그리고 지속적으로 변모시키도록 관계당국에 책무를 부여한다."[17]

2) 이상적인 국가(정부) 형태

칸트에 의하면 국가의 권리를 제공해 주는 유일한 원리는 이성이다.[18] 칸트는 국가를 "법의 통치하에서의 다수의 인간들의 결합"[19]으로 정의한다. 그리고 이 결합은 자유로운 의지들의 합의와 동의에 기초한다. 그것이 곧 칸트가 말하는 원초적 계약이다. 따라서 계약의 정신은 외형적으로 국가를 잘 발전시켜서 정신이 자신의 견해에 따라서 유일하게 적합한 국가 형태를 가능한 한 최선의 실현에 도달하도록 해야 할 책무를 포함한다.

그러면 이러한 국가의 이념에 근접하고 또 이를 가장 잘 구현할 수 있는 현실적인 국가는 어떠한 모습이어야 하는가? 칸트는 법의 근본 목적을 가장 잘 반영하고, 따라서 이상국가에 가장 근접한 정부 형태를 '공화적 체제(die republikanische Verfassung)'로 생각한다. 칸트에 의하면 이것이야말로 "원초적 계약의 이념으로부터 도출될 수 있고, 한 국민의 모든 법률상의 입법을 근거짓는 유일한 체제"요, 법의 이념에 부합하는 "모든 형태의 시민적 헌법의 원초적인 토대"가 되는 것이다.[20]

---

17) *Metaphysik der Sitten*, 464쪽.
18) *Über den Gemeinspruch*, 164쪽.
19) *Metaphysik der Sitten*, 431쪽.

칸트는 국가의 형태를 두 가지 방식으로 분류한다. 하나는 통치 형태에 의한 즉 지배 권력을 소유하고 있는 사람들의 수에 의한 분류이며, 다른 하나는 최고 통치자가 누구든 정부의 형태에 의한 또는 지배자가 그의 최고의 권력을 사용하는 통치 방식에 의한 분류이다. 전자는 통치권이 누구에게 있는가 하는 문제로서, 이에 따르면 통치권의 형태에는 세 가지가 있는데, 통치권이 한 개인 또는 군주의 수중에 있는 군주제(Autokratie), 국민이 귀족의 권력에 복종하는 귀족제(Aristokratie), 국민 스스로가 권력을 소유하고 있는 민주제(Demokratie)가 그것이다. 그리고 후자에 해당하는 통치권의 행사 방식에 의한 정부 형태에는 진정한 정부 형태라 할 수 없는 민주 정체를 제외한 공화 정체(Republikanism)와 전제 정체(Despotism) 두 가지가 있다.

칸트는 국가 스스로가 법률의 제정자이자 집행자요, 지배자의 의지가 곧 국민 전체의 의지로 간주되는 전제 정체와 대비되는 공화 정체를 "집행권(통치권)과 입법권을 분리시키는 국가원리"[21]로 규정한다. 그러나 단순히 정부 형태가 공화 정체를 취하고 있다고 해서 국가가 자신의 이념에 부합되는 소임을 다할 수만은 없다는 것이 칸트의 기본 입장이다. 칸트는 비록 국가 형태의 적합 여부가 국가의 통치 목적을 달성하는 데 많은 비중을 차지하긴 하지만 무엇보다도 "국민에게는 통치 방식이 국가 형태와는 비교가 안 될 만큼 중요하다"[22]고 생각한다. 따라서 국민의 권리를 보호해야 할 책무를 짊어진 국가가 법의 이념을

---

20) *Zum ewigen Frieden*, 204쪽.

21) *Zum ewigen Frieden*, 206-207쪽.

22) *Zum ewigen Frieden*, 208쪽.

가장 잘 실현하기 위해서는 비록 그것이 공화 정체를 취하고 있다 할지라도 대의제(das repräsentative System)를 취하지 않을 경우에는 전제적이거나 독단적이 되고 만다고 본다.

결국 칸트가 현실적으로 가장 이상적인 정부 형태로 파악하고 있는 것은 대의제적 공화 정체라는 결론이 나온다. 더욱이 칸트는 공화 정체보다는 오히려 국민의 대표자들에 의해서 법률을 제정하고 집행하는 대의주의적 통치 방식에 더 큰 비중을 두고 있다. 그는 심지어 "대의주의적 통치 방식 속에서만 공화 정체가 가능하다"[23]라고까지 말한다. 왜냐하면 공화 정체를 취한다 하더라도 모든 국민이 자신의 권리를 직접 행사하게 되면 입법자가 입법자이면서 동시에 의지의 집행자가 되고 마는데, 그렇게 되면 사적인 이익이 개입하게 되고 뿐만 아니라 통치 그 자체의 목적에 위배되는 결과를 초래하고 결국 공화 정체의 정치원리는 유명무실한 것이 되어 버리고 말기 때문이다. 반대로 칸트는 대의제적 통치 방식을 취할 경우에, 이는 공화 정체의 성격을 가질 가능성이 더욱 커지고 또 현실적으로 점진적인 개혁을 통하여 공화 정체로 나아갈 공산이 크다고 보기 때문에 대의제적 공화 정체는 대의제의 실현 여부에 의존한다고 보고 있다.[24] 그는 소위 이런 유일하게 완전한 합법적인 체제로서의 공화 정체에 도달할 가능성이 민주제보다는 귀족제, 귀족제보다는 군주제에서 더 크다고까지 말한다. 왜냐하면 이들 체제가 비록 국가 형태에서는 공화 정체와는 거리가 있다 하더라도 대의주의

---

23) *Zum ewigen Frieden*, 208쪽.
24) *Zum ewigen Frieden*, 207-208쪽 참조

정신에 부합하는 통치 방식을 채택할 가능성이 민주제보다는 각기 비교적 더 크다고 보기 때문이다. 칸트의 이러한 생각은 민주제에 대한 그의 견해에 잘 나타나 있다.

칸트는 민주제는 이론상의 통치권의 한 형태일 수는 있으나 참된 정부의 형태일 수는 없다고 말한다. 칸트에 의하면 민주제는 "일반의지 자체와 모순되며 그리고 자유와도 모순된다."[25) 왜냐하면 민주제에서의 모든 결정은 모든 국민에 의해 이루어지지만 동시에 모든 국민들에 의해 이루어지지 않기도 하기 때문이다. 즉 모든 사람이 법률의 제정과 실행에 관여한다는 것은, 합의를 불가능하게 만들 뿐 아니라, 설사 가능하다 하더라도 소수의 반대자에게 다수의 의견에 따르도록 강제하게 되고, 결국 모든 개인의 자유를 말살하는 결과를 초래할 것이기 때문이다. 따라서 민주정치의 목적이라 할 수 있는 공동체의 모든 구성원들이 그들 자신을 통치한다는 것을 성취하지 못하고 말 것이기 때문이다.

3) 국가의 기본 원리와 구성 요소

이상의 고찰에 의하면 원초적 계약의 이념에 따라서 존재해야 하는 바람직한 대의제적 공화 정체의 정부 형태는 더 나아가 국가로서 갖추어야 할 기본 원리와 세부적인 요소들을 충족시켜야 한다. 칸트의 견해에 의하면 그러한 요소를 가장 잘 갖출 수 있는 정부 형태야말로 공화적 체제일 수 있다는 말이 된다. 먼저 국가는 법의 제약하에서 성립하기 때문에 법 개념으로부터

---

25) *Zum ewigen Frieden*, 207쪽.

선천적으로 추론되는 것을 보장하여야 한다. 한마디로 칸트에게 있어서 "모든 권리는 법에 의존한다."[26] 그리고 실정법을 선행 시킴이 없이, 국가가 침해해서는 안 되는 특정법들은 '원초적 계약'의 이념으로부터 연역되어야 한다. 왜냐하면 그렇지 않을 경우 국가는 자신의 임무에 위배되기 때문이다. 이를 위해서 법은 종교, 인종 혹은 신앙 등 특정한 것을 철저히 배제하여 자신의 이념에 충실하지 않으면 안 된다. 인간의 기본적인 권리를 보장하지 못하는 국가는 원초적 계약의 이념에 위반되며, 그러한 국가는 자신의 의무를 위반한 것이며 따라서 국가의 이념에서 멀어져 있는 것이 된다.

그러면 이상적인 국가 내지는 정부가 갖추어야 할 기본 원리로는 어떤 것들이 있는가? 칸트는 먼저 국가는 인권의 수호를 기본 요소로 갖추어야 한다고 본다. 즉 개인의 가장 중요한 근본 권리는 목적 자체로 대우해야 하는 인격체로서의 인간의 존엄성이다. 그리고 이를 기본 원리로 하는 공동체 내에서의 시민 각자의 자유, 평등, 그리고 독립이 최우선적으로 된다. 좀더 정확히 말해서 "(1) 인간으로서의 사회의 모든 구성원들의 자유, (2) 신민으로서의 다른 모든 사람들과의 평등, (3) 시민으로서의 공동체의 모든 구성원들의 독립"[27]이 그것이다.[28] 프랑스 혁명

---

26) *Über den Gemeinspruch*, 150쪽.

27) *Über den Gemeinspruch*, 145쪽.

28) 칸트는 『영구평화론』에서는 이를 약간 달리 표현하고 있다: "공화적 체제는 첫째 (인간으로서의) 한 사회의 구성원의 자유의 원리에 의해, 둘째 (신민으로서의) 모든 사람의 단 하나의 공통된 입법에의 의존의 원칙에 의해, 셋째 (국민으로서의) 평등의 법칙에 의해 확립된다." *Zum ewigen Frieden*, 204쪽.

의 이상이 변질되어 가고 있는 것을 지켜보면서 칸트는 이 기본적인 인간의 권리를 동시에 국가 시민의 세 가지 기본적인 자질로 규정한다. 그 중에서도 인간의 최우선적인 권리로서의 자유 내지는 자율은 단순히 그가 인간이라는 사실만으로도 보장되어야 할 권리다. 인간은 자유로울 수 있고, 자신이 정한 의도와 목표에 따라 행동할 능력을 가지고 있다. 이는 기본적으로 "타인의 자유와 공존할 수 있는 유사한 목적을 추구하여 타인의 자유에 (즉 타인의 권리에) 피해를 입히지 않는 한에서는 누구나 자신의 행복을 그 자신이 알맞다고 생각하는 방식대로 추구해도 좋은"29) 권리를 뜻한다. 칸트의 견해로는 어떠한 물질적 이익도 개인의 자유의 상실보다 더 가치 있는 것일 수가 없다. 따라서 자유는 단순히 추상적인 정치적 자유 이상의 그 무엇이다. 더구나 개인은 자유로운 국가의 구성원일 경우에만 자유로울 수 있으므로, 국가는 그러한 이념을 표방하는 국가이어야 한다.

다음으로 칸트가 강조하는 것은 평등이다. 이때 칸트가 말하는 평등이란 일정한 정치적·경제적 자격을 갖춘 특정한 시민으로서의 평등이 아니라 국민으로서의 만인의 평등이다. 또 칸트가 말하는 평등은 무엇보다도 각 개인이 합법적인 방식으로 행동하지 못했을 경우에, 즉 그들이 우리의 권리를 해쳤을 경우에 그들을 강제할 수 있는 권리를 모든 인간이 동등하게 소유하고 있음을 의미하는 "법 앞의 평등"30)이다. 나아가 이러한 인간의 평등의 이념은 곧 "공동체의 모든 구성원에게는 자신의 재능

29) *Zum ewigen Frieden*, 204쪽.
30) *Über den Gemeinspruch*, 147쪽.

334

과 근면 및 행운을 사용하여 공동체 내에서 (국민에게 귀속될 수 있는) 어떤 지위의 신분에라도 도달할 수 있는 자격이 주어져야 한다. 그리고 그의 동료들은 (신분상의 특전으로서의) 세습의 특권을 누림으로써, 그와 그의 후손들을 현 신분에 영원히 붙잡아 두기 위해서 그를 방해해서는 안 된다"[31)는 것을 보장하지 않으면 안 된다. 따라서 이것은 이성적 존재자이자 도덕적 인격체인 인간의 타고난 권리의 평등이지 인간의 소질이나 능력 등의 평등 또는 법의 규정으로부터 인위적으로 부여받게 되는 제도적인 평등 같은 것이 아니다. 오히려 법에 앞서 그리고 법 자신이 평등의 이념을 구현해야만 하는 근본적인 것이며, 원초적 계약에 의한 이러한 이념의 현실적 반영인 "법에 의하지 아니하고서는 그 누구도 타인에게 강요할 수 없는"[32) 법 앞에 평등할 권리를 갖는다. 즉 한 개인이 법을 어긴다면, 그는 신분이나 지위 고하를 막론하고 다른 시민들처럼 동일한 방식으로 다루어져야 한다는 것을 의미하며, 부자나 특권층을 위한 법이나 가난한 자나 비특권층을 위한 법도 있을 수 없다는 것을 함축한다.

그렇다고 해서 칸트가 말하는 일종의 자연권으로서의 평등이 시민사회의 구성원들이 자기의 군주와 똑같은 관계나 대등한 지위를 갖는 것을 뜻하지는 않는다. 칸트는 단순히 동일한 주권국가의 국민으로서의 평등을 주장하고 있다.[33) 그러나 군주는 국가의 구성원이 아니라 국가의 창조자요 수호자이기까지 한 존재

---

31) *Über den Gemeinspruch*, 147-148쪽.
32) *Über den Gemeinspruch*, 147쪽.
33) H. Williams, *Kant's Political Philosophy*, 138쪽.

이다. 법에 따라 타인을 강제할 권리의 평등은 따라서 군주에게 는 적용되지 않는다. 오히려 군주만이 "자신을 어떠한 강제법에 복종시킴이 없이 다른 이들을 강제할 수 있는 권위를 갖는다."[34] 그러므로 칸트에게 있어서 군주는 홉스와 마찬가지로 법 위에 군림하는 존재가 되고 만다. 그러나 칸트는 군주의 정책에 대해 서 공적인 논쟁과 비판을 할 수 있는 권리를 인정한다는 점에서 는 홉스와는 다르다. 그리고 이 점에서 홉스를 강력하게 비난한 다.[35] 칸트는 현행 헌법에 대한 존경과 애착의 한도 내에서이긴 하지만 통치자에 대한 국민의 "공표의 자유(die Freiheit der Feder)"[36]를 옹호한다. 이것은 군주에 대한 칸트의 근본 태도를 반영한다. 우선 군주는 국민들의 합의와 동의에 의해서 자신의 권위를 인정받았고, 따라서 군주는 국민의 소리에 귀를 기울일 의무 또한 지고 있으며, 그러나 동시에 그런 군주는 홉스가 상 정하듯이 실수를 저지를 수 없는 존재가 아니라, 칸트에 의하면, 그도 인간이기에 잘못을 저지를 수는 있지만 그렇다고 국민이 그에게 부여한 권리까지도 박탈할 수는 없다는 것이다.

여기서 우리는 대의제적 공화 정체를 실현 가능한 이상적인 정부 형태로 상정하는 칸트의 견해가 당시의 정치적 현실과 관 련하여 어떻게 조정되고 있는지를 살펴볼 필요가 있다. 칸트는 강렬한 자유주의 사상을 지닌 공화주의자였음에도 불구하고 현 실 속의 정치 문제에 대해서는 점진적이고 심지어는 보수적인 태도를 드러내기도 한다. 우리는 그것을 단적으로 군주의 존재

---

34) *Über den Gemeinspruch*, 146쪽.
35) *Über den Gemeinspruch*, 161쪽.
36) *Über den Gemeinspruch*, 161쪽.

를 현실적으로 인정하면서도 동시에 군주에 대한 조심스러운 요구를 함축하고 있는 그의 태도에서 엿볼 수 있다. 역사적으로 군주와 대의주의 간의 양립 불가능성에도 불구하고 칸트는 현실적으로 존재하는 군주를 인정함과 동시에 군주는 원초적 계약의 이념에 따라 공화 정체의 실현을 추구해야만 한다고 생각한다. 이는 칸트가 새로운 정체의 도입을 위한 개혁이 위로부터 이루어지는 것이 현실적으로 최상의 길이라고 생각하고 있음을 반영한다. 결국 원초적 계약의 이념에 따른 가장 이상적인 정부 형태인 대의제적 공화 정체는 칸트 자신의 정치적 현실 속에서는 입헌 군주제적인 형태를 취하게 되는 셈이다.

또 칸트는 이러한 기본적인 평등은 여타의 불평등과 공존한다고 본다. 그러나 어느 정도의 자연적이고 경제적인 불평등은 좋은 것으로 본다. 그 이유를 살펴보면, 첫째로 국가는 시민사회의 다양한 구성원들 사이에 존재하는 능력의 불평등을 자의적으로 제거하려 해서는 안 된다. 오히려 구성원들의 소질적 차이는 진보와 발전의 중요한 추진력으로 작용하여 자신의 재능을 충분히 발휘하게 만들고 개인들 간의 경쟁을 유발함으로써 사회 발전의 원동력이 된다.

둘째로 경제적인 불평등 또한 경쟁과 발전을 고무시키는 데 효과적이다.[37] 칸트는 재산의 소유를 시민의 자유의 본질로서 당연시한다. 칸트에 의하면 "한쪽의 복지는 많은 것이 (가난한 자가 부유한 자에게 의존하듯이) 다른 한쪽의 의지에 의존한다. 그리고 한쪽은 (어린 아이가 부모에게 혹은 아내가 남편에게 복

---

37) *Über den Gemeinspruch*, 139-140쪽.

종하듯이) 복종해야만 하고 다른 한쪽은 그에게 명령하며, 또 한쪽은 (날품팔이꾼처럼) 봉사하고 다른 한쪽은 보수를 지불하는 관계처럼 의존하는"[38] 불평등이 법 앞에서의 평등과 전적으로 공존한다. 각자는 재산을 소유하고 사용하고 증식할 권리를 가지며, 사람들 상호간에 발생하는 이러한 경제적 불평등이 사회의 진보적 동인으로 작용한다는 것이다.

말하자면 이념으로서의 평등은 인격적 존재로서의 인간의 고유한 권리이지만 자연적인 능력과 소질에서의 불평등은 오히려 자연 소질을 최대한 발휘하게 만드는 원동력으로 작용하고, 따라서 인류의 진보와 발전을 촉진한다는 것이다. 칸트는 "자연이 인간들의 모든 소질을 계발시키기 위해 사용하는 수단은, 이 항쟁이 궁극적으로 사회의 합법칙적 질서의 원인이 되는 한에서, 사회 속에서의 인간들 상호간의 항쟁이다"[39]라고 인간의 자연 본성을 긍정적으로 파악함으로써 인류의 미래에 대한 낙관주의적 견해를 피력하고 있기도 하다. 물론 칸트는 『추측해 본 인류사의 기원』(1786)[40])에서는 시민사회 내에서의 이러한 본성적이고 경제적인 불평등이 불가피하게 인간의 권리들에 대한 불평등을 낳게 됨을 인정하고 있다.[41] 그럼에도 칸트가 이를 통해서 강조하고자 하는 것은 인간이 자신의 경제적 성공의 결과를 향유할 수 있다는 관점에서 본질적으로 평등하다는 점이다. 이 점이야말로 그 당시 칸트의 평등관이 진보적인 것이었음을 보여준다.

---

38) *Über den Gemeinspruch*, 147쪽.
39) *Idee zu einer allgemeinen Geschichte*, 37쪽.
40) Kant, *Mutmaßlicher Anfang der Menschengeschichte*, 바이셰델판 XI권.
41) *Mutmaßlicher Anfang der Menschengeschichte*, 95쪽.

마지막으로 독립은 실질적으로 다른 사람에 의존하지 않고서 자기 스스로를 지킬 수 있어야 하는 것을 의미한다. 칸트가 뜻하는 시민의 자격요건은 당시의 사회 상황을 그대로 반영한다. 그의 견해에 따르면 시민이 될 수 있는 자격은 먼저 (어린이와 여자가 아니라는) 자연 요건 이외에, 그가 '그 자신의 주인'으로서 자신의 것을— 칸트는 이에 속하는 것으로 기능, 직업, 훌륭한 기술, 학식 등을 예로 든다— 소유하고 있는 자라야 한다.42) 따라서 칸트는 우리가 법 앞에서의 국민으로서는 모두가 평등하지만, 법률을 제정하는 권리를 갖게 되는 시민의 자격의 측면에서는 불평등하다는 것을 인정하게 된다. 칸트가 법률을 제정하는 역할을 담당하는 권리를 가진 시민이기 위한 필요조건으로 들고 있는 것이 바로 독립이다.43) 따라서 독립을 획득하지 못한 국민의 일원들인 피고용인과 여성들은 능동적인 국가 시민이 아니라 수동적인 국가 시민이며 아울러 입법에 관여할 권리를 갖지 못한다. 한마디로 시민이 될 수 있는 사람은 입법에 의해서 투표권을 갖는 사람들에 한정된다. 그러나 칸트는 능동적인 즉 실질적으로 독립적인 국가 시민의 지위로 드높일 수 있는 가능성이 모든 사람에게 열려 있는 경우에 한해서는 '보편적인 법칙에 따르는' 자유와 어떠한 모순도 없다고 생각한다. 시민적 자유는, 칸트에 따르면, 사람이 자신이 동의를 했거나 동의할 수 있었던 경우를 제외한 어떠한 법칙에도 복종하지 않는 점에 있다.

---

42) *Über den Gemeinspruch*, 151쪽.
43) *Mutmaßlicher Anfang der Menschengeschichte*, 144쪽 참조.

칸트는 국가의 이념을 실현하기 위해서 현실의 국가는 기본적 권리들을 자신의 기본 원리로 삼아야만 하고, 국가의 법률은 모든 사람의 자유와 평등 그리고 독립을 보장해야만 한다고 생각한다. 그리고 그가 말하는 대의제적 공화 정체란 바로 원초적 계약의 정신을 가장 이상적으로 실행할 수 있는 제도로서, 이것이야말로 이들 원리를 가능하게 하고 또 이들 원리 위에 세워질 수 있는 유일한 정부 형태가 되는 것이다. 또한 이러한 국가는 삼권 분립의 요소를 갖추어야 하는 것이 이상적이라고 본다. 그것은 입법권(입법부)과 집행권(행정부) 및 사법권(사법부)이다. 입법권은 원초적 계약의 이념에 따라서 오직 국민의 통일된 의지에만 부합하도록 해야 한다.[44] 집행권은 이 일반의지의 주체인 입법권에 의해서 제정된 법에 따라서만 이를 집행해야만 한다. 마찬가지로 사법권은 입법된 법률을 해석하는 데에만 그 권위가 한정되어야 한다.

칸트가 이상적인 것으로 표방하는 대의주의적 공화정 정부 형태에서는 당연히 시민은 자신의 대리인을 통해서 법률의 제정에 관여하면서 동시에 한 개인으로서 이 법률의 지배를 받아들이게 된다. 물론 칸트에게 있어 이들 권한이 분리된다는 것은 순전히 논리적인 근거로부터 추론된다. 집행권은 법에 따라야 하기 때문에 정의상 동시에 이 법을 규정할 수가 없다. 물론 한 사람에게서 두 권한이 통합되어 있다는 결론은 나오지 않는다. 그런 정부는 전제 정치일 것이다. 입법권은 자신 쪽에서 확실히 통치자를 폐위시킬 수 있지만, 처벌 행위는 집행권의 고유 영역

---

44) *Metaphysik der Sitten*, 432쪽.

에 속하기 때문에 그를 처벌할 수는 없다. 또한 사법권은 불법적인 일이 발생하지 않도록 보장하기 위해서 집행권과 분리되어야 한다. 따라서 입법권의 결의는 더 이상 의문시될 수 없고, 집행권에 반항해서는 안 되며, 또 판결의 결정을 더 이상 그 누구도 변경해서는 안 된다.

이와 함께 칸트는 집행권의 '저항 불가'를 아주 분명하게 표현한다. 그러나 저항권은 그의 견해에 따르면 정부에 대한 공식적으로 비판할 수 있는 권리와 정부가 필요로 하는 법을 결의하는 국민의 대표자로서의 입법가의 자격에서 거부할 수 있는 소극적인 저항권에 아주 제한되어 있다. 칸트적인 국가관은 이를 넘어서는 어떠한 저항권도 고려하지 않는다. 칸트는 이를 논리적으로 근거짓는다. 저항권의 인정은 자기모순을 범하게 될 것이며 따라서 권리일 수가 없다. 왜냐하면 그것에 의해서 국가가 수립되는 원초적 계약은 최상의 권한을 갖고 있기 때문이다. 저항권을 정당화하는 법률은 이러한 최상의 권한을 상대화하는 규정을 포함하게 될 것이다. 그렇게 되면 이는 더 이상 최상의 권한이 아닐 것이다. 최상의 권한은 법을 보장하는 것이기 때문에 결국 그 권한은 자기모순으로 인하여 유지될 수 없는 그 자신의 폐위를 보장하는 결과가 되고 만다. 이를 칸트는 다음과 같이 표현한다. "법에 효력을 부여하는 국가의 권력이란 불가항력적인 것이며, 합법적으로 존립하는 어떠한 공동체도 모든 내부의 저항을 진압할 힘이 없이는 존재할 수가 없다. 왜냐하면 그러한 저항은 그것이 일반화되면 모든 시민 헌법을 붕괴시키게 될 것이고 결국 인간의 권리를 소유할 수 없는 상태마저도 말살시켜 버릴 것이기 때문이다."[45]

이상의 논증은 다음과 같이 정식화시킬 수 있다. 국민들이 저항권을 갖는 국가는 더 이상 국가일 수가 없다. 왜냐하면 저항이 있을 경우에 어느 편이 정당한지를 중재하거나 결정할 수 있는 재판관이 없이 상이한 권리를 주장하는 사람들의 대립에 처할 것이기 때문이다. 그러나 그것은 그로부터 국가를 이끌어내도록 해야 할 자연상태와 결국 동일한 의미를 갖게 되고 말 것이다. 따라서 개인은 어떤 상황에서도 통치자의 의지에 직접적으로 저항하는 권리를 갖고 있지 않다. 칸트는 개인은 그가 그 자신의 신체와 결합되어 있는 것과 같이 국가에 결합되어 있다고 본다. 이를 도덕적 관점에서 보면 국가는 국민의 일반의지를 대표하며, 각 시민은 마땅히 의무로서 복종해야 하는 국가를 출현시키고 법을 제정하는 일반의지의 한 부분으로 자신을 간주하지 않으면 안 된다. 즉 이러한 관점에서는 한 개인이 국가에 반역을 하는 행위는 그 자신에 대해서 반역을 하는 행위와 다를 바 없게 된다.

다음으로 국가는 사회적 책무를 져야 한다. 칸트에 의하면 국가는 자신들의 자유를 안전하게 하기 위해서 결합한 개인들의 공동체이다. 국가에 또 다른 목표를 귀속시키는, 이를테면 시민의 행복의 촉진을 목표로 삼는 국가 이론이 있을 수 있다. 그러나 칸트의 경우에는 이것은 국가의 임무일 수가 없다. 왜냐하면 칸트는 행복을 삶에 대한 주관적인 만족으로 이해하기 때문이다. 국가가 무엇보다도 행복을 우선시하는 법을 만든다면, 이는 단지 "국민의 외부의 적에 대해서 법률상의 지위를 보호하기 위

---

45) *Über den Gemeinspruch*, 156쪽.

한 수단으로써만 이루어진 것"[46)인데, 행복이란 개인마다 상이한 경험적인 여건에 의존한다. 그 때문에 각 개인은 자기의 최상의 행복을 추구하게 되고 — 물론 행복을 추구할 자유가 있다 — 따라서 법에 의한 어떠한 보편타당한 원칙도 있을 수가 없는 것이다. 국가의 임무는 모든 사람의 자유와 안전을 보장해 주고 그와 동시에 그들의 자유를 부당하게 제한하는 것을 허용해서는 안 되는 것을 임무로 삼아야 한다.[47)

칸트에 의하면 이상적인 국가란 무조건적으로 복지국가를 지향하는 것이 아니다. 복지국가는 자유를 보장해야 하는 임무가 침해받지 않는 한도 내에서만 존재해야 한다. 따라서 국가의 사회적 책무는 "국민을 그들의 의지를 거슬러 가면서까지 행복하게 해주려는 데 있는 것이 아니라, 단지 공동체의 존재를 유지하려는 데에 있는 것이다."[48) 이처럼 칸트가 개인의 복지를 정부의 복지와 엄격하게 구분하면서, 더욱이 대립시키기까지 하는 것은 복지 추구의 중요한 수행자는 합리적 개인이라는 전제에 입각해 있기 때문이다.

이에 반하여 자신의 힘으로 삶을 유지할 수 없는 사람들에 대해서는 특정한 사회사업이 국가의 훌륭한 임무로 고려된다. 이것은 국가에 속해 있는 집단들은 그 자체가 국가의 일부요 곧 국가 자신이기도 하기 때문에 국가는 자기를 스스로 돌보아야 한다는 것으로부터 근거지어진다. 자력으로 삶을 유지할 수 없는 한 집단 내의 동일한 구성원들은 강한 사람들이나 힘 있는

---

46) *Über den Gemeinspruch*, 155쪽.
47) *Über den Gemeinspruch*, 154-155쪽.
48) *Über den Gemeinspruch*, 155쪽.

사람들의 원조를 필요로 한다. 이로부터 칸트는 이러한 목적을 위해서 능력 있는 시민들에게 조세를 낼 것을 요구할 국가의 권리를 추론해 낸다. 그러나 그것은 자기 보존이 문제가 될 경우에 한해서만 타당하다. 그 이상을 넘어서서 이루어지는 사회사업은 도덕적 의무인 것이지 법과 국가의 임무 영역에 속하는 것이 아니다.

국가의 또 다른 중요한 기본적인 구성 요소 중에서 국가는 처벌권을 가져야 한다. 현대적 관점과 비교하여 칸트적 처벌권은 매우 엄격하다. "사법적 처벌은 단지 어떤 다른 이익을 증진시키기 위한 혹은 시민사회를 위한 수단으로 결코 사용될 수는 없다. 그 대신에 그것은 어떤 경우에든 그가 죄를 저질렀다는 이유로 인해서 그에게 부과되지 않으면 안 된다."49) 즉 범죄자는 그에 상응하는 처벌을 받아야 하는 것이 정의의 요구이기 때문에 그리고 그 때문에만 처벌받아야 한다.

오늘날의 처벌관에 따르는 모든 여타의 '인도적인' 처벌 근거를 칸트는 그것이 반도덕적이라는 이유에서 반대한다. 이를테면 범죄자를 개선하려는 의도에서 처벌하는 것은 이 경우에 인간이 인간의 개선이라는 목적을 위한 수단으로 간주될 것이기 때문에 반도덕적이 될 것이며, 또 그 사람의 인간으로서의 존엄성을 해치는 인격 모독적인 처벌이 될 것이기 때문에 이는 정언명법에 모순이 된다. 그것은 다른 가능한 범법자들에게 위협적인 영향을 주려는 것으로 처벌을 정당화하는 견해에 대해서도 마찬가지이다. 게다가 칸트의 계약의 이념에 따르면 시민사회의 형성 이

---

49) *Metaphysik der Sitten*, 453쪽.

전 상태나 시민사회의 외부에서 이루어지는 어떠한 처벌도 정당한 것이 못 된다. 강제의 가능성은 사회계약에 의한 것일 경우에만 정당한 것이 된다. 개인이 그에게 시민화된 자유를 누리게끔 해주는 저 시민사회의 규칙들을 준수하지 못할 경우, 공동체는 그 개인을 벌함으로써 응징한다.

따라서 칸트는 자연상태에서 타인들에 가하는 강제의 권리를 처벌의 권리로 인정하지 않는 견해를 취한다. 오히려 그는 처벌의 권리를 시민사회를 형성함에 있어 법과 이성이 없이 행동하는 사람들을 강제하기 위한 권리로, 또 시민사회를 유지하는 동기로 생각한다. 그러므로 시민사회 내에서만 이성적 존재자로서의 인간에 대한 처벌의 권리는 정당한 것이며, "우리는 시민사회 내의 우리의 권리를 해치는 타인들을 강제하기 위한 자연적 평등을 누릴 뿐이다."[50]

그러므로 어떤 범죄자에게 유죄 판결을 내리는 일에는 엄격한 응보 원리가 적용되어야 한다. 범죄자는 정확하게 그가 저지른 것에 해당하는 벌을 받아야 한다. 처벌은 결국 범죄자의 시민으로서의 인격을 박탈하게 된다. 칸트는 이렇게 이 원리를 해석함으로써 모든 경우에 살인자는 사형에, 성 범죄자는 거세에 처해야 한다는 요구와 함께 단호한 결과 앞에서 한 발짝도 물러서지 않는다. 불법 소유는 사유 재산을 이전하는 처벌을 받게 된다. 소유물이 전혀 없는 경우에는 선고를 받은 사람(죄인)은 국가에 의해서 감호되어야 하며, 이것은 칸트의 견해에 의하면 죄인은 노예로서 국가의 자유에 맡기는 조건하에서만 행해져야

---

50) *Über den Gemeinspruch*, 138쪽.

한다. 이렇게 하는 것은 죄인이 이미 시민으로서의 인격을 상실했기 때문에 인권에 위배되는 것이 아니다. 이상과 같이 칸트는 처벌에 관한 한 철저한 응보주의적 견해를 견지한다.

칸트는 처벌은 '정의의 만족'에 봉사하는 것이라고 분명하게 말한다. 범죄 자체의 시비를 가늠하는 방식으로 처벌하지 못하면 관련된 개인의 존엄성과 사회의 안녕 모두가 위태롭게 된다. "처벌의 법칙은 일종의 정언명법이며, 범죄자를 처벌에서 방면시키거나 처벌의 정도를 감면해 줌으로써 어떤 이득을 얻기를 기대하는 자에게는 비애감을 준다. 다음과 같은 바리새인의 모토(Pharisaic motto)를 따르라. '한 명의 사람을 죽이는 것이 전 국민을 파멸로 몰고 가야 하는 것보다는 낫다.' 왜냐하면 법률상의 정의가 사라져버리면, 인간이 이 땅에 살아남을 가치란 더 이상 존재하지 않기 때문이다."51) 이 같은 목적을 위해서 국가의 최상의 권한은 범죄자에게 고통을 부과함으로써 정의를 실현해야 한다.

마찬가지로 저지른 죄에 대한 사면은 칸트의 이론에서는 고려되지 않는데, 그 까닭은 그것이 보편적인 정의의 원리를 해치는 것이기 때문이다. 처벌을 정할 때에는 물론 엄격한 법의 원리에 따라서 조치가 취해져야 한다. 무엇보다도 처벌받아 마땅한 범죄 행위가 확정되어야 한다. 이것은 적법한 처벌을 결정할 수 있는 공정한 법정에 의해서 이루어질 수 있을 뿐이다. 범죄는 모든 법률 위반에 대해서 적용되는 것이 아니라 충분한 의식하에서 의도적으로 저지른 법률 위반 및 공적인 질서를 위태롭

---

51) *Metaphysik der Sitten*, 453쪽.

게 한 법률 위반에 대해서만 적용되어야 한다. 처벌의 대상에서 통치자만이 예외로 인정된다. 이는 앞서 평등의 권리와 관련하여 언급했듯이 그가 최고의 권한을 소유하고 있다는 것으로부터 순전히 논리적으로 추론된다.

4. 맺음말

이상에서 칸트의 국가론의 철학적 기초와 국가의 이념과 원리 및 구성 요소의 대강을 살펴보았다. 칸트의 국가는 도덕적 토대 위에 세워져 있는 이념으로서의 국가이며, 현실적 국가의 정당성을 가늠하는 척도가 된다. 국가의 필연성은 인간의 자유를 보장할 법을 제도적으로 마련해야만 한다는 근거로부터 추론된다. 칸트는 이를 형이상학적 및 선험철학적 토대 위에서 근거지으며, 법에서 국가로 이행하는 과정에서 원초적 (사회)계약의 이념이 등장한다. 한마디로 칸트의 국가론은 그의 선험철학적 및 도덕철학적 배경 위에서 인간의 존엄성을 상징으로 하는 도덕적 자유 존재로서의 원초적 계약, 법, 국가를 이론적 원리로 삼는다. 또 현실적인 국가는 순수실천이성의 선천적 이념으로서의 원초적 계약에 의해서 그 정당성을 평가받아야 하며, 이 이념에 부합하는 원리와 구성 요소들을 구현하지 않으면 안 된다.

칸트의 국가론은 여러 가지 면에서 많은 결함을 갖고 있다. 원칙적으로는 개인의 자율성을 중시하고 국가에 대한 개인의 합의와 동의를 강조하는 점 등에서 현대 독일의 자유주의 사상의 선구자였음에도 불구하고, 가장 권위주의적이고 보수주의적인 태도를 견지한다. 게다가 그의 국가론은 그의 철학 전반의 전제와 마찬가지로 이원론적 토대 위에 세워져 있어서 사회계약론 일반이 직면하는 역사적 사실로서의 국가의 성립을 충분히 해명하지 못하고 만다. 이는 그의 국가론이 곧 현실적인 국가 성립의 정당성을 설명하는 데 있어서 설득력을 갖기 어려움을 말해준다. 더 나아가 법으로부터 국가의 이행을 정당화하는 논리적 장치로 도입된 사회계약론 자체가 타산적인 합리적 개인의 합의와 동의를 기초로 하는 여타의 계약론적 성격과 판이한 배경을 갖고 있음에도 굳이 계약 이론을 전면에 내세운 것은 도덕 이론과 정치 이론의 밀접한 연관성에 대한 끈질긴 애착에도 불구하고 재고의 여지를 남긴다. 이는 하나의 독립된 주제로 면밀한 검토와 해명을 필요로 한다. 그렇다고 해서 그것이 곧 국가에 대한 칸트의 철학적 정당화로부터 귀결되는 가치들이 평가 절하되어야 한다는 것은 물론 아니다.

오히려 칸트의 국가론이 갖는 장점은 국가라는 정치 공동체의 정당화를 꾀함에 있어 이전의 이론들과는 달리 그 논증 방식이 간단명료하다는 데에 있다. 그리고 칸트의 국가론은 국가를 실천이성의 선천적 이념으로부터 연역해 냄으로써 이 이념을 실현해야 할 현실의 국가의 도덕적 정당성을 가늠하는 척도로서의 구실을 해낼 수 있다. 모든 영향력 있는 이론이 그러하듯이, 칸트의 견해는 현실적으로 또는 이론적으로 직면하는 문제의 개선을 위한 훌륭한 지침이 되는 원리를 담고 있는 풍부한 원천이 될 수 있다.

제 9 장
영구평화론

1. 머리말

인류는 영구평화를 이룰 수 있는가? 현실적으로 전쟁을 억제하고 최소화할 수는 있어도 영원한 평화를 이룰 수 있다고 믿는 사람은 거의 없는 것 같다. 그러나 평화를 희망하며 믿고 싶어하는 마음은 누구나 한결같다. 그렇다면 영구평화는 한낱 이념이나 이상일 뿐일까? 정치적인 삶의 최고의 목표가 될 수는 없는가? 만일 그것이 이론적인 몽상가에게나 어울리고 냉혹한 정치의 현실에서는 비웃음거리에 지나지 않는 것이라면, 정치는 인간의 바른 삶과는 무관하다는 말이 된다. 더구나 정치판에 뛰어든 정치인은 숭고한 인간애의 목적과 최고 가치로서의 인류의 영구평화의 목표를 가져야 하는데도 불구하고, 그러한 것과는 상관없이 자기의 명예욕과 눈앞의 이익에 골몰하고 있는 것이 아닌가? 국제 정치의 현실도 상업주의를 크게 넘어서지 못하고 있는 것을 보면 정치의 벽, 더구나 영구평화의 벽은 인류가 영원히 넘을 수 없는 것인지도 모른다. 차라리 칸트가 풍자하고 있는 것처럼 영구평화가 묘지의 비명에나 어울리는 말이라면 그것을 위하여 많은 시간을 들여 골똘히 생각하는 것은 우스운 꼴이다.

인간에게 도덕은 무엇이고 종교는 무엇이며, 그리고 역사와 정치는 무엇인가? 인생의 편의를 위한 방편일 뿐인가? 그것이 인간을 위한 도덕이요 종교라면 역사와 정치의 고향은 어디일까? 고향을 상실한 정치는 방향을 잃고 자기 위치를 찾는 술수에 급급하고, 이념을 폐기해 버린 역사는 탐욕의 늪에서 생명력을 잃었으며, 또한 천국을 저버린 종교는 상업주의에 매료되어 있지 않은가? 그리고 도덕을 압살한 인간은 자연의 파괴를 일삼으니 진정 인류의 평화는 언제 도래할 것인가? 우리 가슴을 열고 고향을 찾아보자. 그 고향에서 평화의 지혜를 얻자. 여기 거기에 이르는 한 방도를 제시한 인물이 있다. 그가 바로 임마누엘 칸트이다.

칸트는 자연에서 영구평화의 성취를 정초하려는 믿음을 가졌다. 그에게 자연은 도덕이요 문화요 역사다. 인간의 자유는 자연에 반하면서 원초적 자연인 신의 섭리 속에서 다시 자연과 통일을 이룬다. 도덕과 문화와 역사는 인간의 자유와 작용하면서 자연의 합목적성과 조화를 이루는 것처럼, 칸트는 인류의 역사를 낙관적으로 보았다. 이것은 인류의 삶에 대하여 희망을 주려

350

는 확고한 믿음 이외에 다른 것이 아니었다. 칸트는 인류는 자연상태로부터 시민사회를 이루고 국제법의 이상을 통해 국가 연맹을 실현하여 하나님의 백성으로서 윤리 공동체를 이루리라는 확신을 가졌다. 그러면서도 그는 영구평화의 도덕적·정치적 중요성을 확실히 생각하였지만, 평화를 소망하는 마음과 같이 단기간에 그 목표가 성취되리라는 전망에 대해서는 자신이 없었다. 다만 평화를 갈망하는 마음이 인간들의 마음속 한 구석에 자리 잡고 있으리라 믿고 싶었을 뿐이다. 이 같은 확신과 소망이라는 양가적인 마음이 영구평화에 대한 그의 철학적 조망에도 잘 드러나 있다. 하지만 적어도 철학자로서의 칸트는 이를 단순한 믿음의 차원에서가 아니라 자신의 철학적 입장에 기초한 더욱 설득력 있는 근거에 입각하여 이러한 전망을 제시하고 있다. 따라서 그의 영구평화의 초안은 자신의 철학적 토대 위에서 자유와 평화의 관계를 강조했고 지성과 양심으로서 인류사의 방향을 제시하는 비전을 담고 있다.

2. 영구평화안의 소묘와 그 음미

칸트는 역사의 발전을 점진적인 진보로 보았고 평화도 그러한 방법으로만 성취할 수 있다고 보았으면서도, 소위 영구평화안을 담고 있는 그의 저서 『영구평화론』[1]을 엄격하게 율법주의적인 형식으로 약술하였다. 이것은 바젤 평화조약이 체결된 직

---

1) 『영구평화론』의 원래 제목은 *Zum ewigen Frieden. Ein philosophischer Entwurf*(『영구평화를 위하여. 하나의 철학적 기획』)이다.

후인 1795년에 초판이 나왔고, 다음해에 개정판이 쾨니히스베르크에서 출판되었다. 그는 이 평화안에서 각자의 자유가 다른 사람의 자유와 공존할 수 있는 사회를 갈망하였다. 이 지구상에 더 이상의 살육과 침략적인 전쟁이 없기를 기원했고, 인류는 영원한 평화를 열망한다는 확고한 믿음을 발견했다. 따라서 이 영구평화의 초안은 이러한 염원을 기조로 삼고 있다. 더 나아가 그는 진정한 평화란 정의 위에 세워진 평화이어야 하며, 이런 전제에서 영구평화의 조건을 말하고 있다.2)

칸트의 영구평화의 초안은 그 당시 당장이라도 조인할 수 있는 조약의 형식으로 서술되어 있으며, 그 시대의 다른 평화조약의 형식과 같이 예비 조항과 확정 조항 및 비밀 조항 그리고 영구평화의 이념과 의의를 규명하고 설명하는 추가 조항과 부록으로 구성되어 있다. 특히 이 평화안의 중요한 실체는 세 개의 확정 조항이고, 여섯 개의 예비 조항에는 시대적 제약을 받고 있는 듯이 보이는 부분이 들어 있다. 그 여섯 개의 예비 조항을 들어보면 다음과 같다.3)

1. 미래의 전쟁을 대비하여 전쟁 물자를 비밀리에 보존해 둔 상태에서 이루어진 평화조약은 타당한 평화조약으로 인정되어서는 안 된다.

2. 어떤 독립국가이든 (크고 작음이 문제되지 않는다) 승계,

---

2) 서동익, 「칸트의 영구평화론서설」, 『철학회지』 제3집, 중앙대 철학과, 1970, 73-74쪽; 김철수, 『법과 사회정의』, 서울대 출판부, 1983, 123-181쪽 참조.

3) *Zum ewigen Frieden*, 196-202쪽.

교환, 매수 혹은 증여에 의해서 다른 나라의 소유가 될 수 없다.

3. 상비군은 점차로 폐지되어야 한다.

4. 국가는 대외적인 분쟁에 관련하여 어떠한 국채도 발행해서는 안 된다.

5. 어떠한 국가도 무력으로 다른 국가의 체제와 통치에 간섭해서는 안 된다.

6. 어떠한 국가도 교전 중에는 미래의 평화 시에 상호간의 신뢰를 불가능하게 만드는 적대 행위를 허용해서는 안 된다. 이를테면 암살자나 독살자의 고용, 국가 간의 협정의 파기, 적대국가 내의 폭동과 선동 등이다.

칸트는 이와 같은 예비 조항을 제시하면서 허용 법칙(leges permissivae)과 금지 법칙(leges prohibitivae)의 개념을 끌어들인다. 그가 말하는 허용 법칙(임의법)의 의미는 금지 법칙(강제법)의 궁극 목적이 소멸되지 않는 한 단번에 제거될 필요가 없는 것이다. 그리고 이들 예비 조항 중 1, 5, 6 조항은 금지 법칙의 자격으로 영구평화를 달성하는 데 엄격하게 지켜져야 할 것으로 보았으나 2, 3, 4 조항은 많은 국가들이 즉시 고수할 것이라고 기대하지 않았다.[4)

이 여섯 개의 예비 조항에 담겨져 있는 근본 사상은 국가를 하나의 도덕적 인격체로 인정하려는 확고한 믿음으로 정초되어 있다. 칸트는 그의 도덕철학의 원리를 토대로 하여 국가를 자유의 주체로 다루고 있다. 따라서 한 인격을 다른 목적을 위한 수

---

4) H. Williams, *Kant's Political Philosophy*, 246쪽.

단으로 삼는 것은 인격의 존엄성을 모독하고 손상하는 것이라고
하여 배격했다. 본래 국가란 인간들에 의해서 인간들로 구성된
사회이므로 그것을 소유물로 취급하는 것은 원초적 계약을 파기
하는 것이다. 그리고 이것은 원초적 계약의 이념과도 모순된다.

칸트는 금지 법칙의 제1 조항에서 어떠한 국가라도 힘의 균
형에 의해서 평화를 유지하려는 명분으로 비밀리에 전쟁에 대비
한 무기를 축적하는 것은 다른 국가에 대한 적의를 종결하는 좋
은 방책이라고 보지 않았다. 그는 이러한 상태의 평화란 잠시의
휴전일 뿐 진정한 평화는 아니라고 하였다. 진정으로 상대국을
인격체로 생각한다면 상대를 기만해서는 안 된다. 기만과 허위
는 불신과 거짓을 낳고, 진실만이 평화를 이루게 할 것이기 때
문이다.

특히 제5 조항에서는 정언명법의 정형들 중의 하나인 타인의
인격을 수단으로가 아니라 목적으로 대하라는 도덕적 인격성의
토대 위에서 주권 국가가 다른 독립된 주권 국가의 내정에 무력
으로 간섭하는 것을 배척했다. 그 이유는 다른 나라의 내정에
간섭하는 것은 그 국가의 자율성을 위협하는 것이기 때문이다.
따라서 정치 지도자들은 다른 나라들이 그들의 발전 방향을 모
색하여 성숙하도록 배려하는 것이 인류의 영구평화를 이루게 하
는 방법임을 깨닫게 한다.

그리고 제6 조항에서 칸트는 어떠한 국가라도 상대국에 대하
여 비열한 적대 행위를 해서는 안 된다고 하였다. 이러한 적대
행위는 양국 관계를 극도로 악화시켜 섬멸전 또는 절멸전을 야
기할 수 있다고 보았다. 따라서 폭력이 평화 유지의 방법이 될
수는 없다는 것이다. 이것은 칸트가 교전 중에라도 적국에 대한

얼마간의 신뢰는 유지되어야 한다고 보았던 것이고, 결코 전쟁을 당연시한 것으로 볼 수는 없다. 그러므로 적국에 대한 비열한 소행이 장래의 평화협정은 물론 영원한 평화의 의도를 아예 불가능하게 할 것을 우려한 데에 근본 의도가 있다.

다른 한편으로 칸트는 앞에서도 지적한 것처럼 임의법으로서의 2, 3, 4 조항은 탄력성을 가질 수 있는 것으로 보았다. 이들 조항은 자국 내의 실정과 시대적 상황에 따라 즉시 받아들이지 못할 수도 있다. 그러나 인간적인 측면에서 다른 나라를 경제적으로 침탈하는 행위는 용납될 수 없다. 그리고 국가 간의 적의를 유발하는 상비군의 확장은 전쟁 의사의 표시인 동시에 다른 나라에게 전쟁의 불안을 조성시키는 원인이 된다고 보았다.

칸트는 이 제 3 조항에 대하여 다음과 같이 말하고 있다. 상비군은 그들이 항상 전쟁에 대비하고 있다는 바로 그 사실에 의해서 다른 국가들을 전쟁의 위협으로 몰아넣고 있다. 이와 같이 다른 나라를 자극하여 그 국가들로 하여금 무제한의 전쟁 무기와 무장 병사의 수를 증가시키게 하고, 결국에는 군비 확장으로 인한 비용 때문에 평화를 단기간의 전쟁에서보다도 더 무겁게 만들어 상비군 자체가 전쟁 비용이라는 짐을 벗어버리기 위한 침략 전쟁의 원인을 낳게 된다. 그러나 그는 이 조항의 실현이 어렵다는 것을 알고 우선 직업군을 시민군으로 대체할 것을 제안하였다. 시민군은 방어만을 목적으로 할 것이기 때문이다. 그러므로 이 조항은 조약의 성격이라기보다는 정치적 선언의 형식을 다분히 가지고 있다.

허용 법칙으로서의 제 4 조항은 칸트가 경제적 원인으로 인한 대외적 분쟁을 위하여 전비를 위한 국채 발행의 위험성을 경고한 조항이다. 자국 내의 경제 문제를 해결하고 국가의 산업 발전을 위해서 원조의 수단을 이용하는 것은 나쁠 이유가 없다. 그러나 전비 조달의 수단으로 국채를 발행하는 것은 호전적인 지배자들의 침략욕을 용이하게 할 뿐만 아니라 세계의 영구평화를 크게 방해할 것이므로 평화의 사명에 적합하지 않다. 따라서 분쟁에 관련된 국채의 발행은 금지되어야 한다는 것이다.

이상에 열거한 예비 조항의 내용들은 국가의 인격성의 존중, 내정 간섭의 금지, 상비군의 전폐, 국채 발행의 금지 등으로 요약될 수 있으며, 평화 시의 국제 관계를 규제하는 평화 유지의 조건이라고 보아야 한다. 또한 전쟁 상태에 있는 적국에 대하여 비열한 전략으로 양 국민 간의 신뢰를 저버리는 행동은 영구평화를 저해하는 최악의 수단이다. 진정한 평화는 교전국 간의 적의의 완전한 일소로 성취되기 때문에 장래의 전쟁에 화근이 될 만한 비밀 요소를 어떠한 국가도 인정해서는 안 된다는 것이다.[5]

다음에 영구평화안의 실체인 세 개의 확정 조항을 들어보면 다음과 같다.[6]

1. 각 국가에 있어서 공민적 체제는 공화정이어야 한다.
2. 국제법은 자유로운 여러 국가 연맹을 토대로 하여야 한다.
3. 세계 시민법은 보편적인 우호 조건에 제한되어야 한다.

---

5) 서동익, 「칸트의 영구평화론서설」, 71쪽.
6) *Zum ewigen Frieden*, 203-217쪽.

여기서 공화적 체제의 궁극 목적은 한 국가로 하여금 문제의 해결을 자기결정적이도록 한다는 것이다. 이는 각각의 시민들이 직접적으로나 간접적으로 입법부에 의해서 대표되는 통치 행위에 동의한다는 가정에 의존하는 것으로 볼 수 있다.7) 칸트가 공화적 체제의 원칙으로 들고 있는 것은 사회 성원의 자유와 평등의 원칙, 모든 사람의 유일한 공통인 입법에의 종속의 원칙, 국민이 제정한 법률에 모든 사람이 평등하게 지배된다는 원칙이다. 그리고 이 체제 아래서는 전쟁 결정의 가부가 국민의 참여에 의하기 때문에 영구평화의 전망을 열어준다고 보았다.

다음으로 두 번째 확정 조항은 각각의 국가에 있어서의 모든 민족은 자연상태에서는 서로가 해악을 끼치게 되므로, 안전을 위하여 각자의 권리가 보장되는 공민적 체제에 가입을 요청할 수 있어야 한다는 주장이다. 이러한 공민적 체제는 세계 국가 (VÖlkerstaat)가 되어서는 안 되고 국제 연맹(VÖlkerbund)이어야 한다고 보았다. 이 연맹은 권력 획득이 목적이 아니라 타국의 자유의 유지와 보증을 목표로 삼는다는 것이다.

셋째로 주권 국가는 외국인을 추방할 수 있으나 그의 행동이 그 국가에 대해서 적대적이지 않는 한 적대시해서는 안 된다는 것이다. 인간은 누구나 지구의 어느 곳이든 공통의 권리를 갖는 것을 토대로 하고 있다. 따라서 자유롭게 통행할 권리는 자연법칙에 합당하다. 그러나 여기서 칸트가 평화의 전제 조건으로 믿고 있는 공화제가 세계 평화에 현실적으로 얼마나 실효를 거둘 수 있는가는 의문이 아닐 수 없다. 국민이 아무리 평화를 갈망

---

7) H. Williams, *Kant's Political Philosophy*, 254쪽.

해도 국제 정치는 미묘하게 변동해 가기 때문에 중대한 정책 결정에 국민이 참여할 수 있는 영향력은 무력한 것이다. 따라서 현실 정치의 호전성과 부패상을 규탄하고 항거하는 평화 운동도 큰 바위에 부딪힌 달걀의 신세를 모면하기 어려운 경우가 많다.8)

칸트는 영구평화의 보증에 대해서도 관심을 가지고 자연과 도덕성의 관계를 밝히고 있다. 그러면 보증으로서의 자연은 무엇인가? 그 자연은 합목적적이며 윤리적이고, 인간의 부덕을 선으로 인도하는 사회 형태의 한 발전이라고 보았다. 그에게 있어서 자연과 도덕성은 상호적일 뿐 아니라 자연은 인간의 영구평화의 목적에 따라서 노력하는 것을 의무로 하게 한다. 더욱이 자연의 개념과 함께 영구평화의 보증에서 중요한 것은 상업 정신에 의한 평화의 촉진과 항구적인 동맹 결성의 중재라고 하겠다. 이러한 그의 예견은 오늘날에 와서 더욱 증폭되어 있는 것을 본다. 이념을 달리하면서도 무역과 통상을 하는가 하면, 통상의 마찰을 조정하지 못하여 정치적 우호 관계가 파괴되는 현상은 어제오늘의 일이 아니다. 자연의 과정 속에는 인간의 의지와는 달리 분쟁을 화합으로 이끌어 가는 합목적성이 분명히 있다고 역설한다. 이러한 생각은 영구평화의 이념을 우리 가슴속에 심어주는 희망이 아닐 수 없다.

끝으로 부록에서는 도덕과 정치의 상관성을 언급한다. 도덕적 목적을 성취하려는 행동에 있어서 도덕적 정치가들에게 모든 합법적인 수단을 이용할 것을 권장한다. 도덕적 정치가의 의무감

---

8) 서동익, 「칸트의 영구평화론서설」, 72쪽.

은 그에게 도덕적 목적을 명확히 해줄 것이기 때문이다. 여기서 말하는 도덕적 정치가란 도덕성과 공존할 수 있다는 점에서 정치적 편의주의의 원리를 고려하는 사람들이다. 이에 반해 정치적 도덕론자는 정치가의 이익에 적합하게끔 도덕성을 변경시키는 사람들이다.[9] 이들은 자기의 정치적 목적을 위하여 이합집산을 일삼으며 명리를 위해서는 수단과 방법을 가리지 않는 사람이라고 볼 수 있다.

그러나 도덕적 정치가는 비열하고 부도덕한 권력의 소용돌이에 휩쓸리지 않는다. 다만 그러한 일들을 관망하며 인간의 윤리적 이익이 무엇인가를 살펴볼 뿐이다. 이들의 중재적 태도는 목적론적 역사관에 터 잡혀 있고, 자연의 섭리적 과정을 통하여 점진적으로 사회가 개선되리라는 믿음을 가지고 있다. 당장에는 아니더라도 먼 장래에는 반드시 평화가 실현될 것을 희망한다. "공법 상태를 실현하는 것은 의무이다. 아무리 그 상태가 멀고 먼 접근으로만 가능하다 하더라도 여기에 희망의 근거가 동시에 있을 때에는 의무이다. 그렇다면 영구평화는 공허한 이념이 아니라 오히려 과제인 것이다."[10]

물론 칸트가 현실을 아주 외면한 채 소극적인 도덕 정치만을 주장한 것은 아니다. 정치가는 단순히 도덕적 동기만을 갖는 것이 아니고 사회 전반의 복지를 그들의 책임으로 삼고 있다. 여기서 간과할 수 없는 것은 사회 복지와 윤리의 문제이다. 복지와 윤리가 양립할 수 있으려면 칸트의 도덕론적 정치철학이 삶

---

9) *Zum ewigen Frieden*, 232쪽.
10) *Zum ewigen Frieden*, 251쪽.

의 구체적인 현실과 맞물려야 한다. 그런데 그의 도덕철학이 정치적 삶의 표준으로만 정초되는 한 그 조화의 실현은 기대하기 어렵지 않은가? 뱀처럼 교활하고 비둘기처럼 무사기한 정치인, 정직이 최선의 방책이라는 격언을 신봉하는 정치 지도자, 그들은 양심이 명령하는 대로 행동하기 때문에 자율적이며 혼란에 직면하는 일이 없다. 칸트의 정치에 대한 견해는 양심과 이성에 따라 행동하라는 것이다. 자연의 과정도 역사의 진보도 교활한 마음의 정치가가 자신의 욕망을 성취하려는 행위에 대해서 어떠한 근거도 일러주는 게 없기 때문이다.

3. 영구평화안의 역사철학적 차원

칸트에 있어서 자연과 인간은 그의 역사철학의 축을 이루는 양극일 뿐만 아니라 이념과 수반의 관계에 있다. 칸트는 우선 인간은 자연 때문에 진보한다고 생각했다. 그가 이렇게 주장하는 것은 "자연을 인간에 있어서 자유의 한계를 그어준다는, 또 나아가 목적론적이라는 두 가지 의미로 이해하기 때문이다."11) 즉 인간은 현상적 존재로 보았을 때에는 동물과 같이 감각적인 물리적 세계의 일부분이고, 목적론적 의미에서 보면 (전체적인 자연의 계획과 의도에서 보았을 때) 창조자로서의 인격이다. 이와 같은 자연의 이념은 기독교의 신의 의미와 크게 다르지 않음을 시사해 준다. 따라서 인간의 의지의 현상은 자연의 법칙에, 곧 보편적 자연법칙에 의하여 규정된다. 그러나 의지의 자유는

---

11) H. Williams, *Kant's Political Philosophy*, 2쪽.

현상적 자연과 대립한 섭리(자연)의 작품이다. 그리하여 칸트는 "의지의 자유가 형이상학의 입장에서는 어떻게 이해되든지 간에 의지의 현상으로서의 인간의 행위는 자연계의 다른 모든 현상과 같이 보편적 자연법칙에 의하여 규정된다"[12]고 하였다.

그러면 인간의 행위의 동기는 어디에 근거하는가? 칸트는 그것은 자기 자신에 있을 뿐, 신의 섭리에 있지는 않다고 본다. 그러므로 인간의 일상적인 개별적 행위는 자유의지의 산물이며 자연의 의도와 계획에 근거되지 않은 것으로 합목적성을 갖지 않는다. 그러나 전체적으로 보았을 때에는, 즉 현상의 원인으로서의 자연에서 보면 인류의 본원적인 소질이 점진적으로 발전하는 것으로 볼 수 있다.

우리 모두의 개인적인 삶은 대체로 행동 방향을 미리 결정해 놓고 그 방식으로 살아간다고 볼 수 없는 것이 사실이다. 인간의 선택적 자유의지는 그때그때의 상황에 따라 행동을 결정한다. 그것은 인간이 자유이므로 자유는 자연에 대립된다는 데 연유한다. 그러나 인간의 삶이 한정적이라는 필연적 사실은 본원적 자연(신의 섭리)에서 보면 자유의지가 관여하는 여러 현상들도 그 의도 속에 포괄된다. 이에 대하여 칸트는 다음과 같이 말하고 있다. "결혼이나 거기에서 나오는 출산과 죽음은 미리 계산된 어떤 규칙에 따르지 않는다. 그 이유는 인간의 자유의지는 그 같은 현상에 많은 영향을 미치기 때문이다. 따라서 결혼과 출산 그리고 죽음도 기상 현상과 같이 불변적인 자연법칙에 따르고 있음을 입증한다."[13]

---

12) *Idee zu einer allgemeinen Geschichte*, 33쪽.

그러면서도 우리는 자연적 사건의 진행을 예측할 수 있는 것
만큼이나 인간의 행동 결과를 예측할 수 없다. 동물들의 경우는
본능적으로 활동하기 때문에 자연법칙에 종속되지만, 인간은 자
유의지에 따라 자율적으로 행동하기 때문이다. 그렇다면 인간의
행동은 전적으로 이성적인가? 그렇지 않다. 오히려 현실적인 인
간의 행동은 대체로 탐욕적이고 허영심에 매료되어 있다. 그럼
에도 불구하고 칸트는 "인간이 진보하고 있다"14)고 생각했을
뿐 아니라 자연의 의도대로 그 목적을 따라 나아간다고 하였다.

칸트는 영구평화의 '보증'에 있어서도 다음과 같이 '자연'을
언급하였다. "영구평화를 보증해 주는 것은 다름 아닌 위대한
예술가로서의 자연이다. 자연은 기계적 과정에서 인간의 의지에
배치하면서까지 자기들의 분열과 불화를 통하여 화합을 생겨나
도록 하려는 합목적성이 뚜렷이 나타나 있다. 그러므로 영구평
화를 보증하는 것은 그 (자연의) 작용 법칙을 알 수 없는 어떤
원인의 강제에서 유래하는 운명으로 불려도 좋으며, 세계의 과
정에서의 합목적성을 고려하여 섭리라고 불러도 좋다." 왜냐하
면 "섭리(자연)란 인류의 객관적인 궁극 목적을 목표 삼아 세계
의 과정을 예정하는 고차적인 원인의 깊은 지혜를 말하는 것"이
기 때문이다.15) 이와 같은 칸트의 생각은 자연을 합목적성의 섭
리로, 그리고 인간을 자유의 주체로 규정한 것과도 연관된다.
또한 칸트의 철학 체계의 총체적 의도 역시 자연과 자유(인간)
의 통일을 기도한 것이었음은 주지하는 바인 것이다.

---

13) *Idee zu einer allgemeinen Geschichte*, 33쪽.
14) *Idee zu einer allgemeinen Geschichte*, 33쪽.
15) *Zum ewigen Frieden*, 217쪽.

칸트가 영구평화 초안에서 주장하는 것처럼 자연은 국가들이 결국에는 서로 조화를 이루며 살아가도록 해왔다고 한다. 그러면 자연이 이와 같은 결과를 생기게끔 한 방식은 무엇인가? "첫째로 자연은 인간을 위해서 세계의 어느 곳에서든지 살아갈 수 있도록 배려했고, 둘째로 자연은 전쟁에 의해서 인간을 모든 곳으로 심지어 거주하기 어려운 지역으로까지 몰고 가서 그곳에 거주하게 했으며, 셋째로 자연은 역시 전쟁을 통하여 인간을 어떻게 해서라도 합법적인 관계에 들어가도록 강요했다."[16] 역사의 행정(行程)에서 보면 사람들은 먹을 것을 위해서 싸웠으며, 수렵과 농경지 확보를 위해서 서로 경쟁을 해왔다. 이러한 과정은 그들이 일정한 장소에 정착할 때까지 계속된다. 그러므로 전쟁은 이런 결과를 가져오게 한 수단이었다. 오늘날의 전쟁 역시 경제 확보에 입각한 패권주의가 주류를 이루고 있음도 부인할 수 없다. 따라서 자연이 인간을 "합법적인 관계에 들어가도록 했다"는 것은 인간과 인간, 국가와 국가가 상호 관계를 맺게 함으로써 그 관계를 개선하도록 한 것이라고 볼 수 있다.

칸트는 인류의 미래에 대해서도 희망적일 뿐만 아니라 낙관적이기까지 했다. 이것은 인류가 역사의 어느 시기에 가서는 항구적인 평화의 상태에서 살게 되리라는 믿음을 가진 것에서 알 수 있다. 그것은 개개인의 성품과 삶의 동기를 믿고 있기 때문이 아니라, 인간이 처한 상황(섭리적 상황)이 결국에 가서는 서로 조화를 이루며 살아갈 수밖에 없다고 믿었기 때문이다. 그래서 칸트는 "인간은 전적으로 선하지도 악하지도 않다"[17]고 보

---

16) *Zum ewigen Frieden*, 219쪽.

고 있다.

그러면 앞에서 지적한 것처럼 전쟁 상태로부터 인간이 함께 평화롭게 살아가는 문제에 대한 칸트의 방도는 무엇인가? "자연은 인간의 불화를 곧 인간이라는 피조물이 만든 거대한 사회와 국가 간의 불화까지도 수단으로 사용하여 이들의 피할 길 없는 적대 관계에서 평온과 안전의 상태를 만들어낸다."[18) 다시 말해서 "자연은 전쟁, 긴장 그리고 극단적인 군비 확장을 통해서, 어떠한 국가도 평화 가운데에서조차 고통을 느껴야 하는 고난을 통해서, … 드디어는 국가의 황폐화와 전복 또는 국력의 전반적인 피폐까지도 경험하고 나면, … 야만적인 무법적 상태에서 벗어나 국제 연맹을 맺는다는 목표를 강요하게 되는 것이다"[19)라고 하였다.

물론 전쟁이란 혼돈되고 낡은 국가를 파괴하고 새로운 국가를 건설하게 마련이지만 (자연의 의도에서), 새로운 국가라고 해서 반드시 국제 평화를 이룩해야 할 임무에 적합한 것은 결코 아니다. 칸트의 생각으로는, 피에르와 루소의 평화안에도 언급되어 있지만, 국제 연맹의 이념이 현실의 국가에서 당장은 그 실현이 불가능해 보일지라도 결국에는 이룩될 수 있다고 믿었다. 인간이 본래의 야만적인 무법 상태에서는 당장에 시민사회를 평화 상태로 이룩할 수는 없는 것이지만, 그러나 이 새로운 국가들은 "한편으로는 내적으로 시민적 조직체를 가능한 한 최적의 조정에 의해서, 그리고 또 한편으로는 외적으로 공동 협정

---

17) *Die Religion innerhalb der Grenzen der bloßen Vernunft*, 668쪽.
18) *Idee zu einer allgemeinen Geschichte*, 42쪽.
19) *Idee zu einer allgemeinen Geschichte*, 42쪽.

과 입법을 함으로써 시민적 공동체와 마찬가지로 자동 기계와 같이 자기 자신을 유지할 수 있는 상태가 언젠가는 확립된다"[20]고 믿었다. 이렇게 될 때까지 새로운 국가들은 스스로 새로운 변혁(혁명)을 지속적으로 겪어야만 한다는 것이다.

칸트가 영구평화의 목표를 달성할 수 있기 위해서 제시한 두 가지 중요한 요인은 '위험에 대한 공포'와 '도덕성의 계발'이다. 첫 번째 요인은 전쟁으로 야기된 대약탈과 파괴를 통해서 세계 평화의 달성에 조력하게 하는 것이다. 어떤 면에서는 파괴가 심한 공포를 느끼게 하기 때문에 개인과 민족은 전쟁에 대해서 사려를 깊게 하지 않을 수 없기 때문이다. 그리고 전쟁은 인간의 에너지와 재능의 가장 무분별한 낭비임에 틀림없다. 따라서 국가 간의 경쟁도 상호 발전이라는 측면에서는 유익할 수 있으나 전쟁을 야기할 위험이 있으므로 오래 지속되지 않도록 해야 한다.

칸트는 『추측해 본 인류사의 기원』에서 "무수한 실제의 전쟁이 아니라, 장래의 전쟁을 대비해서 끊임없이 증가하는 준비야말로 의심의 여지없이 문명된 민족을 억압하는 최고의 악의 근원이다. 국가의 모든 자원은 이러한 목적에 사용되곤 하는데, 이렇게 사용되는 대신에 더 높은 문화 창달을 위해서 사용되어야 할 일"[21]이라고 말한다. 정말로 양식 있는 국민의 소박한 생활인의 입장에서 보면 전쟁 준비에 국력을 소모하는 것은 기괴한 일일 수밖에 없다. 자기 자신은 물론이고 자기 민족을 파괴

---

20) *Idee zu einer allgemeinen Geschichte*, 42쪽.
21) *Mutmaßlicher Anfang der Menschengeschichte*, 99쪽.

하는 일에 시간과 자원을 낭비하는 민족을 올바른 민족이라고
할 수는 없을 것이다. 칸트가 앞에서 말한 '전쟁에의 공포'는 이
런 의미에서 무력 충돌의 준비에서 벗어날 수 있는 좋은 제안이
라고 하겠다. 더 나아가 법의 지배 밑에 모든 국가가 동참한다
면 국제 질서(국제 연맹)는 잘 지켜져 나아가리라 본다. 그렇다
고 해서 개인들 간의 갈등(경쟁과 적개심)이 해소되리라고는 생
각할 수 없다. 끊임없이 인류의 교육과 도덕성을 함양시킴으로
써 그 길이 서서히 이루어질 수 있다고 칸트는 믿는다.

앞서의 둘째 요인은 국제 연맹의 촉진을 위한 세계 시민들
간의 도덕적 책임감을 확보하는 데 있다. 이에 대하여 칸트는
"우리는 예술과 학문에 의해서 고도로 개화되었다. 또 온갖 예
의범절이 지나쳐 넘칠 정도로 문명화되었다. 그러나 우리는 아
직도 도덕적으로 성숙되었다고 생각하기에는 부족한 점이 많다.
문화에는 도덕성의 이념이 필요하다"[22]고 하였다. 이것은 칸트
가 국제 평화의 성취를 위하여 개개인 모두의 도덕적 성숙을 강
조한 것이다. 만약에 문화와 도덕적 이념이 합치될 수 있다면,
현실적으로 침략적인 전쟁이 상상될 수 없다는 것은 분명한 것
이다. 그러나 문화가 성숙되었다고 해서 도덕적으로 개화되었다
고는 말할 수 없는 것이다. 그렇기 때문에 칸트의 생각은 도덕
성은 시민 교육이라는 오랜 과정을 거친 후에야 가능할 뿐이라
는 것이다. 그리고 그는 현존하는 사회에서는 인간성이 아주 개
인주의적이어서 개인적 이득 앞에 국제 질서 따위는 별로 관심
을 두지 않는다고 보았다. 자연의 섭리에서 보면 확실히 인간은

---

22) *Idee zu einer allgemeinen Geschichte*, 44쪽.

서로 평화롭게 살도록 되어 있으나 각 개인의 이기심이 도사리고 있는 한에서는 불가능할 수밖에 없다. 다만 역사의 진행 과정을 역사철학적 관점에서 보았을 때에만 그 해답이 긍정적일 수 있다. 따라서 인간의 자력적인 선의지에 의해서만은 세계 평화를 이룰 수 없다는 결론이 필연적으로 나온다.

그럼에도 불구하고 인간의 본성은 인류가 맞이하게 될 요원한 미래의 시기에라도 세계의 영원한 평화의 도래가 확실히 기대된다면 무관심할 수 없다는 것이 칸트의 생각이다. 그는 말하기를 역사적 시각에서 보면 인류의 역사는 전체적으로 자연(섭리)의 은밀한 계획에 따라 도덕적 완성과 그 목적을 성취하기 위해서 완전한 국가 조직을 이루리라고 생각한 것이다. 그러므로 "국가 조직은 자연이 인류에게 준 모든 소질을 완전히 발전시킬 수 있는 유일한 상태로서 성취되는 것이다"23)라고 하였던 것이다(칸트는 이것을 철학도의 '천년지복설 또는 천년기설'의 이념이라고 한다).24) 그러나 인류의 자연 왕국, 곧 현실적인 국가는 자연의 합목적적인 진보와는 달리 문화적 이기주의와 자기 복지만을 찾으려고 급급한 것에 대하여 깊은 관심을 갖는다. 이를테면 "국가 간의 상호 관계는 대체로 인위적인 대외 관계가 맺어져서 어떤 국가라도 자국의 문화가 침체되면 다른 나라에 대한 영향력이 줄지 않을 수 없다"25)는 것이다. 또한 우리는 칸트가 시민의 자유가 침해되면 산업과 무역에 영향을 주어 대외 관계에 국력이 쇠퇴된다고 하는 것을 이해할 수 있다.26) 그러므

---

23) *Idee zu einer allgemeinen Geschichte*, 45쪽.

24) 「요한계시록」, 20:1-6.

25) *Idee zu einer allgemeinen Geschichte*, 46쪽.

로 국가들 간의 경쟁은 개방적이어야 하고 산업과 경제적인 발전을 위해서도 시민의 자유는 확대되어야 한다. 경제 발전과 시민의 자유는 정치의 기본 축이기 때문이다.

그러나 자국의 이득을 위한 경제 정책과 실제가 국제 무역과 국제 통상의 확장을 가져와서 국제 관계의 개선을 높여 온 것은 간과할 수 없으나, 반면에 그 역기능적인 측면도 배제할 수 없다. 오늘날의 국지적인 분쟁과 전쟁은 대부분 경제적 마찰에서 기인하는 경우가 많기 때문이다. 그리고 근대 문명의 발달이 산업 발전에 이바지한 공헌을 과소평가할 수 없으면서도 그것이 가공할 인류 파괴의 전쟁 무기를 생산하는 데 기여한 것도 결코 부인할 수 없다. 산업과 경제의 발전이 반드시 세계 평화의 행정에서 순기능의 요인으로만 작용했다고는 볼 수 없다. 이것은 인간의 세계 평화에 대한 욕구가 점점 영리 추구의 물리적 실질 확보로 기울어져, 국가 및 집단 이기주의를 팽배시키는 방향으로 자극되기 때문이다. 그럼에도 칸트는 문명과 복지의 향상이 광기와 망상을 계몽시켜 더 큰 선을 이끌리라고 기대한다.27) 이러한 계몽이 안정 기조를 이룰 때 느리기는 하지만 결과적으로 세계 평화를 향한 진보는 계속적으로 일어날 것이라고 보았다. 그 이유는 산업과 경제 발전은 안정과 화합의 기대 욕구를 강화시키고, 전쟁을 통한 파괴와 자기 목숨을 잃을 수 있다는 공포는 국제 평화의 갈망을 증대시킬 것이기 때문이라고 본 것이다.

칸트는 이와 같이 계몽된 인간이 갖는 선은 이기심을 억제하

---

26) *Idee zu einer allgemeinen Geschichte*, 46쪽 참조.

27) *Idee zu einer allgemeinen Geschichte*, 46쪽 참조.

고 그 파급이 사회에까지 미치기를 기대한다. 그리하여 "자연의 최고의 의도인 보편적 세계 시민적 상태"[28]가 언젠가는 실현되리라는 희망을 고취하여 주고 있다. 그리고 "자연의 계획은 인류의 완전한 시민적 연합(bürgerliche Vereinigung)을 목표로 하며" 또한 "자연은 인간의 자유가 난무하는 곳에서도 자기의 계획과 궁극 의도를 갖지 않는 일이 없다"는 것이다.[29] 이러한 칸트의 역사 이념의 태도는 다분히 섭리적이고, 선험적 의미를 갖는 것이지만, 그렇다고 경험적 역사 기술을 일축하려는 것은 아니다. 오히려 칸트가 의도하는 바는 보편적 세계사를 작성하려는 철학적 시도가 가능하다는 것을 보여주려는 데 있다.

4. 영구평화안의 도덕 및 종교 철학적 차원

칸트의 도덕철학은 어떤 외부의 억압적 환경이나 곤경에 의해서도 소멸되지 않도록 하려는 확고한 목적의식을 갖고 있다. 어쩌면 스피노자가 그의 철학을 반석 위에 세우려고 했던 열의와 맥을 같이한다. 그리고 그는 지식의 한계와 이성적 활동에 관한 인간의 신념을 회복하려는 목적을 가지고 있었다. 이러한 입장에서 그의 이론이성과 실천이성의 구별은 지식과 행위의 관계를 명확하게 규정해 준다. 즉 전자는 인간과 자연(현상)의 관계에서 세계에 대한 지식을 탐구하고, 후자는 행위(의지의 자유)에 따른 목적 지향에 관계된다고 하겠다. 이것은 곧 이론이성은

---

28) *Idee zu einer allgemeinen Geschichte*, 47쪽.
29) *Idee zu einer allgemeinen Geschichte*, 48쪽.

인간의 지각과 오성의 경험을 다루고, 실천이성은 인간을 합목적적인 도덕적 존재로서 다룬다는 것을 뜻한다.

여기서 '도덕적 존재'라는 말은 이성적 존재자의 행위가 '선의지와 의무'에 결부된다는 말이다. 그리고 어떠한 행위가 선하고 가치를 갖는 것은 그것이 행위자의 이해관계나 즉 개인적인 좋고 나쁨이나 욕망에서 발생하는 것이 아니라, 의무에서나 합목적성을 추구하는 의욕의 형식적 원리에서 발생한다고 보았다. 따라서 선은 실천적 측면에서 본 의지의 특성이다. 그리고 도덕적이라는 것은 자발적(자의적)으로 '선 그 자체'를 실천하는 의지의 적부 의식, 즉 옳고 그름을 직각적으로 아는 것을 의미한다. 이에 대하여 칸트는 "의무에서 하는 행위는 도덕적 가치를 가지는데, 이 가치는 행위에 의해서 획득되어야 할 의도에서가 아니라 행위를 규정하는 준칙에 의해서 가진다. 그러므로 행위의 도덕적 가치는 행위의 대상의 실현에 의존하는 것이 아니라 욕망 능력의 모든 대상과는 무관하게 오직 의무에 따라 행위를 수행하는 의욕의 원리에만 의존하는 것이다"30)라고 하였다.

물론 그러한 그의 태도는 일상적인 인간이 의무에서 행위한다는 것이 얼마나 어려운가를 짐작하게 해주는 것도 사실이다. 그러나 그가 일상적인 도덕으로부터 철학적 윤리학을 확립하려고 한 의도를 간파한다면 의아한 눈으로 바라볼 필요까지는 없다. 우리는 칸트가 말하는 의무감에서는 아니더라도 이웃을 도와주거나, 이타적 동기에서는 아니더라도 친구를 친구라는 이유만으로 도울 수도 있다. 그러나 진정으로 "유덕한 행동은 애착

---

30) *Grundlegung zur Metaphysik der Sitten*, 25쪽.

에서의 행동이 아니라 의무를 위해서 행동하는 것이다. 이러한 유덕한 행동을 하기 위해서는 애착의 실질적 동기를 제거해야 한다. 도덕적 인격은 그가 그것을 원하기 때문에 행하는 것이 아니라, 그가 행한 것을 그렇게 해야겠다고 느꼈기 때문에 행한 것이다"31)라는 데 있다. 그러면 왜 인간은 인격인가?

인간은 자율적 자유와 자기의식을 가지고 있고 더욱이 도덕적 존재라는 점에서 하나의 인격이다. 그러나 현실적인 인간은 생물적인 자연의 특성을 가지고 있고 물리적인 자연의 세계에서 삶의 지평을 열고 있기 때문에 감성계에 속함이 분명하다. 이러한 현상적인 인간은 인과법칙의 지배를 받는다. 그렇지만 도덕적 존재로서의 인간은 물리적 자연 세계의 삶을 넘어서 자유와 자기의식의 특성을 나타낸다.

이러한 인격의 개념은 그 자체 목적적 존재라는 데에 있는 것이며, 이에 대하여 칸트는 다음과 같이 말하고 있다. "목적의 왕국에서 모든 것은 가격을 가지거나 또는 존엄성을 갖는다. 만약 그것이 가격을 갖는다면 다른 동일한 가격의 어떤 것과 교환될 수 있는 데 반해, 그것이 가격을 초월하여 동일한 어떤 것도 허용하지 않는다면 그것은 존엄성을 지닌다. … 그러나 무엇이든지 그것을 목적 자체가 될 수 있도록 하는 유일의 조건인 것은 단순히 상대적 가치, 즉 가격만을 갖는 것이 아니라 내적인 가치 즉 존엄성을 갖는다."32)

이와 같은 입론은 인간의 본래적 가치로서의 인간성은 목적

---

31) H. Williams, *Kant's Political Philosophy*, 32쪽.

32) *Grundlegung zur Metaphysik der Sitten*, 68쪽.

자체로 취급되어야 하고 수단으로 대해서는 안 된다는 것이다. 다시 말하면 인간의 도덕적 품위나 도덕적 가치는 존엄한 것으로 대해져야만 한다는 것이다. 그래서 칸트는 "네 자신의 인격에 있어서건 다른 모든 사람의 인격에 있어서건, 인간성을 단순히 수단으로서 사용하지 말고 항상 동시에 목적으로서 대우하도록 행위하라"[33]고 한 것이다. 여기서 목적 자체라고 하는 것은 인격 자체에 대한 존경으로서 인간과 인간의 차별을 허용하지 않고 인간이 보편법칙에 필연적으로 추가됨을 말한다. 그리고 인간성 또는 인류성이라는 말은 이성적 특성을 가진 공동체적 법칙을 의미하는 것이기도 한 것이다. 그러므로 모든 이성적 존재자는 목적 자체로서 자신을 보편적 입법자로 간주할 수 있어야만 하고, 이러한 전제가 확보될 때 이성적 존재자의 세계가 목적의 왕국으로서 가능한 것이다.

그리고 목적 자체로서의 이 객관적 목적은 법칙으로서 모든 주관적 목적을 제약하는 조건이어야만 하는데, 이 조건은 순수 이성과 일치하기 위한 조건으로서의 의지의 자율이라는 원리이다. 이때 "의지의 자율은 법칙에 단순히 복종해 있는 것이 아니라 의지 스스로가 입법자이며 법칙을 수립하는 이념이기 때문에 무제약적인 정언명법일 수가 있는 것이다."[34] 그러기에 "의지의 자율이란 도덕성의 최상의 원리로서 그 자신에 대하여 법칙이 되는 의지이고, 도덕성의 원리는 정언명법이어야 하므로 이것은 다름 아닌 자율을 명령하는 것이다."[35]

---

33) *Grundlegung zur Metaphysik der Sitten*, 61쪽.
34) *Grundlegung zur Metaphysik der Sitten*, 64쪽.
35) *Grundlegung zur Metaphysik der Sitten*, 64쪽.

이에 반하여 의지의 타율은 의지가 자기 입법적이지 못하고 대상에 결부되어 자기를 결정하는 것이다. 그러므로 칸트는 "인간은 도덕법칙의 주체요 도덕법칙은 인간의 자유가 가지는 자율로 인하여 신성한 것"[36]이라고 하였다. 또 "각 이성적 존재자는 마치 그가 자기의 준칙에 의해서 언제나 보편적인 목적의 왕국에 있어서 입법적 성원이듯이 행위해야만 한다"고 하였다.[37] 그러므로 목적의 왕국은 너의 준칙이 보편적 법칙이 되는 듯이 행위하라는 의미와 일치하고, 자연의 왕국은 보편적인 자연법칙의 의미와 같은 것이라 할 수 있다. 여기서 목적은 하나의 이상이고 왕국이라는 말은 법칙에 의한 이성적 존재자들의 체계적 결합이라 할 수 있다. 이렇게 보면 목적의 왕국이라는 것은 도덕적 행위의 형식과 실질의 양면을 표기하여 법칙의 체계와 목적의 체계를 함께 취급한 것이고, 여기서 자연의 법칙과 자유의 법칙은 서로 연관을 갖는다.

칸트에 있어서 실천적 자유란 우주론의 선험적 자유와 관련되고 인간의 실천적 자유의 원천은 의지이다. 그리고 의지는 자율의 능력이다. 그러므로 자유와 의지는 서로 작용적인 관계에 있다. 따라서 "의지란 이성적인 한의 살아 있는 존재에 속해 있는 원인성의 일종이고, 자유는 원인성의 특성이며, 이 원인성은 자기를 규정하는 외부로부터의 원인성에서 독립하여 작용할 수 있다. 이에 반하여 자연 필연성은 이성 없는 모든 존재자의 원인성의 특성이며, 외부로부터의 원인들의 영향에 규정되어 활동

---

36) *Kritik der praktischen Vernunft*, 200쪽.
37) *Grundlegung zur Metaphysik der Sitten*, 71쪽.

하게 되는 것이다"라고 하였다.[38] 이와 같이 의지는 자연의 명령에 대립하여 독립적인 원인으로서 자유의 기초를 이루고, 자유는 자연 필연성 너머로 인간의 행위를 고양시킨다. 그러므로 칸트에 있어서 자유로운 사람은 도덕적인 사람이다.

우리가 주지하는 바와 같이 칸트의 철학에서 실천이성은 이론이성보다 우위를 갖는다. 이러한 이유는 종교적 신앙의 동기와 관련된 지식의 한계의 문제와 연관된다. 이는 "나는 신앙을 위한 자리를 마련하기 위하여 지식을 제한해야만 했다"는 말에 잘 나타나 있다. 칸트의 생각으로는 종교적 신앙으로서 신의 이념이란 우주의 창조자의 개념으로서가 아니라 실천적 이상으로서 완전성의 실제적 이념이다. 따라서 신의 이념은 목적의 왕국의 개념(완벽한 공동체의 이상)과 연관되므로 신은 하나의 도덕관념이라고 볼 수 있다.

칸트는 그의 종교철학에서 기독교를 비롯한 참된 종교의 메시지란 도덕적이고, 또한 이것은 인류의 화합의 요구라고 한다. 그리고 인간의 진보의 궁극 목표는 인류의 윤리적 공동체의 성원이 되기 위해서 자연상태를 벗어나야 한다는 것이다.[39] 여기서 윤리적 공동체의 이념은 목적의 왕국과 다르지 않으며, 이 목적의 나라에서 최고선이 달성될 수 있다. 요벨(Yovel)은 칸트의 최고선의 이념은 개인의 도덕성의 이념일 뿐 아니라 인류 전체의 궁극 목표라고 하면서, 칸트의 역사철학에 대해서 다음과 같이 말한다. "역사란 최고선이 실현되어야 하는 과정이며, 그

---

38) *Grundlegung zur Metaphysik der Sitten*, 81쪽.
39) *Die Religion innerhalb der Grenzen der bloßen Vernunft*, 755쪽.

과정 속에서 실천이성의 자유로운 융통성 있는 활동이 기존의
세계를 새로운 세계로 만든다. 또한 역사의 목적은 모든 개별적
인 도덕적 동인의 의도와 작용을 그리고 법률, 정치 및 교육과
같은 집단적 활동의 영역을 통일시키거나 전체화하는 데 초점이
있다. 그러므로 역사는 자유와 자연의 필수적인 종합이 일어나
야 하는 과정이다. … 최고선과 역사의 이념은 칸트의 비판철학
체계의 중요한 장점을 이룬다."[40] 이는 결국 이성의 사변적인
형이상학적 관심은 실현될 수가 없고 도덕의 역사로 생각할 수
있는 것이란 인간이 지상에서 그들의 목표인 최고선을 향해 나
가려는 희망의 실천이라는 것을 의미한다.[41] 그러나 그것도 점
진적으로만 도덕적인 진보가 가능할 뿐이다. 또한 최고선의 목
표 실현도 사회적 측면과 도덕적 측면의 진보로 나누어 생각해
볼 수 있다. 전자는 법체계적이고, 후자는 법제정적이다. 칸트는
그의 종교철학에서 "법률적·시민적(정치적) 상태는 그들이 공
적인 법률(강제법) 밑에 공동체적으로 존재하는 한에 있어서 인
간의 상호 관계이다. 윤리적·시민적 상태는 그 안에서 인간이
동일한 강제에서 자유로운, 곧 단순한 덕의 법칙 밑에서 결합하
는 상태인 것이다"[42]라고 한다. 이와 같이 정치적 자연상태와
윤리적 자연상태는 구분된다. 그러므로 개인은 각각의 상태에서
자기 자신에게 법을 부여하며 스스로 복종한다는 것이다. 곧 시
민사회의 강제법은 엄격한 상호 원리로 어떠한 것도 타인에게
양도할 수 없는 것이나, 도덕법칙은 타인에게 도량과 관용을 베

---

40) Y. Yoel, *Kant and the Philosophy of History*, 31쪽.
41) H. Williams, *Kant's Political Philosophy*, 263쪽 참조.
42) *Die Religion innerhalb der Grenzen der bloßen Vernunft*, 753쪽.

풀 것을 요구한다. 그러므로 세계 평화는 더구나 영원한 평화는 도덕법칙 아래서의 공화국이라는 윤리적 공동체를 창출할 수 있느냐에 달려 있다.

이러한 공동체가 현실적으로 얼마나 가능할 수 있느냐 하는 것은 정치적 현실의 문제이고, 칸트는 이러한 세계 공화국의 이념은 신민만이 성취할 수 있는 것으로 생각했다. 따라서 윤리적 공동체의 성원으로서의 지상의 사람들은 세계적인 윤리적 공동체가 이상에 불과하다 하더라도 그것의 성취를 위하여 노력하지 않는 것은 잘못된 것일 수밖에 없다. 왜냐하면 인류의 공통의 의무를 실현해 나아갈 때에야 비로소 희망이 현실이 될 수 있는 것이기 때문이다. 이러한 멀고도 먼 윤리적 공동체를 칸트는 "눈에 보이지 않는 교회"라는 말로 비유한다. 그는 이것을 "신성한 도덕법칙 아래에 있는 윤리적 공동체란 경험의 대상이 아닌 한 눈에 보이지 않는 교회, 즉 인간에 의하여 제정할 수 있는 공동체(국가)의 원형이다. 가시적 교회는 그와 같은 이상과 합치하는 전체를 지향하는 현실적인 결합이다."[43]라고 한다. 그러므로 칸트에게 참된 가시적인 교회는 인간을 통해서 (도덕적인) 신의 나라가 지상에 실현된 모습에 다름 아니다.

이와 같은 칸트의 비유는 아우구스티누스의 '신의 도성'에 비견된다. 아우구스티누스는 다음과 같이 밝히고 있다. "하나님의 나라가 이 세상을 순례하고 있는 동안에, 모든 국가들로부터 갖가지 언어를 구사하는 이방인들의 사회에서까지도 시민들을 불러 모은다. 그 나라는 지상의 평화를 성취하고 보존하는 관습,

---

43) *Die Religion innerhalb der Grenzen der bloßen Vernunft*, 101쪽.

법률 및 제도들에 어떠한 차이도 두지 않는다. 그 나라는 어떤 것도 무효로 만들거나 폐지하는 것이 아니라, 오히려 그것들을 유지하고, 그럼으로써 최고의 진실한 신을 숭배하도록 가르치는 종교를 추천하는 데 조금의 장애라도 없으면 이를 따른다. 그리하여 천상의 나라조차도 여기서는 지상을 순례함에 있어서 지상의 평화를 이용하고 인간의 가시적 본성과 관련된 본성에 관해서, 그가 진실한 양심과 경건함을 손상시키지 않을 수 있는 한, 인간의 절충을 옹호하고 모색한다."44) 칸트 역시 지상의 나라의 참된 교회의 특징을 '보편성, 순수성, 자유성, 불변성'으로 들고 있으며, 기독교의 천년왕국의 도래를 은연중에 나타내고 있다.45) 그러면 눈에 보이는 참된 교회 안에서 인간은 어떻게 행동해야 하는가? 개인은 선의지에 따라 실천법칙 즉 정언명법을 실천해야 한다. 그렇게 함으로써 인간의 본성 안에 있는 근본악을 몰아내고 참된 교회로서 윤리적 공동체를 실현할 수 있을 것이다. 칸트는 이렇게 되면 종국에는 온 인류의 영구평화도 이루어지리라고 믿고 있다.

5. 결론: 요약과 평가

이상에서 칸트의 영구평화론에 대한 소묘와 그 역사철학적 차원 그리고 도덕 및 종교 철학적 차원에 관하여 살펴보았다. 이 글의 목적이 비록 칸트의 영구평화안의 내용을 분석적으로

---

44) Augustinus, *City of God*, Bk XIX, Ch. 17.
45) H. Williams, *Kant's Political Philosophy*, 266쪽.

천착하려는 데에 있는 것이 아니라, 그의 역사관과 도덕론 및 종교관의 시각에서 영구평화론을 음미하려는 데에 있었지만, 우리는 분명 그 과정에서 이 영구평화안이 칸트의 철학 사상을 포괄적으로 나타내고 있다는 사실을 엿볼 수 있다. 특히 영구평화론에 담겨 있는 자연, 역사, 인간, 자유, 목적의 왕국, 시민사회, 윤리적 공동체, 자연법, 시민법, 국제법, 자연상태, 윤리적 상태, 국제 연맹, 신의 백성 등의 개념들을 통해서도 그것을 알기에는 부족함이 없다.

칸트는 세계 국가의 성립을 통해서는 영구평화의 이상이 성취될 수 없고, 법적 공동체인 국제 연맹의 국제법적 이념을 통해서 그 달성이 가능하다고 말하고 있다. 그리고 인간의 실천이성의 절대 명제인 정언명법에 따라 국가들은 결코 전쟁을 해서는 안 된다는 것을 현실 정치의 최고의 이상으로 보았다. 또한 모든 국가는 자연상태에서 벗어나 국제 연맹을 구성하여 윤리 공동체를 실현할 의무를 갖고 있음을 강조하고 있다. 또한 이러한 계획의 수립이 철학자의 임무이기도 하다는 것을 지적하고 있다.

최종적으로 이 영구평화안이 지니고 있는 의의를 요약해 보면 다음과 같다. 첫째로, 칸트는 평화의 이념에 대하여 도덕적인 정초를 확고히 했을 뿐만 아니라 영구평화의 보장을 자연에서도 찾고 있다. 그리고 전쟁의 죄악성을 법의 권위를 훼손하는 측면과 도덕적 의무에 위배되는 것으로 보았다. 인간은 도덕과 자유의 주체로서 타인의 수단이 될 수 없으며, 국가도 하나의 인격체로서 타국의 수단이 될 수 없다고 보았다. 따라서 전쟁이 도덕적으로 죄악인 것은 존엄한 인격의 품위를 손상하고 자유를 훼손하기 때문이라고 하였다. 둘째로, 이성에 근거한 국제 연맹을 주장하면서도 역사의 진보와 정치의 개혁을 위한 변혁의 의미에서일지라도 정당한 전쟁을 인정한 것은 재고의 여지가 있다. 셋째로, 영구평화의 주체를 도덕적 인격, 곧 자유와 평등의 통일로서의 인류일 수밖에 없다고 한 것은 우리에게 평화에 대한 무한한 용기와 신념을 불러일으켜 준다. 넷째로, 기독교의 천년지복설과 하나님의 백성에 대한 지나친 원용은 특정 종교를 하나의 살아 있는 종교로 부활시키려는 의지가 강하다. 그리고 역사에 대한 낙관론은 인류에 희망을 주는 것은 분명하나 역사와 정치의 역동성을 간과하고 있음도 사실이다. 다섯째로, 국제연합의 실현이 이루어진 오늘의 국제 사회가 얼마나 평화를 확보하고 있는가는 생각해 볼 문제이며 공화제 역시 그의 생각과 같이 전쟁 억제에 실효성이 있다고 보기는 어렵다. 또한 침략 전쟁과 군비의 확장을 우려했으나 현대적 상황은 그렇지 못하다. 그러므로 그의 말대로 도덕과 역사는 이러한 측면에서 얼마나 진보했는지 의심하지 않을 수 없다. 곧 역사의 진보가 자유를 목표로 긍정적인 방향으로만 발전한다는 확신은 하나의 믿음을 넘어서지 못한다. 이렇게 볼 때 그가 믿는 자연도 과연 인간에게 희망만을 주는가도 다시 생각해 보아야 한다. 그러나 칸트의 영구평화에 대한 현실적 믿음은 법의 지배 밑에 모든 국가가 동참한다면, 국제 질서는 잘 지켜질 수 있으며, 이는 인류의 도덕성을 함양시키는 교육을 통하여 그 소질과 성품을 계발시킬 때 점진적으로 가능하며, 또한 그것이 모든 정치적 지도자들에게 부과된 의무라고 본 점은 오늘의 우리에게 남겨진 과제라고 할 수 있다.

참 고 문 헌

권기철, 「이념과 실재의 매개적 구조: 관념론 철학의 역사이론에 관한 연구」, 『논문집』 제29집(인문과학편), 중앙대학교, 1985.

_____, 「관념론과 역사인식의 체계」, 『철학연구』 제18집, 철학연구회, 1983. 10.

김두헌, 『인간론』, 박영사, 1973.

김영철, 『윤리학』, 동아학연사, 1982.

김용정, 『칸트철학연구』, 유림사, 1978.

김철수, 『법과 사회정의』, 서울대 출판부, 1983.

김태길, 『윤리학』, 박영사, 1990.

박윤선, 『출애굽기 주석』, 영음사.

서동익, 「칸트의 영구평화론」, 『철학회지』, 중앙대 철학과, 1970.

손봉호, 『현대정신과 기독교적 지성』, 성광문화사, 1978.

아리스토텔레스, 『니코마코스 윤리학』(최명관 역), 서광사, 1984.

월쉬, W. H., 『역사철학』(김정선 역), 서광사, 1989.

이석희, 「칸트의 선험적 인격성과 인격의 성립」, 중앙대학교, 1975.

이한구, 「칸트와 목적론적 역사」, 『철학연구』 제24집, 철학연구회, 1988.

임혁재, 「Kant에 있어서 도덕적 자유의 개념」, 『논문집』 제28집(인문 과학편), 중앙대학교, 1984.

＿＿＿, 「Kant에 있어서 종합적 실천명제의 객관성과 보편성의 문제」, 『인문학연구』 제12, 13집 합본, 중앙대학교 인문학연구소, 1986.

＿＿＿, 「Kant에 있어서 인간의 존엄성과 자유: 인간성의 존엄에 대한 해명」, 『논문집』 제31집(인문과학편), 중앙대학교, 1988.

최재희, 『칸트의 생애와 사상』, 태양사, 1977.

＿＿＿, 『칸트의 순수이성비판연구』, 박영사, 1981.

카울바하, F., 『칸트 비판철학의 형성과정과 체계』(백종현 역), 서광 사, 1992.

칸트, I., 『순수이성비판』(최재희 역), 박영사, 1972.

＿＿＿, 『순수이성비판』(전원배 역), 삼성출판사, 1982.

＿＿＿, 『실천이성비판』(최재희 역), 박영사, 1972.

＿＿＿, 『판단력비판』(이석윤 역), 박영사, 1974.

＿＿＿, 『이성의 한계 안에서의 종교』(신옥희 역), 이화문고 31, 이화 여대 출판부, 1984.

＿＿＿, 『프롤레고메나』(서동익 역), 휘문출판사, 1981.

＿＿＿, 『도덕형이상학의 기초』(서동익 역), 휘문출판사, 1981.

＿＿＿, 『영원한 평화를 위하여』(서동익 역), 휘문출판사, 1981.

＿＿＿, 『칸트의 역사철학』(이한구 편역), 서광사, 1992.

코플스톤, F., 『칸트』(임재진 역), 중원문화사, 1986.

岩崎武雄, 『순수이성비판연구』, 岩波書店, 1965.

Abbott, T. K.(trans.), *Kant's Critique of Practical Reason and Other Works on the Theory of Ethics*, London/New York/Toronto: Longmans, Green & Co., 1909.

Allison, H. E., "Practical and Transcendental Freedom in the Critique of Pure Reason", in *Kant-Studien* 73, 1982.

＿＿＿, "Morality and Freedom: Kant's Reciprocity Thesis", in Chadwick, R. F./Cazeauk, C.(ed.), *Immanuel Kant: Critical*

Assessments, Vol. III, London/New York: Routledge. 1992.

Ameriks K., *Kant's Theory of Mind. An Analysis of the Paralogisms of Pure Reason*, Oxford: Clarendon Press, 1982.

Arendt, H., *Lectures on Kant's Political Philosophy*, edited and with an interpretive essay by Ronald Beiner, Chicago: University of Chicago Press, 1982.

Atwell, John E., "The uniqueness of Good will", in *Akten des 4. Internationalen Kant-Kongress*, Berlin, 1974.

Aune, B., *Kant's Theory of Morals*, Princeton/New Jersey: Princeton University Press, 1979.

Auxter, T., "The unimportance of Kant's highest good", *Journal of the History of Philosophy* 17, 1979.

Axinn, S., "Ambivalence: Kant's View of Human Nature", in *Kant-Studien*, 1981.

Bamford, P., "The Ambiguity of Categorical Imperative", in Chadwick, R. F./Cazeauk, C.(ed.), *Immanuel Kant: Critical Assessments*, Vol. III, London/New York: Routledge, 1992.

Batscha, Z.(herausg.), *Materialien zu Kants Rechtsphilosophie*, Frankfurt am Main: Suhrkamp, 1976.

Bauch, B., *Glückseligkeit und Persönlichkeit in der kritischen Ethik*, 1902.

Baumgartner, H. M., *Kants "Kritik der reinen Vernunft": Anleitung zur Lektüre*, 2., durches. Aufl., Freiburg/München: Verlag Karl Alber, 1988.

Beck, L. W., *A Commentary on Kant's Critique of Practical Reason*, Chicago: University of Chicago Press, 1960.

_____, *Immanuel Kant. Critique of Practical Reason*, The Liberal Arts Press, Inc., 1956.

_____, "Was haben wir von Kant gelernt?", in *Kant-Studien*, 1981.

Bennet, J., *Kant's Analytic*, Cambridge University Press, 1966.

_____, *Kant's Dialectic*, Cambridge University Press, 1974.

Bernhard, Jansen S. J., *Die Religionsphilosophie Kants: geschichtlich Dargestellt und kritisch-systematisch Gewürdigt*, Berlin/Bonn: Ferd. Dümmlers Verlag, 1929.

Bittner, R., "Maxime", in *Kongressbericht, II. Internationaler Kantkongreß 1965*, Kölen: Kölner Universitäts-Verlag, 1966.

Blühdorn, J., " 'Kantianer' und Kant. Die Wenden von Rechtmetaphysik zur 'Wissenschaft' vom positiven Recht", *Kant-Studien*, 1973.

Böhme, G., "Kants Theorie der Gegenstandskonstitution", in *Kant-Studien* 73, 1982.

Booth, W. J., "Reason and History: Kant's Other Copernican Revolution", in *Kant-Studien* 74, 1983.

Broad, C. D., *Kant an Introduction*, C. Lewy(ed.), Cambridge: Cambridge University Press, 1978.

_____, *Five Types of Ethical Theory*, London/Henley: Routledge & Kegan Paul, 1930.

Busch, W., *Die Entstehung der kritischen Rechtsphilosophie Kants*, Berlin/New York: Walter de Gruyter, 1979.

Cassirer, E., Kants Leben und Lehre, 1918.

_____, *Rousseau, Kant, Goethe*, Princeton: Princeton University Press, 1945.

Cohen, H., *Kants Theorie der Erfahrung*, 1871.

_____, *Kants Begründung der Ethik*, Berlin: Bruno Cassirer, 1910.

Coleman, F. X. J., *The Harmony of Reason: A Study in Kant's Aesthetics*, University of Pittsburgh Press, 1974.

Daval, P., *La Metaphysique de Kant*, Press Universitaires fe France 1951.

Delekat, F., *Immanuel Kant: Historisch-Kritische Interpretation der Hauptschriften*, Heidelberg: Quelle & Meyer, 1969.

Döring, W. O., *Das Lebenswerk Immanuel Kants*, Hamburg: Hamburger Kulturverlag, 1947.

Eisler, R., *Kant Lexikon*, Georg Ohms Verlag Hildesheims, 1977.

Ewing, A. C., *A Short Commentary on Kant's Critique of Pure Reason*, The University of Chicago Press, 1970.

Ferreira, M. Jamie, "Kant's Postulate: The Possibility or the Existence of God", in *Kant-Studien* 74, 1983.

Fischer, K., Geschichte der neuern Philosophie, 1852-1877.

Galston, W. A., *Kant and the Problem of History*, Chicago/London: The University of Chicago Press, 1975.

Gerhardt, V., "Kants kopernikanische Wende", Friedrich Kaulbach zum 75. Geburtstag, *Kant-Studien*, 1987.

Green, Ronald, *Religious Reason: Rational and Moral Basis of Religious Belief*, Oxford University Press, 1978.

Guttman, J., *Kants Gottesbegriff in seiner positiven Entwicklung*, Berlin, 1906.

Haardt, A., "Die Stellung des Personalitätsprinzips in der 'Grundlegung zur Metaphysik der Sitten' und in der 'Kritik der praktischen Vernunft'," in *Kant-Studien* 73, 1982.

Hartmann, N., *Ethik*, Berlin, 1962.

Hartmann, R. S., "Kant's Science of Metaphysics and the Scientific Method", in *Kant-Studien*, 1972.

Hegel, G. W. F., *Grundlinien der Philosophie des Rechts*, Vierte Aufl., Hamburg: Meiner, 1955.

_____, *Differenz des Fichteschen und Schellingschen Systems der Philosophie*, Jenaer Schriften, Theorie Werkausgabe Suhrkamp Verlag Bd. 2, Frankfurt 1986.

Heidegger, M., *Kant und das Problem der Netaphysik*, Vierte, Zweiterte Aufl., Frankfurt am Main: Vittorio Klostermann, 1973.

Heimsoeth, H., *Studien zur philosophie Immanuel Kants I*, Bonn: Bouvier Verlag, 1971.

_____, *Studien zur philosophie Immanuel Kants II*, Bonn: Bouvier Verlag, 1970.

_____, *Transzendentale Dialektik II (Natur und Freiheit)*, Berlin, 1966-1971.

Hopton, T., "Kant's Two Theories of Law", in *History of Political Thought*, vol. 3, 1982, Issue 1.

Höffe, O., *Ethik und Politik: Grundmodelle und -probleme der praktischen Philosophie*, Frankfurt am Main: Suhrkamp, 1979.

Jaspers, K., *Kant: Leben, Werk, Wirkung*, München: R. Pipper & Co. Verlag, 1975.

_____, *Kant, From The Great Philosophers*, Vol. I, Ralph Manheim (trans.), New York: Harcourt, Brace & World, Inc.,

Jones, H. E., *Kant's Principle of Personality*, Madison/Milwaukee/ London: The University of Wisconsin Press, 1971.

Kant, I., *Werkausgabe in zwölf Bänden, Herausgegeben von Wilhelm Weischedel*, Frankfurt am Main: Suhrkamp, 1968.

_____, *Critique of Pratical Reason*, Lewis White Beck(trans.), The Liberal Arts Press, Inc., 1956.

_____, *Lectures on Philosophical Theology*, Allen W. Wood/ Gertrude M. Clark(trans.), Ithaca & London: Cornell University Press, 1978.

_____, *The Metaphysical Elements of Justice: Part I of the Metaphysic of Morals*, John Ladd(trans.), New York/London: Macmillan Inc., 1965.

_____, *The Doctrine of Virtue: Part II of the Metaphysic of Morals*,

Mary J. Gregor(trans.), Philadelphia: University of Pennsylvania Press, 1964.

Kaulbach, F., *Immanuel Kant*, Berlin/New York: Walter de Gruyter, 1969.

_____, *Immanuel Kants "Grundlegung zur Metaphysik der Sitten"*, Darmstadt: Wissenschaftliche Buchgesellschaft, 1988.

_____, "Der Zusammenhang zwischen Naturphilosophie und Geschichtsphilosophie bei Kant," in *Kongressbericht, II. Internationaler KantKongreß 1965*, Kölen: Kölner Universitätsverlag, 1966.

_____, "Die kopernikanische Denkfigur bei Kant", in *Kant-Studien* 64, 1973.

_____, "Welchen Nutzen gibt Kant der Geschichtsphilosophie?", in *Kant-Studien* 66, 1975.

_____, *Das Prinzip Handlung in der Philosophie Kants*, Berlin/New York: Walter de Gruyter, 1978.

Klinke, *Kant for Everyman*, M. Bulock(trans.), London, 1949.

Konhardt, K., *Die Einheit der Vernunft. Zum Verhältnis von theoretuscher und praktischer Vernunft in der Philosophie Immanuel Kants*, Königsstein/Taunus, 1979.

_____, "Faktum der Vernunft? Zu Kants Frage nach dem 'eigentlichen Selbst' des Menschen", in Prauss, G.(hg.), *Handlungstheorie und Transzendentalphilosophie*, Frankfurt am Main: Vittorio Klostermann, 1986.

Kopper, J., *Die Stellung der 'Kritik der reinen Vernunft' in der neueren Philosophie*, Darmstadt: Wissenschaftliche Buchgesellschaft, 1984.

Koppers, R., *Zum Begriff des Böser bei Kant*, Pfaffenweiler: Centaurus Verlagsgesellschaft, 1986.

Körner, S., *Kant*, Penguin Books, 1955.

Kroner, R., *von Kant bis Hegel*, 3. Aufl., Band I/II, Tübingen: J.C.B. Mohr, 1977.

Krüger, G., *Philosophie und Moral in der kantischen Kritik*, Tübingen, 1967.

Küsters, G.-W., *Kants Rechtsphilosophie*, Darmstadt: Wissenschaftliche Buchgesellschaft, 1988.

Ladd, J., *Introduction to Kant, The Metaphysical Element of Justice*, New York: Macmillan/Liberary of Liberal Arts, 1965.

Litt, Theodor, *Kant und Herder*, Heidelberg, 1949.

Martin, G., *Immanuel Kant*, Berlin, 1964.

McCarthy, Vincent A., "Christus as Chrestus in Rousseau and Kant", in *Kant-Studien* 73, 1982.

McLaughlin, P., *Kants Kritik der teleologischen Urteilskraft*, Bonn: Bouvier, 1989.

Model, A., *Metaphysik und reflektierende Urteilskraft bei Kant: Untersuchungen zur Transformierung des leibnizschen Monadenbegriffs in der "Kritik der Urteilskraft"*, Athenäum: Hain, 1986.

Nash, R. H., *Dooyeweerd and the Amsterdam Philosophy*, Michigan, 1962.

Paton, H. J., *The Categorical Imperative: A Study in Kant's Moral Philosophy*, Chicago/Illinois: The University of Chicago Press, 1948.

Petras, O., *Der Begriff des Bösen in Kants Kritizismus und seine Bedeutung für die Theologie*, Dissertation, Breslau, 1913.

Pfeifer, J., *Kant-Brevier*, München, 1966.

Picht, G., *Kants Religionsphilosophie*, Stuttgart: Klett-Cotta, 1985.

Pieper, A., "Ethik als Verhältnis von Moralphilosophie und Anthropologie. Kants Entwurf einer Transzendentalpragmatik und ihre Transformation durch Apel," in *Kant-Studien* 69, 1978.

388

_____, *Ethik und Moral: eine Einführung in die praktische Philosophie*, München: Beck, 1985.

_____, *Einführung in die Ethik*, Tübingen: Francke, 1991.

Potter, N., "Kant on Ends that are at the Same Time Duties", in Chadwick, R. F./Cazeauk, C.(ed.), *Immanuel Kant: Critical Assessments*, Vol. III, London/New York: Routledge, 1992.

Prauss, G.(hg.), *Kant. Zur Deutung seiner Theorie von Erkennen und Handeln*, Köln: Kiepenheuer & Witsch, 1973.

_____, "Kants Problem der Einheit theoretischer und praktischer Vernunft", in *Kant-Studien* 72, 1981.

_____, *Kant über Freiheit als Autonomie*, Frankfurt am Main: Vittorio Klostermann, 1983.

_____(hg.), *Handlungstheorie und Transzendentalphilosophie*, Frankfurt am Main: Vittorio Klostermann, 1986.

Reardon, Bernard M. G., *Kant as Philosophical Theologian*, Macmillan Press, 1988.

Reiner, H., *Die philosophische Ethik*, Heidelberg: Quelle & Meyer, 1964.

Reiss, H.(ed.) and Nisbet, H. B.(trans.), *Kant's Political Writings*, Cambridge: Cambridge University Press, 1970.

Ritzel, W., *Immanuel Kant: Eine Biographie*, Berlin/New York: Walter de Gruyter, 1985.

Ross, D., *Kant's Ethical Theory: A Commentary on the Grundlegung zur Metaphysik der Sitten*, Oxford: At the Clarendon Press, 1954.

Rousseau, J. J., *Emile, ou de l'education*, 1762, BK.I, (trans., Babara Foxley), London: J. M. Dent and Sons Ltd., 1948.

Sala, G.B., "Bausteine zur Entstehungsgeschichte der Kritik der reinen Vernunft", in *Kant-Studien*, 1987.

Sandberg, E. C., "Causa Noumenon and Homo Phaenomenon", in *Kant-Studien*, 1980.

Schilpp, P. A., *Kant's Pre-Critical Ethics*, Evanston & Chicago: Northwestern University, 1938.

Schmitz, H., *Was wollte Kant?*, Bonn: Bouvier Verlag, 1989.

Schrey, H.-H., *Einführung in die Ethik*, Darmstadt: Wissenschaftliche Buchgesellschaft, 1977.

Schröer, C., *Naturbegriff und Moralbegründung: Die Grundlegung der Ethik bei Kristian Wolff und deren Kritik durch Immanuel Kant*, Stuttgart/Berlin/Köln/Mainz: Kohlhammer, 1988.

Schweitzer, A., *Die Religionsphilosophie Kant's von Kritik der reinen Vernunft bis zur Religion innerhalb der Grenzen der blossen Vernunft*, Leipzig/Tübingen: Verlag von J.C.B.Mohr, 1899.

Scruton, R., *Kant*, Oxford: Oxford University Press, 1982.

Silber, J. R., "Der Schematismus der praktischen Vernunft", in Kongressbericht, II. Internationaler Kantkongreß 1965, Kölen: Kölner Universitäts-Verlag, 1966.

Sullivan, Roger J., *Immanuel Kant's Moral Theory*, Cambridge University Press, 1989.

_____, *An Introduction to Kant's Ethics*, Cambridge University Press, 1994.

Teale, A. E., *Kantian Ethics*, Oxford University Press, 1951.

Urmson, J. O., *Aristotle's Ethics*, Basil Blackwell, 1988.

Vaihinger, H., *Kommentar zu Kant's Kritik der reinen Vernunft*, I, II, Stuttgart, 1922.

Velkley, Richard L., *Freedom and the End of Reason: On the Moral Foundation of Kant's Critical Philosophy*, Chicago/London: University of Chicago Press, 1989.

Vorländer, K., *Kants Leben*, 3.Aufl., Hamburg: Felix Meiner Verlag,

1974.

Walker, Ralph C. S., *Kant*, London: Routledge & Kegan Paul, 1978.

_____, "The Rational Imperative: Kant against Hume," in Chadwick, R. F./Cazeauk, C.(ed.), *Immanuel Kant: Critical Assessments*, Vol. III, London/New York: Routledge, 1992.

Weischedel, W.(ed.), *Kant-Brevier*, Frankfurt am Main, 1975.

_____(ed.), *Kant-Seitenkonkordanz*, Darmstadt, 1970.

Williams, H., *Kant's Political Philosophy*, Oxford: Basil Blackwell, 1983.

Wimmer, R., "Die Doppelfunktion des Kategorischen Imperativs in Kants Ethik", in *Kant-Studien*, 1982.

Wood, Allen W., *Kant's Moral Religion*, Ithaca and London: Cornell University Press, 1970.

_____, *Kant's Rational Theology*, Ithaca and London: Cornell University Press, 1978.

Yovel, Y., *Kant and the Philosophy of History*, Princeton, New Jersey: Princeton University Press, 1980.

찾아보기

394

임 혁 재

충남 천안 출생. 중앙대학교 심리학과와 중앙대 대학원 철학과를 졸업하였다 (철학박사). 총신대학교 교수를 역임하였으며, 현재 중앙대학교 철학과 교수로 재직 중이다. 주요 저서 및 논문으로는 『기독교와 문화』, 『철학개론』, 『철학의 이해』, 『철학적 사고입문』, 『윤리학 논의』, 『칸트의 도덕철학 연구』, 『칸트의 순수이성비판 읽기』, 「아리스토텔레스의 중용에 관한 연구」, 「칸트에 있어서 정언명법의 존재근거와 정형의 문제」, 「칸트에 있어서 종합적 실천명제의 객관성과 보편성 문제」, 「메타윤리학적 물음 및 그 견해의 고찰」, 「칸트에 있어서 인간의 존엄성과 자유」, 「규범윤리학과 추론의 타당논증에 관한 일고」, 「올바른 도덕판단을 위한 필요충분조건」, 「권위주의와 정의의 문제」, 「인간교육과 그 윤리의 전략」, 「사랑의 원리로서의 정의」 등이 있다.

칸 트 의 철 학

•

2006년 8월 20일 1판 1쇄 인쇄
2006년 8월 25일 1판 1쇄 발행

지은이 / 임 혁 재
발행인 / 전 춘 호
발행처 / 철학과현실사
서울시 서초구 양재동 338-10
전화 579-5908 · 5909
등록 / 1987.12.15.제1-583호

ISBN 89-7775-592-1 03160
값 15,000원